建筑遗产保护丛书
东南大学城市与建筑遗产保护教育部重点实验室
朱光亚　主编

历史街区保护中的交通和市政工程技术研究

RESEARCH ON TRAFFIC AND MUNICIPAL ENGINEERING
IN CONSERVATION OF HISTORIC DISTRICTS

李新建　著

东南大学出版社·南京

继往开来，努力建立建筑遗产保护的现代学科体系[1]

建筑遗产保护在中国由几乎是绝学转变成显学只不过是二三十年时间。差不多五十年前，刘敦桢先生承担瞻园的修缮时，能参与其中者凤毛麟角，一期修缮就费时六年；三十年前我承担苏州瑞光塔修缮设计时，热心参加者众多而深入核心问题讨论者则十无一二，从开始到修好费时十一载。如今保护文化遗产对民族、地区、国家以至全人类的深远意义已日益被众多社会人士所认识，并已成各级政府的业绩工程。这确实是社会的进步。

不过，单单有认识不见得就能保护好。文化遗产是不可再生的，认识其重要性而不知道如何去科学保护，或者盲目地决定保护措施是十分危险的，我所见到的因不当修缮而危及文物价值的例子也不在少数。在今后的保护工作中，十分重要的一件事就是要建立起一个科学的保护体系，从过去几十年正反两方面的经验来看，要建立这样一个科学的保护体系并非易事，依我看至少要获得以下的一些认识。

首先，就是要了解遗产。了解遗产就是系统了解自己的保护对象的丰富文化内涵，它的价值以及发展历程，了解其构成的类型和不同的特征。此外，无论在中国还是在外国，保护学科本身也走过了漫长的道路，因而还包括要了解保护学科本身的渊源、归属和发展走向。人类步入21世纪，科学技术的发展日新月异，CAD技术、GIS和GPS技术及新的材料技术、分析技术和监控技术等大大拓展了保护的基本手段，但我们在努力学习新技术的同时要懂得，方法不能代替目的，媒介不能代替对象，离开了对对象本体的研究，离开了对保护主体的人的价值观念的关注，目的就沦丧了。

其次，要开阔视野。信息时代的到来缩小了空间和时间的距离，也为人类获得更多的知识提供了良好的条件，但在这信息爆炸的时代，保护科学的体系构成日益庞大，知识日益精深，因此对学科总体而言，要有一种宏观的开阔的视野，在建立起学科架构的基础上使得学科本身成为开放体系，成为不断吸纳和拓展的系统。

再次，要研究学科特色。任何宏观的认识都代替不了进一步的中观和微观的分析，从大处说，任何对国外的理论的学习都要辅之以对国情的关注；从小处说，任何保护个案都

---

[1] 本文是潘谷西教授为城市与建筑遗产保护教育部重点实验室（东南大学）成立写的一篇文章，征得作者同意并经作者修改，作为本丛书的代序。

有着自己的特殊的矛盾性质,类型的规律研究都要辅之以对个案的特殊矛盾的分析,解决个案的独特问题更能显示保护工作的功力。

  最后,就是要通过实践验证。我曾多次说过,建筑科学是实践科学,建筑遗产保护科学尤其如此,再动人的保护理论如果在实践中无法获得成功,无法获得社会的认同,无法解决案例中的具体问题,那就不能算成功,就需要调整甚至需要扬弃,经过实践不断调整和扬弃后保留下来的理论,才是保护科学体系需要好好珍惜的部分。

潘谷西

2009 年 11 月于南京

丛书总序

建筑遗产保护丛书是酝酿了多年的成果。大约在1978年,东南大学通过恢复建筑历史学科的研究生招生,开启了新时期的学科发展继往开来的历史。1979年开始,根据社会上的实际需求,东南大学承担了国家一系列重要的建筑遗产保护工程项目,也显示了建筑遗产保护实践与建筑历史学科的学术关系。1987年后的十年间东南大学发起申请并承担国家自然科学基金重点项目中的中国建筑历史多卷集的编写工作,研究和应用相得益彰;又接受国家文物局委托举办的古建筑保护干部专修科的任务,将人才的培养提上了工作日程。90年代,特别是中国加入世界遗产组织后,建筑遗产的保护走上了和世界接轨的进程。人才培养也上升到成规模地培养硕士和博士的层次。东大建筑系在开拓新领域、开设新课程、适应新的扩大了的社会需求和教学需求方面投入了大量的精力,除了取得多卷集的成果和大量横向研究成果外,还完成了教师和研究生的一系列论文。

2001年东南大学建筑历史学科经评估成为中国第一个建筑历史与理论方面的国家重点学科。2009年城市与建筑遗产保护教育部重点实验室(东南大学)获准成立,并将全面开展建筑遗产保护的研究工作,特别是将从实践中凝练科学问题的多学科的研究工作承担了起来,形势的发展对学术研究的系统性和科学性提出了更为迫切的要求。因此,有必要在前辈奠基及改革开放后几代人工作积累的基础上,专门将建筑遗产保护方面的学术成果结集出版,此即为《建筑遗产保护研究丛书》。

这里提到的中国建筑遗产保护的学术成果是由前辈奠基,绝非虚语。今日中国的建筑遗产保护运动已经成为显学且正在接轨国际并日新月异,其基本原则:将人类文化遗产保护的普世精神和与中国的国情、中国的历史文化特点相结合的原则,早在营造学社时代就已经确立,这些原则经历史检验已显示其长久的生命力。当年学社社长朱启钤先生在学社成立时所说的"一切考工之事皆本社所有之事……一切无形之思想背景,属于民俗学家之事亦皆本社所应旁搜远绍者……中国营造学社者,全人类之学术,非吾一民族所私有"的立场,"依科学之眼光,作有系统之研究","与世界学术名家公开讨论"的眼界和体系,"沟通儒匠,浚发智巧"的切入点,都是今日建筑遗产保护研究中需要牢记的。

当代的国际文化遗产保护运动发端于欧洲并流布于全世界,建立在古希腊文化和希伯来文化及其衍生的基督教文化的基础上,又经文艺复兴弘扬的欧洲文化精神是其立足点;注重真实性,注重理性,注重实证是这一运动的特点,但这一运动又在其流布的过程中不断吸纳东方的智慧,1994 年的《奈良文告》以及 2007 年的《北京文件》等都反映了这种多元的微妙变化;《奈良文告》将原真性同地区与民族的历史文化传统相联系可谓明证。同样,在这一文件的附录中,将遗产研究工作纳入保护工作系统也是一个有远见卓识的认识。因此本丛书也就十分重视涉及建筑遗产保护的东方特点以及基础研究的成果。又因为建筑遗产保护涉及多种学科的多种层次研究,丛书既包括了基础研究也包括了应用基础的研究以及应用性的研究,为了取得多学科的学术成果,一如遗产实验室的研究项目是开放性的一样,本丛书也是向全社会开放的,欢迎致力于建筑遗产保护的研究者向本丛书投稿。

遗产保护在欧洲延续着西方学术的不断分野的传统,按照科学和人文的不同学科领域,不断在精致化的道路上拓展;中国的传统优势则是整体思维和辩证思维。1930 年代的营造学社在接受了欧洲的学科分野的先进方法论后又经朱启钤的运筹和擘画,在整体上延续了东方的特色。鉴于中国直到当前的经济发展和文化发展的不均衡性,这种东方的特色是符合中国多数遗产保护任务,尤其是不发达地区的遗产保护任务的需求的,我们相信,中国的建筑遗产保护领域的学术研究也会向学科的精致化方向发展,但是关注传统的延续,关注适应性技术在未来的传承,依然是本丛书的一个侧重点。

面对着当代人类的重重危机,保护构成人类文明的多元的文化生态已经成为经济全球化大趋势下的有识之士的另一种强烈的追求,因而保护中国传统建筑遗产不仅对于华夏子孙,也对整个人类文明的延续有着重大的意义。在认识文明的特殊性及其贡献方面,本丛书的出版也许将会显示另一种价值。

朱光亚

2009 年 12 月 20 日于南京

序

建筑遗产保护运动从边缘到显学的发展历程终于将市政等技术性要求较高的工程学科的适应性技术纳入研究的领域,它不得不这样做,因为建筑遗产保护运动走进千城万镇、千家万户,走入社会普通生活层面时,它必须面对社会发展历程中人类与时俱进的要求,这种要求自人类摆脱茹毛饮血状态之后就不断提升和推进。到了 21 世纪的信息时代,除了在坐拥文化遗产、享受其精神恩泽并得以引为骄傲的同时,在多数情况下人们并不想放弃人间一切已有物质文明的成果,至少也要获得当代社会起码的文明设施的服务,且此种服务需达到或至少接近当代社会的公认的文明度,当新世纪的"可持续"、"绿色"、"低碳"等面向人类未来的发展战略概念深入社会各个层面之时,建筑遗产保护运动也就必然被纳入这样的历史发展框架,这就是遗产保护体系中的技术支撑课题研究的缘起。

李君新建的《历史街区保护中的交通和市政工程技术研究》就是在这一领域专论历史文化街区保护工程中的市政设施改造的研究成果。它的最直接的推动力则是 2008 年江苏省为了有效推进城市历史文化街区保护而开展的《江苏省历史文化街区保护规划编制导则》中的技术课题研究。该项目的目的就是通过不损及街区建筑遗存及其价值的交通等基础设施的现代化改造而使得街区获得保存与复兴的生命力。该项目中的市政部分就是由他起草的。这一课题的成果杜绝了那些以设施落后为名,强行拆除历史建筑、以致拆除整个历史街区的借口,也为有心保护历史建筑遗产并重振历史街区活力的有识之士提供了基本的技术模式。反之,近年江苏丰富的历史文化街区的保护实践也为作者整理、撰写和充实本书提供了支撑。

一如所有人类的技术成就一样,涉及建筑遗产保护的适应性技术也是不断发展、吐故纳新的,但是如何将保护的现实条件与保护的目标联系起来,作为选择和应用这些技术的先决条件,然后决定取舍,依然是一个需要跨越学科界限来解决的课题,依然离不开文化遗产保护中的价值评估等基本认识和基本方法论。从这个角度看,本书探讨的课题既需要不断补充更新,又需要不断坚持,从而继续显示其价值。值李君书稿付梓,有此认识,便写出来,权且作序。

朱光亚
2012 年 11 月 20 日

目 录

0 绪论 ··· 1
  0.1 基本概念的界定 ··· 1
    0.1.1 历史街区的概念 ··· 1
    0.1.2 市政工程技术的概念 ··· 4
  0.2 我国历史街区市政工程技术的现状问题 ··· 5
    0.2.1 历史街区市政设施落后的现状亟须改善 ······································· 5
    0.2.2 历史街区保护缺乏适应性市政技术体系 ······································· 6
  0.3 国内外历史街区市政技术研究的状况 ··· 7
    0.3.1 与历史街区市政基础设施相关的国内外规范性文献回顾 ················ 7
    0.3.2 与历史街区市政工程技术相关的文献研究综述 ··························· 10
  0.4 本书的研究目标和意义 ··· 13
    0.4.1 历史街区市政技术体系与理论建构 ··· 13
    0.4.2 历史街区市政工程适应性技术研究 ··· 13
  0.5 本书的研究方法和框架 ··· 14
    0.5.1 研究方法 ··· 14
    0.5.2 结构框架 ··· 16

1 历史街区市政技术理论初探 ·· 17
  1.1 历史街区二重性决定市政技术复杂性 ·· 17
    1.1.1 历史街区城市职能的二重性 ·· 17
    1.1.2 历史街区遗产构成及保护方式的二重性 ···································· 18
    1.1.3 保护与发展的矛盾与市政技术的复杂性 ···································· 18
  1.2 可持续发展理论在历史街区市政技术中的应用 ································· 18
    1.2.1 可持续发展思想的发展 ·· 19
    1.2.2 可持续发展原则在历史街区市政中的应用 ································ 19
  1.3 历史街区市政技术的技术、哲学观 ·· 21
    1.3.1 技术中性论的批判及其意义 ·· 21
    1.3.2 技术决定论的批判及其意义 ·· 22
    1.3.3 社会建构论是历史街区保护的技术哲学立场 ······························ 22
  1.4 历史街区市政技术及其价值的产生与实现 ······································· 23
    1.4.1 技术的发明及其现实价值、预期价值和潜在价值 ······················· 23
    1.4.2 技术的应用及其现实价值、不期价值和价值分裂 ······················· 24

　　　　1.4.3 技术及其价值发生学视野下的历史街区市政技术的调控 ………… 25
　1.5 市政技术中的价值理性回归和人文价值优先 ……………………………… 26
　　　　1.5.1 "现代化"背后的工具理性 ………………………………………… 26
　　　　1.5.2 可持续发展下的"价值理性"回归 ………………………………… 28
　　　　1.5.3 历史街区市政技术系统的外部价值优先 …………………………… 29
　1.6 居住环境和资源公平性与市政标准"适度差异" …………………………… 30
　　　　1.6.1 文化遗产及其保护是居住环境的评价要素 ………………………… 30
　　　　1.6.2 文化遗产资源化视角下的占有和公平 ……………………………… 31
　　　　1.6.3 公平性与历史街区市政建设标准的"适度差异" …………………… 32
　1.7 从条文规范到性能化规范 …………………………………………………… 32
　　　　1.7.1 历史街区需要特殊的市政设计规范 ………………………………… 32
　　　　1.7.2 我国历史街区缺乏相适应的市政设计规范 ………………………… 33
　　　　1.7.3 历史街区适应性技术规范需要法律法规体系的支撑 ……………… 34
　　　　1.7.4 现行技术规范存在更新缓慢、以指令性为主的缺陷 ……………… 34
　　　　1.7.5 性能化规范和基于社会价值的灵活执行 …………………………… 35
　1.8 历史街区市政技术主体行为研究 …………………………………………… 36
　　　　1.8.1 历史街区市政技术中政府主导作用的调控 ………………………… 37
　　　　1.8.2 历史街区以居民为主的公众主体性的发挥 ………………………… 38
　　　　1.8.3 规划设计单位主体的技术力量配置 ………………………………… 40

2 历史街区适应性道路交通技术 ……………………………………………… 43
　2.1 城市道路交通系统与建筑遗产保护 ………………………………………… 43
　　　　2.1.1 道路交通是建筑遗产生存发展和价值传播的基本条件 …………… 43
　　　　2.1.2 历史街道反映着城市历史的意象和形制 …………………………… 43
　　　　2.1.3 历史街道是建筑遗产整体保护的重要内容 ………………………… 44
　　　　2.1.4 道路交通建设是当前破坏和阻碍遗产保护的主因 ………………… 44
　2.2 当前历史街区交通规划的问题和对策 ……………………………………… 45
　　　　2.2.1 历史街区道路交通规划的问题分析 ………………………………… 45
　　　　2.2.2 基于历史街区特殊性的交通规划对策 ……………………………… 47
　2.3 历史街区交通系统与需求管理 ……………………………………………… 49
　　　　2.3.1 TSM、TDM 方法及其在历史街区的应用 ………………………… 49
　　　　2.3.2 发展新区降低历史街区的交通需求总量 …………………………… 52
　　　　2.3.3 通过用地规划调整转移历史街区内大型交通吸发源 ……………… 57
　　　　2.3.4 完善公共交通系统,改善出行结构 ………………………………… 60
　　　　2.3.5 历史街区静态交通与停车供应管理 ………………………………… 63
　　　　2.3.6 交通需求管理的土地综合利用和经济手段 ………………………… 64
　2.4 历史街区的地区交通规划模式 ……………………………………………… 66
　　　　2.4.1 历史街区交通规划是一种地区交通规划 …………………………… 66
　　　　2.4.2 历史街区的地区交通规划的概念、原则和方法 …………………… 67

  2.4.3 以外围环路为依托的交通单元模式 …………………………………… 68
 2.5 以可达性为目标的区内慢速交通组织 …………………………………… 72
  2.5.1 通而不畅是历史街巷体系的优势 ……………………………………… 72
  2.5.2 历史街巷适合组织慢速交通 …………………………………………… 74
  2.5.3 历史街区内部机动车道路宽度研究 …………………………………… 74
  2.5.4 历史街区道路等级和分工 ……………………………………………… 78
  2.5.5 历史街区机动车可达性的评价标准 …………………………………… 80
  2.5.6 以可达性为目标的交通规划：以扬州东关街为例 …………………… 81
  2.5.7 历史街区交通的"风貌化" ……………………………………………… 85

3 历史街区适应性给水排水技术 ……………………………………………………… 89
 3.1 历史街区给排水系统的发展和现状 ……………………………………… 89
  3.1.1 历史街区给水排水发展的历史和现实 ………………………………… 89
  3.1.2 街区给水系统现状分析 ………………………………………………… 90
  3.1.3 历史街区排水系统现状分析 …………………………………………… 93
 3.2 历史街区给排水问题和对策 ……………………………………………… 95
  3.2.1 历史街区给排水系统问题 ……………………………………………… 95
  3.2.2 历史街区适应性给排水对策 …………………………………………… 96
 3.3 因地制宜的厨卫配套改造措施 …………………………………………… 97
  3.3.1 给排水总量应考虑厨卫设施的增加 …………………………………… 97
  3.3.2 历史建筑厨卫设施改善的原则 ………………………………………… 98
  3.3.3 因地制宜的厨卫改善措施 ……………………………………………… 98
 3.4 生活与消防给水机制研究 ………………………………………………… 101
  3.4.1 历史街区给水管网形式和管径 ………………………………………… 101
  3.4.2 历史街区的消防给水 …………………………………………………… 103
  3.4.3 历史街区现状给水管网改造 …………………………………………… 104
 3.5 多元化的排水体系 ………………………………………………………… 106
  3.5.1 历史街区排水量特点 …………………………………………………… 106
  3.5.2 历史街区排水制度 ……………………………………………………… 106
  3.5.3 借鉴传统的多元化雨水排除方式 ……………………………………… 107
  3.5.4 适应性的排污方式 ……………………………………………………… 111
 3.6 给排水管线适应性技术 …………………………………………………… 113
  3.6.1 节约地下空间的新材料、新设备 ……………………………………… 113
  3.6.2 节约地下空间的管道敷设技术 ………………………………………… 116
  3.6.3 降低排水管埋深的适应性技术 ………………………………………… 117
  3.6.4 给排水路面设施的风貌化 ……………………………………………… 118

4 历史街区适应性电力电信技术 ……………………………………………………… 121
 4.1 电力电信供给的现状和问题 ……………………………………………… 121

   4.1.1 历史街区电力电信现状 ·· 121
   4.1.2 历史街区电力电信设施问题的症结及其对策 ························ 123
  4.2 历史街区电力电信容量预测 ·· 126
   4.2.1 历史街区用电容量预测方法和原则 ···································· 126
   4.2.2 历史街区电信容量预测 ··· 127
  4.3 管网设施的更新和完善 ··· 128
   4.3.1 街区电力管网设施的更新和改善 ······································· 128
   4.3.2 户内电线改造 ·· 130
   4.3.3 街区电力管网改造的组织实施 ·· 131
  4.4 设施的外置、隐蔽和美观 ··· 132
   4.4.1 大中型电力设施的外置 ··· 132
   4.4.2 中小型电力设施的隐蔽和协调 ·· 133
  4.5 架空线下地改造 ··· 134
   4.5.1 减少下地管线的种类和数量 ··· 134
   4.5.2 综合管沟和共用路由的集约化直埋敷设 ····························· 135
   4.5.3 集约化的电缆设施新材料、新工艺 ··································· 137
  4.6 历史街区电力照明的适应性技术 ··· 138
   4.6.1 路灯供电和敷设的适应性技术 ·· 138
   4.6.2 路灯供电的"无线化" ·· 139
   4.6.3 路灯位置和造型与街巷风貌的结合 ··································· 139
   4.6.4 遗产保护的无害化灯具——LED ····································· 140
  4.7 电信基础管线的无线化 ·· 141
   4.7.1 电力线载通信传输 ··· 141
   4.7.2 城域无线电话、电视和宽带网络在历史街区的应用 ············ 141

5 历史街区适应性燃气和供热技术 ·· 144
  5.1 历史街区燃气和供热现状及其问题 ·· 144
   5.1.1 历史街区燃气和供热现状 ··· 144
   5.1.2 历史街区燃气和供热的问题分析 ······································ 146
  5.2 适应性燃气管道系统 ··· 147
   5.2.1 管网系统规划 ·· 147
   5.2.2 管线材料及设施技术 ·· 149
  5.3 适应性集中供热系统 ··· 150
  5.4 历史街区瓶装燃气的安全管理 ·· 152
   5.4.1 瓶装燃气和管道燃气的安全性比较 ··································· 153
   5.4.2 城市瓶装燃气供应站点规划要以历史街区为重心 ·············· 153
   5.4.3 燃气部门与社区合作进行历史街区燃气安全管理 ·············· 154
  5.5 历史街区替代能源的可行性研究 ··· 155
   5.5.1 电力、太阳能替代燃气炊事和热水 ··································· 155

5.5.2　多元化分散采暖替代集中供暖 …………………………………… 156
　　　5.5.3　采暖方式经济性和可行性比较 …………………………………… 158
　5.6　传统建筑采暖空调适应性措施 …………………………………………… 160
　　　5.6.1　传统建筑的热工环境改善 ………………………………………… 160
　　　5.6.2　太阳能热水器与传统建筑一体化技术 …………………………… 162
　　　5.6.3　空调室外机的风貌管理 …………………………………………… 164

6　历史街区适应性消防技术 …………………………………………………… 165
　6.1　历史街区消防与遗产保护 ………………………………………………… 165
　　　6.1.1　历史街区消防隐患的特殊性 ……………………………………… 165
　　　6.1.2　消防安全关乎历史街区及其保护制度的生死存亡 ……………… 166
　　　6.1.3　历史街区消防对策的问题和方向 ………………………………… 167
　6.2　历史街区消防的特征和对策分析 ………………………………………… 168
　　　6.2.1　历史街区火灾特点 ………………………………………………… 168
　　　6.2.2　历史街区消防的适应性对策 ……………………………………… 168
　6.3　历史街区消防通道和消防车适应性设计 ………………………………… 170
　　　6.3.1　历史街区内消防通道宽度可以小于 4 m …………………………… 170
　　　6.3.2　选用小型消防车辆适应历史街巷宽度和转弯半径 ……………… 171
　　　6.3.3　慎重选择历史街区消防通道 ……………………………………… 172
　6.4　消火栓系统是历史街区消防安全的主要保障 …………………………… 174
　　　6.4.1　消火栓系统适合历史街区的特点 ………………………………… 174
　　　6.4.2　历史街区消火栓系统的适应性技术要点 ………………………… 175
　6.5　完整的历史街区消防系统 ………………………………………………… 177

7　历史街区适应性市政管线综合技术 ………………………………………… 179
　7.1　历史街区管线综合的问题和对策 ………………………………………… 179
　　　7.1.1　历史街区管线综合存在的问题 …………………………………… 179
　　　7.1.2　历史街区管线综合的性能化标准 ………………………………… 179
　　　7.1.3　历史街区管线综合的适应性目标 ………………………………… 180
　　　7.1.4　历史街区管线综合适应性措施 …………………………………… 181
　7.2　适应性直埋管线综合技术 ………………………………………………… 182
　　　7.2.1　直埋管线的种类和数量 …………………………………………… 182
　　　7.2.2　直埋管线的排列顺序和最小敷设尺寸 …………………………… 186
　　　7.2.3　缩小直埋水平净距的适应性措施 ………………………………… 188
　　　7.2.4　缩小埋深和交叉垂直距的措施 …………………………………… 191
　7.3　适应性综合管沟技术 ……………………………………………………… 193
　　　7.3.1　综合管沟技术简介 ………………………………………………… 193
　　　7.3.2　历史街区综合管沟的适用性和经济性 …………………………… 193
　　　7.3.3　综合管沟在历史街区的适应性应用 ……………………………… 195

  7.3.4 综合管沟断面设计原则 …………………………………… 199
  7.3.5 综合管沟实例剖析 ……………………………………… 201
 7.4 适应性管线施工维修技术 …………………………………………… 204
  7.4.1 施工维修对管线间距的影响 …………………………… 204
  7.4.2 沟槽支护和管线在线更新技术 ………………………… 204
  7.4.3 现代不开挖地下管线施工技术 ………………………… 206
  7.4.4 盾构法开辟历史街区地下交通和市政通道 …………… 207

8 结论：历史街区适应性市政技术体系建构 ……………………………… 209
 8.1 历史街区适应性市政技术理论建构 ……………………………… 209
 8.2 历史街区适应性市政技术的选择和集成 ………………………… 210
 8.3 历史街区市政设计与各专业协同工作程序 ……………………… 211
 8.4 历史街区市政设计的基本原则 …………………………………… 213
 8.5 结语 ………………………………………………………………… 214

参考文献 ………………………………………………………………………… 215

后记 ……………………………………………………………………………… 228

0 绪论

当前,中国的文化遗产保护总体上面临着"前所未有的重视和前所未有的冲击"[1]。一方面,国民经济增长和社会文明程度提高,文化遗产保护的意识和能力大大增强。特别是近年科学发展观与建设和谐社会目标的确立,使得国家对于文化遗产保护的立法速度加快,资金投入不断加大。另一方面,在城市化多年高速推进、土地资源愈见稀缺的形势下,历史文化遗产的保护受到持续不断、前所未有的商业开发的冲击、破坏乃至侵占,一些城市的历史街区迅速消失。

历史街区[2]是历史城市中仅存的能够较完整、真实地体现传统格局和历史风貌,并具有真实生活内容和一定规模的地区,保护历史街区是我国现阶段历史文化遗产保护制度的重心所在[3]。从各地的实际情况看,历史街区遭受破坏的原因除了地方政府对其价值的认识不足、重视不够外,还在于主管部门和遗产保护从业人员长期忽视历史街区市政基础设施改善及其相关技术的研究,使历史街区失去满足现代社会需求的物质和技术基础,从而被视为铲除和彻底改造的对象。历史街区的保护实践常常遭遇与市政设施现状及其市政工程技术相关的种种问题,对这些问题的关注和思考是本书研究和写作的缘起。

0.1 基本概念的界定

0.1.1 历史街区的概念

"历史街区"是国内外历史城市保护中最常用的表示保护范围的概念之一。在不同的国家、不同时期和不同场合使用的与历史文化保护范围概念相关的名词还有很多,如国外常用的历史地段(Historic Area)、历史城区(Historic Urban Area)、保护区(Conservation Area /英)、国家史迹名录(National Register of Historic Places /美)、地方历史地段(Local Historic District /美)、传统建造物群保存区(日)等概念;我国历史遗产保护研究和管理中也存在着历史城区、历史地段、历史文化保护区、历史文化街区等各种名词。"历史街区"和上述这些概念既有彼此内容上的重叠,又有使用场合和涵义侧重上的差别,在英文表述上更是莫衷一是(表0.1),有必要加以比较和界定。

---

[1] 单霁翔.城市化发展与文化遗产保护[M].天津:天津大学出版社,2006:29
[2] 本书中"历史街区"的概念和研究范围详见第0.1.1节
[3] 我国历史文化遗产保护制度的发展分为三个阶段,即:以文物保护为中心内容的单一体系的形成阶段(1950—1982年),增添历史文化名城保护为重要内容的双层次体系的发展阶段(1982—1996年),以及重心转向历史文化保护区的多层次保护体系的成熟阶段(1996至今)。见:王景慧,阮仪三,王林.历史文化名城保护理论与规划[M].上海:同济大学出版社,1999:9,43

历史文化街区和历史文化保护区是我国特有的法定名词,需要经过法定的审批和颁布程序。历史文化街区(Famous Neighborhood of Historical and Cultural Value)❶的提法自2002年修订的《中华人民共和国文物保护法》❷采用后,成为法定名词。2003年建设部颁布的《城市紫线管理办法》❸依据文物保护法采用了历史文化街区的名称。2005年颁布的《历史文化名城保护规划规范》❹沿用历史文化街区的名称,并将其英文名称确定为Historic Conservation Area。2008年正式颁布的《历史文化名城名镇名村保护条例》❺也采用了历史文化街区的法定名词,至此文物和建设两个部门都统一使用了"历史文化街区"这一法定名词。历史文化保护区是2002年文物法修订以前普遍使用的法定名词,至今仍在北京、江苏、浙江等地的地方法规中继续使用,其内涵虽和历史文化街区基本相同,但有两个较为明显的差别,一是历史文化街区必须是省级以上人民政府核定公布,而历史文化保护区也可由县级人民政府指定;二是文物保护法中历史文化街区和历史文化名镇、名村并列,而部分省市地方法规中的历史文化保护区则包括了名村、名镇❻。

历史地段、历史城区、历史街区属于国内外通用的学术概念,但在我国《历史文化名城保护规划规范》(以下简称《名城规范》)等规范性文件中的概念和国际通用的学术概念并不完全一致。在国际通用的学术概念中,历史地段的学术概念最为宽泛,历史城区和历史街区可以理解为历史地段的部分类型。《关于历史地区保护及其当代作用的建议》(内罗毕建议)❼中的"历史地段(historic areas)"涵盖了城市和乡村环境,包括史前遗址(prehistoric sites)、历史城镇(historic towns)、街区(urban quarters)、老乡村(old villages)、老聚落(old hamlet)以及类似的古迹群(homogeneous monumental groups)❽。我国《名城规范》定义的历史地段(historic areas)可以是街区,也可以是建筑群、小镇、村寨等,概念也很宽泛,但不包括史前遗址等无人居住的古迹遗址地区。

《保护历史城镇与城区宪章》(华盛顿宪章)❾的历史城区(historic urban areas)概念侧重于强调有城市属性(而非乡村和古遗址区)的历史地段,地域范围可大可小,既可指完整的城市(cities)、城镇(towns),也可指其中的历史中心(historic centres)或历史街区(historic quarters)。但在我国《名城规范》中,历史城区(historic urban areas)主要强调历史上城市的完整地

---

❶ 英文名称依据国家文物局网站文物法规库《中华人民共和国文物保护法》(英文版)http://www.sach.gov.cn//subject/wwfgk/flxzfg/14227.aspx。另在美国盖蒂保护所出版的《中国文物古迹准则》英文翻译版的中英词汇对照表中,将历史文化街区翻译为"historic precinct",似更为简洁肯定,符合法定名词的特点,见:Principles for the Conservation of Heritage Sites in China[S]. Los Angeles:The Getty Conservation Institute,2002

❷ 中华人民共和国文物保护法[Z]. 2002

❸ 城市紫线管理办法[Z]. 中华人民共和国建设部令第119号,2003

❹ 历史文化名城保护规划规范[S]. GB 50357—2005. 2005

❺ 历史文化名城名镇名村保护条例[Z]. 中华人民共和国国务院令第524号.2008

❻ 如《江苏省历史文化名城名镇保护条例》(2001)包括历史文化名城、历史文化名镇和历史文化保护区三类,而历史文化保护区包括"街区、建筑群、村落、水系等"。《浙江省历史文化名城保护条例》(1999)中只分历史文化名城和历史文化保护区两类,历史文化保护区包括"街区、镇、村、建筑群等",即历史文化名镇属于历史文化保护区。

❼ UNESCO. Recommendation concerning the Safeguarding and Contemporary Role of Historic Areas[Z]. 1976。英文版下载自联合国教科文组织(UNESCO)官方网站:http://portal.unesco.org/en/ev.php-URL_ID=13133&URL_DO=DO_TOPIC&URL_SECTION=201.html

❽ 本书引用的宪章等英文文献的中文翻译,均综合参考了陈志华、傅朝卿、国家文物局文物法规库等多种中文翻译文本,并以英文原文为准进行了取舍和调整,故只注明英文版本来源,不一一列举所参考的中文译本。少数未能校核原文,或主要以某一种译本为依据的英文和其他语种文献,均注明中文译本来源。

❾ ICOMOS. Charter for the Conservation of Historic Towns and Urban Areas(Washington Charter),1987。即华盛顿宪章,下载自国际古迹遗址理事会(ICOMOS)官方网站:http://www.international.icomos.org/home.htm. 2007-10-10

域范围,区别于历史中心、街区等城市的局部地段。

表 0.1　历史街区主要相关名词对照表

名称	英文名称	定　　义	出　　处
历史城区	historic urban area	This charter concerns historic urban areas, large and small, including cities, towns and historic centres or quarters, together with their natural and man-made environments	保护历史城镇与城区宪章(ICOMOS,1987)
历史城区	historic urban area	城镇中能体现其历史发展过程或某一发展时期风貌的地区。涵盖一般通称的古城区和旧城区。本规范特指历史城区中历史范围清楚、格局和风貌保存较为完整的需要保护控制的地区	历史文化名城保护规划规范(GB 50357—2005)
历史地段	historic area	It is possible to distinguish the following in particular: prehistoric sites, historic towns, old urban quarters, villages and hamlets as well as homogeneous monumental groups	内罗毕建议(UNESCO,1976)
历史地段	historic site	城市中文物古迹比较集中连片,或能完整地体现一定历史时期的传统风貌和民族地方特色的街区或地段	城市规划基本术语标准(GB/T 50280—98)
历史地段	historic area	保留遗存较为丰富,能够比较完整、真实地反映一定历史时期传统风貌或民族、地方特色,存有较多文物古迹、近现代史迹和历史建筑,并具有一定规模的地区。历史地段可以是街区,也可以是建筑群、小镇、村寨等	历史文化名城保护规划规范
历史文化保护区	conservation districts of historic sites	经县级以上人民政府核定公布的,应予以重点保护的历史地段	城市规划基本术语标准
历史文化保护区	无	一些文物古迹比较集中,或能较完整地体现出某一历史时期的传统风貌和民族地方特色的街区、建筑群、小镇、村寨等	关于请公布第二批国家历史文化名城名单的报告(1986)
历史文化街区	historic conservation area	经省、自治区、直辖市人民政府核定公布应予重点保护的历史地段,称为历史文化街区	历史文化名城保护规划规范
历史文化街区	famous neighborhood of historical and cultural value	保存文物特别丰富并且具有重大历史价值或者革命纪念意义的城镇、街道、村庄,由省、自治区、直辖市人民政府核定公布为历史文化街区、村镇,并报国务院备案	中华人民共和国文物保护法(2002)
历史文化街区	无	经省、自治区、直辖市人民政府核定公布的保存文物特别丰富、历史建筑集中成长,能够较完整和真实地体现传统格局和历史风貌,并具有一定规模的区域	历史文化名城名镇名村保护条例(2008)
历史街区	无	历史街区内涵丰富,是城市生活的一个重要组成部分。它以整体的环境风貌体现其历史文化价值,展示着某历史时期的典型风貌特色,反映着城市历史发展的脉络,是历史地段的重要类型之一	历史文化名城保护规划规范条文说明2.0.3

资料来源:根据多种文献汇编

历史街区(historic districts)既是国内外常用的学术概念,也经常用作法定名词❶,它强调

---

❶ 2002年《中华人民共和国文物保护法》修订前,"历史街区"是各地地方法规中普遍使用的法定名词,相当于后来文物保护法中的"历史文化街区",但可由县级以上地方政府指定和公布。至今,苏州等地的地方法规中仍以历史街区作为法定名词,见:苏州市历史文化名城名镇保护办法[Z].苏州市人民政府令第33号,2003。在美国,"Local Historic District"也是法定名词,张松译为"地方历史地段",也可译为地方历史街区。见:张松.历史城市保护学导论[M].上海:上海科学技术出版社,2001:182-183

的是城市和城镇中具有生活内容的局部地段,是历史地段的重要类型之一。在国际文献中,相当于《内罗毕建议》中的 historic urban quarters,《华盛顿宪章》中的 historic center 和 historic quarter。我国学术界通常也将小型历史城镇纳入历史街区的范畴。我国目前城市化发展迅速,绝大多数历史城镇的现代行政区划范围已经远远超出了其历史上的地域范围,其作为遗产保护研究对象的往往只是其古城(镇)区,即只是其现代市(镇)域的一部分,相当于其历史中心(historic center)或历史镇区,因此,可以将其纳入历史街区的研究范围。

本书之所以选择"历史街区"为研究范围来探讨建筑遗产保护中的适应性市政工程技术,其主要原因如下:

(1) 当前我国现存完整的历史城区数量极少,但历史街区数量多、分布广,已经成为我国历史文化名城保护工作的重心。

(2) 历史街区具有一定的面积和人口规模,其市政工程设施可作为区别于城市其他地区、相对独立的系统进行研究。

(3) 历史街区的概念涵盖范围较广,既包括城市中的局部地段,也包括小型历史城镇,既可指已经各级政府公布的法定的历史文化街区、历史文化保护区、历史街区,也可指尚未列入或已进行规划、准备列入法定历史文化街区的历史遗存集中、风貌较为完整的城市区域。

(4) 更为重要的原因是,历史街区概念侧重表达生活的延续性,而街区居民生活和发展所需的各类市政工程建设和区内建筑遗产保护的矛盾是本书研究的起点和重点。无生活内容的古遗址和一般文物保护单位,虽然也需要一定的市政设施,但必要的设施种类和容量较小,一般不会与遗产保护发生激烈矛盾。

0.1.2 市政工程技术的概念

本书的主要内容是历史街区保护中的市政工程技术。市政工程的概念和市政、基础设施两个概念是分不开的。

市政有广义狭义之分。广义的市政是指城市的公共权力机关为了解决各种问题,有效地管理城市公共事务,实现城市公共利益而进行的各种形式的公共政策的制定、执行、监督、评估的过程,以及城市公民利益群体等对公共政策的各种影响活动❶。狭义的市政就是指其中与城市技术性基础设施工程有关的建设、管理等公共事务,一般称之为市政工程。

我国城市基础设施的定义也分为广义和狭义。广义的城市基础设施是"既为物质生产又为人民生活提供一般条件的公共设施,是城市赖以生存和发展的基础"❷。广义城市基础设施分为城市社会性基础设施和技术性基础设施两大类。社会性基础设施包括:行政管理、金融保险、商业服务、文化娱乐、体育运动、医疗卫生、教育、科研、宗教、社会福利和大众住房。技术性基础设施包括:能源系统、水资源与给排水系统、交通系统、通信系统、环境系统和防灾系统,即狭义的基础设施概念。

狭义的基础设施和市政工程的概念基本接近,都是指为保证城市生产、生活等各项经济社会活动的正常进行所需的交通、供电、燃气、供热、通信、给水、排水、防灾、环境卫生设施等各项城市工程系统。相比较而言,基础设施的概念主要用于城市经济、产业发展等研究领域,一般

---

❶ 王佃利,张莉萍,任德成.现代市政学[M].北京:中国人民大学出版社,2004:5
❷ 戴慎志.城市工程系统规划[M].北京:中国建筑工业出版社,2004:1

多用于城市级的宏观层面;市政工程的概念主要用于城市建设的管理、规划设计和施工领域,适用于从城市到居住区的各个层面,在各级政府的机构设置(市政工程局、处等)、城市规划设计中最为常用。由于本书是以历史街区保护规划的设计和实施为研究范围,因此书中主要采用市政工程的概念,而只在涉及投资等问题的部分段落中采用基础设施的概念。

在市政工程各具体分项内容的划分上,国内外都没有固定的标准,一般根据研究和表述的重点而变化,如可以将交通工程作为市政工程的分项之一,也可并称交通与市政工程;可以将电力与电信系统并称电力电信系统,也可将电力、燃气、供热系统合称城市能源系统。本书在历史街区保护所需的各项市政工程技术中,主要研究了对历史街区的空间和风貌保护影响较大的交通、给水、排水、电力、电信、燃气、供热、消防等 8 个子项及其管线综合技术,而对环境卫生等无需管网设施、主要依靠管理而对空间要求不高的子项,以及防洪、抗震等非历史街区范围可以讨论的城市总体范畴的市政技术子项不作研究。

0.2 我国历史街区市政工程技术的现状问题

0.2.1 历史街区市政设施落后的现状亟须改善

从我国各地历史街区的现状看,市政基础设施落后的情况十分普遍,不但制约着居民生活质量的提高和街区的发展,而且也不利于历史街区的保护。具体而言,市政基础设施落后可能给历史街区带来的不利影响主要有以下几个方面:

1) 大气和水环境污染加剧

大多数历史街区缺乏完善的污水系统,污水未经充分处理就排入自然水体,或因管网陈旧、容量不足而经常渗漏或漫溢,会加剧地表和地下水的污染。城市燃气和供暖管网的缺乏,区内炊事、采暖使用燃煤或柴草的比例较高,不但能源效率较低,更会加剧大气的粉尘污染。

2) 制约居民生活质量的提高

市政基础设施落后是制约我国历史街区居民生活质量提高的主要原因。消防和防灾设施的不足,直接威胁着居民的生命财产安全;给排水到户率、厨卫配套率低,造成居民生活不便和卫生健康隐患;道路交通、电力电信设施不足,影响居民出行和享受现代电器、电信设备的便利性和舒适性。

3) 老龄化加剧和经济衰退

历史街区环境品质和居住质量的低下,不符合居民对现代生活的向往,年轻和有经济能力的居民大量迁出,加剧了社会结构的老龄化,经济能力和消费水平下降。同时基础设施容量和发展空间的不足,限制了旅游、商业和服务业等的发展,迫使原有的学校、医院、工厂等企事业单位外迁,区内公共服务设施和就业岗位减少,造成经济衰退。

4) 影响遗产的安全、风貌和价值

历史建筑火灾危险性高、结构安全性差,电力、电信线路老化和消防防灾设施的不足,可能直接导致建筑遗产的损毁甚至灭失。架空线缆盘根错节,交通拥挤混乱,停车场、变电站、调压站等地上市政场站选址和设计不当,路灯、太阳能热水器和空调等设施安装随意,这些都影响历史街区传统风貌的完整性。交通和市政条件落后会限制街区旅游的发展,也影响其艺术和科学价值的展示和社会价值的实现。

5）影响街区和遗产保护制度的存亡

如果历史街区的市政设施落后的现状长期得不到改善,上述各种不利因素会使公众对历史街区的价值及其保护的必要性产生怀疑,甚至把市政设施的落后归结为历史文化遗产的落后,将改善市政设施的希望寄托于道路拓宽和街区拆迁改造,不但可能成为开发商破坏历史街区的借口,更会动摇遗产保护制度的公众意识根基,最终影响到历史遗产保护制度的存亡。

0.2.2　历史街区保护缺乏适应性市政技术体系

在当前我国历史街区的保护实践中,尚未建立起适合历史街区特点的市政工程技术体系,既缺乏正确的技术观念和工作方法,也没有充足的技术手段储备。一方面,加大了历史街区市政工程的经济代价和决策难度,使得某些历史街区市政设施落后的现状迟迟得不到改善;另一方面,也常常导致因改善市政基础设施而破坏历史街区的真实性和完整性。

1）适应性技术手段不足

历史街巷是传统风貌和遗产真实性保护的重要内容,其密集而狭窄的空间特点与市政工程的常规技术手段和现行规范的空间要求之间存在着显而易见的矛盾。由于缺乏针对历史街区的建设标准,缺乏适应历史街区特殊性、与历史街区保护目标相协调的市政工程设计研究,大多数历史街区的市政工程一直按照一般的城市建设标准和常规技术手段进行规划设计和建设,常常因满足交通和市政管线敷设的"客观"需求而放弃历史街区保护要求。

如北京旧鼓楼大街和鼓楼西大街拓宽"改造的一个重要原因就是加强市政设施的建设,提高居民的生活条件。埋设上水、下水、电信、煤气等管线则要求拓宽道路,而这同样对缓解交通压力有积极意义"❶。与此相类似,苏州干将路的拓宽改建也是为了满足西部新区和东部园区之间交通需求,解决"古城中部的小街小巷多少年来无法解决的基础设施(特别是排污管道的设置)问题","通过干将路大改造,使水、电、煤气、通讯等各种管道得以在城市中心地带向两侧辐射,为各个街坊改造提供了基础设施的先决条件"❷。

历史街区的空间特点和保护要求与现行市政规范和常规技术手段的矛盾固然存在,但在科学技术高度发展的今天,解决这些问题的技术和产品研发并不算复杂,并且实际已经存在着许多适用于解决这些矛盾的市政材料、设备和技术。但在当前历史街区市政工程实践中,大量的产品、技术及其对历史街区的适用性不为市政技术人员所了解和认知,有的历史街区在实践中摸索出的宝贵经验没有得到总结和推广,更缺乏具有针对性的技术和产品的创新研究,故而没有足够的、系统的适用技术储备,难以同时满足具体而多样的保护和发展需求。

2）技术观念和工作方式不当

历史街区的市政技术问题除了技术手段本身储备不足外,也缺乏正确的技术价值观和工作方法。首先,大量的市政技术实践缺乏可持续发展观的指导和对历史街区保护与发展二重性的认识,缺乏正确的技术价值观和对市政技术价值产生和实现过程中的社会建构及其调控手段的认识,不自觉地放纵工具理性而背弃价值理性的约束,片面追求技术系统的内在价值而

---

❶ 戴舒华,谢炜,王佳琳,等.老北京的脊梁正被拆除 专家呼吁停扩旧鼓楼大街[N].新京报,2004-7-6
❷ 阮仪三.护城踪录——阮仪三作品集[M].上海:同济大学出版社,2001:15

忽视社会系统的外在价值要求。具体表现在市政规划设计人员缺乏遗产保护意识，在遗产保护和市政技术要求发生冲突时不能正确处理二者关系。其次，政府、居民和规划设计单位是历史街区市政技术的三大主体，他们具有各自不同的利益追求和影响技术成果的方式。目前的历史街区市政技术实践中缺乏适当的工作方式，既不能防止各主体对不当利益的追求，也不能保证各方正当利益在技术上的共同实现，具体表现在部分政府主管部门在历史街区保护方向上偏重经济、政绩等功利性目标，在政策、管理、设计费用和工作周期上不重视居民生活所需的市政工程规划设计；居民缺乏适当的组织形式和参与方式，难以形成反映居民实际需求的共同意见，对技术决策的影响力较弱；部分规划设计单位在市政工程专业技术力量上配备不足，在工作程序上缺乏与遗产保护、物质空间以及社会经济规划的充分协作，市政工程规划往往流于空泛，且缺乏和遗产保护目标的协调。

因此，在我国目前城市化发展与文化遗产保护矛盾尖锐的背景下，有必要尽快地研究和建立适合历史街区特点的市政工程技术体系，为历史街区市政工程实践提供价值观念、应用理论、工作方法和适应性技术措施的指导，在符合遗产保护要求的前提下改善我国历史街区市政基础设施落后的现状，为历史街区居民及其建筑遗产的生存和可持续发展提供技术支撑。

0.3 国内外历史街区市政技术研究的状况

0.3.1 与历史街区市政基础设施相关的国内外规范性文献回顾

无论是与历史街区保护相关的宪章、宣言、建议等国际文献，还是我国的有关法规、规范，都将市政基础设施作为历史街区保护的重要内容之一，既要防止不适当的市政基础设施建设对历史街区的破坏，也要改善历史街区市政基础设施落后的现状，以实现人民生活水平的提高和街区的复兴。

1) 国际文献中有关历史街区保护和市政基础设施的内容

尽管1931年第一届国际历史纪念物建筑师与技师大会制定的《雅典宪章》❶以考古遗址的保护修复为主要内容，尚未涉及市政基础设施的问题❷。但1933年，同样在雅典召开的国际现代建筑学会（CIAM）制定的《雅典宪章》就已经提出了城市交通和古建筑保护的关系原则❸。1960年代后开始提出历史街区保护的概念，1962年法国（Loi Malraux）"马尔罗

---

❶ The First International Congress of Architects and Technicians of Historic Monuments. The Athens Charter for the Restoration of Historic Monuments [Z]. 1931. 英文版下载自国际古迹遗址理事会（ICOMOS）官方网站：http://www.icomos.org/docs/euroch_e.html，2007-10-10

❷ 本书引用的宪章等英文文献的中文翻译，均综合参考了陈志华、傅朝卿、国家文物局文物法规库等多种中文翻译文本，并以英文原文为准进行了取舍和调整，故只注明英文版本来源，不一一列举所参考的中文译本。少数未能校核原文，或主要以某一种译本为依据的英文和其他语种文献，均注明中文译本来源。

❸ 国际现代建筑学会. 雅典宪章[Z]. 1933. 中文译本来自清华大学营建系译，《建筑师》第4期第252页。宪章第三部分"有历史价值的建筑和地区"中指出："有历史价值的古建筑均应妥为保存，不可加以破坏……在所有可能条件下，将所有干路避免穿行古建筑区，并使交通不增加拥挤，亦不使妨碍城市有机的新发展。在古建筑附近的贫民窟，如作有计划的清除后，即可改善附近住宅区的生活环境，并保护该地区居民的健康"。

法"最早通过立法将有价值的历史街区划定为"保护区"❶。同年,联合国教科文组织(UNESCO)《关于保护景观和遗址的风貌与特性的建议》❷中明确要求在修建道路、高低压电线、沟渠等市政和基础设施工程时,应采取预防性措施保护景观和遗址免受危险。虽然没有针对历史街区,但已经注意到了市政工程和遗产保护之间的矛盾。

1975年以后,世界范围内的历史街区保护进入了快速发展期。欧洲议会将1975年设立为欧洲建筑遗产年,并通过了《欧洲建筑遗产宪章》❸和《阿姆斯特丹宣言》❹。宪章要求将具有特色的老城镇和村庄作为整体进行保护,并强调建筑遗产保护与人民生活、区域与城镇规划的整合。宣言进一步要求规划者应采取特殊的规划目标与规划原则以保护建筑遗产美学与文化价值。同年,日本修订了《文化财产保存法》❺,将"传统建筑物群保存地区"增列为主要的保护类型之一,要求制定包括道路、市政、防灾等基础设施改善内容的保护措施。1976年,联合国教科文组织《关于历史地区的保护及其当代作用的建议》❻建议各成员国从整体上保护包括历史街区在内的各类历史地段及其周边环境,并使其与当代生活相协调。建议要求对城市基础设施、道路系统、通讯网络等进行研究,建立城市或农村生活所需的市政服务和供应系统的一般条件,避免因架设电杆、高塔、电线或电话线、安置电视天线及大型广告牌而带来的外观损坏,精心规划和控制与整体相协调的广告、霓虹灯、其他各种商业招牌以及人行道与各种街道设备,并特别强调应探讨解决汽车交通与城市结构和建筑艺术质量之间的矛盾。1982年,美洲建筑遗产保护研讨会发表《特拉斯卡拉宣言》❼,强调与通信、卫生、教育、电气等有关的公共市政服务部门必须充分认识并欣赏文化遗产的价值及其在维持社区整体性方面的益处,否则其行为即使有最好的动机,也会对小型城镇等的保护造成损害。

1987年,国际古迹遗址理事会(ICOMOS)《保护历史城镇与城区宪章》正式确立了包括历史街区在内的历史城镇和城区的保护的概念、方法和原则。宪章对保护所需的交通和基础设施的规划提出了要求:"当代生活所需要的新的功能和基础设施应该适应历史城镇和城区的特点","历史城镇和城区的交通必须管制,停车场必须妥善规划以不伤害区内的历史肌理和环境","历史城镇和城区的交通可达性应该改善,但城市和区域规划中的高速公路不得穿越其中"❽。2005年,UNESCO《会安草案——亚洲最佳保护案例》提出应建立在道路等基础设施建设之前进行文化影响评估的体系,并要求"相关专业人员就应当开展相

---

❶ 张松. 历史城市保护学导论[M]. 上海:上海科学技术出版社,2001:139
❷ UNESCO. Recommendation concerning the Safeguarding of Beauty and Character of Landscapes and Sites [Z]. 1962 下载自联合国教科文组织(UNESCO)官方网站:http://portal.unesco.org/en/ev.php-URL_ID=13067&URL_DO=DO_TOPIC&URL_SECTION=201.html
❸ Congress on the European Architectural Heritage. The Declaration of Amsterdam, 1975. 下载自ICOMOS官方网站:http://www.icomos.org/docs/amsterdam.html,2007-10-10
❹ Council of Europe. European Charter of the Architectural Heritage, 1975. 下载自ICOMOS官方网站:http://www.icomos.org/docs/euroch_e.html,2007-10-10
❺ 日本《文化财保护法》的中文译本依据:王军. 日本的文化财保护[M]. 北京:文物出版社,1997.附录
❻ UNESCO. Recommendation concerning the Safeguarding and Contemporary Role of Historic Areas[Z]. 1976。下载自联合国教科文组织(UNESCO)官方网站:http://portal.unesco.org/en/ev.php-URL_ID=13133&URL_DO=DO_TOPIC&URL_SECTION=201.html
❼ ICOMOS. Declaration of Tlaxcala, 1982. 下载自ICOMOS官方网站:http://www.icomos.org/docs/tlaxcala.html,2007-10-10
❽ ICOMOS. Charter for the Conservation of Historic Towns and Urban Areas (Washington Charter)[Z]. 1987。即《华盛顿宪章》,下载自ICOMOS官方网站:http://www.international.icomos.org/home.htm,2007-10-10

关交通研究,将保护与基础设施的建设和城镇规划相整合",最后针对历史城区和遗产群落的保护提出了优先制定交通变更路线、划定步行区域、制定执行空气净化政策等具体的方案❶。

2)我国历史文化名城保护法规中对历史街区基础设施改善的要求

在我国历史文化遗产保护的发展历程中,随着历史街区保护制度的建立和相关法规的完善,基础设施的改善已经成为历史街区保护的一项重要内容。尽管早在历史街区保护制度建立以前,我国文物古迹及历史文化名城保护的相关法规❷中已经注意到道路、桥梁等基本建设项目的影响,但直到1994年颁布的《历史文化名城保护规划编制要求》❸中仍没有针对市政设施的具体要求。

1996年,历史街区保护(国际)研讨会❹和1997年建设部转发《黄山市屯溪老街历史文化保护区保护管理暂行办法》❺的通知,标志着我国历史文化保护区制度的建立。通知正式将"积极改善基础设施,提高居民生活质量"作为历史文化保护区中历史街区保护的三大原则之一❻,暂行办法也相应地包括了对道路、交通、供电、电信、燃气、消防、卫生等市政公用设施的管理办法。鉴于我国历史街区中市政基础设施问题的重要性和紧迫性,1996年我国开始设立历史文化名城保护专项资金,用于"重点历史街区的保护规划、维修、整治"❼。《申请历史文化名城保护专项资金补助项目的规划设计技术规定》中明确规定,专项资金主要用于补助历史街区基础设施建设和建筑修缮两方面工作,其中首要的是市政基础设施建设,包括为历史环境所需的供水(含消防)、排水、供热、燃气、电线入地等基础设施的新建或维修、改善❽。

2000年,ICOMOS中国国家委员会颁布了《中国文物古迹保护准则》❾,建议密集建筑群和历史街区(村镇)应编制防火、防洪、防灾等专项规划。2001年,国家计委、建设部、文物局发布《关于申请和使用国家历史文化名城保护专项资金有关问题的通知》❿,决定在"十五"期间继续设立该项资金,并再次明确"专项资金用于补助历史街区市政基础设施建设和环境整治"。

---

❶ UNSECO. HoiAn Protocols for Best Conservation Practice in ASIA[Z]. 2005.中文版依据:国家文物局.国际文化遗产保护文件选编[G].北京:文物出版社,2007
❷ 如:国务院批转国家建委等部门关于保护我国历史文化名城的请示的通知[Z].国发[1982]26号,1982-2-8
❸ 建设部,国家文物局.历史文化名城保护规划编制要求[Z].建规[1994]533号,1994-9-5
❹ 由建设部城市规划司、中国城市规划学会、中国建筑学会联合在安徽黄山召开,会议的主要论文发表于《建筑学报》1996年第9期
❺ 该办法的全文可参见:王涛.江苏省历史地段综合价值和管理状况评估模式研究[D]:[硕士学位论文].南京:东南大学,2001.附录二
❻ 历史街区保护的三大原则是:"首先它和文物保护单位不同,这里的人们要继续居住和生活,要维持并发扬它的使用功能,保持活力,促进繁荣;第二要积极改善基础设施,提高居民生活质量;第三要保护真实历史遗存,不要将仿古造假当成保护的手段"。见:王景慧,阮仪三,王林.历史文化名城保护理论与规划[M].上海:同济大学出版社,1999:12
❼ 财政部,财政部关于印发《国家历史文化名城保护专项资金管理办法》的通知[Z].财预字[1998]284号,1998-9-14
❽ 改规定的全文可参见:王涛.江苏省历史地段综合价值和管理状况评估模式研究[D]:[硕士学位论文].南京:东南大学,2001.附录六
❾ 国际古迹遗址理事会中国国家委员会.中国文物古迹保护准则[S]. Los Angeles:the Getty Conservation Institute, 2004
❿ 国家计委,建设部,文物局.关于申请和使用国家历史文化名城保护专项资金有关问题的通知[Z].计社会[2001]2397号,2001-11-16

2002年修订的《中华人民共和国文物保护法》❶正式以"历史文化街区"的名义确定了历史街区的法律地位。2003年,建设部颁布《城市紫线管理办法》❷,将历史文化保护更好地纳入了城市规划的统筹范围,并强调改善基础设施的重要性和基础设施规划建设中的保护优先原则。办法规定,"历史文化街区内的各项建设必须坚持保护真实的历史文化遗存,维护街区传统格局和风貌,改善基础设施、提高环境质量的原则。"

2005年,新修订的《城市规划编制办法》❸发布,办法要求历史文化街区必须编制保护性详细规划,详细规划的内容必须包括交通规划、市政工程和管线综合规划。同年,《历史文化名城保护规划规范》❹颁布,该规范适用于历史文化名城、历史文化街区的保护规划,确立了保护历史真实载体,保护历史环境,合理利用、永续利用的保护规划原则,对保护规划的具体内容、方法作出了规定,并对道路交通、市政工程、防灾和环境保护规划的内容作了较为具体的规定,如道路系统要保持或延续原有道路格局;应完善市政管线和设施,当市政管线和设施按常规设置与文物古迹、历史建筑及历史环境要素的保护发生矛盾时,应在满足保护要求的前提下采取工程技术措施加以解决。

0.3.2 与历史街区市政工程技术相关的文献研究综述

1) 部分涉及历史街区市政工程技术的基础性研究文献

本书的研究涵盖建筑遗产保护、城市规划、道路交通、市政工程等多个学科,各个学科中都有一些研究文献部分涉及了历史街区市政工程技术。国内研究方面,《国外历史环境的保护和规划》❺较早地研究了交通与历史城区保护的关系。《罗哲文历史文化名城与古建筑保护文集》❻中有数篇论文关注历史城市的道路交通问题。《历史文化名城保护理论与规划》❼中概略介绍了苏州、黄山等地历史街区市政设施改造的情况。《护城踪录——阮仪三作品集》❽收录的部分历史文化名城和历史街区保护案例有对交通和市政规划的简单介绍。《城市化发展与文化遗产保护》❾专门论述了历史街区交通、市政基础设施问题和适应性规划设计的原则。《当代北京旧城更新:调查·研究·探索》❿强调了市政基础设施的"有机更新",并在基础设施改善、交通等方面提出了一些具体措施。《现代城市道路交通规划》⓫以专门的章节讨论了道路交通规划与城市历史文脉保护协调发展的问题,提出的部分原则和本书观点基本一致。《中国古建筑与消防》⓬、《古建筑电气装置与火灾预防》⓭分别对古建筑(群)的消防和

---

❶ 中华人民共和国文物保护法[Z],2002
❷ 城市紫线管理办法[Z].中华人民共和国建设部令第119号,2003
❸ 城市规划编制办法[Z].中华人民共和国建设部令第146号,2005
❹ 历史文化名城保护规划规范(GB 50357—2005)[S].2005
❺ 王瑞珠.国外历史环境的保护和规划[M].台北:淑馨出版社,1993
❻ 罗哲文.罗哲文历史文化名城与古建筑保护文集[M].北京:中国建筑工业出版社,2003
❼ 王景慧,阮仪三,王林.历史文化名城保护理论与规划[M].上海:同济大学出版社,1999
❽ 阮仪三.护城踪录——阮仪三作品集[M].上海:同济大学出版社,2001
❾ 单霁翔.城市化发展与文化遗产保护[M].天津:天津大学出版社,2006:29
❿ 方可.当代北京旧城更新:调查·研究·探索[M].北京:中国建筑工业出版社,2000
⓫ 李朝阳.现代城市道路交通规划[M].上海:上海交通大学出版社,2006
⓬ 李采芹,王铭珍.中国古建筑与消防[M].上海:上海科学技术出版社,1989
⓭ 蔡裕康,宋金海.古建筑电气装置与火灾预防[M].北京:中国建筑工业出版社,2004

电气与消防工程作了专门研究。《历史街区保护规划的可操作性研究》[1]通过案例探讨保护规划的可操作性,其中包括交通和市政规划的部分内容。《历史街区保护的实施问题研究》[2]总结了部分国家历史文化名城保护专项资金资助街区的市政、消防和交通工程的实践经验和问题。

国外历史街区保护问题的相关研究主要集中于保护政策[3]、管理[4]、经济产业复兴[5]、公众参与和保护运动[6]等方面,仅有极少数著作,部分涉及历史街区的市政工程技术的相关内容。《城市规划的保护与保存》[7]对历史城市街巷格局保护理论和交通问题作了独到的研究,Saving Historic Roads: Design and Policy Guidelines[8]对历史道路的设计和管理政策做了研究。The Conservation of Historic Buildings[9]从历史建筑(群)的角度讨论了消防、给排水、电气设施更新等问题。Lighting Historic Buildings[10]专题介绍了历史建筑室内外照明的设计。

2) 针对我国历史街区市政工程技术的专门性研究文献

对于我国历史街区市政技术的专门研究开始于2000年以后,其中具有综合性的研究成果有两项。一是2002年同济大学戴慎志教授指导的学位论文《我国旧城居住区更新中的城市基础设施建设研究》[11],该论文是旧城居住区(包括历史街区)市政技术专门研究最早的重要成果,总结了以周庄为代表的江南古镇的规划和实施中对市政技术卓有成效的尝试,涉及给排水、燃气、电力、防灾等内容,并探讨了基础设施的政策、资金、管理等问题,尤其对给排水问题的探讨十分深入,对本书的帮助较大;二是2006年出版的《北京旧城历史文化保护区市政基础设施规划研究》[12],是与该书同名的科研课题历时3年的成果总结,由北京市规划委员会组织,北京市城市规划设计研究院承担,北京市政管理委员会等13家市政相关单位共同参加。结合北京南池子等25片历史文化保护区的基础设施规划,在国内第一次进行了对历史街区市政规划技术的全面研究(交通规划除外),是一项富有建设性和开创性的重大成果。

其他关于历史街区市政技术的专门研究以单项技术研究为主。消防方面,2003年《历史街区保护中的适应性消防对策》[13]较早对历史街区和现代规范的冲突及其适应性的消防对

---

[1] 孙萌.历史街区保护规划的可操作性研究[D]:[硕士学位论文].上海:同济大学,2001
[2] 桂晓峰.历史街区保护的实施问题研究[D]:[硕士学位论文].北京:中国城市规划设计研究院,2003
[3] 如:[英]Pickard R. Policy and Law in Heritage Conservation[M]. London: Spon Press, 2001
[4] 如:[英]Pickard R. Management of Historic Centres[M]. London: Taylor & Francis, 2001
[5] 如:[英]史蒂文·蒂耶斯德尔,蒂姆·希思,[土]塔内尔·厄奇.城市历史街区的复兴[M].张玫英,董卫,译.北京:中国建筑工业出版社,2006
[6] 如:[美]Pratt Cassity, Byrd Wood. Maintaining Community Character: How to Establish a Local Historic District. Washington: National Trust for Historic Preservation, 2001
[7] [美]纳赫姆·科恩.城市规划的保护与保存[M].王少华,译.北京:机械工业出版社,2004
[8] [美] Paul Daniel Marriott, National Trust for Historic Preservation. Saving Historic Roads: Design and Policy Guidelines[M]. New York:John Wiley & Sons,1997
[9] [美] Feilden B M. The Conservation of Historic Buildings[M]. Oxford: Architectural Press, 2003
[10] [美] Derek Phillips. Lighting Historic Buildings[M]. New York: McGraw-Hill Professional, 1997
[11] 袁媛.我国旧城居住区更新中的城市基础设施建设研究[D]:[硕士学位论文].上海:同济大学,2002
[12] 北京旧城历史文化保护区市政基础设施规划研究课题组.北京旧城历史文化保护区市政基础设施规划研究[M].北京:中国建筑工业出版社,2006
[13] 李新建,李岚.历史街区保护中的适应性消防对策[J].城市规划,2003,27(12):55-59

策作了系统的研究。2005年《历史街区的防火问题研究》[1]对古代火文化和历史街区防火进行了更为详尽的研究。交通方面,2003年《西安鼓楼历史街区道路交通规划研究》[2]以西安鼓楼历史街区为例,较早较系统地进行了历史街区道路交通规划的专门研究。2008年《机动化背景下历史街区交通发展与规划研究》[3]和2011年《历史城区交通组织模式与设施配置方法研究》[4]两篇博士论文,是与本书平行的,系统、深入研究历史街区交通技术的最新成果。

此外,历史街区市政技术的专门研究成果还包括《敞亮敞亮——北京旧城历史文化保护区市政基础设施建设》[5]、《历史文化街区的胡同宽度研究》[6]、《意在笔先 源流兼治——规划专家刘小石谈北京旧城交通解决方案》[7]、《历史街区的道路交通规划研究——以"三坊七巷"为例》[8]、《对北京旧城历史文化保护区胡同照明设施改造的看法》[9]等为数不多的结合历史街区案例的市政工程研究,《大鹏古城保护与改造一期工程(市政)》[10]、《门东长乐渡老城复兴项目修建性详细规划附件二:交通专项规划》[11]等极少数历史街区的市政工程专项规划。

3) 文献综述结论

总体而言,目前我国历史街区市政工程技术的专门研究刚刚起步,虽然已经有了一定的基础,但研究成果的数量较少,且在广度、深度、理论性、前瞻性、综合性上均有所不足,尚未能构建适合历史街区特点的市政工程技术体系。

(1) 横向上仍然局限在对部分市政专业技术的研究,缺乏对历史街区交通和各市政专业的适用技术及其相互关系的全面研究和系统整合。

(2) 纵向上往往局限在某项技术应用本身,缺乏对每个专业从原理、理论到技术和技术规范,再到材料、设备、施工、管理、技术研发的深入性研究。

(3) 以市政规划设计中的实用技术措施为主,没有对历史街区市政规划的技术哲学、技术观念和设计机制等的理论性研究。

(4) 以现行规范下的技术选择为主,缺乏基于技术原理、产品研发和行业趋势的前瞻性技术探讨。

(5) 缺乏从遗产保护、城市规划、道路交通、市政工程及哲学、社会学、经济学等多学科交叉的综合性研究。

---

[1] 胡敏.历史街区的防火问题研究[D].[硕士学位论文].北京:中国城市规划设计研究院,2005
[2] 陈丽华.西安鼓楼历史街区道路交通规划研究[D].[硕士学位论文].西安:西安建筑科技大学,2003
[3] 惠英.机动化背景下历史街区交通发展与规划研究[D].[博士学位论文].上海:同济大学,2008
[4] 叶茂.历史城区交通组织模式与设施配置方法研究[D].[博士学位论文].南京:东南大学,2011
[5] 陈蓬勃,陈景丽,苏云龙.敞亮敞亮——北京旧城历史文化保护区市政基础设施建设[J].北京规划建设,2005(4):87-90
[6] 赵波平,徐素敏,殷广涛.历史文化街区的胡同宽度研究[J].城市交通,2005(03):45-48
[7] 文爱平,刘小石.意在笔先 源流兼治——规划专家刘小石谈北京旧城交通解决方案[J].北京规划建设,2005(05):184-188
[8] 陈玲娜.历史街区的道路交通规划研究——以"三坊七巷"为例[J].福建建筑,2006(06):41-44
[9] 于景萍.对北京旧城历史文化保护区胡同照明设施改造的看法[J].照明工程学报,2006,17(B01):1-1
[10] 深圳市市政工程设计院.大鹏古城保护与改造一期工程(市政)[Z].2005
[11] 南京大学建筑研究所.门东长乐渡老城复兴项目(原南门老街)修建性详细规划[Z].2006

0.4 本书的研究目标和意义

本书从历史街区保护与发展中最尖锐的技术矛盾入手,综合运用建筑遗产保护、城市规划、道路交通、市政工程及哲学、社会学、经济学等人文学科的相关理论和方法,研究历史街区市政工程技术的哲学理论、应用理论和工作方法,并从遗产保护和建筑学的视角选择、集成和整合各市政专业中适用于历史街区保护和发展的各种技术措施,从而初步构建历史街区适应性市政技术体系。这一研究成果将促进建筑遗产保护学科的发展,为历史街区市政工程实践提供理论、方法和具体技术的支持,在保护文化遗产的同时,提高居民的生活水平和发展能力,成为历史街区可持续发展的重要技术基础。

0.4.1 历史街区市政技术体系与理论建构

(1) 对城市交通、给水、排水、电力、电信、燃气、采暖、消防、管线综合等各市政专业的理论、方法和具体技术措施进行研究和梳理,并从对于历史街区遗产保护的适用性出发进行技术选择和集成创新,协调并整合成为支撑历史街区可持续发展的市政技术系统,是对遗产保护、城市规划、交通规划、市政工程四大学科以及哲学、社会学、经济学等人文学科的交叉研究,在研究领域和方法上具有一定的开拓性。

(2) 从哲学的高度建构了与历史街区可持续发展相适应的市政技术价值观,包括确立社会建构的技术哲学立场,理解技术价值的产生、实现及其调控理论,强调历史街区市政技术中价值理性的重要性,确立在人文和技术价值发生冲突时的人文价值优先原则。上述研究不但适用于历史街区市政技术,而且对于建筑与文化遗产保护相关的各类技术的哲学立场具有普遍的指导意义。

(3) 在技术应用理论上,通过居住环境理论和资源公平性的再认识,阐明历史街区市政建设标准的"适度差异"原则,同时讨论我国历史街区相关规划设计规范的不足,指出了现行市政技术规范体系调整的法律基础和"性能化"趋势。

(4) 在工作方法上,探讨历史街区的市政技术各主体——政府、居民、规划设计单位的行为特征及其调控措施,提出历史街区保护规划中市政技术的一般原则,指出历史街区市政规划编制中存在的问题,并提出了市政工程规划与遗产保护及物质空间规划、经济社会发展规划之间的互动和专业间协同的工作程序。

0.4.2 历史街区市政工程适应性技术研究

(1) 通过实地调查和文献研究,以提高居民生活设施供应水平、实现自然和文化生态的可持续为目标,回顾历史街区市政设施的历史发展,探讨分析其现状问题及其成因,总结各历史街区市政工程实践中的经验教训,探讨现行技术规范对于历史街区的适用性。

(2) 从历史街区建筑遗产和风貌保护的要求出发,将分散在各地实践和各学科文献中的、规范内或规范外的、已普及或新发明的、高科技或低技术的各种适用的技术原理、规范、材料、设备、设计、施工和管理措施进行收集、整理、分析、选择、改进和整合。

(3) 对未来的技术发展趋势和适合历史街区的新材料、新工艺、新技术及研发方向作了具有前瞻性的探讨。

（4）从建筑学和传统风貌保护的角度出发，探讨了历史街区各类市政设施的选址、选型和外观的"风貌化"设计原则。

0.5 本书的研究方法和框架

0.5.1 研究方法

本书研究循着"国情中的实践问题归纳——哲学理论研究——实地调研、文献研究和需求分析——关键技术选择——集成创新——系统建构"的思路，综合运用建筑遗产保护、城市规划、道路交通、市政工程及哲学、社会学、经济学等学科的相关理论和方法，全面研究历史街区保护中的适应性市政技术，并构建其理论和技术体系（参见图0.1）。

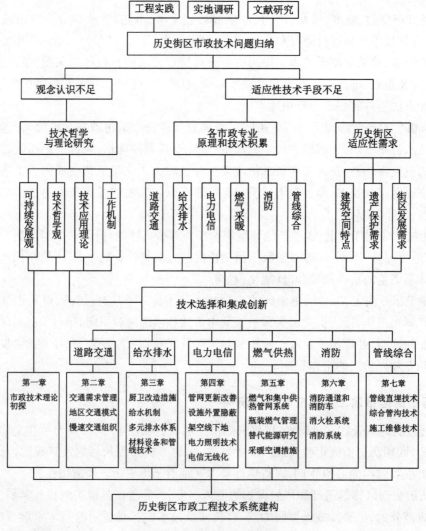

图0.1 技术路线及框架结构图*

---

* 书中未注明资料来源的图表均为作者自绘

1）国情中的实践问题归纳

本书的选题缘起于参与多项历史街区保护规划实践的过程中所面临的具体而多样的市政技术问题，它们不仅来自于历史街区独特的物质空间形态和现代市政技术规范的矛盾，而且来自于当前我国经济与城市化发展和社会变革带来的人地矛盾、阶层矛盾、保护与发展的矛盾。对这些实践问题的理性归纳和技术层面内外的思考，是本书研究工作的起点。

2）人文及技术理论研究

即便从市政工程与遗产保护之间最表观的空间冲突来看，历史街区的市政技术问题也不能只研究具体的技术措施。事实上，由于本书研究的终极目标是人、城市和历史街区的可持续发展，所以在技术路线上虽然以遗产保护、城市规划、交通和市政各专业理论和技术原理的探讨和技术应用为主体，但同时也初步运用了哲学、社会、文化、经济等人文学科的部分理论来阐述市政技术和人的关系，探讨适用于历史街区的市政技术的理论和工作机制，并将之作为本书的前提性研究，以确保相关市政技术研究与应用的正确方向。

3）实地调研、文献研究和需求分析

在历史街区保护规划实践和本书的理论研究过程中，通过实地考察、专家咨询、市民访谈、现场资料收集等具体手段对我国各地历史街区的市政现状和规划建设情况进行了调研，发现问题、分析问题并总结各地实践经验教训。同时结合大量历史街区保护规划文本以及相关著作、学位论文、期刊论文，全面了解历史街区保护中市政设施现状和规划、设计及实施的情况，对其中的利弊得失进行综合比较分析，为需求分析和实用性技术积累资料。

在现状调研的基础上，在技术哲学及应用理论的指导下，通过对建筑文化遗产保护、城市规划，以及交通、给水排水、电力电信、燃气供热、消防、管线综合等市政工程各专业的基本理论、技术标准和最新研究成果的广泛研读，分析历史街区保护不同于一般城市建设的市政工程技术需求，研究历史街区保护中市政工程技术的基本理论和一般原则，作为指导关键技术选择的标准和集成创新的方向。换言之，探讨历史街区特殊性所需的定性和定量相结合的市政工程适应性需求的具体内容。

4）关键技术选择

技术选择是当代软科学的重要研究领域，它是以需求为导向，从具体的需求出发，发掘相关技术，并对其可行性、适用性、经济性进行系统化、层次化的筛选分析，从中确定满足需求所需要的技术解决方案或技术研发项目建议的过程❶。

本书引入技术选择研究方法，在对历史街区市政工程需求分析的基础上，挖掘各市政专业中与历史街区保护要求相关的材料、设备、工艺、规划、设计、标准、管理等各项既有技术，并对其在历史街区保护中的可行性、适用性、经济性进行系统化、层次化的筛选分析，从中确定可以满足历史街区特殊的市政工程需求的技术解决方案，并对这些解决方案的特点和存在的问题进行分析。鉴于历史街区市政工程技术系统的庞大和复杂，本书只对其中不同于一般城市地区的若干关键技术的选择过程和结果进行详细的分析论述。

5）集成创新

技术选择的本质是一种具有实用性和针对性的整合和集成创新。技术选择的对象不仅包括现有技术，还要包括未来可能出现的技术。技术选择的成果包括了能解决当前问题的技

---

❶ 北京市科学技术委员会. "十一五"期间北京城市建设与管理科技需求调研报告[R]. 北京，2007

解决方案和对于当前技术进行集成和深入研发以期在未来解决问题的技术研发项目。建议两种方式,即集成和创新两个方面❶。

技术创新的方法有原始创新、消化吸收再创新和集成创新。原始创新是原理、方法、理论体系的创新,成本高、周期长。集成创新、消化吸收再创新是对现有产品、结果、技术、功能进行集成、组合、移植,针对性强、实用性强、见效快。城市建设领域具有典型的生产应用型技术特征,其科学研究主要通过观察发现问题,通过联想思维、分析、整理、完善等工序来解决问题,通过组合、类比的方式进行创新❷。

本书的研究领域属于城市建设领域,研究对象是历史街区保护中的适应性市政工程技术,是历史街区保护和市政工程技术的交叉研究,其目的主要不在于新材料、新技术、新工艺的发明,而是从历史街区保护理论和原则出发,根据对历史街区市政工程特殊需求的研究,对各相关领域现有存量技术进行选择和整合,对尚不能满足历史街区需求的现有技术和规范标准,提出未来调整、集成、组合、移植的创新发展方向。

6) 系统建构

本书综合运用建筑遗产保护、城市规划、道路交通、市政工程及哲学、社会学、经济学等人文学科的相关理论和方法,从历史街区市政技术的哲学和应用理论,到技术主体、工作机制和规划设计原则,再到适应历史街区特殊性的道路交通、给水排水、电力电信、燃气供热、消防、管线综合等各市政专业技术的原理、规范、材料、技术、施工和管理等方面进行全面的研究,初步完成历史街区适应性市政技术的系统建构。

0.5.2 结构框架

本书正文部分共为七章。第一章为历史街区市政技术理论初探,第二章至第七章分别研究历史街区保护中道路交通、给水排水、电力电信、燃气供热、消防、管线综合等各专业的适应性技术,涉及适用于历史街区的原理、规范、材料、设备、设计、施工和管理等各方面技术措施。本书结构组织如图0.1所示。

---

❶ 北京市科学技术委员会. "十一五"期间北京城市建设与管理科技需求调研报告[R]. 北京,2007
❷ 李德应,罗龙,刘健. 论城市建设的技术创新[J]. 城乡建设,2002(4):10-11

1 历史街区市政技术理论初探

历史街区的空间特点和保护要求与常规市政技术应用的矛盾虽然是显而易见的,但在科学技术高度发展的今天,解决这些问题难题的技术和产品研发并不算复杂,并且实际已经存在着许多适用于解决这些矛盾的市政材料、设备和技术。当前历史街区市政技术的问题是既缺乏针对性的技术和产品创新,又缺乏对现有的适用技术普遍、充分和正确的应用。有的适用性产品、技术不为历史街区市政技术人员所了解和认知,有的由于不符合现行规范而被排斥,还有的是由于技术人员的疏懒轻忽而被遗忘,更多的是由于技术价值观、长官意志、规划周期和经费等非技术因素而未能得到应用。因此,本书首先对历史街区市政技术工作中的技术哲学理论、应用理论和工作方法进行初步的探讨,这是决定技术工作的目标和成效的重要前提,也是本书后续各章具体技术研究的理论基础。

1.1 历史街区二重性决定市政技术复杂性

历史街区既是一个特定的城市区域,也是一类特定的文化遗产,其在城市职能和遗产构成上都表现出明显的二重性,这种二重性决定了历史街区保护与发展的需求并存,也决定了历史街区市政技术的复杂性。

1.1.1 历史街区城市职能的二重性

城市是一个典型的巨系统,它是由诸多不同的要素按不同级别层次有序地组成一个整体。历史街区作为其中的一个组成部分,在职能层次上不同于文物古迹,在职能性质上不同于城市其他地区。

在城市职能层次上,历史街区属于城市(镇)的一个区域,区内混杂着以居住、公共设施两大类用地为主的各种用地,在功能上具有一定的综合性,具有丰富的城市生活和发展内容❶。文物保护单位、古迹遗址的用地一般属于公共设施大类中的文物古迹用地,用做其他用途的也可归入相应的某种单一用地类型,在城市中只承担某种特定的功能。因此,历史街区在城市职能层次上高于文物古迹,它包含了丰富多彩的城市生活和发展内容。

在城市职能性质上,历史街区不同于城市中其他居住区、商业区等区域。城市中各区域都有其基本的城市生活和发展内容,但根据其土地适用性、建设现状、基础设施、土地利用总体规划、生态环境、文化遗存、社会状况等各种因素,往往有其适宜的或规划设定的主要功能发展方

---

❶ 根据《城市用地分类与规划建设用地标准》(GBJ 137—90),城市用地分类采用大类、中类和小类三个层次的分类体系,共分 10 大类,46 中类,73 小类。居住用地大类代号为"R"。公共设施用地大类代号为"C",其中文物古迹用地中类代号为"C7",包括具有保护机制的古遗址、古墓葬、古建筑、革命遗址等用地,不包括已作其他用途的文物古迹用地,该用地应分别归入相应的用地类别

向,各种分工侧重不同的区域相互补充、整合为城市。历史街区是城市中保存历史城市和建筑遗产及非物质文化遗产较为丰富,能够比较完整、真实地反映一定历史时期传统风貌或民族、地方特色的特定区域,城市总体规划和历史文化名城保护规划从城市文化保存或整体文化建设的角度出发,划定其范围并冠以"历史文化街区"、"历史文化保护区"、"历史街区"等各种名称予以保护,以发挥其独特的历史文化保存与展示的城市职能。

因此,历史街区的城市职能具有保护和发展的二重性:一是其城市生活的继续和发展;二是历史文化遗产的保护和展示。

1.1.2 历史街区遗产构成及保护方式的二重性

历史街区不仅有遗存至今的历史街巷、历史建筑等物质文化遗产,而且有传统的居民邻里,他们的社会关系、生活方式和集体记忆是"为这些社区和群体提供认同感和持续感,从而增强对文化多样性和人类创造力的尊重"❶的非物质文化遗产。因此,历史街区所要保存的特性包括"历史城镇和城区的特征,以及表明这种特征的一切物质的和精神的组成部分"❷,即历史街区的保护包括了物质文化遗产和非物质文化遗产的保护,这就是历史街区遗产构成的二重性。

历史街区遗产构成的二重性直接决定了保护方式上的二重性。物质遗产的载体是街巷、建筑、构筑物等物质实体,物质实体的保护主要是保持其历史原貌。非物质遗产的主要载体是人的生活,具体而言就是区内居民的生产生活,保护非物质文化遗产首先是延续人的生活并促进其提高和发展。因此历史街区的遗产保护本身也具有保护和发展的二重性。

1.1.3 保护与发展的矛盾与市政技术的复杂性

即便不考虑来自历史街区外部的城市空间、经济和人口压力,历史街区自身城市职能和遗产构成的二重性已经带来了保护与发展在空间争夺和资源再分配上的矛盾。历史街区密集的传统建筑和狭窄的传统街巷既是作为历史文化遗产的一部分受到保护的物质空间,也是居民日常的生产生活空间,因而应该具备满足居民生存和发展需求的基本的现代物质生活条件,这就需要在这一给定的狭窄的传统空间内提供交通、给水排水、电力电信、燃气采暖、消防等市政设施。但正如本章后文论述的那样,现代市政技术在技术发明和技术规范制定时,并未考虑对历史街巷的适用性,其在物质空间需求上的规定性往往和历史街巷空间保护的要求发生矛盾,导致了历史街区市政技术的复杂性。

1.2 可持续发展理论在历史街区市政技术中的应用

可持续发展理论是为了解决工业化发展与环境资源的矛盾而提出的,随着可持续发展理论的不断发展和成熟,特别是其被确立为指导我国未来方向的科学发展观的核心思想后,历史

---

❶ 非物质文化遗产,指被各社区、群体,有时是个人,视为其文化遗产组成部分的各种社会实践、观念表述、表现形式、知识、技能以及相关的工具、实物、手工艺品和文化场所。这种非物质文化遗产世代相传,在各社区和群体适应周围环境以及与自然和历史的互动中,被不断地再创造,为这些社区和群体提供认同感和持续感,从而增强对文化多样性和人类创造力的尊重。摘自《保护非物质文化遗产公约》(中文版),下载自联合国教科文组织官方网站:http://portal.unesco.org/culture/en/ev.php-URL_ID=35235&URL_DO=DO_TOPIC&URL_SECTION=201.html

❷ ICOMOS,Charter for the Conservation of Historic Towns and Urban Areas(Washington Charter),1987. 即华盛顿宪章,下载自:http://www.international.icomos.org/home.htm,2007-10-10

街区保护与发展的矛盾有了统一的理论基础,而适应性市政技术是历史街区可持续发展的技术支撑之一。

1.2.1 可持续发展思想的发展

可持续发展思想起源于"人类只有一个地球"的生态环境与资源保护理念。1987年出版的《我们共同的未来》❶中,WCED(世界环境与发展委员会)正式提出了可持续发展的概念,即在满足当代人发展需求时,不能危及后代人满足需求及选择生活方式的可能性,因此要求有效、有节制地利用不可再生资源,维持可再生资源的良性循环,保护人类唯一的生存环境——生物圈。

1992年世界环境与发展大会发表《21世纪议程》(Agenda 21)❷宣言,可持续发展理论得到进一步发展,由原来只关注生态环境和自然资源的可持续,拓展至经济、社会文化、生态环境的综合可持续发展,形成了生态持续是基础,经济持续是条件,社会持续是目的,建立人类生活的全方位研究发展与可持续的关系,以实现人类社会的永续健康发展。

1993年,中国政府积极响应《21世纪议程》,结合人口、环境与发展等方面的国情,组织编制完成《中国21世纪议程》,提出了促进中国经济、社会、资源和环境相互协调的可持续发展战略目标❸。

2002年,南非约翰内斯堡召开的可持续发展世界首脑会议发表《关于可持续发展的约翰内斯堡宣言》(Johannesburg Declaration)❹,重申对可持续发展的承诺,并强调人性尊严、公平、相互关怀、消除贫困等促进人类发展的目标。

2003年7月28日,胡锦涛总书记在全国防治非典工作会议上指出,要更好地坚持协调发展、全面发展、可持续发展的发展观。同年10月中旬,中共十六届三中全会明确提出了"坚持以人为本,树立全面、协调、可持续的发展观,促进经济社会和人的全面发展"。至此,科学发展观成为我国"从新阶段党和国家事业发展全局出发提出的重大战略思想",其核心思想就是可持续发展❺。

1.2.2 可持续发展原则在历史街区市政中的应用

当前可持续发展理论的内涵已经远远超出了环境保护的范畴,几乎包容了人类生活的方方面面,不同专业、不同角度的可持续发展理论及其应用研究成果丰硕,但对可持续发展概念的理解则不尽统一,其中不乏断章取义、各取所需之弊,本书无意深究,仅就已成共识的五个基本原则对历史街区市政技术的影响作出阐释。

1) 历史街区市政中的发展原则

发展的原则是指可持续发展以满足人的全面发展需求和综合生活质量为最高目标❻。历

---

❶ 世界环境与发展委员会. 我们共同的未来[R]. 长春:吉林人民出版社,2007
❷ 联合国环境与发展大会. 21世纪议程(Agenda 21)[Z]. 1992。中文版全文下载自联合国官方网站:http://www.un.org/chinese/events/wssd/agenda21.htm
❸ 刘培哲. 可持续发展理论与中国21世纪议程[M]. 北京:气象出版社,2001
❹ 中文版参照:联合国. 约翰内斯堡可持续发展宣言[J]. 环境保护,2002(10):1-2
❺ 新华网. 新华资料:科学发展观[EB/OL]. http://news.xinhuanet.com/ziliao/2005-03/16/content_2704537.htm. 2007-8-1
❻ 发展的原则是指可持续发展不只是满足人类简单的生存繁衍和产品低层次的扩大再生产,而是以满足人的全面发展需求和综合生活质量为最高目标。发展是人类永恒的主题,是人类共同的愿望和权利。可持续发展理论将发展作为第一原则,因此得到了世界各国的普遍接受。

史街区的可持续发展不是维持现状，更不是要回到似乎更为"生态环保"的农业时代的生活状态，所以不能采用博物馆式的"封存一切"的保护方式，更不能采用影视城式的"复古一切"的保护方式，而应以街区经济社会的发展为目标。具体到市政技术方面，不能仅仅依靠对现有市政设施的修修补补勉强度日，更不是要回到"倒马桶"的时代，而是要切实让历史街区的居民享受到现代市政带来的生活的便利和舒适，或者说，要通过市政设施的改善使得历史街区古老的街巷和建筑具备适应现代生活需求的物质环境。

2) 历史街区市政中的公平原则

可持续发展的公平原则是指机会的平等，包括代内公平、代际公平和区际公平三个方面❶。历史街区的设立并保护，其主要原因就是要实现当代和后代在享有历史文化资源方面的代际公平。历史街区的可持续发展，不仅要保护自然生态环境，更重要的是保护区内丰富的物质和非物质文化遗产，从而保护当代文化生态环境，为后代人保留享有这些历史文化资源的机会。所以历史街区市政设施除了要通过普及清洁能源、提高污水处理率、减少汽车使用等手段保护自然生态环境外，还要有助于保护历史街区的物质和非物质文化遗产。

历史街区可持续发展的区际公平和代内公平原则主要是要保证街区居民享有和城市其他地区居民平等的发展机会，改变居民低收入状况，同时也要通过开放展示、旅游等方式提供区外公众接近、了解、保护历史文化遗产的机会。这要求一方面要为历史街区居民的生活提供较便利的城市现代市政设施服务，另一方面要为街区内产业发展和居民就业提供市政设施支撑，尤其要考虑街区对外交通的便利和旅游的发展。

3) 历史街区市政中的持续性原则

持续性原则❷是指应在保持自然和文化生态平衡的前提下合理利用资源，这就要求历史街区在保护和更新手法上不能采用大拆大建的发展方式，而应在保护自然和文化资源的前提下采取小规模渐进更新的方式，特别要保护原住民继续居留的权利以保护原有的社会结构，防止街区"缙绅化"的趋势。在保护工作方式上，不能仅仅静态地依靠一次性的保护规划和实施，还要有动态的、不断完善的长期监控、管理和修缮改善工作。

具体到历史街区的市政技术方面，尽管市政管网自身的系统性不同于建筑单体，往往需要整体规划设计和施工，但无论如何某些地区为埋设市政管线将历史建筑整体拆除，等地下车库、设备室和管线施工完成后再"原样恢复"的做法是不可取的，也不应将街区居民全部腾空以求市政改善工程的方便和彻底，而应采取缜密的分期、分片腾空和施工方案，保证街区生活的持续性。历史街区市政工程延续性的含义还包括，除了工程建设外，应建立代表历史街区居民利益、熟悉历史街区特殊性，并负责长期监控、管理和维护市政设施的机构。

4) 历史街区市政中的共同性原则

共同性原则是指世界各国、整个人类的可持续发展是一个需要协同和合作的共同体❸。

---

❶ 代内公平指发展要使当代人有均等的机会来实现他们对美好生活的向往，消除贫富悬殊、两极分化。代际公平指当代人的发展不能损害后代人的资源需求和发展的机会。区际公平指不同地区之间平等地享有利用资源的权利和分担保护的责任。

❷ 持续性原则可以理解为公平原则的延伸，即人类的活动不能超出自然和文化资源环境的承载力，而应在保持自然和文化生态平衡的前提下，合理利用资源，实现健康的持续性发展。

❸ 共同性原则是指世界各国、整个人类的可持续发展是一个需要协同和合作的共同体。它承认各国历史文化和发展水平的差异，承认可持续发展能力、目标、具体步骤和政策标准上的差异，并要求发达国家有责任对发展中和不发达国家进行帮助，特别要求优先保证贫困人群和弱势群体的发展权。

无疑,历史街区和城市其他地区的可持续发展也是一个共同体。鉴于我国历史街区的物质空间环境受到保护、基础设施不足、居民收入较低等方面的劣势,城市尤其是历史街区周边的其他区域,有责任在发展空间、基础设施、就业和公共设施等方面给予历史街区更多的援助和优先发展权。

具体到市政设施方面,由于历史街区的空间保护要求,区内道路和市政设施一般仅以满足区内居民生活和发展要求为目标,原则上不考虑兼顾城市及周边地块的市政需求,这就是历史街区市政的"区内自足"原则。对于历史街区发展需要,街区传统空间中无法容纳的大型停车场、变电站等市政设施、站点,应尽量设置在历史街区周边的其他地区,或提高周边现有设施容量、加大服务半径以满足街区需求,即"设施外置"原则。共同性原则同时也决定了历史街区市政可以采用不同于城市一般地区的规划建设标准,即市政标准的"适度差异"原则。

5) 历史街区市政中的整体性原则

整体性原则是指发展和保护是一个有机的整体,保护不是对发展趋势的阻碍,而是以公平、可持续、共同性来限制发展的方式❶。我国历史街区保护的问题在于长期将保护与发展相互对立。表现在保护规划上,保护规划视发展为洪水猛兽,只谈保护和整治,避而不谈发展。历史街区的实际发展方向主要依据城市或分区控规、详规及旅游、交通、市政等专项规划,而这些规划的编制由于编制时间、人员配备、编制水平等各种因素往往没有充分理解保护的需求,和保护规划之间龃龉甚多。表现在机构设置上,文物(文化)和建设部门各行其政而缺少协作。偶有冠以"保护与发展规划"之名的规划文本,送交文物保护或名城建设部门审批则要求删除或淡化发展内容,以免为发展担责;送交规划、建设部门审批则又嫌束手束脚、缺乏创意,经济性和操作性差。其结果是,历史街区成为双方角力的战场,总是在"彻底改造"和"什么都不许动"这两个极端之间跳跃。

历史街区可持续的整体性原则就是以可持续思想统一历史街区的保护与发展。基于可持续发展的历史街区保护规划以实现历史街区在自然环境、文化环境、经济、社会各个方面的可持续发展为目标,这一点和城市其他地区的可持续发展规划并无不同,但历史街区的保护规划的重点和难点在于如何选择合适的发展方式,在实现物质(建筑遗产)和非物质历史文化资源(传统社会网络和生活价值)的代际公平和可持续(保护)的同时,保证代内公平、区际公平、可持续等其他目标的全面实现。一言以蔽之,历史街区及其市政技术的各项保护和发展目标是一个完整的统一体,任何割裂和片面都是不正确的。

1.3 历史街区市政技术的技术、哲学观

1.3.1 技术中性论的批判及其意义

在技术是否具有社会属性,或者技术是否具有价值的问题上,存在着两种对立的观点:技

---

❶ 整体性原则是指发展和保护是一个有机的整体,这可以理解为对发展、公平、可持续、共同性四原则整体关系的总结。发展是主体和方向;公平是对发展方式的限制,以保证每个人平等的发展机会;可持续是代际公平的延伸,是对发展方式的限制,是发展的终极目标所在;共同性是代内和区际公平的延伸,也是发展方式的限制目标之一。公平、可持续、共同性三原则将"保护"这一动词转化为三个明确的形容词,不仅是将保护的目标具体化,更在本质上将"保护"的概念从对发展趋势的阻碍修正到对发展方式的限制,将保护的需求融入发展之中,实现了保护和发展的统一——可持续发展。

术中性论与技术价值论。其中技术价值论又分裂为技术决定论和技术建构论。技术中性论(value-neutral)的代表人物梅塞纳认为："技术为人类的行动创造了新的可能性，但也使得对这些可能性的处置处于一种不确定的状态。技术产生什么影响，服务于什么目的，这些都不是技术本身所固有的，而取决于人用技术来做什么"❶，即"技术本身"是中性的"工具"，关键看人如何应用它。

技术的工具性是正确的，但没有解释出技术的本质，正如说"历史街区建筑质量差"是正确的，但没有解释历史街区的本质一样。技术中性论是一种传统的技术观，近代物理学和第一次工业革命出现以前的古代技术，往往是简单的、易于控制的，因而表现为"中立"的工具性。但现代技术的发展，使得技术中性论越来越受到质疑。如在历史街区保护中，现代交通和市政工程技术的应用客观上对街区风貌造成了损害，但显然这并非设计者和技术人员应用技术的目的。因此，技术中性论不是研究历史街区市政技术的有效的技术观，其危险在于疏忽了对技术过程本身的考察和批判，可能产生对技术的放纵。但技术中性论直觉地强调了技术主体——人的责任，提醒我们重视历史街区保护观念的正确与否。

1.3.2 技术决定论的批判及其意义

技术价值论者的共同点是认为技术"荷载"价值，即有其自身的价值判断。技术决定论(Technological Determinism)认为"技术已经成为一种自主的技术"❷，技术包含了某些它本来意义上的后果，循其自身的踪迹走向特定的方向，表现出某种特定的结构和要求，引起人和社会做特定的调整，这种调整是强加于我们的，而不管我们是否喜欢。"技术构成了一种新的文化体系，这种文化体系又构建了整个社会"❸。所以，技术规则渗透到社会生活的各个方面，技术成为一种自律的力量，按照自己的逻辑前进，支配和决定着社会、文化的发展。

技术决定论是1970年代以前关于技术发展的理论中最具影响力的一个流派，它客观地描述了西方近现代工业社会发展的特征，并且伴随着近代以来西方的殖民活动和工业化在全球的拓展，这种发展原则几乎被所有国家都认可。现代化、工业化和经济增长型发展模式虽然成就了我国经济、技术和人民物质生活水平的快速增长，但其背后隐藏着技术决定论的深层技术观念基础，导致环境资源和历史文化的巨大代价。具体到历史街区市政技术，全社会从政府到设计人员到居民都不同程度地存在着技术决定论的思想，虽然认识到历史街区保护的必要性，但更深信现代技术的先进性及其规范的合理性，从而为满足交通、市政的规范要求而不断拆房拓路，在提高居民物质生活水平的同时，损害了历史街区风貌的完整性。当然，需要强调的是，我们批判技术决定论，但并不否定技术的客观规律，也鼓励对客观规律的探索。

1.3.3 社会建构论是历史街区保护的技术哲学立场

和技术决定论相反，社会建构论(Social Constructivism)认为技术发展依赖于特定的社会

---

❶ Emmanul G Mesthene. Technological Change: Its Impact on Man and Society [M]. New York: New American Library, 1970:60. 转引自：高亮华. 人文主义视野中的技术[M]. 北京：中国社会科学出版社,1996:12

❷ Jacques Ellul. Technological Society [M]. New York: Alfred A. Knopf, Inc. , 1964:14。转引自：李宏伟. 技术的价值观[J]. 自然辩证法通讯,2005(05):13-17

❸ Winner. Autonomous Technology [M]. Cambridge, Mass. : MIT Press, 1977:17。转引自：李宏伟. 技术的价值观[J]. 自然辩证法通讯,2005(05):13-17

情景,技术活动受技术主体的经济利益、文化背景、价值取向等社会因素决定,在技术与社会的互动整合中形成了技术的价值负载,技术不仅体现技术价值判断,更体现出广泛的社会价值和技术主体利益。

社会建构论是1960年代后工业社会的后现代思潮在技术哲学领域的反映,从海德格尔对技术本质的追问开始,经过哈贝马斯、安德鲁·芬伯格等人的发展,目前已经成为主流的技术哲学思想并仍然处于迅速的发展之中,包括了当前的科学知识社会学(SSK,Sociology of Scientific Knowledge)、技术的社会形成论(SST,Social Shaping of Technology)、科学技术与社会学(STS,Science,Technology and Society)等相关研究门类❶。总体上,社会建构论把社会发展的目标由追求技术的进步转移到追求社会的和谐上来,是一种和可持续发展观相呼应的技术哲学理论,是适合我国当前建设可持续发展的和谐社会目标的技术哲学观,因而也是城市规划、历史街区保护规划及其市政技术所应秉持的技术哲学观。

在社会建构的层面,历史街区保护规划及其市政技术的规划、设计和实施过程是由不同的社会角色参与和调控的过程。因此研究和调控政府官员、技术人员、街区居民、各市政专业公司等历史街区规划主体各自的利益诉求和干预方式,对于历史街区可持续发展和建设和谐社会具有重要的意义。

本书的技术研究基于社会建构论的技术哲学立场,并非以技术社会学等技术主体的研究为目标,而主要是在这样一个观念下来研究历史街区市政工程的规划设计技术及其机制。技术既不是救世主,也不是不可变异的铁笼,而是一种新型的文化框架,其中充满了问题,因而是可变的,或者说是可选择的❷。

1.4 历史街区市政技术及其价值的产生与实现

前文已经讨论了技术中性论、技术决定论和社会建构论等不同的技术价值观的区别,本节再从技术发生学的角度探讨技术及其价值的产生和实现,以此分析各技术价值观的哲学根源,并就其对历史街区市政技术的应用和启迪进行论述。

1.4.1 技术的发明及其现实价值、预期价值和潜在价值

从发生学角度看,技术可以分为技术发明和技术应用两个阶段。技术并非自然而然出现的,而是来自人的技术发明。技术发明是发明主体(以科研人员为主)在社会需求的推动下,设定特定的预期目标,凭借对自然物质及其规律的认识(即科学知识),寻求并最终获得可实现目标,并且可控制的物质变换过程的方法,这种方法就是"技术本身"。

"技术本身"是一个客观物质过程,受制于自然规律,构成了技术的第一客观实在性——自然属性。发明"技术本身"的动力和预期目标来自人和社会的需求,这构成了技术的第二客观实在性——社会属性。

技术中性论的核心观点认为"技术本身"和石块、树枝一样由人使用才发生影响,因而是中性的,只有使用价值,而没有社会价值,即没有价值。但事实上,"技术本身"并不是像石块、树

---

❶ 安维复.走向社会建构主义:海德格尔、哈贝马斯和芬伯格的技术理念[J].科学技术与辩证法,2002(06):33-38
❷ [美]安德鲁·芬伯格.可选择的现代性[M].陆俊,严耕,等,译.北京:中国社会科学出版社,2003:2

枝一样是自然产生的"天然工具",而是社会中的人根据社会的需求发明的"人工工具",它凝聚了科学知识、社会需求、人的脑力和体力劳动,因此已经实现了价值。因此,技术的发明、设计阶段而非实用阶段,在技术形态上则表现为技术的设想、构思、图纸、说明书或者展品、样品,已经实现了一定的认识价值和美学价值❶。

"技术本身"对于人的使用方式有一定的社会规定性。虽然自然工具对使用方式也有一定的规定性,但其规定性完全来自其内在的质与量的规定,比如石块的重量决定了它可以用来捶打木桩。"技术本身"的规定性则主要来自人在发明技术时对其应用价值的预期,即"预期价值",比如市政井盖也是重物,但显然我们发明它是希望它或者说规定它作为各种市政井口的保护盖,这就是它所"荷载"的"预期价值"。"预期价值"是一种潜在的价值,只有通过技术应用才能得到实现。但技术的潜在价值并不只有"预期价值",还有其他许多已知或未知的,积极(符合主体的需要)或消极的"潜在价值",它们由于技术自身的质和量的规定而客观存在,并也能在特定的环境下得以实现。

因此,技术发明是一个"社会—自然"的过程,是自然属性和社会属性的统一体,它在社会化的过程中已经产生了应用价值,"荷载"着通过应用才能实现的"预期价值",并且这种"预期价值"受到历史和社会环境的限制。技术中性论者从技术发明、应用全过程中截取了"技术本身"的片断来考察,把技术看作是脱离了与社会环境相互作用的非历史的、现成的、静态存在的"工具",只看到技术的自然属性,而割裂了技术的社会属性,既不能解释技术从何而来,也不能解释技术如何自我实现,更无法考察技术与社会之间的复杂关系,因而是片面的。

1.4.2 技术的应用及其现实价值、不期价值和价值分裂

技术应用是在特定的社会历史环境下,应用主体(主要是甲方和设计人员)因某种需要,选择预期目标与之相符的技术,并提供一定的物质社会条件(即应用环境)来完成"技术本身"的物质转换,从而将其潜在的价值转换为"现实价值"的过程。"技术本身"的物质转换是一个遵循自然规律的客观物质过程,而技术应用的主体及其选择、应用环境以及最终的"现实价值"都是具有社会属性的,因此技术应用是一个"社会—自然—社会"的过程。

技术的物质转换过程是其社会价值由潜在通往实现的桥梁,而物质转换过程受到自然规律支配,这就是技术的自主性,是技术决定论的根基。技术决定论者虽然看到了技术的社会属性,但只强调技术的自主性(自然属性、技术规则、技术价值的内在禀赋和"预期价值")对社会的规定性,而没有正视社会属性对于技术自然属性的制约、引导作用。除了少数激进的社会建构论者之外,主流的社会建构理论既承认和尊重技术的自主性,又强调社会的引导和制约。具体而言,主要是通用技术选择和对技术应用环境的限制来引导和修正技术的自主性,以获取符合社会利益的正面"现实价值",并通过对"现实价值"的评价和分析确定下一步技术发明和技术选择的方向。

技术发明过程中虽然已经形成了"预期价值",但它并不能天然得到实现,而是要经过人的技术选择。技术选择往往是以技术"预期价值"和技术选择目标相一致为依据,但技术一旦应用,在"预期价值"得到实现的同时,根据应用环境的不同,其他某些潜在的价值也会在技术应用中得以实现而成为各种"不期价值",其中包括已知和未知的消极价值,即我们通常所称的

---

❶ 李宏伟.技术的价值观[J].自然辩证法通讯,2005(05):13-17

"副作用"。由于或多或少、或正或负的"不期价值"的加和作用,技术在实际应用中所表现出来的"现实价值"可能不同于,甚至迥异于"预期价值"❶。

某一技术在其设计、制造中总是突出凝聚着主体在某一方面的特定要求,致力于某一特定的技术性能的实现,而不可能满足人类各方面的所有价值要求,也不可能预见所有的不期价值。所以,尽管人的各种需要之间在其本质层面应该是协调统一的,但在特定的技术现实中,人的各种需要之间可能就是相悖的、矛盾的。当人们选择了某一技术,就常常不得不忍受它的"副作用",这就是技术的价值分裂,或者说是技术应用的两重性❷。这表明技术的潜在价值的内涵是非常丰富的。任何技术都有其历史局限性,越早、越全面地发现技术的各种质与量的潜在价值及其技术主体、技术应用环境的变化,可以通过在技术发明、选择和应用过程采取相应的措施以尽量减少其消极的"不期价值",利用其积极的"不期价值",这就是技术在实践中不断提高、完善其现实价值的过程。

1.4.3 技术及其价值发生学视野下的历史街区市政技术的调控

对于技术及其价值的发生的考察,让我们更加了解历史街区市政技术最终"现实价值"的形成过程和影响因素,也为历史街区市政技术的调控提供了方法上的启示。历史街区市政技术是一个较为笼统的称呼,大体上,各专业具体的技术手段相当于"技术本身",历史街区市政规划相当于技术选择和应用方式、应用环境的预设,历史街区市政工程的实施是技术的应用过程。

历史街区市政技术的实践程序往往始于独立开展的,或附属于历史街区保护规划的市政规划设计。历史街区的市政规划首先是一个技术选择的过程,一方面我们应该在可持续发展的原则下,全面理解历史街区的社会经济和空间物质现状、发展和规划目标,然后确定市政规划的目标和技术选择的原则。另一方面,我们应该充分掌握更多、更新的具体市政技术,并充分考察各技术手段的产生时代、发明主体、发明动机、预设应用环境、预期价值和以往应用中不期价值的利弊情况,尤其要全面挖掘和理解各技术手段质与量的规定,掌握其潜在价值及其实现的社会物质环境,然后选择预期价值与历史街区规划目标最接近,消极潜在价值最少的技术手段。

市政规划还是一个技术应用方式和应用环境预设的过程,以确保预期价值的实现和防止消极不期价值的实现。我国现行市政技术中的大多数形成于1990年以前以经济增长为发展导向的时代,当时历史街区保护制度尚未形成,发明主体的文化遗产保护意识不足,其发明动机主要是提高市政供应的数量、安全性、稳定性,其预设的应用环境往往是一般城市道路而未

---

❶ 以市政井盖为例,人们发明金属窨井盖是因为金属材质坚固耐久,有利于实现保护地下市政井和路面人车安全的预期价值,但金属价格较高的"潜在价值"没有被重视。近年由于社会治安下降的环境变化,各地不法之徒发现了井盖金属材料的经济价值,屡屡盗卖市政道路上的金属井盖,路面"黑洞"不但使市政管井易于损坏,更造成人车安全事故,即市政井盖的"现实价值"和"使用价值"之间发生了逆转。市政管井的空间体积、表面特征属性也规定了一定的潜在价值,一般情况下,这种潜在价值的实现和预期价值是合一的,但在一定的应用环境下,比如在历史街区的市政工程中,也可能转变成一种消极或积极的"不期价值"。比如一般城市管井的空间体积主要是从容纳市政设施和检修方便的角度出发,表面特征为简单的几何图案以及表明管井种类的文字符号,在一般的城市市政工程中,这些都整合在有效提高市政服务的预设目标下。但在历史街区的市政工程中,管井技术对于空间体积的"预设"与历史街区狭窄的地下空间发生了矛盾,对于表面特征的"预设"使其破坏历史街巷地面的完整性,这些都是市政管井技术在特定环境下应用的"不期价值"。

❷ 李宏伟.技术的价值观[J].自然辩证法通讯,2005(05):13-17

考虑历史街区的狭窄街巷,而"预期价值"是满足当时预期的居民物质生活需求。由于近年来我国社会大力弘扬可持续发展观,人民物质和精神需求迅速同步提高,再加上历史街区发展和保护的双重需求及其特定的物质和文化环境,不少具体市政技术在应用到历史街区时都要进行应用方式的调整并对调整后技术所需的物质、社会应用环境进行预设和规定。

尽管在特定市政规划的技术选择中,所供选择的市政技术数量是有限的,即便通过调整和集成也未必能完全满足技术选择的理想目标,但总体上,这些不能满足的需求将成为技术发明的动力和目标,而过程中对既有技术的分析、调整和集成将促进新技术的发明。

市政工程的实施通过创造市政规划预设的技术应用环境,应用经市政规划选择并调整过的市政技术,最终实现市政规划对各项技术的预期价值。由于资金、工期、施工人员、材料供应的变化,施工过程中可能遭遇未探明的地下文物等各种因素,市政工程的技术应用环境不可能和市政规划中的预设完全一致。因此有必要根据现场的实际情况进行规划调整,不断修正技术的应用方式和应用环境,必要时还要重新选择技术手段。

市政工程实施后,规划技术的预期价值得到实现,同时某些潜在价值实现为不期价值,还有的潜在价值在适当的物质和社会环境下还会继续转变为不期价值。因此,在市政工程实施后,应加强监管,防控可能出现的消极的不期价值,同时不断分析已出现的不期价值所揭示的技术质与量的潜在价值,总结经验教训,一方面反馈到技术发明,以促进更符合历史街区特定需求的新材料、新设备和新技术的产生;另一方面反馈到规划方面,作为先例为未来的技术选择和技术应用方式的调整和技术环境的预设提供参考。

需要重申的是,对历史街区市政规划技术的调控不仅来自技术人员,政府官员、街区居民、各市政专业主管部门和专业公司等各主体都可能并且应该"致力于确保在技术设计中表达自己的利益,通过下面的方式对技术设计施加影响,如提供或撤销资源、按自己的意愿规定技术的目的、使现有的技术安排符合自己的利益、为现存的技术手段安置新的方向等等"❶。

1.5 市政技术中的价值理性回归和人文价值优先

1.5.1 "现代化"背后的工具理性

在我国,"旧城改造"对历史城市和历史街区的巨大破坏是不争的事实,但其中除了少数的不法牟利行为外,大多数确实是出于"城市现代化建设"的良好愿望。为什么良好的愿望会导致错误的决策?我们可以直观地批评决策者"以高楼大厦、大马路为主的现代化"❷观念错了,更应该深究其"现代化"观念的实质。

"现代化"的概念是目前国内外社会科学界研究的热点,虽没有公认的完整定义,但一个基

---

❶ [美]安德鲁·芬伯格.可选择的现代性[M].陆俊,严耕,等,译.北京:中国社会科学出版社,2003:4
❷ 原北京市规划局局长刘小石先生曾说,"为什么有人就喜欢修大马路呢,这是因为在他们的眼中大马路、立交桥、高楼大厦是现代化的标志。……要通过'旧城改建'把一座历史名城改造成为以高楼大厦、大马路为主的'现代化'城市,就是观念错了。这样的'现代化',实际上是'西化'。采用这种以拓宽道路来解决交通问题的措施其实并非真心致力于解决交通问题,其所着重的乃是大马路显得'气派'、宏伟的艺术效果"。见:文爱平,刘小石.意在笔先 源流兼治——规划专家刘小石谈北京旧城交通解决方案[J].北京规划建设,2005(05):184-188

本的共识是,其内涵至少应包括物质、制度和人口三个基本面❶。到目前为止,我国从政府官员到公众的"现代化"观念仍停留在1990年代以前"经典现代化"的范畴,认为"从农业经济向工业经济、农业社会向工业社会、农业文明向工业文明转变的历史过程就是现代化"❷,并且打上了深深的"社会主义现代化"的烙印,是"具有明确政治经济导向的赶超过程,……对发展目标的选择过于功利化和物质化"❸。在城市建设上的外在表现就是追求现代化的物质成就(如高楼、大马路等)甚于制度、人口方面的成就(如规划、遗产保护等的制度和意识)。从深层意识形态看,为市政设施等物质层面的现代化而破坏建筑遗产的决策和技术行为,其动机固然有合理的一面,即从工具(合)理性的角度看是合理的,但缺少合理的另一面——价值(合)理性。

现代化的哲学思想基础是脱离宗教权威的理性(Reason)。马克思·韦伯将"现代化过程……看作是合理化的过程"❹,他继承康德的理论理性和实践理性二分的概念❺,将(合)理性二分为工具理性(Instrumental Rationality)和价值理性(Value Rationality)。价值理性是人自身本质的导向,是人对于价值问题的理性思考,并使自身的行为服务于他内在的某种对义务、尊严、美、宗教、训示、孝顺,或者某一种"事"的重要性的信念❻。工具理性是人作为主体在实践中为作用于客体,以达到某种实践目的所运用的具有工具效应的中介手段。工具理性借助于人的思维、观念、运算、操作等实践过程确认工具(手段)的有用性,从而追求物的最大功效,为实现人的某种功利而服务❼。价值理性与工具理性的统一是理性的最高目标,不断验证"人是人的最高本质"❽。

资本主义社会在发展工业现代化的道路上,工具理性与机器化大生产相适应,其追求有用性、追求物的功效最大化的天性迎合了社会对于技术、物质财富和生产力的渴求。在极大提高了资本主义生产力和富裕程度的同时,工具理性也抛弃了价值理性的约束而取得了统治地位,甚至意识形态化,对人的情感、道德、行为产生控制,形成了以力量、新奇、秩序、速度、效率为特征的审美旨趣,日益影响着国家政治、经济生活的走向。因此西方工业社会尽管取得了巨大的经济、技术成功,但同时也导致了社会伦理和人文精神等价值理性的迷失和对工具理性的失范,导致了环境污染、资源耗竭、历史城市建筑遗产的大量消失等不可持续的问题。1970年代,西方逐渐过渡到后工业社会,正是在对工业社会上述问题的人文主义反思产生了西方可持

---

❶ 汪伊举.现代化与现代性——历史·理论·关系[J].学海,2006(05):119-125

❷ 何传启.什么是现代化[EB/OL]. http://www.cas.ac.cn/html/Dir/2002/08/21/4717.htm,2007-10-20.引自中国科学院官方网站,作者为中国科学院中国现代化研究中心主任,文中与"经典现代化理论"相对的是包括"后现代化"和"第二次现代化"的"新现代化理论"

❸ 罗荣渠.现代化新论——世界与中国的现代化进程[M].北京:商务印书馆,2006:517-519

❹ [德]尤尔根·哈贝马斯.交往行为理论:行为合理性与社会合理化[M].曹卫东,译.上海:世纪出版集团,2004:209

❺ 理性原是一个哲学概念,最早由柏拉图提出,公元前2世纪的哲学家潘勒斯将其二分为理论理性和实践理性,18世纪末康德也按照潘勒修斯的见解,将理性分为理论理性与实践理性。理论理性把人的认识分为感性、知性和理性三个阶段,理性是认识的最高阶段,是人心中具有的一种把握绝对的、无条件的知识,超越一切经验之上。实践理性是指实践主体的意志,即规定道德行为的"意志"的本质,是一种伦理的范畴,强调人的主体性,成为反封建、反宗教神性的启蒙运动的重要理论基础,为资产阶级革命作了思想革命。参见:冒从虎,张庆荣,王勤田.欧洲哲学通史(下)[M].天津:南开大学出版社,1996:140-167

❻❼ [德]马克思·韦伯.经济与社会(上卷)[M].林荣远,译.北京:商务印书馆,2006:106,107

❽ 马克思名言,即指人本身的生存与发展、幸福与完善,应成为每个人和人类社会的根本目的。见:李淮春.马克思主义哲学全书[M].北京:中国人民大学出版社,1996:42

续发展的思想,社会目标由经济增长转向人类幸福,建筑遗产作为人类历史的见证而受到赞美和保护,并和自然资源一样确立了代际公平、永续保存的伦理原则。

反观我国,客观上经济发展仍然处于工业化的高速发展期,主观上既未能延续我国传统的道德价值观,也未能吸取西方工业社会价值理性缺失的教训,工具理性渗透到了社会制度和城市的方方面面,并且与强有力的国家机器和公有化制度相结合,工业化发展速度远高于西方,成就了我国国民经济和生产力持续高速增长,提高了我国的综合国力和人民生活水平,但同时也导致建筑遗产破坏的速度和严重程度也远高于西方。具体而言,工具理性使全社会表现出严重的功利性,"看得见的"经济增长速度成为发展的指导方针。审美上崇尚技术先进、新颖、宏伟、规整和速度。功利化的政绩观和官员考核制度使城市建设的决策者好大喜功、炫奇斗富,城市资金、智力资源往往投入工业、新区建设等效益高、见效快的方面,历史街区的保护和基础设施改善因为经济效益低而不受重视,即使保护也多以立面整治、三线下地等投资少、见效快的表面文章为主,所以历史街区市政设施等物质环境的缺陷长期得不到改善。在城市居民看来,陈旧、落后往往成为历史街区的主要意象,不符合他们追求物质生活改善的愿望,历史街区的价值被工具理性日益物化和贬低,保护的根基丧失殆尽。于是,偏重经济和物质目标的"现代化"及其背后的工具理性和审美倾向建构了政府财政、开发商利益、居民生活的合谋,使得历史街区推倒重来式的"现代化建设"和大拆大建式的"环境改造"畅行无阻。专家和少数有识之士出于价值理性的保护呼声在"现代化"发展的"硬道理"面前软弱无力。

1.5.2 可持续发展下的"价值理性"回归

可喜的是,近年来我国的宏观政策已经从强调经济增长的发展观转向可持续的科学发展观和建设和谐社会,以人为本、可持续、和谐等价值理性的准则将逐渐回归到引导、约束工具理性的地位❶。

人是自然属性、社会属性和精神属性的统一体,价值理性的约束实际上就是人的精神属性对自然和社会属性的约束作用。工具理性是人作为主体,对客体的规律性的认知和驾驭,以实现人的物质、社会、精神的全面需求。价值理性是工具理性的精神动力,工具理性是价值理性的现实支撑,二者统一于人类的社会实践。

在实践活动中,价值理性解决主体"为何做"、"可否做"的问题,而"如何做"的问题主要由工具理性来解决。具体到历史街区的市政规划建设,尽管本书在后面的章节中主要以具体的技术手段为主,属于工具理性的范畴,但本节需要强调的是,在每一步寻求具体技术手段之前必须要有基于价值理性的判断。在市政设计工作开始前的判断,首先要判断诸如迁走所有原有居民、开发旅游等目标是否正确,然后考虑如何规划才能满足目标。在市政设计工作前期,要判断如历史街区为城市交通分流的目标是否恰当,然后考虑如何分流。在具体道路规划中,要考虑历史街巷是否应该重新划定红线,然后才考虑这条红线有多宽、怎么划、可不可以拐弯等技术问题。

---

❶ 我国古代社会的传统技术主要以手工工具为主,直接由人来控制,价值理性对工具理性起着天然的引导和控制作用。现代机器化大生产后,基于工具理性的机器自身的固有规律常常压迫人做出某些违背价值理性的让步,比如为满足管道敷设空间而不得已拓宽历史街巷就是一例。我国当前科学发展观要求又好又快地可持续发展,就是通过人的自觉将价值理性的"好"回归到约束工具理性"快"的角色。

当然,由于人的精神、社会和物质需求之间,以及精神需求和物质需求的各要素之间,在现有的具体实现手段上,可能存在工具理性仍然无法解决的空间等方面的矛盾。对于历史街区而言,此时应在保证人的必要程度的生存发展需求的基础上,优先满足人的社会和精神需求,这是由历史街区技术系统的外部价值属性所决定的。

1.5.3 历史街区市政技术系统的外部价值优先

当我们把技术看作是历史街区社会中的一个子系统,与工具理性和价值理性相对应的概念是技术子系统的内在价值和外在价值。现代技术人文价值冲突的表现形式多种多样,但基本上都可以在技术的内在价值与外在价值的矛盾冲突中寻到根源。所谓现代技术的人文价值冲突就是指由现代技术所引发或者与现代技术相关联的所有个人、社会的人文理想、人文价值追求过程中的矛盾、冲突,比如历史街区市政交通技术常常和历史街区遗产价值的保护发生冲突。

技术的内在价值是使技术成为其本身所是的承诺,有效性是它的核心,可分析性和可计算性、可操纵性等都是这种价值的体现,它们构成了技术活动的内在目的和合理性标准,是技术的意义所在和技术进步的指向,也是技术活动和技术方法区别于人类其他活动和其他活动方法以及不能为其他活动所取代的根据。技术的合理性原则来自于技术的自然属性,大致上相当于工具理性,总是选择以最小的投入得到最大的产出的方式,这就是技术子系统"自组织"的动力。一般市政设计中进行的路网布置、红线宽度、容量、管径计算和选取基本都是基于其内在价值的判断,而技术规范则一般是对技术内在价值的约束。

但市政技术只是作为历史街区社会的一个子系统,所以它不但要有自己的内在价值,还要有一定的功能输出,服务于历史街区的大系统。如此,在社会运用中,技术的评价就不仅是技术功效的问题,更重要的是要看技术运用的社会效果,我们可称之为技术的外在价值。技术的外在价值,在本质上就是人的价值,即人在技术活动中所实现的自身的价值❶。对照技术的内在价值与外在价值,不难看出,技术的外在价值即人的价值具有绝对优先的地位,技术的内在价值相对于技术的外在价值来说,只能是手段而不是目的。历史街区大系统的特点是以遗产保护为特征的城市地区,市政技术的内部价值也要服从于历史街区的这一特征,这是处理历史街区市政技术和遗产保护矛盾的原则。

事实上,市政技术经常和历史街区发生矛盾。技术对于人的价值取向来说,只是具有手段价值、工具价值,但它又决不简单的仅仅是手段或者工具。德国著名技术哲学家F·拉普指出:"在工匠技术时代,手工工具由人直接来控制,为达到'外部'提出的技术目标可以用比较直接的方式来使用这些工具。相反,现代技术的高度专门化的复杂系统却是有自己规律的封闭领域。只有在人们愿意服从它本身固有的规律时,它才会产生预期的结果。这个仪器、装置和机器的世界远远不是中立的手段,它已与人相分离,表现为一种独立的力量,正在决定着现代社会的面貌"❷。功效等技术内在价值的提高对于技术系统自身来说可能具有根本性意义,但对于人类社会这个大系统来说它只是我们人类借以实现人类幸福的有效手段,技术的内在价值应服从于技术的外在价值。

---

❶ 方朝晖.技术哲学与技术的价值[J].哲学研究,1990(5):106
❷ [德]F·拉普.技术哲学导论[M].刘武,译.沈阳:辽宁科学技术出版社,1986

由于技术的工具理性、自主性,技术的内在价值和外在价值之间并不总是和谐统一的,技术的内在价值追求可能悖逆技术的外在价值追求,对于人性完满、生命充实、道德高尚、文化多元的悖逆就是对于人文价值的放逐和侵害,这是现代技术的人文价值冲突的深刻的内在根源❶。具体到市政技术,技术自身水平的提高未必总是有利的,更不会总是有利于城市的历史街区。比如现代雨污分流技术比我国传统的雨水径流、污水人工收集后用于饲养、堆肥的做法在技术上更为先进,但在城市水循环的生态层面上则弊大于利。具体到历史街区,现代雨污分流比雨污合流在技术上更为卫生、合理,但所要求的管道敷设空间也更大。当历史街巷地下空间不够时,仅从技术的先进性出发选择雨污分流就可能导致历史街巷的拓宽,如果采用雨污合流或者只敷设污水管而雨水径流,虽然技术内在价值较低,但可以满足历史街巷空间保护的要求,所以具有较高的外在价值。

因此历史街区的市政技术的选择不应当以技术本身是否先进和内在价值的高低作为技术选择的基础,而应以其对历史街区外部价值的利弊为标准。当技术内在价值和外在价值之间存在矛盾时,应当以技术的外在价值优先为原则,不应排除任何可能使用的"低技术"手段。历史街区市政技术的外在价值优先,意味着不能仅因为造价的高低、工艺的简繁、技术的新旧、实施的难易、工期的长短、规范的满足等技术内在价值的判断来进行技术选择,而应以其对于历史街区可持续发展目标的适应性,即其外在价值作为判断的标准。一旦发生矛盾,应该为历史街区的可持续发展而调适、乃至牺牲部分技术的内在价值。

1.6 居住环境和资源公平性与市政标准"适度差异"

1.6.1 文化遗产及其保护是居住环境的评价要素

我国历史街区居住环境质量不佳是一个不争的事实,但并非一无是处到了要彻底进行颠覆性改造的程度。长期以来,我国历史街区的居住环境质量被评价过低,以致"改善城市居住环境"成为政府或者开发商大举拆除历史街区的理由,这其中固然有居心叵测者夸大其词的原因,更多的原因是我国居住环境质量标准的片面含混和观念的滞后。

居住环境涵盖的内容十分广泛,其概念和目标随着城市规划理念的发展而不断变化。总体上,直到1990年代,居住环境的内容多是指基于1961年WHO(世界卫生组织)提出的人类基本生活要求的四个理念❷:

安全性(safety):远离灾害、保护生命和财产安全;

保健性(health):保护人类身体和精神的健康;

便利性(convenience):在经济合理的条件下确保生活便利性;

舒适性(amenity):充分保证环境美观,身心放松。

日本学者将舒适性概括为五个方面,其中包括"地区的自然、历史文化、街区的意向以及人与街区的关系"和"社区的状况等关于生活方式因素"❸。据此不难看出,我国历史街区的历史文化、传统风貌和良好的邻里关系本身就构成了居住环境的重要指标,而街区区位的便利性和

---

❶ 李宏伟.技术的价值观[J].自然辩证法通讯,2005(05):13-17

❷❸ [日]浅见泰司.居住环境:评价方法与理论[M].高晓路,张文忠,李旭,等,译.北京:清华大学出版社,2006:9

邻里熟人社会的安全性也是居住环境的优势。除了人口密度较高外,历史街区中较为不利的只是给排水、卫生环境等居住环境中可以通过市政技术进行改善的方面,因此完全不必如清除棚户区、贫民窟般地拆除历史街区。将历史街区居住环境笼统地评价为差是一种片面和不公,实际上抹煞了历史街区居住环境的优势及其和一般危房、棚户区的区别,也难以解释为何相当多的居民留恋历史街区的原因,而以此为理由进行大规模拆迁改造是轻率而不负责任的。

1990 年代以后,环境、经济、社会可持续发展的重要性日益增加,城市的居住环境的概念不仅要从上述的安全性等个人获得的利益(或损害)的角度来考察,也要考虑个人对整个社会做出了何种程度的贡献,即可持续性成为居住环境的第五个评价标准❶。具体说,我们应把地球环境的可持续性作为一个重要因素,关注环境的可持续性,关注人们之间的关系和地区文化历史继承等的社会可持续性,并关注地区经济发展应该避免地区经济崩溃的经济可持续。历史街区作为历史文化遗产存量丰富的地区,遗产价值的保护本身就是评价居住环境的重要因素,换言之,保护历史文化遗产就是改善居住环境的手段之一。

需要特别指出的是,居住环境的目标值和水准值在任何地区都使用统一的数值是不妥当的,居住环境最终属于一个综合体,只记述它的某一个剖面往往会引起误解❷。例如由于城市中心区具有较高的便利性,即使牺牲一些以日照时间为代表的环境质量,人们仍然会对居住环境给予较高的评价。但是在郊区,由于生活的便利性相对较差,人们更希望提高日照时间等方面的环境质量,所以同样的冬至日日照时间指标数值在城市中心和郊区具有截然不同的含义。因此,我们应该全面、公正地评价历史街区的居住环境,避免仅从基本生理需求标准判断历史街区的生死。

1.6.2 文化遗产资源化视角下的占有和公平

历史街区是一种历史文化资源,并且是具有独特性、垄断性、稀缺性、脆弱性和不可再生性的城市高等资源❸,所以必须得到保护并传之久远,以实现历史文化资源的代际公平。最直接体现历史街区资源价值的表现无疑是旅游,尽管存在旅游管理失控对遗产的负面影响,但旅游本身确是实现文化遗产资源代内公平的重要而有益的手段,正如《国际文化旅游宪章》所述,包括建筑遗产在内的"自然与文化遗产是全体人类共有,每一个人都有权利与义务去了解、欣赏与保护其普世性的价值……在日趋全球化的今天……国内和国际旅游持续成为文化交流最重要的手段之一……它越来越成为自然和文化保护的积极力量。旅游能够抓住遗产的经济特性,并以此为遗产保护筹集资金、教育社会和影响政策"❹。

历史文化遗产的价值也能反映在房地产的价值上,且不说商业用途的北京什刹海、上海新天地,同样用作居住的北京南池子的老四合院、苏州的传统私家庭园"紫竹苑"的市场销售单价就要数倍于同城同地段的现代住宅。对于大多数尚未走向市场的历史街区而言,历史文化资源的经济价值虽然并不显著,但至少构成了居住环境的要素之一。

从资源化的视角,占有或者接近历史文化资源无疑是一种优势,在这一点上,历史街区的

---

❶❷ [日]浅见泰司.居住环境:评价方法与理论[M].高晓路,张文忠,李旭,等,译.北京:清华大学出版社,2006:18,28

❸ 仇保兴.中国城镇化——机遇与挑战[M].北京:中国建筑工业出版社,2005:423

❹ ICOMOS. International Cultural Tourism Charter[R]. Mexico,1999

居民显然拥有着比城市其他地区居民更多的优势。如果把城市所提供的交通市政、历史文化等各种资源的总和均分到每个居民,历史街区居民在历史文化资源方面的巨大优势必然伴带来某些资源方面的劣势,这并不妨害社会资源总体的代内公平和区际公平。因此,历史文化遗产保护固然带来历史街区居民在某些方面的不便,比如人均居住面积小于现代住宅区,交通相对不便等,但正如科恩所说,"在保护区中,不可能是所有居民都拥有靠近他们家房屋的停车空间。就像现代化的邻里不能提供一种历史认同感,而保护区的邻里不能容纳大量机动车或者有高速公路来缓解交通堵塞"❶。理解了这一点,我们就很能够理解遗产保护对历史街区市政设施带来的一定程度的限制并非是一种不公正。

1.6.3 公平性与历史街区市政建设标准的"适度差异"

不可否认,当前历史街区在基本市政设施上的欠缺程度较为严重,必须得到改善。但由于历史文化遗产保护带来了空间等各方面的限制,即便采取各种适应性的技术手段也往往难以完全达到城市一般地区的规划指标,换言之,历史街区内某些市政设施的标准,或者居住环境的舒适度可能稍低于城市平均水平。考虑到历史文化遗产资源和居住环境社会要素上的优势,市政标准和舒适度上轻微的降低是公平的,因而也是可以接受的。我们要保障居民基本的市政设施和可持续的居住环境,并通过一切技术手段在保护遗产的同时提高区内的市政设施水平和居住环境的舒适度,但为了达到城市一般地区的市政设施标准甚至更高目标而破坏历史文化遗产(物质和非物质)的行为是绝对禁止的,这就是历史街区市政技术的"适度差异"原则。

值得注意的是,尽管文化遗产保护等很多可持续性的内容给居民造成的轻微限制或不便(如私人汽车受限、市政设施略低于一般标准等)一般不必进行补偿,但由于文化遗产保护的价值短时间内很难通过市场的方式得到实现并反馈给居民,所以如果这种限制产生了一定的经济损失,就需要政府通过补助或税收等方式加以调节(比如禁止居民采用煤炉和燃煤采暖,而必须采用电采暖时,应对其给予一定的用电补贴),以使其文化遗产保护在广域范围(如城市)内产生的价值和对将来产生的价值内在化(将主体创造的价值返还给主体)❷。

1.7 从条文规范到性能化规范

我国现行市政规范的条文和历史街区的物质空间形态之间存在不少明显的冲突之处,比如许多历史街区的街巷宽度和格局难以达到消防通道宽度和间距的规范要求,以及绿化率、日照间距等达不到各地城市规划技术标准的需求,因此有些人往往指责历史街区空间形态完全不能满足现代生活的需求,甚至有不少地方把满足规范条文要求作为在历史街区内拆房扩路、刓方为圆的"尚方宝剑",这既是对我国历史街区特殊性的认识不足,也是对我国市政规划设计规范的理解不深,更是在规范执行上的教条主义。

1.7.1 历史街区需要特殊的市政设计规范

历史街区街巷建筑的空间格局和文化遗产保护的职能特性,从主客观两方面决定了历史

---

❶ [美]纳赫姆·科恩.城市规划的保护与保存[M].王少华,译.北京:机械工业出版社,2004:73
❷ [日]浅见泰司.居住环境:评价方法与理论[M].高晓路,张文忠,李旭,等,译.北京:清华大学出版社,2006:22

街区难以和一般城市地区采用完全相同的各项市政设计指标,在伦理上就如同不能要求老人具有和青年一样的生理机能指标。因此,应在相关的法律、法规和规范中明确历史街区的特殊性,并制定符合历史街区特点的专门规范或特别条款。

事实上,许多发达国家和地区的规划、建筑或市政体系中,都有针对历史建筑或历史街区的特殊条款。如日本1975修订《文化财保护法》建立传统建筑物群保存地区的保护制度的同时,在其附则中规定《建筑标准法》(相当于我国的建筑设计规范)增加"对传统建筑物群保存地区内限制的调整",第八十五条之二款:"……传统建筑物群保存地区内有为保存而制定改变现状的规划或采取必要的措施时,在得到建设大臣的批准后,可以不拘泥于……第二十一条至第二十五条,第二十八条……第六十四条(共计16条)的规定,即对这些规定的限制予以局部或全部的调整"❶。加拿大《不列颠哥伦比亚省建筑规范》(The British Columbia Building Code)对于历史建筑有特别的规定,允许"同等方案"(equivalences),即可以和指定方法达到同等性能的其他替代性解决方法。该省首府温哥华市也常常为适应保护性项目放松城市规划的限制,例如降低后退财产线(Property Lines,类似我国的用地红线)要求,允许非一致性(non-conforming,即混合)的用途,以及放弃路外停车要求等❷。台湾2005年新修订的《文化资产保存法》第二十二条规定,"为利古迹、历史建筑及聚落之修复及再利用,有关其建筑管理、土地使用及消防安全等事项,不受都市计画法、建筑法、消防法及其相关法规全部或一部之限制"❸。

1.7.2 我国历史街区缺乏相适应的市政设计规范

除1984年《古建筑消防管理规则》❹从管理角度对历史建筑或街区的消防作出专门规定外,长期以来我国缺乏针对历史街区特殊性的市政规划设计法规、规范和标准,"无论是市政管线的选型,还是道路布局的选线,多年来一直按照一般的城市建设标准进行规划设计和建设,缺乏与历史街区保护目标相协调的特殊政策"❺。

2005年颁布的《历史文化名城保护规划规范》是我国第一部,也是至今唯一的针对历史名城、历史街区保护的技术规范,其中对历史街区的各项市政规划内容作了如"密度指标可在国家规定的上限范围内选取,道路宽度可在国家标准规定的下限范围内选取"等在现行规范内进行标准选择的要求,在管线综合部分提出"当不能满足常规要求时,应采取工程处理措施以满足管线的安全、检修等条件",主要是针对现行规范的灵活应用问题,并没有明确历史街区可以突破现行规范以及突破后的相应审查、评价标准和程序。其总则第1.0.10条规定,"历史文化名城保护规划除应遵守本规范规定外,尚应符合国家现行有关标准、规范的规定",该条的说明在列举了主要法律和规范外后,有一段似乎自相矛盾的表述:"上述(其他)规范与本规范出现矛盾时,应在本规范保护要求的前提下,通过其他措施达到各规范的要求"❻。

---

❶ 王军.日本的文化财保护[M].北京:文物出版社,1997:258

❷ [加]Harold Kalman. Adaptive Re-use: Learning from Vancouver[A]. The Conservation of Urban Heritage: Macao Vision[C]. Macao: 2002:179-189

❸ 台湾2005年修订《文化资产保存法》,下载自:"中华民国"艺术文化环境改造协会官方网站,http://www.art-district.org.tw/Data/2-2.pdf

❹ 文化部,公安部.古建筑消防管理规则[S],1984.该标准仍是参照其他行业针对现代建筑的标准来施行,对历史建筑和历史街区的适用性并不理想。

❺ 单霁翔.城市化发展与文化遗产保护[M].天津:天津大学出版社,2006:137

❻ 中国城市规划设计研究院.历史文化名城保护规划规范(GB 50357—2005)[S].北京:中国建筑工业出版社,2005

2008年7月起施行的《历史文化名城名镇名村保护条例》❶是我国历史文化名城、历史街区保护领域第一部行政法规,但除了第三十一条明确消防设施、消防通道"无法按照标准和规范设置的,由城市、县人民政府公安机关消防机构会同同级城乡规划主管部门制订相应的防火安全保障方案"外,仍然没有明确与其他市政、规划、建筑规范的关系。

1.7.3 历史街区适应性技术规范需要法律法规体系的支撑

从上文《历史文化名城保护规划规范》略带矛盾的条文说明中,我们不难看出该规范虽然认识到了现有规范的不适用性,并已经有了隐约的性能化的意识,但仍然无法突破现行法规和规范体制。这并非是规范编制的水平问题,而是该规范只是适用于历史街区的国家技术标准,在没有法律法规系统中级别更高的国家法律(如《城市规划法》、《文物保护法》、《建筑法》等)、行政法规(如《城市供水条例》、《城市道路管理条例》等)、部门规章(如《城市规划编制办法》、《城市紫线管理办法》等)❷的相应条文支撑的情况下,无法作出不执行或修改《民用建筑设计通则》、《城市道路交通规划规范》等其他技术规范的规定,即使作出了这样的规定也没有约束力。而其他规范不但没有针对历史街区特殊性的内容,而且还存在更新缓慢、以条文式为主的问题。

因此,我国历史街区除了要制定包括市政工程在内的专门技术规范或条款外,还需要对相关的各级行政法规、部门规章和技术规范进行修订,使其在适用于历史街区时相互统一。由于历史街区涉及规划、文物、建筑、交通、消防等各领域、各层次数量繁多、互相交叉的各种法律法规和规范性文件,全部修订统一的周期很长,所以较为有效的方式是首先在《城市规划法》、《文物保护法》、《建筑法》等相关法律中赋权《历史文化名城名镇名村保护条例》作为历史街区相关法律依据,然后通过该条例明确历史街区保护规划以《历史文化名城保护规划规范》为准,确因保护所需,并经指定的程序或部门同意后,可以不受其他技术规范(包括强制规范)的限制,如此建立历史街区适应性技术规范在法律体系上的有力支撑。

1.7.4 现行技术规范存在更新缓慢、以指令性为主的缺陷

我国的规范编制体系,和我国整个体制一样,最早是受前苏联计划经济的影响而建立的,规范编制和更新的速度慢,强调条条框框的严格规范,缺少灵活性,技术规范往往表现为制定具体技术手段和参数的条文,是一种基于指令的(Prescriptive-based)"指令性规范"❸。

指令性规范对设计过程的各个方面作出具体规定,在过去技术水平较低、资讯不发达的时

---

❶ 《历史文化名城名镇名村保护条例》,2008年4月22日由中华人民共和国国务院第524号令颁布,于2008年7月1日起施行。

❷ 我国法律位阶从高到低依次分为:根本法律(中华人民共和国宪法)、基本法律(由全国人民代表大会制定并修改,如刑法等)、普通法律(由全国人民代表大会常务委员会制定并修改,如城市规划法、文物保护法)、行政法规(由国务院制定并修改,如历史文化名城名镇名村保护条例)、地方性法规、自治条例和单行条例(由省、直辖市、民族自治地方的人民代表大会常务委员会制定并修改,也有部分城市人民代表大会常务委员会可以制定行政法规,如江苏省文物保护条例)、部门规章(由国务院各部、委、总局、局、办、署经国务院批准制定的一种在本部门管辖范围内有效的低层次法律,如城市紫线管理办法)。城市规划各类相关法律名录参见《城市规划法的价值取向》(张萍,2006)第177页附录。

❸ "历史地看,建筑规范的表达方式是规定(dictate)可以获得所需结果的技术步骤(process)。规范用简单的条款(terms)规定(prescribe)设计标准(criteria)或'处方'('recipes'),必须严格遵守以产生需要的结果(outcome)。这种形式的规范可以归为指令性(prescriptive)规范"。引自[英] Rick Best, Gerard De Valence. Design and Construction: Building in Value[M]. Oxford: Butterworth-Heinemann, 2002:132

期为我国社会的发展和进步做出了巨大的贡献,但从时代和社会进步的角度看,现行的指令性规范已经表现出以下的一些致命弱点❶:

(1) 由于历史的原因,现行各规范之间和同一规范中有关条文之间常常出现互不沟通,相互矛盾的现象,设计方法之间无法形成一个完整的闭环系统。

(2) 指令性规范无法穷尽在地域、建筑类型、规模、使用状况等各种复杂的具体情况并逐一制定技术措施,所以必然是通用性的,不可能适合所有案例。

(3) 指令性规范制定各种具体的技术细节和参数,但无法考察各技术措施间能否协调工作,以及综合作用时的整体性能水准,机械的规范数据无法真正体现人的舒适度和需求的满足程度。

(4) 指令性规范的技术措施的制定是基于既有的成功经验和理论,不可能预期未来城市社会、经济状况以及交通、市政等工程技术上的新理论、新技术、新工艺和新材料的发展。更为先进的新技术、新材料等的研究成果往往由于不符合规范中严格的定量规定而不被设计人员使用,或难以审查通过。

(5) 长期依赖基于技术理性的、非灵活的、太过具体的规范条文进行设计判断,不但桎梏设计人员的想象力和创造力,而且往往使其疏于进行综合的、基于社会理性的价值判断,往往因技术路线的错误而造成对社会的破坏。

综上,我们不难看出,依赖指令性规范不但可能降低设计本身的合理性、经济性,更可能影响整个社会的创新进步。

1.7.5 性能化规范和基于社会价值的灵活执行

与指令性规范(Prescriptive-based)相对的是基于性能(Performance-based)的性能化规范❷。根据前文技术哲学层面的探讨我们不难发现,规范不属于技术的范畴,而是对技术应用的限制和约束,因此它不应是具体的技术条文,而是就特定的应用领域,规定技术应实现的价值目标,这些价值目标按照一定的维度进行分解,就是我们通常所说的性能,因此规范应该是基于性能(Performance-based)的性能化规范❸。

性能化规范不对具体的技术手段进行限定,而只限定综合采用这些技术手段后所要达到的性能表现。在现阶段,可以综合运用技术上、管理上任何可能的方法来达到规定的性能要求,随着技术每天的发展,又会有更多的可能性出现,但只要达到同样的性能,都可以视为符合规范。这实际上要求设计人员关注特定工作对象,特别是使用者最终可以达到的综合效用,并

---

❶ [英] Rick Best, Gerard De Valence. Design and Construction: Building in Value[M]. Oxford: Butterworth-Heinemann, 2002:132. 以及:李引擎.建筑防火性能化设计[M].北京:化学工业出版社,2005:16

❷ 基于性能(Performance-based)的规范提供一个选择系统(alternative system),通过它能实现相关机构(relevant authorities)所需的结果。这种规范明确说明(specify)一个性能的水平(level),也就是,一个必须达到的概念上(conceptual)的结果。用更简单的条款明确说明一个所需的结果并且允许设计者在如何取得结果上的灵活性。任何解决方法(recipe)只要能证明(demonstrate)它可以满足有关的性能要求就可以使用。见:[英] Rick Best, Gerard De Valence. Design and Construction: Building in Value[M]. Oxford: Butterworth-Heinemann, 2002:133

❸ 性能化设计理论最早是由 1970 年代英国火灾科学研究人员提出,1985 年英国最早开始对原条文式规范进行性能化修订,原有关条文被附录在后面作为附录,1996 年澳大利亚发布"澳大利亚性能化建筑规范"(BCA, 1996)。参见:李引擎.建筑防火性能化设计[M].北京:化学工业出版社,2005:16。结构性能化规范内容参见:[英] Rick Best, Gerard De Valence. Design and Construction: Building in Value[M]. Oxford: Butterworth-Heinemann, 2002:134-135

鼓励任何的技术综合和革新。目前,性能化规范和性能化设计的研究已经在世界范围内普遍展开,并最先在消防、结构等建筑规范方面取得突破,欧美国家最近修订或正在制定的建筑结构和防火规范都多多少少带有性能规范的倾向❶。

我国历史街区并非不能在保护的前提下实现市政供应的现代化,更绝非不能提供一个性能优良的生活环境,只是在某些方面上不能满足我国现行的市政规范条文,或者暂时没有适当的技术来满足规范要求。本着性能化设计的目标原则,我们可以采用既有的各种工程手段和管理技术进行组合和集成创新,也可以开发满足历史街区市政需求的各类新材料、新技术、新工艺。即便在只有现行的条文技术规范和有限的技术手段的情况下,我们不能因机械地满足规范而损害历史街区,或者因没有两全的技术而束手无策。正如 Feilden B. M. 在其经典著作《历史建筑保护》(The Conservation of Historic Buildings)中所说的那样,我们"需要理解建筑规范的目的以便灵活地运用它。……如果建筑在一个方面具有优点,它可以用来平衡其他方面的某些不足"❷,"就像治病,病人的需要是第一位的,建筑师应该学会在必要时采取折中方案,还应该有权接受科学的帮助。必须探索所有可行的备选措施(alternatives,或译为替代方案),在尊重历史建筑特性的前提下,从原理上进行评估,以寻求'最小不利'(least bad)方案"❸。也就是说,理解规范的原理和所要求的实际性能,关键是要分析保护规划的重点和长处(风貌保护、安全、卫生等),并不对历史建筑和肌理造成不利影响,不必在符合规范上面面俱到(如可降低日照、人均绿地等需求),而是在满足基本需求的同时发挥其整体性能——保护和发展的双赢。

本书的研究着重于理解现行规范各条款的原理和性能预期,并根据街区的实际情况确定是否继续沿用或调整为适合历史街区的性能要求,然后通过对现有的各类技术和可预见的其他替代性技术进行研究,筛选出可以达到性能要求,并对历史街区具有适应性的技术措施及其适用条件。具体而言,如在历史街区消防安全上,根据历史街区的特点确定了以降低历史街区火灾可能性和及时扑灭火灾为基本的性能需求,具体的实现方式上突破了原规范对消防通道宽度等的要求,而是提供了适应历史街区宽度的小型消防车、消防摩托车,以及依托消火栓系统、手抬消防泵、区内自救等多种可能的消防技术和管理措施。

当然,本书虽然采用了性能化设计的方法,对适合历史街区的性能化指标也略有探讨,但性能化规范提出的性能指标往往需要大量的实验室数据和案例应用评价的支撑,本书远没有能力对适合历史街区的各专业性能化规范或指标体系和具体内容进行研究,但无疑这项工作是十分必要而且紧迫的。

1.8 历史街区市政技术主体行为研究

历史街区市政技术的主体是指对规划这一实践活动产生影响的各种社会角色,从管理学的角度也可称为"利益相关者"(stakeholder)。近年来,对于我国城市和历史街区规划各主体

---

❶ 李引擎. 建筑防火性能化设计[M]. 北京:化学工业出版社,2005:16
❷❸ Feilden B. M. The Conservation of Historic Buildings[M]. 3rd ed. Oxford: Architectural Press, 2003:279, Ⅺ

的利益及其对规划的影响和调控机制的相关研究成果较多,在主体的分类上也各有不同❶。本书以政府、公众、规划设计单位这三类与历史街区市政技术的利益相关性最高的主体为研究对象,分析其主体行为特征并探讨其改善措施。

1.8.1 历史街区市政技术中政府主导作用的调控

在经济学上,历史街区是一种公有资源(common resource)❷,严格意义上的历史街区保护(指不大量搬迁原住民、不以房地产和旅游开发为主的历史街区保护)具有很高的外部性(即投资的利益不能全部回报给投资人),私营房地产开发企业出于经济利益考虑不会承担,所以一般必须由政府或者政府出资的公共企业来主导。市政基础设施具有自然垄断(natural monopoly)的特性,也属于市场失灵而必须由政府主导的行业❸。所以,一般认为,历史街区的市政规划和管理应该由政府及其出资的公共企业为主来进行投资和管理。理论上,政府应当是现在和未来人们利益的代言人,替未来的人们支付保护经费。但在现实中,政府是由一大群与现实经济有着千丝万缕利益关联的人组成的具体机构,不是抽象的主体,所以必然有其自身的利益追求,不能扮演理想的公共利益代言人的角色。

1) 政府主导作用的资金和审批制度设计

我国现阶段大多数历史街区的保护规划虽然是由政府或公共企业出资和主导,但政府的主体利益倾向表现得过于强烈,往往带有振兴地方经济、开展旅游项目等具体的功利性目标,编制周期也多受到开工献礼和领导任期的影响而过于紧张,表现为只关注物质空间规划、旅游规划、立面整治、近期项目方案等与经济利益、城市形象和政绩有关的内容,而较不重视交通、给水排水、电力电信、消防等具体的市政规划内容,甚至以不做市政规划为由要求设计单位缩减规划周期和收费。由于我国一般历史街区的保护规划审批权也由政府建设行政部门掌握,只要符合政府意愿的规划,哪怕市政规划方面存在明显的疏漏欠缺也可以审批通过。政府在保护规划资金、编制目标和审批过程中的上述偏差,是历史街区保护规划中市政工程问题的根源。

要解决这些问题,当然首先要求政府树立可持续的科学发展观、正确的政绩观以及有效的监督机制,但本书仅介绍资金和审批制度上的对策。我国由中央政府设立的历史文化名城保护专项资金,在公共经济学概念中称之为"有条件的封顶配套补助拨款"(conditional closed-ended matching grant),在发放时附带一定的条件,规定了资金的用途,并要求受补助者提供一定的配套资金,只有满足了这些条件才能获得。我国历史文化名城保护专项资金规定了申请补助的历史街区必须具备的各项条件,并要求专款专用于历史街区基础设施建设和建筑修缮,并有一定的监督机制,这将促使地方重视历史街区的保护工作。该资金同时需要地方政府

---

❶ 规划主体的分类可有以下几种:地方政府、开发企业、社会公众、城市规划师,如《城市规划中四类利益主体剖析及利益协调机制研究》(吴可人,2006);公共部门、私人部门、NGO、公众,如《主体客体与力的作用我国历史街区保护实践研究》(徐建,2004)、《力的摩擦与力的平衡——我国历史街区保护实践》(应臻,2002);政府、公众、设计师,如《城市设计中主体要素间相互关系分析与角色评价》(朱道君,2005);政府、私人、公众,如《集体选择视野下的城市遗产保护研究》(沈海虹,2006);政府和开发商、居民、设计者,如《旧城更新中传统规划机制的变革研究》(郭湘闽,2005)。

❷ 公有资源指有竞争性但没有排他性的物品。见[美]曼昆.经济学原理(上)[M].梁小民,译.北京:机械工业出版社,2003:226

❸ 自然垄断指有排他性但没有竞争性的物品。市政基础设施企业必须支付敷设管网的固定成本,企业越少,市政产品的平均总成本就越低。见[美]曼昆.经济学原理(上)[M].梁小民,译.北京:机械工业出版社,2003:226,263

拿出一定比例的保护资金与专项资金共同使用,这对于引导地方政府在历史街区市政设施改善上的资金投入也具有积极的作用。因此,历史文化名城专项资金在制度设计上对历史街区市政设施的改善起到了一定的积极作用❶。此外,建立省级的独立于建设和文物行政主管部门的建筑遗产保护技术咨询机构,统一负责全省历史街区保护规划等技术性工作的立项、指导和技术审批,也是提高历史街区保护规划及其市政规划编制、审批水平的一种制度选择❷。

2) 政府管理机构的"一区一管"调整

在行政管理方面,我国存在着从中央政府到地方政府的条块分割、多头管理、责权不分的积弊。具体到历史街区,在行政区划上可能分属几个街道办事处,在行业管理上主要由规划和文物主管部门负责,同时还有建设、土地、财政、旅游、公安、市政、环卫、电力等许多部门的协助管理。目前我国各地历史街区的保护名义上由历史文化名城委员会一类的机构统一负责,但这类机构往往因没有专职工作人员和长效管理机制而流于虚设,而在保护规划或保护工程中成立的由地方政府牵头,规划或文物部门具体负责的历史街区保护指挥部之类的机构虽然立竿见影,但多是随着保护规划或工程的完成而撤销的临时机构。有些地区虽然有类似"历史街区保护管理委员会"之类的机构,但多数职能不全,而以街区日常的市容管理为主。因此,总体来说历史街区的保护缺少统一的、具有明确行政责权的专职常设管理机构,这使得历史街区保护及其市政工程往往重建设、轻管理,难以全部实现规划目标。

对此,许多学者建议对历史街区进行行政区划调整,将历史街区单独划为一个行政主体,如可作为独立的街道办事处,也可以专设管委会,但都必须具有人口、土地、规划、城市管理等综合的政府职能,而非单一的保护职能,即"一区一管",每个历史街区内只有一个专设的、统一的综合管理机构。该机构有专门的行政编制,专门负责历史街区的保护资金管理、土地利用、规划管理和审批、古建保护及基础建设等一系列从政府、国土局、规划局、建设局、文物局等部门独立出来的职能,对城市中这一特殊的地区制定特殊政策实行相对独立的管理❸,而上级规划、文物以及市政等主管部门只做业务上的指导。如此,可以在行政管理权限相对集中的同时明确其责任,以确保历史街区及其市政设施的长效管理。

1.8.2 历史街区以居民为主的公众主体性的发挥

1) 居民主体性虚化导致市政建设的轻忽

历史街区居民是街区最终的主要使用者,是市政设施改善后的主要服务对象,其传统的社会结构、生活形态也体现了街区重要的非物质文化遗产价值,所以他们是街区保护和市政基础设施改善至关重要的主体之一。但在我国现阶段历史街区的许多实践和研究中,仅将街区居民纳入一般公众参与的范畴,历史街区居民的主体性被虚化,因而在事实上导致其改善基础设施等切身需求没有得到充分的表达和实现。

一方面,从系统论的角度看,历史街区内的居民有着自身的房产权、居住权、发展权以及改

---

❶ 在实际操作层面,我国历史文化名城保护专项资金仍然存在封顶额度较低,资金分配偏重发达地区,资金使用监管不力等问题,详细内容及其解决措施可参见:《力的摩擦与力的平衡——我国历史街区保护实践》(应臻,2002)第四章。此外,关于专项资金的实施情况参见《历史街区保护的实施问题研究》(桂晓峰,2003)。

❷ 王涛.建筑遗产保护管理模式研究[D].[博士学位论文].南京:东南大学,2005:33-35

❸ 桂晓峰.历史街区保护的实施问题研究——国家历史文化名城保护专项资金资助街区保护实践研究[D].[硕士学位论文].北京:中国城市规划设计研究院,2003:39

善基础设施等具体的利益需求,而历史街区外的广大市民对于街区的需求主要是其历史风貌和文化价值,并不具体关心区内基础设施和使用者的实际生活状况。因此,以"广大市民的根本利益"代替历史街区居民的利益,会导致以集体的名义对个体的侵犯,以发展经济或保护遗产的名义对公众生活的侵犯,以及作为其表征的大量的强制性搬迁行为❶。

另一方面,由于我国当前的政府体制和经济发展的原因,我国历史街区保护规划的公众参与制度本身极不完善,存在着信息获得渠道闭塞,公众保护意义不足,缺乏有力的代言组织等问题,并最终导致公众仅仅是被告之、被教育,而缺乏对于规划的决策的影响力❷。改善市政设施、提高生活水平无疑是居民最切身的利益诉求,但正是因为他们的主体性没有得到充分的发挥,而使得历史街区市政设施工作被普遍地忽视。

2) 构建历史街区居民委员会的规划主体

从各地历史街区保护实践看,历史街区的居民,尤其是私房主和世代居住的原住民、老年居民,对于自身利益和历史街区的命运是十分关注的,但缺乏必要的组织形式。一方面,从社会总成本看,每一个居民单独与政府、规划设计单位、市政部门等各个机构进行协商、谈判的交易总成本过高;另一方面,松散而缺乏组织的居民主体,必然会在与政府部门、开发商等有着明确目标的组织主体的利益博弈中处于劣势。所以,要确保历史街区可持续发展目标的实现,在保护历史街区物质空间环境的同时切实改善历史街区的市政设施状况,街区居民组织的构建,即居民主体性的发挥是必不可缺的。

我国城镇现有的基层群众性自治组织是居民委员会,一般每100~700户居民设立一个居民委员会❸。当前,我国历史街区的范围一般大于居民委员会,可能包括几个居民委员会,而且居民委员会的边界和历史街区的边界往往不重合,往往不能集中反映历史街区内居民的利益和意见。因此,有学者建议,近期内可以在现有居委会体制的基础上,通过与历史街区相关的若干居委会的联合产生历史街区居民的社区自治组织——历史街区居民委员会,负责较大范围内的社区自主规划和其他公共事务,将来逐步过渡到完全由历史街区居民委员会来实现历史街区的自主管理职能❹。需要指出的是,历史街区居民委员会应是一种常设机构,既不应为规划编制而临时成立,也不应随着规划的完成而撤销。规划的编制往往意味着居民利益结构的调整,临时成立的居民委员会的委员可能带有直接的利益预期,难以在短时间内协调各成员意见,而导致主体参与的失效。在没有现实利益诱惑的情况下成立历史街区居民委员会,通过一定时间的调整,实现居民和委员之间相对稳定的互动关系和街区自治体系,则可以避免上述弊端。

3) 市政建设的第三模式:居民用户团体

长期以来由政府完全承包市政设施改造的传统做法,在今天市场条件下遇到了投资建设和长期维护资金严重不足的制约;另一方面市场机制对参与盈利空间不大的历史街区市政建设并不热衷。政府自上而下的单一决策体制,使历史街区面对困境却无能为力,只好在漫长的等待过程中虚耗时光。

---

❶ 应臻.力的摩擦与力的平衡——我国历史街区保护实践[D]:[硕士学位论文].上海:同济大学,2002:21。亦可参见《当代北京旧城更新——调查·研究·探索》第三章

❷ 应臻.力的摩擦与力的平衡——我国历史街区保护实践[D]:[硕士学位论文].上海:同济大学,2002:20

❸ 《中华人民共和国城市居民委员会组织法》[Z].1989

❹ 郭湘闽.旧城更新中传统规划机制的变革研究[D]:[博士学位论文].广州:华南理工大学,2005:345-350

面对市政设施这类公共物品的困境,奥斯特罗姆教授认为"单纯考虑极端的两分法(政府干预和私有)严重阻碍了对社会问题的分析与设计和重新设计制度的努力"❶,并进而提出了小规模社群公共设施供给的第三种模式——居民用户团体。

以历史街区为例,如一群居民希望改善生活居住条件的不便,他们可以决定自行组织"居民用户团体"来共同修建市政管网等公共基础设施。公共基础设施建成后将只服务于购买了该工程股份的居民,拥有股份的居民按其拥有的股份量可以分到等比例的使用份额和投票权,根据某种投票规则来选出用户团体的负责人。建成后的长期维护过程中,每个持股人必须每年为用户团体提供一定比例的资源(以商品或资金的形式),用以偿付市政管网的维护管理开支。同样,当团体需要集体承担常规或者紧急维修等工作时,每一个持股人都有义务贡献一定份额的努力❷。

值得注意的是,用户团体有适合我国历史街区传统邻里结构的优点,其规则常常允许群体对遭遇不幸以致影响到其履行缴纳维护费责任的个别家庭以适当方式作出反应。例如对于较贫困家庭暂时无力兑现承诺的情况下,用户团体的制度就会确保继续履行该家庭的责任,采用在一定时期内由其他家庭来分担等多种方式解决。这反映了用户团体这种社区内部的自主治理方式具有相当的灵活性,可以兼顾到低收入群体的利益,从而保障社会公平和对弱势群体的扶助,且对于我国历史街区的传统社会结构的保持具有很好的促进作用。

历史街区的居民自治中可以借鉴居民用户团体模式,对公共基础设施建设滞后等困扰街区发展已久的问题作出自身主动的响应,而不必被动地等待政府或市场的外来干预与改造行为。尤其是在现行政府一元主导管理体制下,等待外来的改造一则耗时旷日持久,没有确定的时间表,二则改造的方式和目的必然与街区居民们的实际意愿具有相对较大的出入❸。事实证明,"许多小型基础设施项目可由那些最直接受其影响的人非常有效地设计、建造、运行和维护,这取决于近似于以上分析简化描述的特定形式的用户团体组织"❹。因此依靠社区中正式的管理机构或民间的 NGO 组织作为用户团体组织,自行满足公共设施需求,同样可以有效地吸纳外部市场因素作为辅助手段,又可以充分调动居民的能动性,是除了政府和市场主导的传统思路以外,一条值得探索的新道路。

1.8.3 规划设计单位主体的技术力量配置

我国历史街区保护规划及其市政规划的技术主体主要为各类规划设计单位,其中的绝大多数目前已经从事业单位转为企业单位,即规划设计单位的生存必须依赖勘测设计市场。在历史街区保护规划中,由于作为规划设计委托方(甲方)的政府部门在规划目标上的功利倾向,以及在设计费用、周期上的压力,规划设计单位不得不将主要的时间和人力投入甲方重视的方面,这是导致历史街区市政工程规划内容不全,深度不够,漏项缺项较多的主要原因,其可能的改进措施前文已经论及,本节主要讨论规划设计单位内部的专业技术人员配置以及协同工作中的问题和对策。

历史街区保护是一个涉及面很广的综合性工作,1976 年联合国教科文组织《关于历史地

---

❶❷❹ [美]埃莉诺·奥斯特罗姆,拉里·施罗德,苏珊·温,等.制度激励与可持续发展[M].陈幽泓,译.上海:上海三联书店,2000:145,149,158

❸ 郭湘闽.旧城更新中传统规划机制的变革研究[D]:[博士学位论文].广州:华南理工大学,2005:345-350

区的保护及其当代作用的建议》(内罗毕建议)就要求建立历史地区保护工作的跨学科小组,这些跨学科小组"特别应由以下人员组成:保护和修复专家,包括艺术史学家;建筑师和城市规划师;社会学家和经济学家;生态学家和风景建筑师;公共卫生和社会福利的专家;并且更广泛地说,所有涉及历史地区保护和发展学科方面的专家"❶,其中当然包括了市政技术专业人员。再加上我国历史街区市政设施基础差、改善难度大的现状,市政专业人员的配置对于保护规划是否具有可操作性就更为重要。

我国历史街区保护规划的实践中,保护规划编制人员的专业背景多为城市规划和建筑设计,高等学校承担的保护规划也多有建筑历史专业人员参与,有的还有旅游管理、历史地理、社会学等人文类专业参与保护规划❷。近年来同济大学、东南大学、清华大学等高校陆续设立建筑遗产保护的研究生和本科生教育,开始进行适应历史街区保护的复合型人才的培养,并已在各校的保护规划编制中发挥了重要作用。但从全国总体情况来说,目前历史街区保护规划编制人员的专业配备普遍存在缺环,尤其缺乏市政技术、经济学、社会学方面的专业人员。

具体到市政规划方面,许多保护规划,特别是名镇、名城类不涉及具体实施项目的保护规划中,往往没有市政工程专业人员参与❸(表1.1)。市政规划的相关内容有的付诸阙如,有的由非市政专业的规划师、建筑师越俎代庖来凑齐市政专业的相关图纸和说明,研究的透彻性和深度不够,相互之间的协调性不强,提出的措施千篇一律,类同抄袭,内容空泛,既没有发现空间物质规划和市政规划可能出现的矛盾,更没有因地制宜地探索体现地方特点的变通之道,实际指导意义有限。

表1.1 部分保护规划编制人员构成一览表

规划名称	北京景山八片保护规划	里耶历史文化名镇保护规划	阆中历史文化名城保护规划	北京陟山门街历史文化保护区修建性详细规划
编制人员总数	14	10	7	9
建筑设计	2	2	3	3
城市规划	8	5	2	3
地理、历史	1	1		
市政工程				1
经济学	2			
社会学				
其他	1	2	2	2
主要协编单位	首规委	文化局、建设局	建设局	首规委
获奖情况	部一等奖	部三等奖		

资料来源:胡敏.历史街区的防火问题研究[D].[硕士学位论文].北京:中国城市规划设计研究院,2005:79-80

历史街区市政规划要具备实际的可操作性,就必须有相应的市政规划专业人员参与规划。原则上,所有市政专业都应参加规划的现场调研至编制完成的全过程。如现场调研结束汇总

---

❶ 中文版来自国家文物局文物法规库:http://www.sach.gov.cn/subject/wwfgk/gjgy/14216.aspx
❷ 李新建,李岚.历史街区保护中的适应性消防对策[J].城市规划,2003(12):54-58
❸ 胡敏.历史街区的防火问题研究[D].[硕士学位论文].北京:中国城市规划设计研究院,2005

时,某些确实现状较好、无需特殊处理的专业可不配置专人,而只在各阶段成果完成后由专业技术人员进行技术校对。对于大量地方城市的历史街区而言,其保护规划多由中心城市或高校等异地的规划设计单位编制,且往往缺乏基本的市政基础资料,现场调研工作量大、耗时多,如果全部依靠异地规划设计单位来完成市政调研、详细规划和后期施工指导,可能存在人力物力上的不经济。因此,当由外地规划设计单位进行历史街区规划编制时,可以将当地城市规划或市政规划设计单位列为协编单位,发挥其拥有市政基础资料和便于现场工作的优势,在确保规划编制单位的统筹下具体负责市政规划的调研、规划和实施指导。

2 历史街区适应性道路交通技术

在我国,城市内的建筑遗产在规模上可分为历史城区、历史街区和历史建筑(群)三个层次。其中,历史街区和历史城区具有较大的面积范围,不仅作为城市的一个区域与城市整体的道路系统发生联系,而且其内部也有一定规模的道路或街巷系统,与道路交通规划关系密切,是本章研究的主要对象。

2.1 城市道路交通系统与建筑遗产保护

2.1.1 道路交通是建筑遗产生存发展和价值传播的基本条件

交通是和居住、工作、游憩并列的现代城市四大活动之一❶,是人类社会生产和生活活动中人与物的流动过程。道路则是承担交通的主要设施,是行人和车辆往来的专用地。"城市用地之间社会生活、社会生产活动的运转,居住、工作、游憩三大活动之间的联系产生了交通活动",所以,道路交通居于城市功能活动的核心地位❷。

历史城区和历史街区作为城市中具有生活内容的有机组成部分,其生存和发展必然要依靠道路网络,完成其内部及其与城市内外其他地区之间人和物的良好交流。首先,居民的交通出行是基本需求,通行权是基本人权之一;其次,生活、生产物资运输需要道路系统的支撑;再次,为防止战争、地震、火灾、疾病等灾害对街区财产和人身安全造成损害而进行的抢险、救援、疏散,也需要道路系统支撑。

历史城区和历史街区作为人类共同的建筑文化遗产,"是一种物质和精神资源,叙述着历史的发展。它在现代生活中扮演着重要的角色,在实体上、精神上甚或情感上应该为公众易于接近"❸,而道路交通正是实现人们接近遗产"实体"的基本条件。在日趋全球化的今天,尤其在遗产保护亟须社会认同的我国,国内和国际旅游是人们接近遗产、认识遗产价值的重要方式,它"能够抓住遗产的经济特性,并以此为遗产保护筹集资金、教育社会和影响政策"❹。因此,道路交通是实现历史城区、历史街区等建筑遗产的价值展示、传播和交流的基本条件和最重要的手段之一。

2.1.2 历史街道反映着城市历史的意象和形制

道路的基本功能是人流车流的通道,同时也是观察者习惯或可能顺其移动的路线。人们

---

❶ 国际现代建筑学会. 雅典宪章[Z]. 1933. 中文版根据:陈占祥译,雅典宪章,建筑师,第 4 期
❷ 文国玮. 城市交通与道路系统规划[M]. 北京:清华大学出版社,2001:34
❸❹ ICOMOS. International Cultural Tourism Charter[Z]. Mexico: 1999. 英文版下载自 http://www.international.icomos.org/home.htm

沿街道的通行过程,伴随着对街道和街道两侧建筑景象的观察,并形成了对一座城市的认识,或曰意象。城市空间形态的认知心理学研究表明,街道、小巷、运输线等道路交通的"道路"(path)是形成城市意象的五类要素之首❶。因此,在很大程度上,"街道(沿街立面、性质、形式)是一座城市的映像"❷,历史城区和历史街区内的历史街巷,则反映了城市的历史意象,即我们通常所谓的"历史风貌"。

道路不仅在视觉上构成了城市的意象,更是一个城市内部结构构成的骨架。"城市中,街道和道路被确定为公共财产,这项公共财产根据权威的法律预先为公众设计,不是事先从私人所有者手中征来的财产。这种公众利益的获得本身就是历史的产物,街道代表这一阶段的城市历史"。"街区可以定义为由公共土地和道路通行权力多边围绕的地区",以道路、广场为主的公共通行权形成的网络、路线和轴线组成了带有几何形态的城市网络结构,即我们通常所称的"城市肌理"。因此,历史街巷既划分和形成了历史街区的传统肌理,更记录了城市公共和私有的物质与社会空间划分的历史结构❸,换言之,即历史街道反映着历史城市的形式和制度,即形制。

2.1.3 历史街道是建筑遗产整体保护的重要内容

历史街道是城市的意象与结构,它反映了历史城市的科学、技术与艺术成就,是历史城区、历史街区整体保护中的重要内容。1987年ICOMOS通过的《保护历史城镇与城区宪章》(华盛顿宪章)指出,历史城镇和城区保护中所要保存的首要特性就是"用街区和街道说明的城市的形制(patterns)"❹。

在我国建筑遗产保护学界,"古城的街道(道路系统)是历史文化名城要保护的重要内容"的共识已经逐渐形成❺。2005年颁布的中国国家标准《历史文化名城保护规划规范》规定:"历史城区道路系统要保持或延续原有道路格局;对富有特色的街巷,应保持原有的空间尺度",在条文说明部分进一步明确:"历史城区所形成的道路格局是其历史风貌和历史文化遗产的重要组成部分,道路格局与城市格局密切相关,维护历史道路格局是历史文化名城的关键措施之一"❻。

2.1.4 道路交通建设是当前破坏和阻碍遗产保护的主因

在我国古代城市的近代化和早期城市化过程中,建立在机动交通基础上的道路建设表现出明显的"先锋性",这种先锋性在1949年后中国的现代化进程中继续得到印证,尤其在1990年后的快速城市化中更表现得淋漓尽致❼。城市的联系和扩展,新的工业和居住新城的涌现都是以道路的修建为先锋,大江南北流传着"要想富先修路"的谚语。

---

❶ [美]凯文·林奇.城市意象[M].项秉仁,译.北京:华夏出版社,2001:42
❷❸ [美]纳赫姆·科恩.城市规划的保护与保存[M].王少华,译.北京:机械工业出版社,2004:179;45,69,179
❹ ICOMOS. Washington Charter: Conservation of Historic Towns[Z]. 1987. 英文版下载自 http://www.international.icomos.org/home.htm
❺ 罗哲文.罗哲文历史文化名城与古建筑保护文集[M].北京:中国建筑工业出版社,2003:97
❻ GB 50357—2005.历史文化名城保护规划规范[S].2006
❼ 李新建,李岚. Municipal Infrastructures in Urban History and Conservation: A Case Study of Chinese Road[A]. International Conference on East Asian Architectural Culture[C]. Kyoto: 2006 Executive Committee of the International Conference on East Asian Architectural Culture, 2006:525-532

然而,由于缺乏全面的遗产保护意识的指导,道路的先锋性在面对城市建筑遗产时迷失了方向,反而成为抹杀城市历史的"剃刀",道路修到哪里,老城拆到哪里。一方面,为适应交通要求简单地拓宽、取直历史道路使得传统的空间结构和尺度消失;另一方面,因街道拓宽使两侧建筑传统立面消失,最后,也是最严重的后果,是往往与道路建设相随的房地产开发使道路两侧的传统建筑甚至整个街区被拆除。"历史文化名城的古城格局、文物古迹、民居等,在交通需要的借口下,被'冠冕堂皇、理直气壮'地破坏",道路交通不幸成为近五十年来与"文物古迹、古建筑产生矛盾最多,破坏最大的问题"❶。

我国现存完整的历史城区很少,大多数历史文化名城的历史城区实际已经支离破碎,甚至只剩一二处历史街区。尽管这些在大规模旧城改造和房地产开发中劫余的历史城区、历史街区中的绝大多数已被幸运地列为各类保护对象,但它们仍然面临着城市发展的各种压力,其中对历史街区保护阻碍最大的就是现代一般城市道路交通和市政管线规范对道路街巷宽度的要求。由于没有针对历史街区街巷特点的交通和市政标准,缺乏适应性的理论研究和技术措施,又不愿或不能损害历史街区的历史文化价值,许多历史街区保护规划及其交通专项规划都停留在空洞的原则要求上,缺乏实施的可能性和必要性。

2.2 当前历史街区交通规划的问题和对策

2.2.1 历史街区道路交通规划的问题分析

道路建设之所以成为破坏城市历史文化遗产的主要原因,除了第一章已经讨论的发展观、政绩观的偏差、长官意志、灰色利益等非技术层面的因素外,关键问题在于规划本身观念和手法的陈旧,以及对历史街区、历史城区交通特殊性的重视不足。

一方面,我国现代交通规划的发展仅有短短 20 多年,从 1995 年中国城市交通发展战略研讨会"北京宣言"正式确立综合交通治理的体系至今才 10 余年❷,尽管在城市交通规划研究领域内取得了大量的理论和实践成果,但其成果在一般城市规划实践中应用的深度和广度不足。在目前我国包括历史文化名城、历史街区保护规划在内的各类城市规划的编制实践中,交通规划不同程度地存在着观念滞后和手法陈旧的问题。另一方面,由于交通规划和建筑遗产保护、规划、市政等专业的协作不足,历史街区交通规划缺乏针对历史街区特殊性的规范标准和技术研究。

1) 以"车本位"代替"人本位"的理念误区

现阶段,我国城市交通规划的实践中仍然存在着不同程度的"车本位"倾向,具体表现在以下几个方面:①认为小汽车是先进的现代化交通工具,而以小汽车出行所需的时间和通行速度作为交通畅通与否的衡量标准,认为自行车、公共汽车落后,而忽视甚至排斥公交、行人和自行车的设施和速度需求;②交通规划的主要内容是以满足机动车出行为目的的道路网规划,道路断面设计也主要以机动车交通为中心;③交通设施的建设强调快速路、主干路、高架路或立交

---

❶ 罗哲文.罗哲文历史文化名城与古建筑保护文集[M].北京:中国建筑工业出版社,2003:93

❷ 马林.城市交通规划事业的回顾与发展[EB/OL]. http://www.tranbbs.com/archive/bbs/Plus_viewf429.html, 2007-03-20

桥等满足机动车运行的设施,而为步行、自行车提供空间的支路网设施建设则严重滞后;④机动车道一再拓宽,而公共交通设施建设却能省则省;⑤道路"路权"上实行的是小汽车优先,公共交通、行人和自行车处于从属地位❶。

这种交通规划理念以"车本位"代替"人本位",以汽车这一交通工具的需求代替了"人"作为交通主体的需求,往往会对历史街区、历史城区的交通状况评价过低,同时忽略其他交通解决方式,认为机动车无法进入,即为无法满足交通需求,最终导致草菅历史街区之命,一味地依赖机动车道和停车空间的拓展来改善交通状况,从而对历史城区、历史街区的传统肌理和区内的建筑遗产本身造成破坏。

2) 以"机动性"偷换"可达性"的目标误区

"车本位"的理念误区导致了交通规划中以"机动性"(mobility)偷换"可达性"(accessibility)的目标误区。可达性是当前城市交通性能评价的主要标准之一,是指人采用某种或某几种交通方式到达某地的方便程度。但在部分地方的交通规划实践中,所谓的"可达性"实际只考虑了机动车的可达性,而没有考虑其他交通方式的可达性,即以人为本的可达性的概念被偷换成了以车为本的机动性。

表现在历史街区交通规划中,不综合考虑居民出行特征和其他交通方式的实际方便程度,而是单纯为了解决机动车的畅通或者其所谓的可达而进行历史道路的拓宽取直甚至拆房开路等。事实上,由于我国大多数历史城区和历史街区街巷空间狭窄,不宜主要依赖机动交通解决区内的可达性问题,而应该结合历史街区保持着较紧凑的城市形态、较高的人口密度和综合的城市功能的特点,通过大力发展多元化的公共交通和个人非机动交通方式来提高区内交通的可达性。

3) 只有"路服从车"而没有"车服从路"

交通问题的发生,其主要原因在于路与车的矛盾。解决矛盾的途径一是"限车",二是"增路"。"亚当斯定律"早已证明,由于道路面积的增加,交通堵塞会暂时得到缓解,但交通畅通后又会吸引更多的车辆,这些新增的"诱发运量"不久就会将新拓宽的道路又恢复到昔日的拥挤程度。所以,道路扩张方式并不能根本解决城市交通问题,"路服从车"已经成为看似简单却无解的交通难题。在世界范围内,"车服从路"成为缓解交通矛盾的必然之举,采取法律或经济方法限制小汽车是国外大城市解决交通拥堵的普遍办法。

但在我国目前的部分交通规划实践中,拓宽道路仍然是解决交通问题的主要方式,造成了城市建设上徒劳无益的巨大浪费。对于历史城区和历史街区来说,问题的严重性在于,哪怕是仅仅拓宽一两米,也可能意味着破坏历史街巷尺度、削去沿街建筑立面,是对历史街区的空间结构和传统风貌的极大破坏。如果将尺度宜人的生活性历史街巷拓宽成宽阔的交通性道路或城市干道,"诱发运量"造成的大量车流的入侵必将造成街区居住和步行环境恶化,并对历史街区的社会结构造成影响❷。

4) 片面强调供应不足,忽视需求管理

交通需求是指出于各种目的的人和物在社会公共空间中以各种方式进行移动的要求,它

---

❶ 张国鹏.大城市交通规划理念的更新[J].北方经济:学术版,2007(03):144-145

❷ 周尚意,王海宁,范砾瑶.交通廊道对城市社会空间的侵入作用——以北京市德外大街改造工程为例[J].地理研究,2003(01):96-104

具有需求时间和空间的不均匀性、需求目的的差异性、实现需求方式的可变性等特征。交通供给是指为了满足各种交通需求所提供的基础设施和服务,它具有供给的资源约束性、供给的目的性、供给者的多样化等特征。需求是可以调节的,而供给是有限制的。由于供给的短缺,发达国家城市常对需求进行调控,即交通需求管理。对于历史城区街区,交通供给的总量十分有限,更有必要通过疏解功能和限制设施供应的方式来控制交通需求。

我们在历史城区和历史街区的交通供需关系处理上,一方面未能充分认识到城市土地利用对交通需求的重要影响,在城市空间拓展的结构布局上仍然以历史城区或历史街区为中心,不但没有疏解功能,反而造成了历史城区的功能集聚,加大了交通需求的压力。另一方面,没有认识到历史街区供给有限的特殊性,往往片面强调扩大供应,并在供给方向上偏向机动车和快速路、主干路、高架路、立交桥、地铁、轻轨等高投资的交通设施,忽视对交通需求的控制,忽视对城市支路网的建设和常规公共交通的发展,导致为满足不正确导向下的交通需求膨胀而大拆大建、破坏历史城区和街区的情况。

5) 标准缺乏、手法简单、执行粗放

目前,我国尚没有针对历史街区的专门的道路交通规划标准,历史街区的道路交通规划仍然执行《城市道路交通规划设计规范》❶、《城市道路设计规范》❷等一般城市建设的国家标准。由于现有规范的编制基本没有考虑历史街区及其保护要求,加上一些规划设计人员手法简单,视规范中"应采用"条文为天条、视"宜采用"条文为习惯,造成历史街区交通规划的偏差。

而这种带有偏差的保护或交通规划一旦经过审批程序,就具有强制执行的法律效力。尽管规划具有一定的修编机制,但修编本身的程序周期较长。对大多数地方的规划实施者而言,不管规划及其所依据的标准本身是否存在偏差,都是实施的依据,其结果轻则对历史风貌造成影响,重则出现整条街道拓宽改造、建筑遗产面目全非甚至荡然无存的情况。

对历史街区破坏最大的就是道路红线问题。以北京为例,红线权威的建立是几代城市规划工作者斗争的成果,对于城市的开发建设曾经起了重要的规范作用。但由此又产生了另一种误区,"红线是笔直的,哪怕撞上皇史宬也不能拐弯,红线是等宽的,哪怕穿北海穿天坛"❸。因此,北京的道路红线规划对历史城市的保护并未起积极作用,相反是从城市规划的角度为旧城的损坏创造了重要的条件,以致"道路红线实施到哪里就拆到哪里"❹。类似的情况还有对转弯半径、交叉角度、抹角拓宽、停车位配建数量等的生搬硬套,都会造成为满足交通需求而对历史街区空间肌理和遗产风貌的破坏。此外,为满足历史街区市政管线埋地敷设所需的地下空间而拓宽街巷,也是适应性市政标准缺乏、规范执行粗放和设计手法简单的表现。

2.2.2 基于历史街区特殊性的交通规划对策

历史街区的性质不同于一般城区,仅仅从交通需求的角度去研究和认识问题是不够的,我

---

❶ GB 50220—95.城市道路交通规划设计规范[S].1995
❷ CJJ 37—90.城市道路设计规范[S].1990
❸ 邱跃.旧城危改刍议[J].北京规划建设,2001(01):46-48
❹ 文爱平,刘小石.意在笔先 源流兼治——规划专家刘小石谈北京旧城交通解决方案[J].北京规划建设,2005(05):184-188

们必须认识到历史街区除了负担满足居民生产、生活的一般城市功能外,还特别负担着保护和展示历史文化遗产的特殊使命。历史街区的交通规划就是要在不损害其历史文化价值的前提下,通过各种适应性的交通规划措施,满足街区和城市之间以及街区内部的交通需求。

1) 以遗产优先、适应历史街区的特殊性为原则

我国历史街区交通规划最大的特殊性在于,承担交通功能的道路大部分是历史道路,道路两侧的建筑大多数是历史建筑,而历史道路本身及其两侧的历史建筑都是城市历史文化遗产保护的对象,即作为"路"的历史街区街巷的可调整余地很小,不能通过拓宽、改变历史街巷、拆除历史建筑来增加道路供给,因此只能是"车服从路",而不能"路服从车",即必须确立历史道路和空间格局保护优先的原则。

由于历史街区的道路格局不同于现代城市道路路网,和现代机动交通工具之间确实存在着一定的矛盾,因此不可能也不应该完全套用现行一般城市道路交通规划的规范和手法,而必须根据历史街区的实际情况,采取适应性的规划理念和技术措施,以兼顾遗产保护和道路交通需求。适应性的第一层含义是"适用",允许并且鼓励突破规范去探索适用于历史街区的新理念、新技术,并努力建立适用于历史街区的新标准。适应性的第二层含义是"适度",所有的交通规划措施都应以不损害历史街区的遗产价值为度,不能一味追求交通的便捷和舒适。历史文化遗产的保护既是历史街区的职能,也是构成历史街区的资源。"在保护区中,不可能使所有居民都拥有靠近他们家房屋的停车空间。就像现代化的邻里不能提供一种历史认同感,而保护区的邻里不能容纳大量机动车或者有高速公路来缓解交通堵塞"❶。

2) 以需求管理、交通疏解为方向

遗产优先的原则,决定了历史街区的交通规划不可能也不应该大量增加道路供给。既然不能"增路",就只能通过"限车"来解决历史街区中车与路的矛盾,即主要通过交通需求管理(TDM)来疏解历史街区的交通压力,提高历史街区的交通水平。历史街区交通需求管理的措施可以分为宏观、中观和微观三个层次。

在宏观上,发展新区,并以新区作为城市的政治经济中心,削弱历史街区所在旧城的中心职能,从总体上降低城市对历史街区交通的宏观需求。在中观上,我国大多数历史街区都具有区域交通的特征,因此可以通过规划手段引导、排除不必要的外部穿越交通,而以满足历史街区内部以及与城市之间的交通需求为主。在微观层面上,应通过规划用地调整、提高公交可达性、停车管理以及其他管理和经济手段,控制街区内的机动交通需求。

3) 以满足居民的可达性为目标

交通的可达性是历史街区生存发展和发挥社会价值的基本条件,因此应该保证历史街区具有良好的可达性。一方面要保证历史街区作为一个交通区域和城市其他交通区域之间具有较好的可达性,即历史街区应和周边城市道路网有足够的联系;另一方面,要保证历史街区内部具有较好的交通可达性,具体措施除了加强公交可达性、提高职住一体化程度、鼓励自行车和步行出行等需求管理措施外,主要是通过精心组织街区内部路网和交通流,在不破坏遗产价值的前提下因地制宜地增加道路和交通供给,以适当提高区内机动交通的可达性。

---

❶ [美]纳赫姆·科恩. 城市规划的保护与保存[M]. 王少华,译. 北京:机械工业出版社,2004:93

2.3 历史街区交通系统与需求管理

2.3.1 TSM、TDM 方法及其在历史街区的应用

1) TSM 和 TDM 的发展

TSM 是交通系统管理(Traffic System Management)的英文缩写。1975 年美国运输部出台联合规划准则,其中包括一个附件,强调在解决交通问题时,应考虑对不同交通系统运行的改进,并要求把 TSM 方法列为交通规划的一项内容❶。TSM 方法是在现有的道路及公共运输设施的基础上,以短期且低成本的经营管理和系统改善策略,有效地增加运输系统功能和交通安全、节约能源、减少污染的方法❷。

TDM 是交通需求管理(Traffic Demands Management)的英文缩写,是指对于一个已充分发展的地区,增加供给已不能改善交通问题时,必须籍由需求管理的手段来解决交通问题。TDM 在 1980 年代取代 TSM 成为欧美日等发达国家城市交通计划的中心政策。当时,各国城市交通基础设施的建设已经基本完成,过量的汽车交通在侵占土地、消耗能源、污染环境方面的弊端日趋明显,所以 TDM 自出现之日起就是引导与抑制汽车交通的一系列政策的集合体。

TDM 和 TSM 既有联系,又有区别。两者的共同点都是不再仅仅依赖中长期的基础设施规划,而立足于对近期乃至现状交通系统运行的管理和控制。二者的差异在于 TSM 同时从供给和需求两方面入手,在短期内以低成本改善交通;而 TDM 则强调从需求层面上长期改变人们的交通行为,控制交通需求,提高土地利用效率,而避免扩充道路。

2) 交通需求二重性和 TDM 方法

TDM 方法是基于交通需求的可控性,利用制约交通需求的各种因素对基本交通需求和派生交通需求进行调解,从而改善交通状况的方法。人的交通需求可以分为基本交通需求和派生交通需求。基本交通需求是指城市中人与物的流动需求,其直接因素是城市规模、形态、布局及社会经济水平,基本交通需求的总量在一定的时段内具有较大的刚性;派生交通需求是由基本交通需求派生而来,指各种运输方式承担的客、货运量、周转量及道路(或地铁、铁路等其他运输载体)上的负荷,它受到交通运输方式、运输组织及道路设施等因素的直接影响,即使在确定的时段内也具有较大的弹性。基本交通需求和派生交通需求与相关外部因素之间,以及二者彼此之间都存在着双向互动的制约关系,而这种制约关系使得它们具有随机性与可控性的二重性❸。

所有影响交通需求的因素都可以作为管理和调节的对象,因此 TDM 的具体措施很多。有学者将 TDM 概括为五种基本方式:第一,变更汽车行驶路径,通过利用智能交通系统(ITS,Intelligent Transportation System)等适时提供道路交通信息,引导汽车利用者改变行车路径,

---

❶ [美] Michael D. Meyer. 二十一世纪之交通规划. 易汉文,译. 下载自城市交通网北美交通:www.chinautc.com/usa/manage/UNCC_Editor/uploadfile/20061221094924803.pdf

❷ 白仁德. 交通运输规划与地区发展[R]. 台北:政治大学地政系,2003. 下载自 www.lm.leader.edu.tw/20031205.ppt 585K 2003-12-5

❸ 全永燊,刘小明,等. 路在何方——纵谈城市交通[M]. 北京:中国城市出版社,2002:33-46

以分散拥挤区域的交通量;第二,变更交通手段,通过加强公共交通建设,以及对特定区域实行公交与自行车优先等措施,变乘用自家汽车改为乘用公共交通车辆,以减少汽车交通量;第三,提高汽车利用效率,通过汽车共用等方式减少汽车交通量;第四,变更出行时间,通过柔性通勤以及时差通勤制等,缓解通勤高峰时间带的交通量;第五,调整交通发生源,通过采取交通负荷小的土地利用以及工作形式,减少交通量❶(图 2.1)。而在白仁德、王炜、梅振宇❷等学者的研究中,还有对停车管制、经济政策等方面的 TDM 研究。

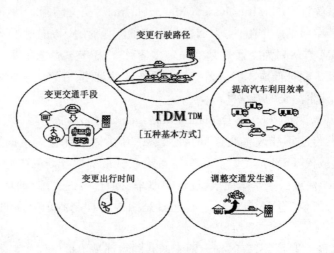

图 2.1　TDM 的五种基本方式示意图

资料来源:李捷萍.大城市交通:问题与对策——论 TDM 的作用[J].城市交通,2002(3):8-11.

3) TSM 的方法分类

根据白仁德先生的划分,TSM 的具体方法可以分为六大类,即强制使用管制、改变公交营运方式、增加交通服务供给、提供使用者信息、使用费的管制和定价以及改变交通需求形态❸(表 2.1)。对比 TDM 的五种基本方式可以看出,尽管两者的分类方法不同,但是由于 TDM 是在 TSM 的基础上发展起来,所以 TSM 方法中除"拓宽街道和交叉路口"等"改善街道与公路"的措施外,其他已基本纳入 TDM 的范畴。

表 2.1　交通系统管理(TSM)方法

类别	实施方式	执行方案
强制使用管制	路口穿越管制,优先行驶	• 公交车优先号志系统　• 最佳号志时相　• 装置或拆除号志 • 人行道立体分隔　• 计算机号志管制系统
	地区或道路使用的管制	• 划定单行道　• 红灯准予右转　• 转向交通限制　• 限制行驶区 • 禁止进入匝道　• 专用入口匝道　• 进口匝道关闭　• 住宅区限制进入
	车道使用管制	• 设调拨车道　• 高容量车辆专用道　• 交叉路口槽化　• 自行车专用道
	路边使用管制	• 停车限制　• 公交车停站牌限制　• 设置装载区　• 拓宽人行道 • 货车装卸货时间限制

---

❶　李捷萍.大城市交通:问题与对策——论 TDM 的作用[J].城市交通,2002(3):8-11.
❷　梅振宇,王炜,陈峻,等.我国城市交通需求管理(TDM)对策研究[J].现代城市研究,2004(04):49-53
❸　白仁德.交通运输规划与地区发展[R].台北:政治大学地政系,2003.下载自 www.lm.leader.edu.tw/20031205.ppt 585k 2003-12-5

续表 2.1

类别	实施方式	执 行 方 案
改变公共交通营运方式	改善营运绩效	• 修正公交车路线 • 调整公交车排班 • 增加旅客上下车效率 • 简化收费方式 • 拨乘公交车服务
	转车营运	• 设置公交车停转车位置 • 改良上下车设备 • 整合交通工具营运 • 设计舒适之候车站 • 改良接运及分派方式 • 设计转运站
	发挥管理效率	• 改善营销方式及会计制度 • 改进养护系统
增加交通服务供给	提高公交服务水平	• 穿梭公交车服务 • 快速公交车服务 • 预约公交车服务
	改善街道与公路	• 拓宽街道和交叉路口 • 新辟高容量车辆之车道 • 增加专有快速道路 • 快速道路容许公交车停车
提供使用者信息	协助行车前信息	• 对驾驶人施以运输教育 • 提供行车前之交通信息 • 提供私车共乘配对 • 最适公交车路线及班次 • 提供大众运输信息
	协助行车途中信息	• 系统情况之广播 • 交通流交通标志 • 前进速率告示标志 • 路线劝告标志 • 提供地区的消息 • 有效处理肇事事件
使用费的管制和定价	道路使用收费	• 地区行驶费或执照费 • 增加牌照税及汽燃费 • 拥挤定价 • 差别定价
	停车收费	• 停车延时定价 • 高乘载车辆之差别停车费 • 提高停车费
改变交通需求形态	非机动车辆交通	• 划定行人徒步区 • 拓宽人行道 • 限制人行道行车
	停车	• 减少或限制路边停车 • 停车场设在市中心外围 • 改善郊区转换车设备
	改变需求时机	• 错开及弹性工作时间 • 减少每周工作日
	改变空间区位	• 改变土地使用分区型态

资料来源：白仁德. 交通运输规划与地区发展[R]. 台北：政治大学地政系，2003
下载自 www.lm.leader.edu.tw/20031205.ppt 585k 2003-12-5

4）TDM 是历史街区交通规划的主要方法

对于历史街区而言，由于街区本身的传统街巷肌理受到保护，非常适合采用 TDM 技术控制交通需求、疏解交通流，而避免因拓宽道路而对街区空间结构和建筑遗产造成损害。因此，历史街区交通规划的主要规划内容应是交通需求管理。

在历史街区交通规划的具体案例中，TDM 方法的具体内容根据街区面积、人口、功能、内外交通网络等具体情况的不同而有所侧重。本书从历史街区保护规划的角度出发，主要研究与街区物质空间相关的，具有一定普遍性的 TDM 规划措施。具体包括以下几个方面：

(1) 通过发展新区降低历史街区的交通需求总量；
(2) 通过地区交通单元方式排除历史街区穿越式交通（详见 2.4 节）；
(3) 通过用地功能调整转移历史街区内的大型交通吸发源；
(4) 通过完善公共交通系统减少历史街区内的私人汽车需求；
(5) 历史街区内的停车规划和供应管理；
(6) 通过土地综合利用和经济手段调节历史街区交通需求。

5）通过 TSM 扩大历史街区交通供给的可能

TSM 方法的绝大部分都已纳入 TDM 的规划内容，其独特的规划内容主要是如何扩大历史街区的交通供给，增加历史街区的可达性。一方面，可以在历史街区保护范围以外开辟道路和停车场以增加历史街区与城市路网的联系。另一方面，在历史街区内部可以结合区内少量无历史风貌的街巷和可搬迁或改造地块的重新规划，适当增加道路和地上地下停车空间。当然随着现代盾构技术的发展,在地下建设道路和停车场也成为扩大历史街区交通供给的可能选择,但应在经济和遗产结构、风貌安全上进行评估(详见本章第 2.5 节)。

2.3.2 发展新区降低历史街区的交通需求总量

1) 发展新城是疏解历史街区交通的必然前提

城市规模和社会经济水平直接影响着城市交通需求的总量,而城市的结构形态则对交通需求总量在城市各空间区域上的分布具有决定性的作用。欧洲产业革命后,乡村人口迅速向城市集中,为解决人口膨胀带来的用地不足、交通拥挤、环境恶化等问题,以"大伦敦"卫星城和"大巴黎"多中心城市为代表,发展新城新区以缓解旧城压力的理论和实践成为主流❶。尽管当时开辟新区新城最初是从拓展城市整体发展空间的需要出发,而非出于历史文化保护的需要(事实上,在二战后欧洲城市的重建中,大规模的住宅建设破坏古城的现象十分普遍),但"新城逐渐取代老城成为经济、政治和商业中心,而老城主要承担居住和文化的功能","从实际效果看,这样的做法确实保证了古城的完整性"❷。

从交通规划的角度理解,由于新区的开辟疏解了旧城的人口,减少了交通的发生量,旧城的城市中心职能为新区所替代,减少了经济、政治、商业活动的交通吸引量,从而大大减少了旧城的交通需求量,或者说,在城市总体的交通需求量中,历史街区所需承担的比例大大降低。因此,发展新城也是疏解历史城区交通的必然选择,不但可以提高居民的生活质量,而且可以避免道路交通的拓展对旧城空间格局和建筑遗产的破坏。在我国现阶段国民经济和城市化水平快速发展的形势下,城市人口和机动交通的增长势不可挡,要保护历史城市和历史街区,开拓新区、降低历史街区交通需求总量是必然的前提条件。

2) 我国历史城市发展新区的空间结构问题

我国最早提出发展新区保护旧城的设想是 1950 年的"梁陈方案"❸,但直到 1980 年代以后,随着改革开放带来的城市经济、人口和机动交通的迅速增长和名城保护理论的逐渐形成,我国苏州、韩城、平遥、扬州等历史城市才陆续开始跳出古城发展,"保护古城、另建新区是历史文化名城保护发展的一大良策"的观念逐渐形成❹。如今,我国大部分历史城市的发展都已经大大突破了原来古城的范围,原古城的范围成为整个城市的一个局部区域,一般称为老城区或旧城区。实践证明,发展新区在很大程度上改善了我国历史城市保护的状况,具体表现在四个方面:①疏散城市人口,避免超饱和容量对古城历史环境的直接破坏,以及为解决此问题提高新建筑的建设高度和容积率而造成的对古城整体空间特色的间接性破坏;②调整不适宜在古城内发展的用地到新区,减少由此造成的对古城环境及历史建筑的影响,为合理确定古城的主要功能与性质,发挥古城在文化、旅游等方面的优势创造了条件;③有利于对古城基础设施的改造与更新,提高古城居民居住环境质量;④缓解古城交通压力,可以利用古城内道路网密度

---

❶ 赵和生.城市规划与城市发展[M].南京:东南大学出版社,2005:46-51

❷ 王景慧,阮仪三,王林.历史文化名城保护理论与规划[M].上海:同济大学出版社,1999:47

❸ 1950 年 2 月,梁思成、陈占祥提交《关于中央人民政府行政中心区位置的建议》,提出在西郊月坛与公主坟之间的地区建设政府行政中心的方案。这个方案是根据"大北京市区全面计划原则"出发的,是"增加建设、疏散人口的措施",是"保全北京旧城中心的文物环境,同时也是避免新行政区本身不利"的"新旧两全的安排",但最终未被采纳。参见:方可.当代北京旧城更新:调查·研究·探索[M].北京:中国建筑工业出版社,2000:147

❹ 罗哲文.罗哲文历史文化名城与古建筑保护文集[M].北京:中国建筑工业出版社,2003:59

大的优势来改善路况和交通方式,不必拓宽道路来解决交通问题,有利于保护古城的空间尺度❶。

但一个不可忽视的问题在于,新城新区的发展并不必然会缓解旧城保护和交通的压力。虽然新城区的开辟可以在短期内减少旧城的人口、用地和交通压力,但城市发展是个动态的过程,人口、交通、建设资金都不是简单的平均分布,而是具有流动性和集聚性的特征。

我国许多历史城市的空间发展采取的是新城围绕老城发展的传统模式,新区往往如众星拱月般环绕在老城周围(如北京),或者沿着老城南北或东西轴线在两侧对称发展(如苏州)。为便于城市整体的联系,旧城和新区之间的快速干道必不可少。但在这种以旧城为空间位置中心或轴线中点布置的情况下,历史城区在空间位置上处于城市各片区,同时也是各大交通区的中心或中点,各区之间交通联系的最短距离期望线❷大多指向或经过历史城区(图 2.2),使得历史城区以及内部的历史街区的交通需求不降反增,极易受到交通集聚和穿越的影响。加上部分城市的新区、新城功能不齐备,新城区居民的工作、购物、休闲活动仍然依赖旧城,历史城区的中心职能没有削弱,反而因为处于交通中心的便利而得到加强。历史城区在城市中的空间中心、交通中心、职能中心地位相互影响,使得历史城区的人口、用地、交通等各方面的集聚作用不断增强。

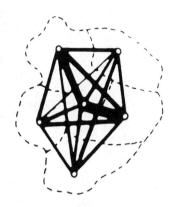

图 2.2　交通期望线图

资料来源:王炜,徐吉谦,杨涛等. 城市交通规划[M]. 南京:东南大学出版社,2000:13

以北京为例,目前北京市规划市区面积达 1 040 km²,包括四环内外 300 多平方千米的市区中心地区和其外围的十个边缘集团,已经形成分散集团式的布局,但其布局仍然以旧城为核心,环形加放射的干道网也以旧城核心为几何中心。这种交通布局虽然形成了联系各集团的环形轴线,但同时更加强了旧城的中心地位,也使得边缘集团和卫星城镇的发展受限❸(图 2.3)。正如 2004《北京交通发展纲要》中总结的那样:边缘集团与卫星城镇发展速度缓慢;一些边缘集团和新城功能不完善,难以摆脱对市区中心的依赖;市区人口向外转移过程中,人口与产业在市区聚集的状况并未发生根本改变;中心区功能过度聚集,人口与就业岗位密度不断加大。在交通上中心区交通聚集效应进一步加剧,三环路以内吸引的出行量占市区出行总量的50%,其中二环以内旧城区吸引的出行量占市区总量的25%❹(图 2.4)。其结果是,道路建设持续不断、甚至愈演愈烈地破坏着北京旧城及其30片历史文化保护区。如 2004 年,"北京市又开始拆除古城中轴线鼓楼、钟楼西侧的旧鼓楼大街,要将这条形成于 13 世纪的元大都古街拓宽至 30 m,鼓楼西大街的一部分也将被拆除拓宽。同样有着悠久历史的德胜门内大街,将被拆除、拓宽至 50 m 宽"❺。虽然有许多著名学者、专家、媒体记者努力阻止这一计划,甚至

---

❶ 王景慧,阮仪三,王林. 历史文化名城保护理论与规划[M]. 上海:同济大学出版社,1999:47

❷ 交通期望线又称愿望线,是连接各交通区重心间的直线,是交通区之间的最短出行距离,它的宽度表示交通区之间出行的次数。由愿望线组成的期望线图,又称 OD 图,即起点-迄点(Origin-Destination)图。见:王炜,徐吉谦,杨涛等. 城市交通规划[M]. 南京:东南大学出版社,2000:13

❸ 中国城市规划设计研究院. 北京综合交通规划纲要[Z]. 2003

❹ 北京市交通委员会,北京交通发展研究中心. 北京交通发展纲要[Z]. 2006

❺ 徐苹芳,梁从诫,等. 致世界遗产大会函——抢救北京古城[Z]. 2004. 下载自学术中国网:http://www.xschina.org/show.php? id=1196

联名上书当时正在苏州召开的第 28 届世界遗产大会,但德胜门内大街最终还是建成通车了。

图 2.3　北京各分散集团式结构的放射路网射向旧城中心

资料来源:中国城市规划设计研究院.北京综合交通规划纲要[Z].2003

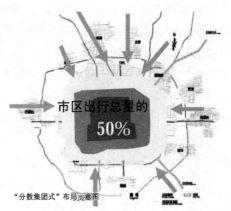

图 2.4　北京三环内聚集全市 50％出行量

资料来源:北京市交通委员会,北京交通发展研究中心.北京交通发展纲要[Z].2006

　　类似的例子还有著名的苏州干将路的拓宽工程。苏州是我国历史文化名城保护工作开展较好的城市,于 1986 年较早地确立了"全面保护古城风貌,重点建设现代化新区"的二元发展方针,决定在古城的东面和西面开辟新区。1986 年,古城西部的苏州新区率先开始建设,形成了"新区—古城"的空间结构,在近 10 年的时间内,古城内的人口由原来的 35 万人大幅减少到约 25 万人,极大地缓解了压力,改善了古城环境,成为国内发展新区、保护旧城的典范❶。但在 1994 年古城东部的中新合作苏州工业园区正式启动后,"东园西区,一城两翼"的城市格局对古城保护的不利影响开始凸现。首先,为加强东园西区之间的东西交通联系,实施了横贯古城东西的干将路拓宽改造工程❷(图 2.5)。大尺度的干将路不但在建设过程中直接拆除了不少历史建筑和街巷,破坏了古城传统肌理的完整性,而且大量往返于新区和园区之间的车流从古城中心穿越,给古城带来了巨大的交通压力(图 2.6)。"新区—古城—园区"的布局和干将路的开辟,使得古城在空间上回归城市的几何中心,中心职能得到了恢复和强化,现代商业、办公和服务业的涌入和集聚带来了大量向中心城区涌动的交通流量。干将路沿线集聚了大量的各种机构、单位、商业服务设施,其中有 60％以上在干将路上设出入口,10 km 长的干将路及其延伸路段上(从西环路到星明街)布置了 28 处红绿灯,干将路不但没有发挥其城市主要交通干道的交通疏导作用,反而交通拥堵现象严重,使古城保护没有完全达到预期的效果❸。

---

❶　阮仪三.护城踪录——阮仪三作品集[M].上海:同济大学出版社,2001:14
❷　史建华,盛承懋,周云,等.苏州古城的保护与更新[M].南京:东南大学出版社,2003:157-158
❸　黄耀志,王雨村.世界文化遗产保护与苏州古城发展策略[J].苏州科技学院学报(社会科学),2003,20(2):7-12

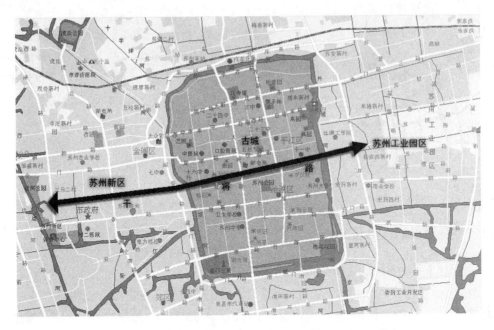

图 2.5 苏州"新区-古城-园区"的"一城两翼"结构和干将路

图 2.6 苏州干将路改造后(左)和改造前(右)的空间形态变化

资料来源:阮仪三.护城踪录——阮仪三作品集[M].上海:同济大学出版社,2001:14

以旧城为中心发展新区新城,不但导致交通"欲壑难填",道路建设不断侵蚀历史城市和历史街区,而且导致历史街区土地的影子价格❶上涨,在目前法制尚不完善的情况下,潜在的巨大利益经常可能吸引各种名目的房地产开发对历史街区的整片拆除,这是我国历史街区破坏的主要原因之一。

3) 我国历史城市应以旧城为"副中心",另建城市中心

历史城市的布局和空间发展模式可以分为两类,一类是传统的新城围绕老城发展,另一类是新城在老城的一侧或几侧发展。新城围绕老城发展是城市空间发展的传统模式,仅近代继续按这种模式发展的大城市就有罗马、维也纳、伦敦等。新城在老城一侧或两侧发展是欧洲目前最普遍的形式,如佛罗伦萨、里昂、波恩、伯尔尼等。在欧洲,两种模式同时存在,其优劣不

---

❶ "影子价格"是反映资源合理配置的"预测价格"。土地的影子价格定义及计算方法见:潘世炳.西方地价理论体系简介[J].价格理论与实践,1995(3):39-42

能一概而论。但从目前各国实践情况来看,老城围绕新城发展的城市,其用地调整的任务一般比较复杂,而新区偏向老城一侧或两侧发展则比较有利于历史城市的保护。因此一些原来新城围绕老城发展的历史城市,面对现代的发展也逐渐改变着空间模式❶。如法国巴黎,直到近代仍然是以旧城为中心不断拓展的模式。但为了保护老城,巴黎于1970年代开始在老城外规划两条平行的轴线,并在轴线上规划了一系列的新城,以避免城市发展向老城聚焦。同时,巴黎政府还从位于传统城市轴线与新轴线交叉点上,由政府投资建设德芳斯新都心。目前,德芳斯已颇具规模,新建筑全部为极富艺术追求的现代造型,与老城成鼎足之势,不仅吸引了大量的城市活动,而且还为巴黎创造了一个新的城市形象,进一步拱卫了巴黎的世界文化中心定位❷(图2.7)。

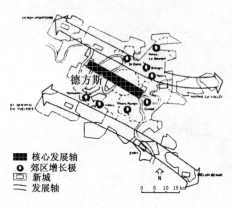

图 2.7 巴黎城市发展的双轴线结构
资料来源:方可.当代北京旧城更新:调查·研究·探索[M].北京:中国建筑工业出版社,2000:151

在欧洲一些历史城市中,现代城市新区的发展继续以旧城为中心、延续城市轴线的情况并不鲜见,这与其城市和道路交通发展的历史与现状分不开的。概括而言,欧洲许多城市的历史街巷格局经历了快速轮式马车时代的改造,基本能够适应慢速汽车交通❸。铁路等公共交通的发达和长期的郊区化传统疏解了历史城区的人口和功能压力❹,加上其正处于城市化和经济水平的稳定期,遗产保护观念的普及和法律体系的完善等因素,所以欧美历史城市的现代发展能够继续在基本保护旧城及其历史街区的同时,以历史城区为中心进行空间拓展。

我国城市发展的历史和现状与欧美城市大相径庭。我国的大多数历史城市没有经历过快速轮式马车的时代,一直是以人行和慢速马车等轮式车为主的,所以街巷一直较窄。直到近代

---

❶ 王瑞珠.国外历史环境的保护和规划[M].台北:淑馨出版社,1993:132-144
❷ 方可.当代北京旧城更新:调查·研究·探索[M].北京:中国建筑工业出版社,2000:151
❸ 欧洲历史城市在中世纪时同样街道狭窄、密集而曲折。但在16世纪后的巴洛克时期,因为快速轮式交通工具——马车的普及,欧洲城市的道路进行了大规模的改造,直线几何形的宽阔大街成为城市的主干道,即便是普通的支路,也在马车时代来临后有所拓宽。芒福德在《城市发展史》中写到:"大街是巴洛克城市最重要的象征和主体。……城市的规划图,其所以按直线形发展,轮式车辆交通起了关键作用,那个时期的特点是把空间划成几何图形,这是因为这样能促进车辆交通和运输。……17世纪开始的公共马车,每年轧死的人数比后来开始的铁路火车事故还多……"。因此,当与马车的车身宽度区别不大的小汽车成为主要的交通工具后,在限制车速和数量的前提下,欧洲城市的大多数历史街巷仍然可以适应其基本的通行需要。参见:[美]刘易斯·芒福德.城市发展史——起源、演变和前景[M].宋俊岭,倪文彦,译.北京:中国建筑工业出版社,2005:385-388
❹ 19世纪开始的工业化使得欧洲城市产生了居住环境的恶化,芒福德引用狄更斯的说法称之为"焦炭城"。他写道:"工业主义,19世纪主要的创造力,产生了迄今从未有过的极端恶化的城市环境;因为,即使是统治阶级的聚居区也被污染,而且也非常拥挤,……从19世纪起,由于害怕传染到瘟疫,所以周期性地发生人们大批离开城市涌往郊区的现象"。自1820年英格兰的史托顿与达灵顿铁路成为第一条成功的蒸汽火车铁路之后,铁路在1850—1920年之间成就了人口的大规模外迁;1895年后出现了电车和地下铁路,近郊区也随之得到了迅速发展;等到战后私人小汽车开始普及以后,郊区更加出现了"盲目外延"的情况,因此,许多欧洲城市历史中心区的人口和就业密度并不高。在美国,由于不加限制的特殊汽车政策和贫富隔离的移民种族历史,"广大郊区起到了反城市的作用",富人们居住在郊区,市中心区沦为穷人居住的地方,失去原有吸引力而发生了停滞和衰退的"空心化"现象。所以,1970年代以后,欧美许多历史城市提出了"拯救中心城"的口号,以吸引人们重返中心区。参见:[美]刘易斯·芒福德.城市发展史——起源、演变和前景[M].宋俊岭,倪文彦,译.北京:中国建筑工业出版社,2005:462,516-522

才因为汽车的出现而拓宽了少量的主要干道,大多数的城市街巷直到 1980 年代仍然大体维持着宋代以来的格局和尺度❶。而工业化的滞后,城市环境的基本稳定❷,现代城市铁路和公交体系的缺乏以及传统尊中思想❸的影响,使得我国历史城市中心区的人口和功能向郊区的转移既没有必要,也没有主客观条件。所以通过现代城市规划转移城市中心职能以前,我国绝大多数城市的历史城区一直保持着充足的活力和引力,是城市的政治、经济、文化的综合中心,人口、用地、交通都处于超饱和状态。

由于我国目前正处在经济和城市化水平迅速发展的时期,城市总体人口规模和交通总量必然保持连续的高速增长,旧城的空间格局、街巷宽度已经不可能继续承受城市中心的用地和交通需求,因此,必须将城市中心的职能从历史城区转移出去。而要转移中心职能,就不能继续采取以旧城为中心的空间发展模式,而必须采取"偏"在老城一侧或不以老城为对称中心的几侧发展新区的多中心模式,即应以旧城为城市职能、空间和交通的"副中心",同时在新区另建"正中心"。

在空间上,不应继续以历史城区为城市发展空间的几何中心或轴线中点,而应将其作为环绕或依赖于新城市中心的一翼或多极中的一极,并以便捷的快速路和新城市中心及其他副中心联系,快速路从历史城区的一侧指向城市中心,不必贯穿历史城区,而城市新中心和其他副中心之间的快速路也不必路过或者穿越历史城区。在城市职能上,必须将历史城区政治、经济、文化"正"中心的地位降为以历史文化和居住为特点的"副中心",而将政治经济中心迁出,并将政治经济中心所在的新区发展成为充满活力、功能齐备的"正中心"。

如此,历史城市和历史街区就不必背负推动城市经济发展的沉重包袱,也不会导致虚高的影子地价而让开发商垂涎觊觎,人口、用地都将得到疏解,城区内部的交通发生量和对其他城区的交通吸引量也大大减少,建筑遗产可以不必为大规模的道路建设和房产开发而让路。作为以历史文化和居住为主要功能的城市副中心,保护城市建筑和历史文化遗产,提高居民居住水平将成为街区的主要任务。这是从宏观上保护历史街区、解决历史街区交通问题的必要前提。

2.3.3 通过用地规划调整转移历史街区内大型交通吸发源

1) 大型公共设施是造成历史街道拥堵的交通吸发源

根据对肇庆府城、扬州东关街、深圳大鹏所城等历史街区的实地调研,由于街巷格局和收入水平等方面的限制,历史街区内部居民的个人机动车拥有率远低于一般城市地区。但即便

---

❶ 李新建,李岚. Municipal Infrastructures in Urban History and Conservation: A Case Study of Chinese Road[A]. International Conference on East Asian Architectural Culture[C]. Kyoto,Japan: 2006 Executive Committee of the International Conference on East Asian Architectural Culture,2006:525-532

❷ 中国城市的工业化萌芽于 1840 鸦片战争以后,但进展十分缓慢,直到 1950 年代以前都没有真正的工业化进程。1950 以后的工业化进程中,污染大的重工业发展主要是在城市郊区进行的。所以,除了短暂的战争和自然灾害以外,中国历史城市中心从来没有出现环境极端恶化的状况。

❸ 中国文化有居中为尊的传统,大多数历史城市有着明确的中心或轴线,但这些轴线和轴心往往不是现代意义上由道路和广场构成的公共空间,而通常是重要的且禁止一般民众穿越的建筑群(其门前可能有城市中为数不多的广场空间,但一般也禁止民众使用),在都城是紫禁城一类的宫苑,在地方是官署衙门。这些无法穿越的建筑群集空间的、行政的、精神的中心为一身,往往具有极强的控制力,如果没有特别的地形(江、河、湖、山)阻隔,一般都是沿着原有中心和轴线向四周扩散生长。

如此,历史街区内部的主要历史街道仍然出现交通拥挤,这种拥挤明显集中在特定的时空段,在时间上以上下学高峰期为主,在空间上以学校、农贸市场、医院门口最为集中。究其原因,是因为这类大型单位具有极大的交通吸发量。如学校周边上下班高峰期接送学生的家长及其乘坐的小汽车、摩托车、自行车等堆积门前,以学生为销售对象的各类摊贩也环伺左右。学校一旦下课,大量的寻找家长、购买物品、等待同伴的学生在门口滞留,而大量的急于回家的其他学生及其自行车左冲右突、择路而行(中学生出行方式中自行车的比例最高)。此时,历史街道上正常的过往车流、人流基本难以通行,于是形成拥堵。由于历史城区、街区内往往有许多历史悠久、信誉良好、影响范围广的重点小学、中学以及医院等文化医疗设施,所以这种情况十分普遍。

2) 疏解大型交通吸发源的 TDM 对策分析

此类大型公共设施是历史街区内主要的交通吸发源,交通流量大而集中,往往是造成历史街区交通拥堵的诱因。对大型交通吸发源进行交通需求管理的方法有很多,但其适用性各有不同。如变更学校、企业的通勤时间,实行错峰上下学、上下班,但此类政策只适用于企业,对于农贸市场、医院和应试教育序列的学校则难以执行;再如可以在通勤期间加强交通管制来禁止过境车辆进入历史街区内的道路,这固然重要,但造成拥堵的往往不是过境车辆,而绝大多数是不宜列入管制范围的街区内部居民出行车辆,以及大量进出该公共设施的车辆;为降低个人交通工具的使用,还可由学校或企业统一安排校车、厂车接送,这实际上是通过合乘提高了机动车的利用效率,但目前在我国只适用于收费较高的寄宿制学校,而对于生源分布广、经费困难的全日制学校则缺乏可实施性。

3) 通过用地调整转移大型交通吸发源是历史街区最有效的 TDM 措施

归根结底,用地造成的交通问题仍然需要通过用地调整来解决。首先,应将那些和街区未来定位不符、不利于街区发展的功能逐步迁出历史街区。1950 至 1970 年代,历史街区内见缝插针地设置了许多工厂企事业单位,其中造成废水、废气、废渣和噪音污染,或需要大量原材料和产品运输的企业应尽早迁出历史街区。大型企事业单位外迁的做法在 1990 年代以后的城市规划领域中十分普遍,但需要指出的问题是,一些对于地区活力至关重要、对街区历史风貌意义重大或对居民生活必需的学校、医院、农贸市场等也一窝蜂地迁出,严重降低了历史街区的活力,并导致街区居民的生活就业出行距离增加。

其次,历史街区保护规划应通过调查研究,仔细甄别大型交通吸发源对于街区的积极和消极两方面的影响,削弱消极影响而保留强化其积极影响,对于适宜留在历史街区的这类设施要从用地上满足其发展需求,同时结合交通规划解决其交通拥堵问题。常用的具体措施有以下几类:

(1) 通过相邻地块的用地调整扩大重要大型公共设施的用地范围,同时通过增设通路、调整主入口开设方向等方法增强其和街区周边其他城市道路的联系,从而减弱对历史街道的交通压力。

(2) 对于街区内难以满足其发展和交通运输需求、但又对街区历史风貌和经济活力至关重要的大型吸引源,可以采取原址部分保留其风貌和功能,另在新区辟地新建的方式兼顾保护和发展的需求。

(3) 最后对于农贸市场等居民必需的一般公共设施吸发源,可以通过用地功能置换,调整至机动交通压力较小、风貌影响较小的地块内设置。

4）以疏解交通为目标的用地调整分析——以肇庆府城为例

肇庆府城的城中路，原为府城最重要的东西交通轴线，以民国时期的骑楼商业街为特色。1980年代以前肇庆市的发展一直以府城为重心，在城中路的北侧分布了若干大型的公共设施，东有市委、市政府和一所职业中学，西有三级甲等医院肇庆市第一人民医院、省重点中学肇庆中学，主要入口均设在城中路，而城中路的宽度只有9.0 m宽。1990年代交通问题凸现后，开辟了南北向的人民路贯穿古城南北，但并未能起到疏解城中路交通的作用，城中路在上下班高峰期拥堵十分严重(图2.8)。进入21世纪后，由于城市新区的发展和成熟，府城的活力逐渐衰退，市委、市政府、职业中学、第一人民医院和肇庆中学都有出于自身发展考虑的搬迁计划。

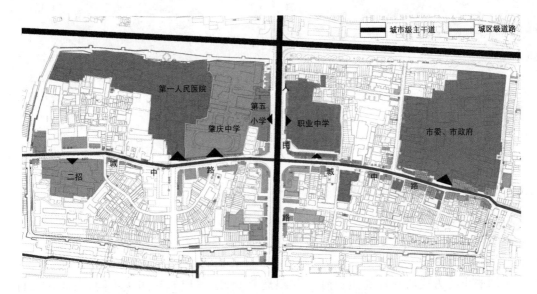

图2.8　肇庆府城公共设施及其出入口分布图

资料来源：自绘。底图来自：东南大学城市规划设计研究院.肇庆府城保护与复兴规划[Z].2005

东南大学城市规划设计研究院和建筑遗产保护研究所承担的保护规划❶中，认为上述单位的全部搬迁必将进一步降低府城的活力而使其继续衰退。鉴于市政府、第一医院用地历史上分别为两广总督府和宋包公府衙所在，且发展用地严重不足，规划将其搬迁后分别辟为两广总督府(博物馆)和宋包公府衙(遗址公园)，但保留原第一医院的部分技术用房作为府城内部服务的社区医院。规划认为肇庆中学对于古城活力至关重要，但由于只有一个位于城中路的出口而成为引发拥堵的主要因素之一，规划利用人民东侧职业中学已经撤并的有利因素，将肇庆中学东侧紧邻人民路的第五小学迁入职业中学，同时将第五小学用地并入肇庆中学，一方面解决了肇庆中学的发展用地问题，同时将肇庆中学的主入口移至人民路，并新辟入口广场、停车场解决上下学接送问题，而将城中路的原校门作为步行出口，在转移机动车流的同时保持了城中路和中学的人流联系，保持并强化了城中路的商业活力，达到了保护和发展，交通和用地的双赢(图2.9)。

---

❶　东南大学城市规划设计研究院.肇庆府城保护与复兴规划[Z].2005

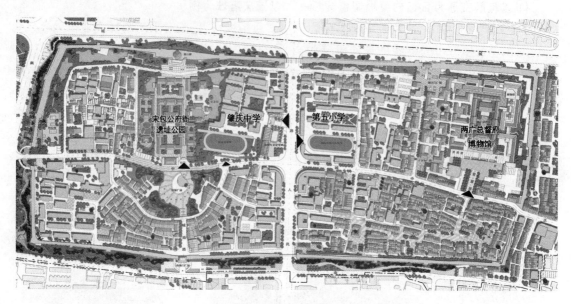

图 2.9 肇庆府城规划总平面及功能调整示意图

资料来源:自绘。底图来自:东南大学城市规划设计研究院.肇庆府城保护与复兴规划[Z].2005

2.3.4 完善公共交通系统,改善出行结构

1) 改善出行结构是减少历史街区交通需求的重要手段

我国历史街区居民的出行方式一般主要为步行、自行车(助力车)、摩托车、私家小汽车、出租车、公交车、地铁等。所谓出行结构,是指总出行量中,不同的出行方式所占的比重。不同的出行方式所适宜的出行时间和距离不同,所占用的空间也不同,因此在出行总量一定的情况下,出行结构极大地影响着交通对于道路的需求(表 2.2,表 2.3)。相比较而言,小汽车是占用道路面积最大的出行方式。以动态人均道路面积相比较,小汽车∶自行车∶公共汽车=24∶7∶1。因此,近年来城市中小汽车、尤其是私人小汽车的大量增长是形成交通拥堵的主要原因,调整出行结构,降低小汽车的出行比例是城市交通需求管理的重要手段❶。

表 2.2 不同交通方式适宜的出行距离比较表

交通方式	运送速度(km/h)	适宜出行时间(min)	适宜出行距离(km)
地铁	35~40	10~60	5~50
公共汽车	12~20	8~30	1~10
自行车	8~12	10~30	1~5
步行	4	5~20	0.5~1.5

资料来源:全永燊,刘小明,等.路在何方——纵谈城市交通[M].北京:中国城市出版社,2002:122

---

❶ 全永燊,刘小明,等.路在何方——纵谈城市交通[M].北京:中国城市出版社,2002:122,148

表 2.3　各种车辆空间占用比较表

交通方式	车辆宽度(m)	停车占地面积(m²)	静态人均占地面积(m²/人)	动态人均道路面积(m²/人)
公共汽车	2.5	26.25	0.328	0.98
小汽车	1.8	9.0	2.25	22.73
自行车	0.6	1.05	1.5	6.76

资料来源：全永燊,刘小明,等.路在何方——纵谈城市交通[M].北京:中国城市出版社,2002:148

相比较城市一般地区,历史街区所能提供的道路面积更少,因此更需要通过改善出行结构来控制交通需求。要改善出行结构,一方面可以通过 2.3.6 节讨论的土地综合利用、职住一体的用地规划手段,降低远距离交通的发生率,从而提高步行和非机动车的出行比例。另一方面,在远距离交通数量一定的情况下,可以改善公共交通,提高公交出行比例,从而降低对道路的需求。

2) 公共交通的特点及其对历史街区的意义

城市公共交通是指提供给公众群体使用的各种交通方式。以公共汽(电)车、地铁、轻轨为主的便捷的公共交通系统,可以满足居民的远距离的机动出行需求,从而极大地抑制小汽车、摩托车等个人机动交通的使用,所以公交优先目前已经成为各国普遍采用的城市交通发展战略。公交优先具有体现社会公平性、经济合理性、节省道路资源和能源的优点❶,这对于历史城区和历史街区而言尤为重要。

一方面,目前我国历史街区普遍存在着居民收入偏低和老龄化的问题,其拥有和驾驶汽车、摩托车等个人机动车辆的能力较差,公交优先可以使历史街区居民和城市其他地区的居民公平地享有机动出行的机会。另一方面,我国历史街区内部街巷狭窄,不可能容纳大量汽车的行驶和停车需求,机动性较差,导致某些有活力的文化、商业和旅游休闲产业望而却步,同时也导致一些区内有经济能力的居民因追求交通机动性而迁出。公共交通系统可弥补历史街区内部机动性不足的缺点,增加街区活力,留住和吸引中高收入居民,缓解老龄化趋势。最后,公交优先可以提高公交的出行比例而削减小汽车的出行比例,在提高机动性的同时节约城市和街区土地,从而在根本上缓解了因扩充道路系统拓宽历史街巷、破坏建筑遗产的威胁,人均能耗和污染排放量的降低也有利于改善街区内外的环境和空气质量,有利于延缓建筑遗产的老化。在对北京大栅栏地区保护的评估报告中,世界银行认为,高质量的公共交通,可为大栅栏地区在提供人流的可达性和避免拆毁社会生活之间,提供一个平衡点❷。

3) "公交＋步行"是适合历史街区的远距离出行方式

公共交通虽然具有上述的优点,但对于历史街区来说,公共交通某种程度上也属于过境交通,而且公交汽车的尺度要远大于一般小汽车,所以除了区内原有支路以上城市道路的大型历史街区外,一般公共交通尤其是公共汽车不宜进入街区内部,而只能在街区外围道路上穿行和设置公交站点,也即以"公交＋步行"的方式满足居民远距离出行需求。

事实上,"公交＋步行"方式的历史远早于"小汽车＋大马路"方式。早在汽车出现以前,1850—1920 年美国的早期郊区化是依赖铁路而延伸,形成了为芒福德所称道的围绕"离火车站的步行距离之内"的适宜社区规模,这可能是最早的"公交＋步行"系统❸。经历私人汽车的

---

❶ 全永燊,刘小明,等.路在何方——纵谈城市交通[M].北京:中国城市出版社,2002:122,148
❷ 王军.大马路之痒[J].瞭望,2005(22):18-24
❸ [美]刘易斯·芒福德.城市发展史——起源、演变和前景[M].宋俊岭,倪文彦,译.北京:中国建筑工业出版社,2005:516-519

冲击后,这一优良传统在 1990 年代以后"新城市主义"运动中又越来越受到重视。而在交通拥挤的城市中心和街道狭窄的遗产地区,"公交+步行"模式一直发挥着重要作用。如纽约的公交主导模式,双向四车道地铁四通八达,支撑着世界上摩天楼最为密集的曼哈顿。市政当局没有盲目扩建马路,街道不宽正好打消人们开车出行的念头,曼哈顿近 80% 的居民没有私家车,逛街成为一种享受。著名的时代广场生意兴隆,也无需辟为步行街,在这里,人与机动车非常友好❶。在欧洲的一些城市,中世纪形成的街道也存在狭窄、人口密度大的问题,它们顺应这一特点,发展"步行+公交"系统,走出了一条保护与发展的双赢之路。如世界文化遗产德国吕贝克古城 1990 年宣布为"无汽车城",市中心只有公交车辆通过,使得城市成为步行者的天堂❷。

4) 历史街区公交路线和设施布置原则

针对我国各城市的旧城区和城市中心区的交通规划研究中,优先发展轨道、快速公交等公共交通政策也已经成为学者的共识❸,历史城区、历史街区的交通规划中更应加强公共交通的可达性。在大城市和特大城市规划快速公交线路(Bus Rapid Transit,BRT)和地铁线路时,应尽量靠近历史街区并在其外围地块至少设 1 处站点。在中小城市,应加大历史街区外围环路上公交线路及其站点的数量,站台的服务半径应小于《城市道路交通规划设计规范》规定的 300~500 m❹,宜控制在 200~300 m 之间。同时,通过站点的合理布局,使得街区内各处居民均可在 2~5 min 内到达最近的公交站点。

当历史街区范围很大时,为提高区内的公交可达性,可设穿过历史街区内部的小型公交车专线。如意大利古城卢咯的公共交通系统规划,进入旧城的公交车改换为小型公交车,每一条线路安排 2 辆,保证通过车站的间隔为 10 min,旧城内任何一点到车站的距离不超过 200 m。这样既满足了居民的日常生活需要,又为旅游观光者提供了便利❺。

图 2.10　苏州传统风格的公交站台

资料来源:马晓刚摄影
http://www.ccnpic.com/user/User_Templet/3/
magnify.php?userid=107946&img_id=107946-0044

公交站台应尽量简洁,如有足够街道空间可供建设公交站台,其色彩造型应注意与历史环境的协调(图 2.10)。如没有足够空间建设站台的混行道路,应设置简单的站牌式站台或采用现有的沿街传统建筑的室内作为候车场地而不占街道空间。公共汽车和电车的首末站用地面积在 1 000~1 400 m²,且会产生大量换乘转乘的人流车流,故也不应设于历史城区或街区内。主要公交线路的长度为 8~12 km,公共交通车辆调度中心的工作半径也可达数公里❻,所以公共交通首末站和调度中心的选址具有较大的灵活性,完全应该而且可以避开历史街区的范围。

---

❶ 王军.大马路之痒[J].瞭望,2005(22):18-24
❷ 宋长法.从柏林、吕贝克看德国古城、古迹保护的方式及其借鉴[J].城乡建设,2000(01):35-36
❸ 杨涛.提高中心区的交通可达性[J].城市交通,1999(01):3-4.另见:赵波平.解决旧城区交通必须对症下药[J].城市交通,1999(01):3-4
❹ GB 50220—95.城市道路交通规划设计规范[S].1995
❺ 王俊.浅谈历史文化古城保护[J].山西建筑,2004,30(18):6
❻ 文国玮.城市交通与道路系统规划[M].北京:清华大学出版社,2001:83-96

2.3.5 历史街区静态交通与停车供应管理

1) 停车由"配套建设"向"静态交通"的发展

停车场建设不足一直是我国城市规划和道路交通建设中的主要问题之一。在停车场的配建标准方面,1989 年公安部和建设部颁布的《停车场建设和管理暂行规定》❶和《停车场规划设计规则(试行)》❷至今仍然有效,但由于当时的社会经济状况,如二类居住用地不配建停车位等标准显然偏低,实际已不具指导意义。1990 年代后,各省市纷纷制订了地方性的规划和建筑物停车配建标准,如上海市地方标准《建筑工程交通设计及停车库(场)设置标准》❸等,但由于机动车发展速度不断突破规划,这些规范至今也已不能满足要求,而面临不断的修编。

随着停车缺口日益扩大,人们对停车问题的理解也日益深入。由最早的为建筑和道路建设配套的附属地位到和道路"动态交通"并列地位的"静态交通",从一味地强调扩大供给发展到以静制动,即通过停车供应的管理来反制和疏解城市交通。

近年来,随着保护意识和科学发展观的普及,越来越多的城市认识到历史城区和街区内的交通设施并非越多越好❹。2003《南京市建筑物配建停车设施设置标准与准则》❺以及 2003《北京地区建设工程规划设计通则(试用稿)》❻等地方法规都已经注意到对老城区和新区的停车配建标准区别对待。2006《北京市"十一五"时期交通发展规划》明确提出"十一五期间实行停车车位差别化供给,以价格杠杆为主调节停车需求,加强停车秩序管理"的以静制动的停车原则❼。

2) "一车一位"控制历史街区停车供应总量

"一车一位"制是指每一辆机动车长时间停放时均要保证有一个相对固定的停车泊位的规定和制度,如北京市现在采取的主要措施是办理新购机动车注册登记、领取机动车牌证以及办理定期检验前,均须到所在区公安交通管理机关办理"停车泊位证明"❽。本着交通政策差别化的原则,历史街区内的一车一位制度应该采取更加严格的政策。街区内的居民和常驻单位须持经历史街区管理机构或社区同意的停车位图才能到交通管理部门办理机动车购车、办理牌证及定期检验手续。历史街区的管理部门通过精心规划,确定历史街区内固定停车位总数,其中的大部分可采用竞价的方式出售或租赁给区内居民及单位使用,同时提供一定比例的车位作为不固定的公共收费停车位,这些收费的公共停车位的收费标准应大幅度地高于街区外的停车位,以诱导人们在街区外围停车。在一车一位制度的基础上,还要严格管理以禁止不具备停车位的其他车辆在公共停车位以外的地方停车,如此才能控制区内固定的机动交通总量。

3) 在街区内部结合用地改造因地制宜地增加停车位

由于历史街区具有肌理和风貌保护的要求,所以应"采用分散的、小规模的、多样化的停车

---

❶ 公安部,建设部.停车场建设和管理暂行规定[Z].1989
❷ 公安部,建设部.停车场规划设计规则(试行)[Z].1989
❸ DBJ 08-7-96.建筑工程交通设计及停车库(场)设置标准.1997
❹ 赵燕菁.高速发展条件下的城市增长模式[J].国外城市规划,2001(1):27-33
❺ 宁规字[2003]49 号.南京市建筑物配建停车设施设置标准与准则[S].2003
❻ 北京市规划委员会.北京地区建设工程规划设计通则(试用稿)[Z].2003
❼ 北京市交通委员会.北京市发展和改革委员会.北京市"十一五"时期交通发展规划[Z].2006
❽ 李国兵."一车一位"制是缓解城市交通拥堵的重要手段[J].城市交通,1999(03):8

方式和停车设施"❶。在具体的保护规划中,应结合区内用地调整,充分利用原有企事业单位的搬迁和可更新地块的改造,结合新开发项目建设面积较大的地下停车场,尽可能多的提供停车位。同时在一些零星的环境和建筑改造中,灵活设置停车位和小型停车场。由于历史街区的街巷宽度本身狭窄,应以路外停车方式为主,只有超过6 m的街道才能根据交通规划在规划车道宽度外的一侧划定路边停车位。如2007年12月起实施的北京市地方标准《道路交通管理设施设置规范》规定,6 m以上的胡同才可在一侧设置停车位❷。非文物建筑的小规模更新改造过程中,应在不破坏街区风貌的情况下,鼓励居民在自有房屋或院落内建设自用车位(图2.11),街区保护的专业部门应对居民的建设申请提供方案咨询并负责进行风貌审查。

图 2.11　日本京都清水寺民居的自用车位

4）在街区外围集中建设为区内生活和旅游服务的配套停车场

在历史街区为周边地块提供历史文化氛围的同时,周边地块也应在包括停车在内的各类设施建设上支持历史街区。在历史街区周边地块的开发建设中,应大力发展集中的大型地下停车场和地上停车场,除了满足本地块的交通需求外,尚应根据历史街区交通规划提供一定的为历史街区服务的地上地下停车位,且在收费方面应低于街区内的停车位,鼓励外来人员停车后步行进入历史街区。对于历史街区规模在步行范围以内,而街区周边停车场库可以基本满足街区居民需求的前提下,可以将整个或部分历史街区设为禁止机动车进入的步行区。

作为旅游景点的历史街区应根据旅游规模测算,在街区外围配建一定规模的旅游车停车位,并设置游客集散空间,游客在停车场下车后步行进入历史街区或景点游览。当街区规模较大时,可在停车场或街区入口设施小型旅游电瓶车、黄包车、自行车等换乘租用服务,以满足旅游交通的需求。

2.3.6　交通需求管理的土地综合利用和经济手段

1）保持历史街区职住一体化的功能综合性

前文已经提到,要降低交通对道路的需求,可以采用降低远距离交通的发生率,从而提高步行和非机动车出行、减少小汽车出行的办法。在表2.2中,我们可以看到,1~5 km之内的出行都可以依靠自行车来实现,助力车的范围还可以更大些。

我国大多数未经过大量拆迁的历史城区都具有土地综合利用,居住、工作、休闲功能相混合、职住一体化的特点。历史街区多数居民的工作、购物、休闲地点就在范围不大的历史城区内,所以日常通勤和生活出行中步行和自行车的比例较高,有效地抑制着私人小汽车

---

❶　GB 50357—2005.历史文化名城保护规划规范[S].2006
❷　王海亮.京道路交管设施标准12月实施 胡同只能一侧设车位[N].新京报,2007-9-4

的购买和使用需求。如扬州老城区的规模为南北长 2 km,东西宽 2.5 km,保存基本完整,有着明显的职住一体的特点。扬州东关历史街区中,居民工作地点在老城区以内的占 83%。换言之,最多只有 17% 的居民的工作通勤需要借助机动车辆。这和居民的出行方式调查结果基本吻合,即步行:自行车、电动车摩托车:公交车:私家车 = 21:69:7:3。对机动车的需求很低,这是东关历史街区之所以可以较完整地保存到现在的主要原因之一(图 2.12)。

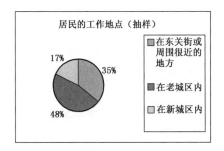 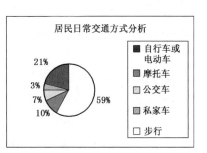

图 2.12　扬州东关历史街区居民工作地点和通勤交通方式

资料来源:实地调研统计

但在近十余年的大规模旧城改造中,大量的旧城居民外迁,原本职住一体化的历史街区变现出以商业、旅游为导向的功能单一化,使得许多旧城区出现了工作、居住、商业等城市职能间的分离。在以北京旧城为代表的部分大城市、特大城市的旧城区改造中,旧城区大量居民外迁至远郊,而其工作、休闲等活动仍以旧城为主,早晚通勤出行的机动车潮汐经常造成交通拥堵;有的城市在旧城改造中,历史街区周边大量的工厂、企业、学校、医院等因自身发展需要,或因土地的商业开发而被迫迁出,原有历史街区内的大多数居民不得不为维持原有的工作学习关系,或追求良好的工作和学习环境而乘坐机动车长途奔波,大量增加了机动出行的需求。年轻的、有经济能力的居民可以随着工作迁移而迁居,年老的和没有经济能力的居民则需负担更多的交通时间和费用,甚至有的因无力承担而放弃工作,最终导致历史街区的贫困化和老龄化。

所以在历史街区的保护规划中,应保持和发扬传统居住区功能多样化的特点,保持并增加街区内部及附近的居民工作岗位,在街区内部和周边地区保持、新增和完善各类必要的公共设施,使得居民的日常通勤和生活出行的距离维持在步行和自行车可达的范围内,以此减少机动交通的需求总量,抑制街区内的私人汽车保有量和使用量的增加。

2) 交通需求管理的经济手段

经济手段也是对历史城区和历史街区十分重要的 TDM 技术之一。如政府可以采取减税或财政补贴的办法以维持为历史街区服务的公共交通和电瓶车、黄包车等转换交通方式的正常营运,并促其发展,而相对抑制个体机动交通的需求。在居民购车时,通过对体型、排量较大的小汽车车型征收高于微型汽车的税费,鼓励居民选择微型汽车。这一措施可以提高有限道路资源的利用效率,十分适合在街巷空间狭窄的历史街区内推广。对于某些停车泊位不足或位于繁华地段的历史街区,可在拥挤时段提高停车收费,平峰时期降低收费标准以调控停车数量。如新加坡长期坚持拥挤地区的收费制度,从最初的人工收费方式演变到先进的能自动进行车辆检测和收费的电子道路收费系统。日本在高峰时间进入市中心的车辆必须购买特别通行证,伦敦进入市中心收费区域的车辆每天必须付拥堵费 5 英镑❶。这些都可以通过精心的管理和制度设计借鉴到历史街区的保护中来。

2.4 历史街区的地区交通规划模式

2.4.1 历史街区交通规划是一种地区交通规划

1) 地区交通规划注重反映地区特性

地区交通规划理论是近年才提到我国道路交通规划体系中来的。所谓地区交通规划,是指以居住区、商业地区,或是市中心区等城市内特定的地区为对象的交通规划,规划的目标、内容与作为规划对象的地区的性质密切相关。

由于我国长期以来交通规划偏重于干路建设,忽视作为城市交通毛细血管的支路及支路以下的道路网,甚至至今对支路及支路以下的道路没有统一的具体规定。与此同时,城市交通规划目标往往设定在交通的通畅性和安全性,而较少关注城市内各区域的功能和文化特性对交通的不同需求。

地区交通规划与一般的城市交通规划有着本质的区别。一方面,地区交通规划以地区为对象,规划范围一般比较小,规划内容以地区内部道路(支路下的居住区道路、街坊道路等),以及形成地区骨骼的道路(支路)为中心。另一方面,地区交通规划最本质的特点在于规划内容依存于规划对象的地方性。也就是说,地区交通规划的目标除了交通的通畅性和安全性等具有普遍性的内容外,更追求与规划对象的功能、文化性质密切相关的目标,比如居住区要考虑安静的住宅环境,市中心要考虑搞活商业等❷。

2) 历史街区交通作为地区交通规划的意义

地区交通规划虽然刚刚兴起,相关的研究还很少,但其注重有地区特色的交通目标,与适应性历史街区交通规划的目标是一致的。历史街区作为城市中以历史文化保护为主要特色的特定区域,其面积和人口规模一般介于城市的居住小区和居住区之间,在规模上适合作为地区交通规划的工作范围。历史城区虽然面积较大,情况较为复杂,但和历史街区一样,也有区别于其他地区的明确边界和需要研究的特殊交通需求,因此,也可以作为地区交通来规划。

传统的涉及历史城区、历史街区的交通规划,都没有充分注意到其作为一个相对独立的、具有特殊功能和文化特色的城市地区在交通问题的特殊性,在目标上只求畅通、安全、快捷,而对遗产和风貌保护考虑较少,在标准上套用一般城市建设道路红线宽度、路网密度等指标。一方面无视街区风貌完整性的需要,快速路、主干路等城市道路常常穿越历史街区;另一方面不考虑街区及其内部道路的交通特殊性,把历史街区作为一般城区,把内部道路作为一般城市道路进行建模和交通流量分析,据此规划交通流量和道路宽度,因此,常常将历史街巷拓宽为支路甚至是次干路、主干路,极大地破坏和抹杀了地区的特色;而在工作深度和内容上,言必称支路,只注重支路和支路以上道路的规划,规划机动车道也至少要 7 m,疏于利用街区内的其他

---

❶ 梅振宇,王炜,陈峻,等. 我国城市交通需求管理(TDM)对策研究[J]. 现代城市研究,2004(04):49-53
❷ 李朝阳. 现代城市道路交通规划[M]. 上海:上海交通大学出版社,2006:128

街巷组织以可达性为目标的机动交通。

2.4.2 历史街区的地区交通规划的概念、原则和方法

历史街区和历史城区的交通规划,所追求的目标是交通可达性与历史文化风貌保护和展示的协调。在我国现代城市结构中,历史街区和历史城区在区位上多为城市中心区,功能上多以居住为主,也有少数的历史商业中心仍然延续着商业功能。因此虽然很少有针对历史街区交通规划的研究,我们可以参照同为地区交通规划,研究成果相对较多的居住区交通规划和商业中心交通规划的理论进行研究。

1) 地区交通规划的基本概念

最早明确地区交通规划与城市交通规划的关系,并对二者进行综合研究的著作是1963年的《城市的机动车交通》($Traffic\ in\ Town$)。这本英国研究小组的报告书中首先指出,要在发展的社会中努力实现机动车的可移动性与居住环境的保护这两个目标之间的共存。然后提出要建立抑制交通功能,优先保护居住环境的地区,即排除了通过交通的"居住环境地区"(Environmental Area)。同时,建设环绕在"居住环境地区"周边的干线道路以保证良好的地区交通环境❶。

"居住环境地区",相当于我们今天的居住区、城市中心区、历史街区,是一个排除通过交通,以生活功能为主的,相对封闭、安静、有格调的"城市的房间"。外围干线道路,相当于居住区、城市中心区、历史街区的外围城市道路(一般为支路以上),是一个联系街区和城市的便捷交通,以交通功能为主的"城市的走廊"❷。

2) 建设外围环路,加强对外联系并排除无关的通过交通

排除与历史街区无关的通过交通,是保护区内传统的空间格局、建筑风貌、生活氛围和步行休闲旅游环境的前提。历史街区交通规划一般不考虑穿越区内的通过交通,更不为其他城市道路分担交通流量,所以不能将区内道路作为普通城市道路纳入城市交通流量分析计算和红线宽度规划,更不能因城市交通需要而新规划穿越历史街区的城市干道。

在方法上,为排除无关的通过交通,同时方便街区与城市其他地区的交通联系,常在历史街区外围新建环路或利用现状道路组织环路(参见2.4.3节)。在外围环路的基础上,再采取交通管理和经济手段的诱导和限制,以实现"从道路系统及交通组织上避免大量机动车交通穿越历史文化街区"❸。

3) 组织内部路网,确保历史街区相关交通的可达性

一般情况下,应利用历史街区内部的道路和街巷组织内部机动路网,以满足历史街区内部所需的机动车、救护车、消防车等紧急车辆,以及搬家运输等其他服务车辆等的可达性。前文2.2.1节和后文2.5节都对历史街区的交通可达性进行了详细讨论,此处需要强调的基本观点是,历史街区内的可达性不只是机动车的可达性,机动车的可达性也不是绝对的四通八达、门到门的机动交通,而是指机动交通到区内某处的适当的可接近性,而且,不应为提高机动车的可达性而破坏历史街区的空间肌理和建筑遗产。

---

❶❷ 石京. 城市道路交通规划设计与运用[M]. 北京:人民交通出版社,2006:128
❸ GB 50357—2005. 历史文化名城保护规划规范[S]. 2006

4) 利用通而不畅的历史道路，营造慢速的特色交通环境

历史街区道路具有狭窄曲折、通而不畅的特点，既抑制了无关车辆穿越历史街区的需求，也抑制了街区内机动车辆的行驶速度，为保持历史街区安全、安静的居住环境，营造人车和谐的休闲观光氛围提供了天然的保障。历史街区街巷的空间形态、地面铺装、两侧建筑立面、黄包车等传统交通工具，乃至街巷的名称，这些都是历史街区特色交通环境的组成部分，应该继续保持并进行展示（参见 2.5.7 节）。

5) 通过停车和需求管理控制街区内部交通总量

相对于城市一般居住区、商业中心，历史街区所能提供的道路和停车面积较少，而且增加供给的可能很小，所以应该主要通过停车管理和机动交通需求管理来控制区内的交通总量。交通需求管理和停车供应管理的具体方法在前文 2.3 节已有详细论述，本节不再赘述。

2.4.3 以外围环路为依托的交通单元模式

1) 以外环路为依托的交通单元模式

尽管早在 1931 年的《雅典宪章》中就已经提出了干路避让古建筑区的原则❶，但直到二战后的欧洲重建过程中，才开始重视历史城区和历史街区的保护及其道路交通问题。其中较早的一位研究者是伦敦警察局副总监屈甫，他在《城市计划与道路交通》一书中对"旧城道路布置的改良"进行了专题讨论，并提出了开辟环形路解决旧城交通的设想。他说："现在来描写一下可以实现上述理想的道路系统。第一，需要一条外环路，围绕整个城市，使得过境交通不得穿行城区。第二，最少需要一条设计优良的内环路围绕市中心，使得城区的长距离交通不致穿越市中心"❷。屈甫的这一设想，后来演化成以环路为依托的交通单元规划方式。

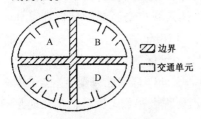

图 2.13 交通单元方式

资料来源：石京. 城市道路交通规划设计与运用[M]. 北京：人民交通出版社，2006：132

从 1960 年代开始，交通单元方式在历史城区交通规划中逐渐得到普及。这种方式把市中心分成若干个单元，单元之间的边界上设置步行专用道路，限制机动车的穿越。这样单元内可以行驶的只是与该单元有关的车辆，单元间的移动以及穿越车辆全部由环状道路担负（图 2.13）。欧洲许多城市的周围都有在城墙或是护城河的废墟上修建的环状道路，这种道路形式为城市历史中心形成交通单元方式的道路布局提供了便利❸。

如比萨大学对古城卢喀的交通规划研究，通过对旧城交通流量分析和居民出行方式的分析，将旧城分成三个区，并将每个区比喻为有两个门的一个"房间"，保证公共交通和内部车辆一个进口和一个出口，形成环形线路与城墙外的环路相连❹。

---

❶ 国际现代建筑学会. 雅典宪章[Z].1933. 中文版根据：陈占祥译. 雅典宪章. 建筑师，第 4 期
❷ 罗哲文. 罗哲文历史文化名城与古建筑保护文集[M]. 北京：中国建筑工业出版社，2003：96
❸ 石京. 城市道路交通规划设计与运用[M]. 北京：人民交通出版社，2006：132
❹ 王俊. 浅谈历史文化古城保护[J]. 山西建筑，2004，30(18)：6

2）我国历史城市开辟环路的发展和现状

近代以来,我国历史城市的发展也从被动到主动地采用了修建环路、疏解交通的方式。20世纪初的近代化运动中,我国许多城市的旧城城墙被拆除或改用,除了受破旧图新的思想动机和打破旧世界的革命象征意义的影响外,另一个重要原因就是迫于满足汽车交通的需求。在旧城内不可能大规模拆除私房来拓宽道路的情况下,大多数城市选择了拆除城墙后在原址上修筑环城马路的模式。如1900年,天津城墙被迫拆除,修筑了中国第一条环城马路;1912年,上海拆除旧上海县城墙并填平城壕,修筑中华路、民国路(今人民路)等都是很好的例证❶。

建国后,修建环路、疏解交通成为了各历史城市有意识的选择。一方面,屈甫的《城市计划与道路交通》经过梁思成、陈应铨、罗哲文的译介成为清华大学营建系的主要教材之一,其提倡在旧城修建环路的思想影响了当时的规划界❷。1950年代北京拆除城墙修建二环路的主要原因就是解决旧城交通问题,抛开行政中心选址和是否有必要拆除城墙这一点来说,修建环路本身的初衷是正确的。这一做法后来成为我国历史文化名城交通组织的"一条重要的经验"。正如罗哲文先生指出的那样,"根据历史文化名城交通发展的需要,十多年来不少的历史文化名城探索了许多新路子,开辟环路是一条重要的经验。……北京、天津等大城市和曲阜、平遥等中小城市,有的已经做了,有的正在计划之中。环路既可以解决过境的车流,又可以解决与城内的联系"❸。北京以后的三环、四环、五环,其修建的目的都是为了形成各卫星城之间环状的快速联系,而不使卫星城之间的交通穿越旧城,可惜由于卫星城、新区的功能不健全且仍以旧城为几何中心,旧城的中心职能不降反增,造成了这一疏解措施未达到预期效果。

3）历史城区环路规划案例：苏州快速内环

在历史城区方面,我国国家标准《历史文化名城保护规划规范》第3.4.4条规定,"历史城区的交通组织应以疏解交通为主,宜将穿越交通、转换交通布局在历史城区外围"❹。在现代城市区域扩大并向多中心发展的形势下,在历史城区外围修建环路显然是疏解交通的最佳选择。本章前面分析了苏州"东园西区,一城两翼"城市格局的弊端,本节再以苏州的快速内环为例,说明历史城区外围环路规划的作用。

近年来,苏州显然注意到了"一城两翼"格局的弊端,一方面,经过近年经济格局的发展和调整,工业园区在就业岗位、居住人口等方面已经逐渐取得了中心地位,将整体城市形态从原先以古城为中心的带状城市的重心向西部的园区偏移(图2.14)。为此,规划在古城外建立快速内环路,以使园区和新区及各卫星城镇间的快速交通联系可以绕避古城区,减少穿越交通对古城的影响(图2.15)。

---

❶ 李新建,李岚. Municipal Infrastructures in Urban History and Conservation: A Case Study of Chinese Road[A]. International Conference on East Asian Architectural Culture[C]. Kyoto, Japan: 2006 Executive Committee of the International Conference on East Asian Architectural Culture, 2006: 525-532

❷❸ 罗哲文. 罗哲文历史文化名城与古建筑保护文集[M]. 北京:中国建筑工业出版社,2003:5,92

❹ GB 50357—2005.历史文化名城保护规划规范[S].2006

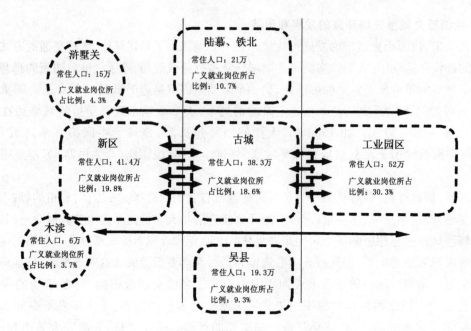

图 2.14　苏州市规划人口与就业重心向园区偏移

资料来源:李朝阳.现代城市道路交通规划[M].上海:上海交通大学出版社,2006:194

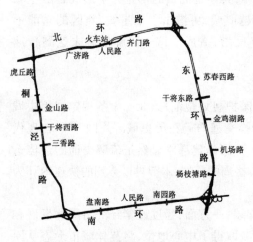

图 2.15　苏州快速内环路交通组织规划

资料来源:李朝阳.现代城市道路交通规划[M].上海:上海交通大学出版社,2006:197

由于带状的中心布局,苏州快速内环的南北向快速路与东西向快速路的功能有着本质的区别。东西向快速路的主要功能是"快速运输",南北向快速路的主要功能是"快速疏散",把可能穿越老城区的交通疏散到东西向快速路上。为保护古城整体风貌,规划吸取国内外城市快速路建设的经验与教训,不采用全高架,而是根据各处古城景观视线等的重要性分别对待。如北环路影响到护城河、虎丘塔、沪宁线之间"古塔现,苏州到"的视觉走廊,故以地面快速路为主,局部采用下穿快速路。其他路段也灵活采用全地下式、半抬半挖地下式、地下立交等多种手段处理景观敏感带,较好地在保护古城风貌的前提下解决了城区之间的快速交通问题,避免了大流量的过境交通穿越古城❶。

4)历史街区外围环路的交通组织

经过自民国以来近百年的不断更新改造,目前我国大多数历史街区的周边有支路以上的城市道路环绕,一般可以作为防止穿越交通、进行交通转换的通道来考虑,可以较为方便地形成街区内部的交通单元。

为减少历史街区内无关的穿越交通,应在外环路通过交通管理和经济手段进行引导和限制,如通过智能交通系统引导过境车辆绕避历史街区和历史城区;将历史街区和城区划定为特

---

❶ 李朝阳.现代城市道路交通规划[M].上海:上海交通大学出版社,2006:194-197

定类型车辆的禁行限行区;以单行、禁左等方式减少可能进入的车流量;另外,在有明确边界的历史城区或历史街区的特定路段,可征收较高的行驶和停车费用,以减少过境交通。

为降低区内机动车交通需求,应在外围环路上实施交通疏导和转换。首先应沿外围城市道路设置为历史街区服务的停车场,引导居民和外来车辆停车后步行进入街区。其次,历史街区周边道路应有便捷的城市公共交通,如居民众多、面积较大、地位重要、游客繁密的历史街区,还宜考虑在公共交通节点和历史街区内部开设小型电瓶车的换乘系统,以减少区内的机动车交通需求。

对于一些规模较大的历史街区,区内本身就有历史上的主要交通干道,这些历史街道在城市现有交通结构中仍然具有较为重要的地位,并且周边没有其他可以替代的城市道路。这种情况下,就需要规划新的城市道路与外围道路形成环路为该历史街道分流,以降低其交通压力,保护历史风貌。典型的案例如杭州北山路历史文化街区中的北山路和肇庆府城中的城中路。

肇庆府城为肇庆市的历史城区,尚有完整的城墙格局。城中路为府城的东西中轴线,是一条以民国骑楼为特色的商业街,但同时也是整个肇庆城市东西交通的轴线,穿越交通很多,时常拥堵。在2004年的保护规划❶中,将城中路降低为单向单车道,仅公交车和消防、修护等特殊车辆允许双向行驶。为减少穿越交通,利用城墙整治,在南城墙外侧新辟南溪路,在西城墙外侧打通南北向的康乐路,与原有的北城墙外宋城路、东侧豪居路形成外围环路,并通过交通标志引导穿越车辆绕行(图2.16)。

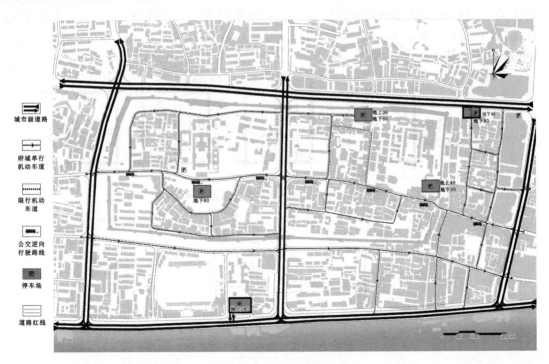

图2.16 肇庆府城外围环路组织

资料来源:东南大学城市规划设计研究院.肇庆府城保护与复兴修建性详细规划[Z].2005

杭州北山路历史文化街区位于西湖风景名胜区的东北面,东起保俶路,西至曙光路,南临北里湖,北靠宝石山、葛岭、栖霞岭,是杭州最大的历史文化街区。街区南端沿西湖北岸的北山

---

❶ 东南大学城市规划设计研究院.肇庆府城保护与复兴修建性详细规划[Z].2005

路为市区进入西湖西线景区的主要交通要道。随着车流量的逐渐增大，川流不息的车辆打断了西湖与宝石山的联系，也严重干扰了观光游览秩序，游人难以停留观赏，沿线的历史建筑和景观得不到充分利用，还加大了白堤的游览负荷。2003年制定的历史街区保护规划中，对人行、车行交通的整合成为焦点。规划利用杭州市政府交通规划中拟开的宝石山隧道作为过境交通通道，调整北山路为自西向东单行，缓解交通压力。街区外围停车，减少景区车流量❶。

2.5 以可达性为目标的区内慢速交通组织

2.5.1 通而不畅是历史街巷体系的优势

1) 地区交通规划要求内部路网通而不畅

地区交通规划要求既要排除通过交通的进入，又要保证内部交通的可达性，因此宜采用"通而不畅"的内部道路网。"通"是保证区内交通出行可达性需求的保证，"不畅"是防止外来过境交通畅通无阻穿行的措施。

对于新建居住区的规划，为了达到"小区内应避免过境车辆的穿行，道路通而不畅，避免往返迂回，并适于消防车、救护车、商店货车和垃圾车等的通行"❷的要求，在路网骨架设计上的要求是防止机动车道路直线对穿，其基本形式如图2.17所示。在具体道路的形式上则可采用尽端、封闭环状、T字交叉、网格等基本形式（图2.18）。前两种几乎可以彻底排除过境交通，确保居住空间的安静、安全的环境❸。

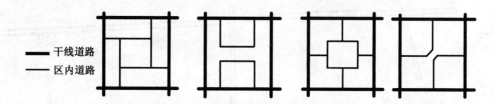

图 2.17　防止过境车辆的居住区道路骨架形式

资料来源：石京.城市道路交通规划设计与运用[M].北京：人民交通出版社，2006：129

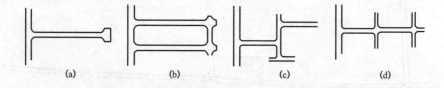

图 2.18 街区道路形式及其封闭性

(左起封闭性由强至弱，分别是尽端、封闭环状、T字交叉、网格)

资料来源：石京.城市道路交通规划设计与运用[M].北京：人民交通出版社，2006：130

对于已经发生了过境交通问题的城市地区，可以把已有的道路网改造为与基本形式相接

---

❶ 杨晓莉，宣建华.杭州北山路地区历史环境保护研究[J].华中建筑，2005，23(3)：94-97
❷ GB 50180—93(2002版).城市居住区规划设计规范[S].2002
❸ 石京.城市道路交通规划设计与运用[M].北京：人民交通出版社，2006：129-131

近的形式。如把街区外侧的一些路口封闭，或做窄形成屏障；把街区内道路做成封闭环状，或是设置一些路障；采取单向通行之类的交通管理措施等❶。

2) 历史街巷具有通而不畅的天生优势

历史街区的交通规划作为一种特殊地区交通规划，区内的道路系统主要由历史街巷构成，其街巷的位置、尺度和两侧的历史建筑都是历史街区保护的本体，不能轻易更改。因此，和上述一般新建居住区的交通规划中规划全新的道路系统不同，历史街区必须主要依靠既有路网来达到通而不畅的组织效果。

对我国的历史城区和历史街区的传统街巷肌理进行考察，就不难发现，绝大多数自然生长的历史城市的街巷本身就具有上述"通而不畅"的特点。历史城区内除了极少数最主要的几条干道可能直通城门贯穿城墙外，绝大多数的街巷都存在曲折、断头、封闭环状、T字交叉等通而不畅的路网结构。如民国以前的扬州（图2.19），贯穿全城的道路只有东门大街、西门大街等少数几条主街，其他绝大多数区域都是面向这些主街的交通单元，彼此间的路网并没有严格的对位关系，多以T形交叉口错开，有效地避免了穿越交通。

即便如经过严整规划的明清北京旧城，尽管内城（今前三门大街以北）是横平竖直的棋盘式街道格局，也只有二三条可以南北贯穿的道路，东西向则完全没有可以贯穿的通路，胡同以周边的干道来组织，彼此之间并不对位贯通。外城（今前三门大街以南）贯通东西、南北的道路各有一条，胡同的布局则更加自由。如前门的大栅栏地区，街巷格局融合了直街、斜街的特点，自由而丰富（图2.20）。

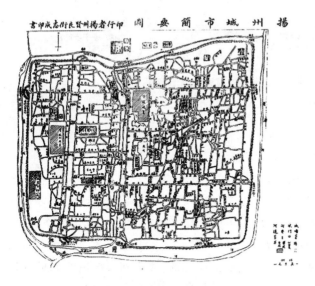

图2.19 扬州民国地图的街巷体系

资料来源：扬州赵立昌先生提供

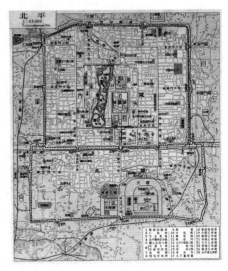

图2.20 北京民国地图的街巷体系

图片来源：下载自：http://www.oldbj.com

理解了历史街区交通规划作为区域交通规划通而不畅的特点后，我们就不会再按照一般城市道路的标准来要求或整治历史街巷，而会惊喜地发现这些历史街巷网络不但不落后，而且天生就具有通而不畅的优点，可以有效地排除外部交通，保证街区宁静、安全和传统氛围不被破坏。

---

❶ 石京.城市道路交通规划设计与运用[M].北京：人民交通出版社，2006：130

2.5.2 历史街巷适合组织慢速交通

1) 慢速交通及其优势

1970年代以来,在居住区和商业区的交通规划中,普遍采取以人为本、限制快速交通的规划措施。为达到限制快速交通的目的,往往通过在道路上设置弯折、局部变窄等各种限制和障碍设施让车辆慢速通行。车辆的慢速行驶能够确保居民区的生活环境质量及安全,实现步行和机动交通共存❶(图2.21)。慢速交通是世界普遍采用的道路交通限制措施,德国称这种道路为交通抑制措施(Verkehrsberuhigung),丹麦称之低速道路(Slow Street),澳大利亚称之住宅小区交通管理(Local Area Traffic Management,LATM),英国、美国称为"交通宁静区"(Traffic Calming),日本称为"人车共存道路",台湾称为"生活化道路"。从这些名称我们不难看出慢速交通是一种既满足机动车的基本通行需要,又具有安宁、舒适、生活化的人性化交通方式。

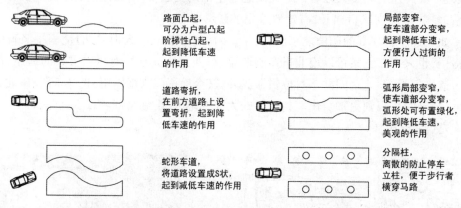

图2.21 步车共存、抑制机动车速的道路措施示意图

资料来源:石京.城市道路交通规划设计与运用[M].北京:人民交通出版社,2006:131

2) 历史街区适合组织慢速交通

站在慢速交通的立场,历史街区的内部路网强调的就不再是速度和流量,而是对快速交通的限制。历史街巷狭窄曲折、断面多变、两侧建筑参差,不但不是缺点,反而可以起到限制无关车辆的穿越、降低车辆速度、丰富街道景观等积极的作用,使得历史街区成为天生的、适宜步行的、宁静的慢速交通区。因此,维持和善用丰富多样的历史街巷格局,就能保护居民安全、维持传统生活和交往的氛围,也为旅游观光提供了良好的步行氛围。反之,如果拓宽为笔直宽阔的机动车道,除了要拆除历史建筑外,还会吸引众多车辆的快速交通,成为割裂街道两侧步行和交往联系的鸿沟,不但影响历史价值的展示,还将对街区原有的社会结构带来影响。

2.5.3 历史街区内部机动车道路宽度研究

1) 支路以下道路尚无统一标准

我国交通规划长期以来偏重于干路建设,忽视作为城市交通毛细血管的支路及支路以下的道路网的建设和研究,至今对支路及支路以下的道路没有统一的具体规定,仍是一个需要深

---

❶ 石京.城市道路交通规划设计与运用[M].北京:人民交通出版社,2006:131

入研究的课题。

《城市道路交通规划设计规范》中把城市道路划分为快速路、主干路、次干路和支路四级,对于支路以下的道路没有作具体规定,只在条文解说中说明"城市中其他道路不做具体指标规定,视城市交通需要而定,但其他道路用地可计入支路用地内。居住用地内的居住区道路,其功能作为城市支路,其道路面积计入居住区面积内"❶。《城市道路照明设计标准》中明确了居住区道路的等级,规定"城市道路照明标准,按快速路、主干路、次干路、支路以及居住区道路分为五级"❷,居住区道路不列入城市支路。《城市交通与道路系统规划》一书中,把道路分为快速路、主干路、次干路、支路"四类,但对于支路的解释是,"又称城市一般道路或地方性道路,是城市一般街坊道路"❸。《城市道路设计规范》则规定:"支路应为次干路与街坊道路的连接线"❹。

对比各种分类可以看到,对于支路的具体类型,支路和街坊道路、居住区道路之间的关系,以及支路以下道路的宽度、行车速度等方面,我国还没有统一、明确的规定,对于居住区、商业区、市中心区、历史街区等特定地区的道路也没有加以区分。在日本,地区道路相当于《道路构造令》中的第4种第4级以及第3级道路,其中第4种第4级为设计速度不高于40 km/h的1车道的市道。在德国、英国等国,对于居住区、商业区等区域内部道路都有根据其功能详细分类的设计标准,这对于同时保证地区的可达性和安全性取得了巨大的效果❺。

2) 慢速交通可减小车道宽度计算值

历史街区的内部交通是一种区域内的慢速交通,其行车速度低于《城市道路设计规范》规定的支路20 km/h的最低标准(表2.4)。因此,历史街区内部的车速标准应适用《中华人民共和国道路交通安全法实施条例》第六十七条规定,"在单位院内、居民居住区内,机动车应当低速行驶,避让行人;有限速标志的,按照限速标志行驶",但该条例并未具体规定"低速"的具体数值❻。在各省市自治区制定实施办法中,作了进一步规定。如《吉林省实施〈中华人民共和国道路交通安全法〉办法》第三十六条规定,"机动车……在单位院内、居民居住区内,有限速标志、标线的,应当按照限速标志、标线规定的速度行驶;没有限速标志、标线的,最高行驶速度不得超过每小时10 km"❼。《河南省道路交通安全条例(草案征求意见稿)》、《新疆维吾尔自治区实施〈中华人民共和国道路交通安全法〉办法》的相应规定为每小时15 km。参照此标准,历史街区内部道路的机动车行车速度宜在10 km/h以内,道路条件较好时也不应超过15 km/h,基本相当于自行车的速度,以保证区内以人为本、人车混行、慢速交通的安全和舒适性。

表2.4 《城市道路设计规范》规定各级道路行车速度

	快速路	主干路	次干路	支路
大城市	80,60(km/h)	60,50	50,40	40,30
中等城市		50,40	40,30	30,20
小城市		40,30	30,20	20

资料来源:CJJ 37—90.城市道路设计规范[S].1990

---

❶ GB 50220—95.城市道路交通规划设计规范[S].1995
❷ CJJ 45—91.城市道路照明设计标准[S].1991
❸ 文国玮.城市交通与道路系统规划[M].北京:清华大学出版社,2001:45
❹ CJJ 37—90.城市道路设计规范[S].1990
❺ 石京.城市道路交通规划设计与运用[M].北京:人民交通出版社,2006:127
❻ 中华人民共和国道路交通安全法实施条例[Z].2004
❼ 吉林省实施《中华人民共和国道路交通安全法》办法[Z].2005

机动车通行所需的极限宽度＝车辆净空＋安全距离。车辆净空即为机动车车体的净宽。安全距离和行车速度成正比,和路面平整度成反比❶。《城市道路设计规范》第 4.3.1 条规定了不同车型及计算行车速度的机动车车道宽度❷(表 2.5)。但根据近年来李朝阳等学者的研究,我国城市机动车道的标准偏宽。由于我国城市路段行车速度实际很难达到设计时速,在旧城区内的行程车速多在 20 km/h 左右,加上路面平整度及车辆性能的改观可以缩小车辆安全净距离,所以车道宽度完全有条件缩窄。根据日本的经验,在交叉口附近考虑的计算行车速度为 20 km/h,主干路交叉口机动车进口道车道宽度一般为 3.0 m,干线道路和次干路的交叉口进口道车道宽度一般为 2.75 m。而美国车行道合理宽度的建议值为 2～6 m,即最小值只有 2 m❸。

表 2.5 《城市道路设计规范》车道宽度规定

车型及行使状态	计算行车速度(km/h)	车道宽度(m)
大型汽车或大、小型汽车混行	≥40	3.75
	<40	3.5
小型汽车专用线		3.5
公共汽车停靠站		3.0

资料来源:CJJ 37—90.城市道路设计规范[S].1990

综上分析,我国历史街区内部机动车道的车速限制在 15 km/h 以内,同时通过对大型车辆的禁行和对微型小汽车的提倡,街区内的车道宽度可以大大低于《城市道路设计规范》的要求。

3) 历史街区内部机动车道的最小宽度

历史街区内部慢速交通的机动车通行宽度可小于城市道路,为便于保护规划和交通规划中道路组织的实际操作,有必要给出历史街区内机动车道的最小宽度。

历史街区可通行普通小汽车的最小的机动车道为单向单车道。按小汽车车体宽度≤1.8 m,考虑一侧距路缘石≥0.4 m,另一侧预留单身行人或自行车净空≥0.8 m,即单向单车道的机动车道最小净宽可取 3 m。

可双向单车道通行小汽车的机动车道,按小汽车车体宽度≤1.8 m,车间距 0.4 m,两侧行人或自行车净空各 0.8 m,总宽 5.6 m。

一般情况下,历史街区可以上述宽度为标准,选择符合宽度的街巷组织单向或双向机动车道。但需要指出的是,由于历史街区的建筑并非整齐划一,在广东肇庆府城、扬州东关街等处对街巷使用的实态调查中,行人或车辆常常利用宽度较大的部分进行会车避让,2.5 m 的巷道可以单向通行小汽车,4.5 m 左右的道路已经可以双向通车。如果没有更宽的街巷可供利用又不能拓宽的情况下,可以通过合理规划会车空间和严格的人车分流,将 2.5 m 宽左右的街巷辟为单向机动车道。

2.5～4 m 是我国南方城市历史街巷最常见的断面宽度。在日本京都、奈良等地的历史街区中,大多数街巷的宽度也在 2.5～4 m 之间,由于对街巷的严格管理,加之政府对微型车的提倡,这些街巷全部用作了人车混行的机动车道,大多数居民都可以把车开进自家院内。

---

❶ 文国玮.城市交通与道路系统规划[M].北京:清华大学出版社,2001:165
❷ CJJ 37—90.城市道路设计规范[S].1990
❸ 李朝阳,徐循初.城市道路横断面规划设计研究[J].城市规划汇刊,2001(02):47-52

4) 历史街区内部机动车道转弯空间

街巷辟为机动车道,除了必须满足上述的宽度要求外,在转折处还必须满足基本的转弯半径要求。虽然我国许多历史街巷为了满足轿子的转弯半径要求,早就出现了在巷口墙角抹成弧形或斜角的传统做法(图 2.22),但毕竟小汽车的尺寸和速度要远大于轿子,所以必须重新考虑辟作机动车道的街巷是否能够满足其转弯半径。

由于历史街区内部道路以慢速交通为主,加上街巷曲折,转弯尤其应该减速缓行,显然不可能也不应该适用《城市道路设计规范》表 2.6 规定的城市道路平曲线半径建议值❶,而应该参考停车场库的转弯半径来执行。即历史街区内部机动车道的转弯半径可以采用《汽车库建筑设计规范》4.1.9 条规定的汽车最小转弯半径❷(表 2.7)。

图 2.22　扬州东关街巷口为抬轿出入而抹角

资料来源:自摄

表 2.6　《城市道路设计规范》交叉口缘石转弯半径规定

右转弯计算行车速度(km/h)	30	25	20	15
交叉口缘石转弯半径(m)	33～38	20～25	15～20	5～10

注:非机动车车行道宽度为 5.5 m 时用小值,2.5 m 时用大值,其余宽度可内插

资料来源:JGJ 100—98.汽车库建筑设计规范[S].1998

表 2.7　历史街巷适用的转弯半径

车型	最小转弯半径(m)	车型	最小转弯半径(m)
微型车	4.50	小型车	6.00

资料来源:JGJ 100—98.汽车库建筑设计规范[S].1998

需要指出的是,最小转弯半径并不直接控制车辆转弯所需的街巷空间,而只是众多控制值的一个参照值,直接控制最小空间的是弯道或环道内径和外径。历史街区由于道路两侧及转角可能建筑密集没有后退道路红线距离,此时应以历史街区内拟通行最大车型的环形内半径和环形外半径(而非转弯)为标准,内外两侧分别再加 400 mm 和 800 mm 以上的安全距离进行如图 2.23 的作图计算,可得转弯车道的内径、外径,然后对位于转弯车道线内产生障碍的部分建筑进行局部的处理。

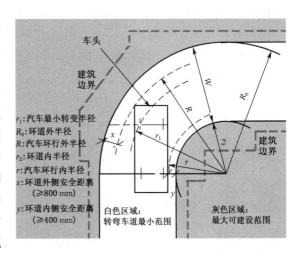

r_1:汽车最小转变半径
R_0:环道外半径
R:汽车环形外半径
r_2:环道内半径
r:汽车环形内半径
x:环道外侧安全距离(≥800 mm)
y:环道内侧安全距离(≥400 mm)

白色区域:转弯车道最小范围
灰色区域:最大可建设范围

图 2.23　历史街巷内汽车转弯车道计算作图

---

❶ CJJ 37—90.城市道路设计规范[S].1990
❷ JGJ 100—98.汽车库建筑设计规范[S].1998

2.5.4 历史街区道路等级和分工

1) 历史街区可借鉴居住区道路等级和分工标准

历史街区内部道路的等级组织可以参照同为区域内部道路的居住区道路系统。《城市居住区规划设计规范》将道路等级分为居住区道路、小区路、组团路和宅间小路四级。各级道路的宽度主要根据交通方式、交通工具、交通量及市政管线的敷设要求而定,对于重要地段,还要考虑环境及景观的要求作局部调整。

(1) 居住区道路:整个居住区内的主干道,要考虑城市公共电、汽车的通行,两边应分别设置有非机动车道及人行道,居住区级道路的最小宽度不宜小于 20 m❶。

(2) 小区路:路面宽 6~9 m,小区级道路的宽度考虑以非机动车与人行交通为主,不能引进公共电、汽车交通,一般采用人车混行方式。

(3) 组团路:路面宽 3~5 m,组团级道路是进出组团的主要通道,路面人车混行,一般按一条自行车道和一条人行带双向计算,路面宽度为 4 m。在用地条件有限的地区,最低限度为 3 m。

(4) 宅间小路:路面宽不宜小于 2.5 m,作为进出住宅的最末一级道路,这一级道路平时主要供居民出入,基本是自行车及人行交通,并要满足清运垃圾、救护和搬运家具等需要,按照居住区内部有关车辆低速缓行的通行宽度要求,轮距宽度在 2~2.5 m 之间。所以,宅间小路路面宽度一般为 2.5~3 m,最低极限宽度为 2 m。这样,正好能容纳双向一辆自行车的交会或一辆中型机动车(如 130 型搬家货车、救护车等)通行。

2) 历史街区道路等级和分工的一般标准

历史街区具有街巷肌理和风貌保护要求,因此街区道路结构的组织不是根据规划等级确定道路宽度,而主要是根据历史道路的现状宽度划分等级,并根据其等级进行相应的交通组织和管理。本节的等级划分借鉴了居住区道路等级的确定原则和组织方法,并考虑历史街区遗产保护要求的特殊性,将历史街区内的道路等级划分为 4 级,其适宜宽度在 2.5.3 节最小宽度的基础之上适当加大,以保留一定的规划弹性。

(1) 外围城市道路:我国历史街区人口的规模大多相当于小区和组团,只有极少数街区的规模达到居住区级。加上历史街区内部街巷的宽度一般不足以引入外部公共电、汽车,也不允许通过式交通,所以相当于居住区级别的道路只有外围城市道路。考虑到加强街区对外联系,疏解内部交通的要求,外围城市道路一般宜为环状,宽度宜为 20 m 以上,相当于居住区道路或城市支路等级。规模较大的历史城区,外围城市道路宜为次干道等级。

(2) 内部主要机动车道:历史街道内部宽度 6 m 以上的街巷,一般可作为历史街区内部的主要机动车道,组织双行机动车道,允许与历史街区相关的各类车辆通行。

(3) 街区单行机动车道:历史街区内部宽度 4~6 m 以上的街巷,一般可作为历史街区内部的单行机动车道,允许与历史街区相关的各类车辆通行。

(4) 内部可通车巷道:历史街区内宽度为 2.5~4 m 的街巷,一般用作非机动车道,必要时也可以通行消防、救护、运输、环卫等特定的机动车,相当于居住区的组团路和宅间小路。

(5) 内部非机动车道:2.5 m 以下的巷道,用作摩托车和非机动车道。

---

❶ GB 50180—93(2002 版).城市居住区规划设计规范[S]. 2002

3) 不同街巷体系的道路分工和交通组织不同

历史街区道路等级和分工的一般标准是为了提供研究和比较的方便,并不是放之四海而皆准的。我国历史城市分布广,建成年代各异,历史街巷的宽度也各有差异。总的来说,早期形成的街巷宽,晚期形成的街巷窄;北方城市街巷宽,南方城市街巷窄。不同城市的街巷宽度体系下,道路等级和分工的标准不同,其交通规划的重点也不同,需在实际工作中仔细鉴别。

如北京从元大都开始建设,全城道路分干道和"胡同"两类,干道宽 25 m,胡同宽 6~7 m❶。清代以后,胡同宽度略有缩窄,以 3~7 m 居多,如德内地区胡同宽度在 5 m 以下的占到 66.7%,西四片区胡同宽度在 5 m 以下的占到 70%。在北京旧城 30 片历史文化保护区的保护规划中,对各种宽度的胡同长度进行了统计。从中可以看出,3 m 宽以上的胡同占 86%,换言之,绝大多数的胡同都是可以通行机动车的,所以其街巷等级分工的标准就较高,双向机动车道的宽度要 5 m 以上❷(表 2.8)。而且对于此类大多数街巷都可以通行机动车的历史街区而言,机动车的通行本身不是问题,可以较自由地组织人车混行或人车分行的道路系统,其交通规划的关键是通过交通系统管理和交通需求管理,保证机动交通不致发生拥堵。

表 2.8 北京市 30 片历史文化保护区道路宽度等级及交通组织

胡同宽度(m)	长度(m)	所占比例	规 划 要 求
<3	20 665	14%	步行和非机动车道路
3~5	50 344	34%	步行和非机动车道路为主,可兼服务居民的穿行性机动车单向道路
5~7	38 648	27%	非穿行性机动车单向道路,为就地居民服务
7~9	23 003	16%	组织双向机动车道为就地居民服务,适当承担局部地区穿行性交通
>9	12 966	9%	适当承担局部地区的穿行性交通
总计	145 626	100%	注:除胡同外,历史文化保护区还有总计 45 km 的各级城市道路

资料来源:北京旧城历史文化保护区市政基础设施规划研究课题组. 北京旧城历史文化保护区市政基础设施规划研究[M]. 北京:中国建筑工业出版社,2006:26

和北方城市不同,南方绝大多数城市明清时期的历史街巷非常狭窄,直到民国才有极少数的主要干道得到拓宽。如扬州古城素有"巷城"之誉,在 5.09 km² 的老城区内共有 592 条街巷,其中建国前的老街巷就有 506 条❸。这些街巷宽窄不一,尽管最宽的达 20 m 出头,但绝大多数都在 4 m 以内,就连明清时期最为繁华的东关街也不过 4~5 m 宽,较窄巷子只有 2 m 左右,最窄的益人巷仅有 0.7 m,俗称"一人巷"。再如苏州周庄古镇,60% 的道路只有 1 m 宽,全古镇最狭的街巷只有 60 cm。后港河两侧道路平均宽 3~6 m,中市河两侧道路宽 3~4 m,最窄处只有 1.5 m❹。

在扬州、周庄这类街巷狭窄,只有少数主要街巷可以通行机动车的历史街区,道路等级的划分标准必然要适当降低,最低极限可以采用 4.5 m 的双车道,2.5 m 的单车道。此时的交通组织重点是可以利用哪些街巷组织机动车道;如何在局部搬迁改造非历史风貌地块、拆除风貌不协调的建筑的同时增辟机动车道;如何在街区外围增加机动车环路等问题,以保证最好的交通可达性。满足了机动车基本的可达性后,其他街巷可以只通行摩托车、自行车和行人,利用历史街巷组织天然的人车分行的道路系统。换言之,街巷狭窄的历史街区的交通规划重点首

---

❶ 潘谷西. 中国建筑史[M]. 4 版. 北京:中国建筑工业出版社,2003:65
❷ 北京旧城历史文化保护区市政基础设施规划研究课题组. 北京旧城历史文化保护区市政基础设施规划研究[M]. 北京:中国建筑工业出版社,2006:26
❸ 《扬州城乡建设志》编审委员会. 扬州城乡建设志[M]. 合肥:黄山书社,1993:31
❹ 袁媛. 我国旧城居住区更新中的城市基础设施建设研究[D]:[硕士学位论文]. 上海:同济大学,2002:27

先是满足机动车的可达性。

2.5.5 历史街区机动车可达性的评价标准

前面第2.3.4节已经讨论了历史街区中通过改变出行结构,从而提高历史街区内公交、非机动车和步行等出行方式的可达性的问题,本节重点研究与街区内部路网矛盾最大、影响最大的机动车可达性的评价和规划方法。

1) 历史街区机动车可达性的标准是步行转换距离

历史街区中,日常通勤和生活出行是最主要的交通需求,其中远距离出行主要依靠机动车。除郊区带独立车库的别墅外,在城市绝大多数场所之间的机动车出行都不可能完全实现"门到门"的交通,所以机动交通的可达性不等于机动车的四通八达。历史街区由于历史街巷的特定肌理和风貌保护的需要,机动车不可能也不应该穿行于历史街区的每条街巷,要完成单次机动车出行必须经过步行和机动车的转换过程。机动车的可达性以乘坐机动车到达目的地所花费的总出行时间为评价标准。出行总时间可以用下面的公式来表示:

$$T = B_1 + J + B_2$$

T 为单次出行的总时间,B_1 为居民出行的起点(家庭、单位等)步行至机动车接入点(机动车道路、停车场库、出租车、公交车站等)的时间,B_2 为居民从机动车接入点下车后步行到目的地(家庭、单位)的时间,J 为乘坐机动车的时间。

由于机动车出行一般都是3 km以上的长距离出行,而我们研究的是历史街区内部机动车可达性,因此,除了历史街区内部的机动车道路可能因拥堵而造成时间J的延迟外,最主要的影响因素是居民从机动车接入点到达作为出行起点和终点的时间,即B_1和B_2。步行时间和距离成正比,因此必须审慎、科学的规划历史街区机动交通的接入点(机动车道路、停车场库、出租车、地铁、公交车站等)的位置,以确保历史街区内的任意点至最近的机动交通接入点的步行距离(步行转换距离)控制在适宜的范围内。转换的距离过长就会影响到街区的可达性,降低生活质量。

2) 历史街区机动车步行转换距离的适宜标准

一般人的正常步行速度为5 km/小时,即每分钟80 m左右,以此我们可以对现有各种关于适宜步行转换距离的数据进行比较。我国《城市道路交通规划设计规范》第3.3.2条规定:公共交通车站服务面积,以300 m半径计算,不得小于城市用地面积的50%;以500 m半径计算,不得小于90%;第8.1.4条规定:机动车公共停车场的服务半径,在市中心地区不应大于200 m;一般地区不应大于300 m❶。参照1990年代兴起的美国新城市主义(New Urbanism)理论,居住邻里(Neighborhood)的规模应控制在适宜的步行距离之内,以减少汽车的使用。新城市主义13项设计原则的第二项即明确指出,"大部分住宅距离邻里中心应保持在5 min步程之内,平均大约为2 000英尺(约400 m)"❷。文国玮先生把大型集散场所、商业服务设施至附近机动车停车场的适宜步行距离设定为100~150 m,而自行车停车场的步行距离设定为50~100 m❸。在我国私人小汽车较为发达的深圳,1999年的一份研究报告考虑到车主对于车辆防盗安全等心理

---

❶ GB 50220—95.城市道路交通规划设计规范[S].1995
❷ Steuteville R. The New Urbanism: An alternative to modern, automobile-oriented planning and development [EB/OL]. http://www.newurbannews.com/AboutNewUrbanism.html, 2007-5-16
❸ 文国玮.城市交通与道路系统规划[M].北京:清华大学出版社,2001:131

因素,希望停车库尽量靠近住宅,建议居住区停车步行距离不超过 150 m❶。

通过上述数据的分析我们不难发现,一般作为机动出行转换的步行距离以 400～500 m(5～6 min)为上限,200～300 m 为可接受距离,100～150 m 为最舒适距离。考虑到历史街区的街巷现状千变万化,建筑密集,实际步行距离需要乘以一定的绕行系数(即非直线系数),建议在历史街区的交通规划设置公用的机动车接入点时应遵循以下原则:按 150 m 服务半径(绕行系数以 1.4 计,实际步行距离为 210 m)的服务面积不得小于街区的 60%,同时按 200 m 服务半径(绕行系数以 1.4 计,实际步行距离为 280 m)的服务面积不得小于 90%,除山地、湖泊等特殊地形外,一般区内最远居民点到达最近的机动车接入点的直线距离不得大于 350 m,实际步行距离不大于 525 m。达不到上述要求,即可认为机动交通接入不足,机动车可达性不足,从未来提高居民的生活品质出发,应该采取措施增加机动交通的接入点以方便居民出行。

2.5.6 以可达性为目标的交通规划:以扬州东关街为例

在历史街区街巷宽度充足,可以组织人车混行的交通系统时,机动车道的可达性良好,主要的矛盾是需求控制和系统组织。而对于街巷宽度较窄的历史街区,则只有少数街巷可以辟为机动车道,是天然的人车分行体系。机动交通接入的便利程度决定了可达性的高低。机动车交通接入的主要方式就是机动车道,其他的接入点如地上地下的停车场、公交车站、出租车站等都是依托机动车道来布置的。

由于历史街区内的大多数街巷都是历史街巷,出于保护历史肌理和风貌的目标,不能随意拓宽。因此,要保持机动车可达性,除了尽量利用街区内的现状道路组织机动车道外,关键是如何在历史街区保护和利用的目标下,在区内适当地增加机动车道和停车场供给。下文以扬州东关街及东关历史街区保护规划过程稿❷中的交通规划阶段性成果为例,分析如何与保护和用地规划相结合,满足街区可达性的方法。

1) 规划背景

扬州东关街历史街区是扬州最大、最重要的历史街区,东西南北分别为泰州路、国庆路、文昌路、盐阜路所环绕。按照城市总体规划,区内没有城市次干道以上的机动车道穿越,而且由于运河和旧城格局尚存,基本没有穿越式过境交通需求。现状除东关街和大草巷东段可通行机动车外没有其他的机动车道,区内交通主要以自行车和摩托车为主。

东关街的宽度为 4.5～5.5 m 不等,是扬州历史上最主要的东西交通轴线和商业大街。现状东关街的功能以居住为主,两侧分布用地以民居和小型商业、服务业为主,但也有四美酱菜厂、扬州一中、艺蕾小学等人流量较大的工厂和学校,上下学高峰期的交通拥堵不堪。根据扬州市总体规划的定位和保护规划的研究,东关街未来的定位是以传统文化特色的居住、商业、旅游为特色,不宜继续通行机动车。因此,需要在这种形势下研究如何保证区内日常生产生活所需的机动交通可达性。

2) 增加道路和停车的规划方法

历史街区交通规划的特点是受到街区保护和发展目标的约束。规划在调查区内街巷现状

---

❶ 缪慰时.住宅区停车场建设的特点及其选型[J].起重运输机械,1999(01):2-4
❷ 扬州东关街及东关历史街区重点地段保护规划由扬州市规划局、扬州市名城建设有限公司于 2007 年 5 月委托东南大学建筑设计研究院编制,扬州市城市规划设计院亦受邀参与部分工作,目前规划仍在进行中。本书涉及的相关规划内容和图纸均为 2007 年 8 月前的阶段性工作成果,并非最终文本和图纸

风貌和交通状况进行现场勘查的同时,通过历史地图、文史资料的研究和专家、居民访谈,对街巷体系的历史沿革进行研究,最终形成"历史街巷位置沿革图"(图 2.24)和"街巷和地块风貌图"(图 2.25)。根据街巷的历史年代、风貌保存状况、两侧地块风貌及其在交通网络中的重要性进行排序,选出可以能为改善交通状况而进行改造的街巷和地区。具体选择标准如下:

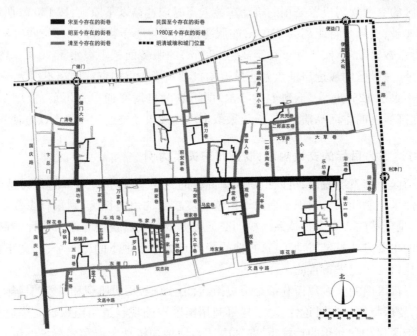

图 2.24 扬州东关历史街区历史街巷位置沿革图

资料来源:东南大学建筑设计研究院等. 扬州东关街及东关历史街区重点地段保护规划过程稿[Z]. 2007

图 2.25 扬州东关街地块和街巷风貌评估及保护区划调整图

资料来源:东南大学建筑设计研究院等. 扬州东关街及东关历史街区重点地段保护规划过程稿[Z]. 2007

(1) 1950 年代后出现,且两侧为三、四类风貌地块的街巷。规划可以改线和拓宽。

(2) 位置上形成于 1950 年前,但尺度风貌无存,且至少有一侧为三、四类风貌地块的街巷。规划可向非风貌地块侧拓宽,不得改线。

(3) 位于保护范围内的三、四类地块。可以结合改造设置地下停车场,但不得新辟地面车道。

(4) 位于保护范围外的三、四类地块。可以结合改造设置地面车道、小型停车场和大型地下停车场。

3) 交通组织规划要点

(1) 外围城市道路承担通过交通。区内组织宽度为 6～7 m,半环式或设停车、回车场的尽端式机动车道,从北侧盐阜路、东侧泰州路和南侧文昌路引入机动交通。区内 95% 以上的地区到达最近机动车接入点的直线距离不超过 150 m,区内距离机动车接入点的最远距离不超过 250 m(图 2.26)。

(2) 东关街分时限行。白天 9:00—21:00 间作为区内旅游电瓶车和黄包车的主要通道,禁止除消防、急救车辆外的机动车通行。夜间 21:00—9:00 间机动车通行。

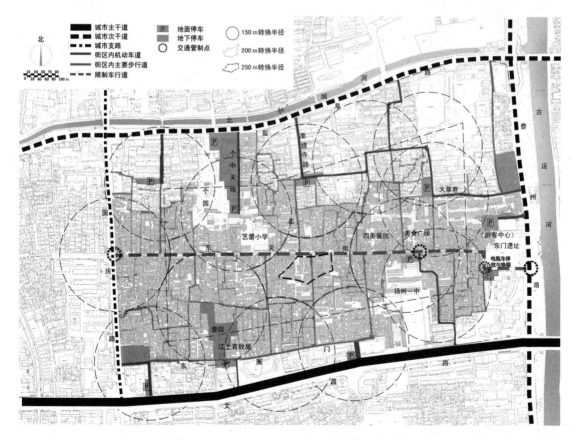

图 2.26 扬州东关街交通规划及可达性分析

资料来源:东南大学建筑设计研究院等. 扬州东关街及东关历史街区重点地段保护规划过程稿[Z]. 2007

(3) 旅游交通采取区外换乘。游线起点为泰州路东门遗址广场北侧的游客中心,终点为盐阜路个园北入口,两处各设停车场和游船码头,东门遗址广场南侧设旅游电瓶车、黄包车停车场。旅游大巴在游客中心停车下客,水上游线在东门码头靠岸下客,然后都到个园停车场和码头等候游客返程。游客在东门遗址广场换乘电瓶车、黄包车进入区内旅游,从个园北门停车和游船码头返程。

4) 结合用地的交通规划措施示例

(1) "个中天地"项目

规划利用个园东侧长期荒废的地块,建设连接个园新增出口和盐阜路停车场的旅游购物、风味小吃步行街——"个中天地"。与交通规划相结合,地块内建设大面积的地下停车场,以满足居民和个园北门旅游的停车需求。同时在地块东侧辟尽端式7m宽机动车道至艺蕾小学北侧。一方面提供了连接盐阜路,距离东关街较近的机动车接入点,同时联系艺蕾小学新增的北门,引导其大量的上下学自行车流向北汇入盐阜路,从而减少东关街的通行需求(图2.27)。

(2) 四美酱菜厂

规划搬迁不适于在历史街区发展的四美酱菜厂,以减轻其上下班及货运交通对东关街的交通压力。其西厂区保留部分生产设备,恢复"四美酱园"的老字号以展示传统酱菜工艺。东厂区保留其建筑并改造为"美食广场",提供餐饮、洗浴等扬州特色休闲娱乐服务,为满足其较高的机动车接入需求,规划继续利用北侧原酱菜厂运货用的大草巷机动车道,将原酱品仓库改为停车场,同时兼用南侧扬州一中北门的规划停车场为其服务(图2.28)。

(3) 扬州一中

利用扬州一中东侧的四类风貌地块,新辟6m宽、设尽端停车场的机动车道联系东关街和文昌路,除增加东关街和北侧的"美食广场"的机动交通联系外,扬州一中规划封闭现开设于东关街的北门,同时在新辟机动车道上增加南、北两个侧门,引导扬州一中大量的自行车、电动车汇入文昌路,减少东关街的交通压力(图2.28)。

(4) 壶园

壶园地块原为四类风貌,规划拆除并恢复其重要的历史园林,作为江上青故居的配套景区。壶园地块设大面积地下公共停车场,在东门街南侧设出口接文昌路,并设一定的地面临时停车位。同时,在壶园地下停车场的北端设地面人行出口,以提高周边地块的机动车可达性(图2.29)。

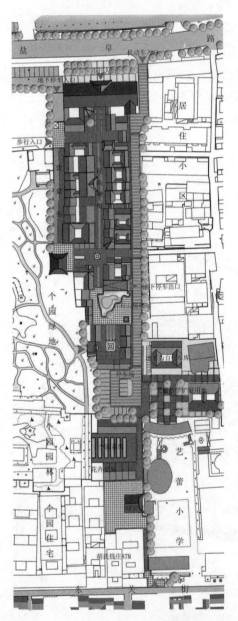

图2.27 扬州东关街个中天地用地及交通规划

资料来源:东南大学建筑设计研究院等.扬州东关街及东关历史街区重点地段保护规划过程稿[Z].2007

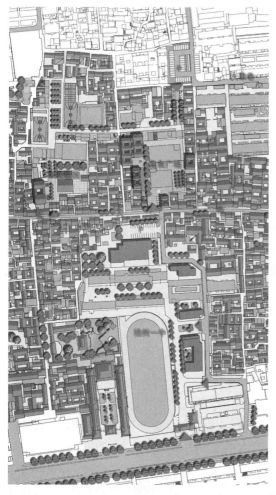

图 2.28 扬州东关街四美酱菜厂和扬州一中用地及交通规划

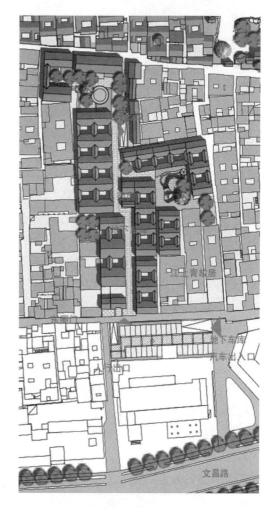

图 2.29 壶园地块用地及交通规划

资料来源:东南大学建筑设计研究院等.扬州东关街及东关历史街区重点地段保护规划过程稿[Z].2007

(5) 大草巷—准提寺机动车道

大草巷为现状接泰州路的尽端式机动车道。准提寺东侧曾有巷道,但后来被封堵,规划打通准提寺巷,并结合东侧的四类风貌地块改造将其拓宽为 7 m 的机动车道。再结合保护范围外的非历史街巷和三、四风貌地块的改造,开辟东西走向的 7 m 宽车道,联系大草巷和准提寺的尽端路,形成一条半环形机动车道。治淮新村和四美酱菜厂之间原是街区机动性最差、风貌也最差的地块之一,该车道将大大提高该地块及周边的活力和机动性。

2.5.7 历史街区交通的"风貌化"

1) 避免大型交通设施对历史街巷肌理的破坏

除道路本身外,道路交通设施还包括桥梁、高架道路、大型立交桥、公共客运枢纽、社会停车场、公交场站、机动车加油站等多种形式。正如尺度过于宽阔的道路和过于高大的建筑可能破坏历史城区、街区的历史尺度和风貌一样,位于历史城区或街区内部的大型停车场、公交站场、加油站、客货运枢纽等会因占用过大的用地面积而破坏历史肌理,而高架道路、大型立交桥等则因其高度和尺度会对传统风貌造成严重的景观障碍。这些大型的交通设施不但可能因其建造而带来拆迁破坏，其建成后将吸引更多的车流、货流，加大历史城区、街区内的交通集聚，并带来新的可能导致历史街区持续破坏的压力。

根据《城市道路设计规范》规定，立体交叉的设置一般用于高速公路、快速路、主干路之间以及与其他道路之间的交叉(第6.1.8条)。而人行过街天桥一般设置于交通繁忙、过街行人稠密的快速路、主干路、次干路的路段或平面交叉处(第15.3.1条)❶。而高架道路等本身就是快速路、主干道才可能采取的形式。因此，只要避免次干道及以上的道路穿越历史城区或街区，历史街区内就不存在立体交叉和人行天桥的问题。如果根据城市总体交通规划，必须在历史街区外围的城市道路修建快速车道，应评估其对街区外围景观面的视觉影响，并尽量采用地下快速路代替高架、以地下人行过街通道代替人行天桥。

根据《城市道路交通规划设计规范》规定(第8.2款)，城市公共加油站的进出口宜设在次干路上，服务半径宜为0.9~1.2 km。但对于历史城区、街区而言，小型城市公共加油站的面积也在1 200 m² 左右❷，占用面积较大，且汽油的可燃性会极大地增加火灾负荷。所以，即便历史街区外围有次干道环绕，也要尽量将加油站远离历史街区。如因历史街区规模较大，需在周边环路上布置公共加油站，也应布置在历史街区对侧的城市一般地块。

2) 公共交通工具的小型化和风貌化

历史街区内部的公共交通工具一般以旅游电瓶车、人力三轮车、黄包车为主，大型历史街区可能会有穿越区内的公共汽车，这些公共交通工具除了发挥着交通、换乘的作用外，其本身也构成了历史街区的景观，因此有必要注意其小型化和风貌化。小型化主要指历史街区内应选用小型甚至微型的公共汽车、旅游电瓶车以及消防环卫等市政车辆，以适应历史街巷的宽度，同时注意其美观和清洁，以减小其对街区传统风貌的影响。风貌化是指采用能够反映历史街区传统文化的公共交通工具，如对旅游电瓶车、小型公交车等进行风貌化的装饰设计，更多的是采用各种和旅游相结合的传统公共交通工具，比如胡同游、街巷游的人力三轮车、黄包车乃至轿子、滑竿、马车等。需要注意的是为了避免各地的千篇一律，各历史街区应对这类传统交通工具的形式、色彩及其服务人员的着装进行统一设计和标识，以体现本地历史街区的文化特色(图2.30，图2.31)。

图2.30 扬州东关历史街区黄包车和欠佳的着装

图2.31 京都岚山历史街区东洋车和特色着装

---

❶ CJJ 37—90.城市道路设计规范[S].1990
❷ GB 50220—95.城市道路交通规划设计规范[S].1995

3)道路地面铺装的真实性和实用性

历史街区内部街巷的地面是传统风貌的组成部分。一方面对于历史街区内现存的历史地面铺装要保护其真实性,只要地面基层没有很大的结构缺陷,一般不应翻新。另一方面,应通过对本街区,或本地的年代相近、功能类似的其他历史街区内残存的历史地面铺装进行研究,分析其在材料选择、铺砌方法上的各种不同做法及其应用的规律,并以此为指导,因地制宜地设计须补齐或恢复的地面铺装,特别注意不能不分场合地机械重复同一种地面铺装做法。如扬州东关历史街区在2002年的改造中地面简单地铺装大片石材,既不符合历史真实性和风貌的尺度感,且造成了不必要的浪费(图2.32)。而在2005年扬州规划局和德国GTZ合作的东关街内部街巷整治试点中就吸取了东关街的教训,基本采取传统铺装做法,取得了较好的效果(图2.33)。

图 2.32 扬州东关街的大片石材铺装在做法、尺度、风貌上与传统不符

图 2.33 扬州东关街文化里环境整治中的传统铺装恢复施工现场

在道路施工中,应结合施工对历史地面进行揭示和考古,对各时期历史地面做法进行记录,及时纠正设计中可能存在的臆测。有价值的地面铺装或地层断面可以在进行防潮处理后采用亭、廊遮盖或玻璃罩覆盖等方法进行保护,并配以适当的文字说明进行展示。如广州北京路步行商业街在施工中发现了唐至民国时期的11层路面和宋代至明清时期的5层拱北楼建筑基址,在遗址考古完成后,将明代路面、宋代3层路面、拱北楼门洞石铺面、宋代第二期拱北楼门洞的砖铺地面、石门槛、门枕石等原地保护,采用钢化玻璃作遗址上盖以方便行人参观,成为步行街上的一大亮点(图2.34)。

从实用性的角度出发,对于已经没有历史遗存地面,且不属于旅游景观路线的一般生活性街巷,只要现状地面不存在使用上的不便,可继续使用至需要更新时再恢复传统的铺装样式。对于已经没有历史地面遗存,且不属于旅游景观路线的机动车道,应采用沥青等柔性铺装为主,方便行车,并避免石材等高档铺装材料的浪费。如日本大多数历史街区街巷大多都采用人车共存的慢速交通方式,道路铺装以便于行车的沥青路面为主(图2.35),广场等人行地面大量采用透水的砂石地面,石材地面则非常罕见。事实上我国历史街区传统上只有主要街道才使用部分石材,一般街巷以仄砌砖、碎砖、砂砾、卵石为主,更多的小街巷多为土路。所以,在历史街区的地面铺装设计中,应在真实性和实用性二者间取得平衡。

图 2.34　广州北京路商业街上的千年古道遗址展示

资料来源:http://www.365zhonghua.com/destination/d_detail_0101050414062.html

图 2.35　京都清水寺前历史街道的沥青路面

最后,历史街区的地面铺装应和市政设计相结合,和地下管网改造同步设计、施工,除了本书后面讨论的管线综合、市政井盖的风貌化等问题外,特别要注意维持原有的地面排水做法和自然排水坡度,避免现代道路施工中"修一次、高一次"的通病。

4) 历史街巷名称的保护和展示

历史街区的街巷体系除了其物质空间肌理是保护的对象外,其街巷的名称、典故、传说往往记录着街区的历史人文的变迁,也是历史街区非物质文化的重要组成部分。在历史街区交通规划中,应在保护街巷肌理的同时保护并继续沿用其道路街巷名称,并通过相应的指路标识、铭牌等小品进行展示,在起到交通引导作用的同时,反映街区的历史文化特色。如扬州市历史文化名城保护部门和广告公司联合成立了名城解读工作室,专门负责挖掘古城保护街巷名称、典故之类的历史文化信息,并设计制作解说牌进行宣传,取得了很好的效果(图 2.36)。

图 2.36　扬州雅官人巷口的名城解读

3 历史街区适应性给水排水技术

水是人类生命的源泉,科学用水和排水是人类文明发展进步的重大标志,是社会发展史上最重要的社会活动和生产活动内容之一。特别是现代,随着城市化进程的加快,给水排水工程已经发展成为城市建设和工业生产的重要基础设施。给水系统和排水系统在功能顺序上虽然前后不同,但两者在规划、建设过程中必须作为一个整体系统工程来考虑。本章就是从历史街区保护的角度出发,把历史街区的给水和排水两大系统进行合并研究,探讨适应历史街区保护要求的给排水规划技术。

3.1 历史街区给排水系统的发展和现状

3.1.1 历史街区给水排水发展的历史和现实

不论古今中外,水都是人类生存的基本需求。我国历代城市都十分重视给水和排水问题。首先在选址上遵循"高勿近阜而水用足,低勿近水而沟防省"(《管子·乘马篇》)的原则,即选址不能地势太高而远离充足的给水水源,也不能太低而增加排水防涝的难度;其次在城市建设和管理上,给水和排水工程占据了至关重要的地位。给水方面,在保证饮用水的同时还要供应苑囿(景观)和漕运(运输)用水。饮用水以井水(地下水)和山泉水为主,生活、洗涤用水以江、河、湖泊等地表水为主,所以掘井修渠、引水蓄水是给水工程的主体,部分缺水城区的饮用水还有一定的人工挑运和售卖制度。排水方面,我国古代城市的粪便污水大都由人工收集后用于农业堆肥,大部分的厨余废水(泔水)也由人工收集后用于家畜饲养。因此所谓排水主要是排除雨水和极少量的洗涤废水。由于排水关系到防涝和用水卫生,所以我国古代城市很早就形成了一套以天然水体和人工开挖的明沟、暗渠共同构成的完善的城市排水体系,并有专司负责定期的清理疏浚。

近代给水、排水系统都首创于欧洲。17至18世纪伦敦和巴黎开始了使用水泵和铸铁管的自来水供应,1619年,伦敦一家公司铺了管道并向家庭用户供水,1804年在苏格兰两万人口的佩斯利城首次用经过沉淀池和横向流的卵石滤池及砂滤池处理用水,1885年具有现代观点的与混凝沉淀相结合的快滤池首次在美国新泽西州萨默维尔城用于城市供水。19世纪中期以后,由于对城市卫生的重视和慑于霍乱病的流行,巴黎和伦敦开始把粪便污水排入原来的雨水道,从而产生了近代合流制排水系统,单为输送生活污水的下水管道也从此出现[1]。

清末民初,我国的近代给水排水系统也开始形成。1879清政府在旅顺引泉供水开始了中

---

[1] 许保玖、王占生、黄铭荣撰写的《中国大百科全书·土木工程》"给水和排水工程"词条。见:中国大百科全书出版社编辑部,中国大百科全书总编辑委员会.中国大百科全书·土木工程[M].北京:中国大百科全书出版社,1987:277-280

国城市自来水供应的历史❶,1862年上海英租界首先开始规划和建设近代雨水管道,1921年上海公共租界开始埋设中国最早的粪便污水管道❷。但直到1949年,只有72个城市约900万人喝上自来水,日供水能力240.6万 m^3;有排水设施的城市为103个,仅上海和南京两个城市设有4座废水处理厂,广大县镇几乎没有现代化的供水排水设施❸。

新中国成立后,党和政府十分重视供水排水事业,特别改革开放后供水排水事业更蓬勃发展。到1998年,我国城市人口的95.9%,建制镇人口的79.12%,共32 330万人饮用城镇供水系统的水。城市人均居民用水单耗为141.5 L/天,已超过欧洲各国的平均水平。排水方面也取得了长足的进步,1998年全国城市排水管道总长度为125 943 km,污水处理厂187座,年处理量105.33亿 $m^3$❹。但总体而言,给水系统的发展较快较好,而排水系统发展相对滞后。到2002年,全国城市供水管道总长度31.26万 km,而城市排水管道总长度仅17.30万 km,污水处理率仅39.97%,其中污水集中处理率24.28%。❺

直到1980年代之前,历史街区给水排水设施的发展一直和城市总体发展水平保持同步。近20年来,城市总体的给水排水系统水平伴随着城市大规模建设开发而迅速升级,但历史街区在幸运地得到保护而未列入开发建设地块的同时,其给水排水等市政设施的更新换代也遗憾地被排除在城市建设项目之外。至今,大多数街区内的给水排水设施仍然停留在1980年代初期的状态,并因陈旧老化而存在各种问题,尤其排水问题始终未能得到妥善解决,客观上导致区内的居民生活质量相对低于城市一般地区。

3.1.2 街区给水系统现状分析

近20年来,我国城市供水总量的增长速度是各项基础设施项目中最快的(表3.1)。但正如前文所述,在这种以开发建设带动的发展中,受到保护的历史街区往往成为被遗忘的角落。目前大多数的历史街区内仍然以1980年代以前、甚至更早的民国时期建设的供水管网为主❻,陈旧设施,靠修修补补勉强维持供水,且由于人口增长迅速、私搭乱建严重,加上居民收入偏低、疏于维护等因素,普遍存在着自来水到户率低、供水量不足、水压不稳和水质不好等问题。

表3.1 我国13年间城市基础设施建设增长比较表

项目	单位	1965年	1978年	1965—1978年 增长倍数	1986年	1999年	1986—1999年 增长倍数
城市数量	座	171	191	1.12	353	668.00	1.89
城市人口数	万人	7 087	7 955	1.12	12 258	37 590.00	3.07

---

❶ 另据最新考证,同治末年(1870—1873)南京为解决江南贡院中一万一千多间号舍中考生的饮水问题,曾办过"转江水入城,分数百小管遍达"的自来水,比旅顺和上海英租界的自来水供应更早,见:钟淑河.中国最早的自来水[N].中国供水节水报,2006-11-22

❷ 张人龙.上海市政工程志[M].上海:上海社会科学院出版社,1998

❸ 许保玖,王占生,黄铭荣.《中国大百科全书·土木工程》"给水和排水工程"词条.见:中国大百科全书出版社编辑部,中国大百科全书总编辑委员会.中国大百科全书·土木工程[M].北京:中国大百科全书出版社,1987:277-280

❹ 聂梅生.中国水工业科技与产业[M].北京:中国建筑工业出版社,2000

❺ 刘志琪.我国城市供排水行业现状与发展[N].中国水利报,2004-6-9

❻ 陈寅,陈国光.上海城市供水管网水质的调查分析[J].中国给水排水,2002,18(07):32-34

续表 3.1

项目	单位	1965年	1978年	1965—1978年增长倍数	1986年	1999年	1986—1999年增长倍数
自来水供应能力	万 m³/日	1 077.3	2 530	2.35	4 162.1	127 945.00	30.74
道路面积	km	10 040	22 539	2.24	36 297	176 873.00	4.87
公共交通车辆	辆	11 060	25 839	2.34	45 445	188 732.00	4.15
用气普及率	%	3.04	13.93	4.58	28.52	84.00	2.95
市政生活用电	亿 kW·h	50.37	131.39	2.61	203.63	603.39	2.96
市内电话	万部	77.11	115.87	1.50	443.57	5 581.00	12.58
城市公园	hm²	14 601	15 229	1.04	24 887.2	131 413.00	5.28
城市园林绿化	hm²	91 018	81 735	0.90	164 772.6	590 717.00	3.59

资料来源:袁媛.我国旧城居区更新中的城市基础设施建设研究[D].[硕士学位论文].上海:同济大学,2002:28

1) 供水到户率低

受当时的国民经济水平限制,1980年代以前的供水终端主要以院落为单位,而没有到户。这一方面是由于新中国成立后院落密度过高,户数太多,另一方面当时处于技术和经济的低标准阶段,一般院落都是使用集中的公用水龙头(图 3.1)。如北京的 30 片历史文化保护区院落内多为公共水龙头,没有水表到户。保护区内大多数建筑内部没有洗涤设备,一个院落或多户居民共用一个水龙头很常见,卫生条件较差❶。而作为江南水乡的绍兴 1999 年的平均自来水普及率为 100%,但市中心的红旗路历史街区却只有 91%❷,换言之,历史街区几乎是城市中唯一存在自来水不到户现象的区域。

图 3.1 福州衣锦坊欧阳花厅内居民的集中用水点

2) 水量不足

历史街区居民人口的增长和生活水平的提高带来了用水需求的快速增长,但由于街区内部仍然是数十年前敷设的供水管网,其管径按当时的居民需求和增长预期确定,在今天已经远远不能满足需求。水量不足限制了居民享受城市水源和供水干管快速发展的成果,影响了居民的生活条件,是造成历史街区低收入化的因素之一❸。管网供水量不足和居民低收入化二者相互作用,使得历史街区内的居民实际用水量远低于当地一般水平,如绍兴市红旗路历史街区在未改造前,人均日生活用水量是 100 L/(人·天),相当于同期绍兴市平均标准 240 L/(人·天)和全国城市平均水平 234.25 L/(人·天)的 1/2,国外中等发达国家同期水平

---

❶ 北京旧城历史文化保护区市政基础设施规划研究课题组.北京旧城历史文化保护区市政基础设施规划研究[M].北京:中国建筑工业出版社,2006:28
❷ 袁媛.我国旧城居住区更新中的城市基础设施建设研究[D].[硕士学位论文].上海:同济大学,2002:18
❸ 胡敏.历史街区的防火问题研究[D].[硕士学位论文].北京:中国城市规划设计研究院,2005:42

206~302 L/(人·天)的 1/2~1/3(表 3.2)❶。

表 3.2 绍兴红旗路历史街区用水量与城市平均用水量比较表

内容	中等发达国家80年代水平	我国城市平均水平	绍兴市平均水平	绍兴市红旗路历史街区改造前水平
人均生活用水量[L/(人·天)]	206~320	234.25	240	100
自来水普及率(%)	100	100	100	91

资料来源:袁媛.我国旧城居住区更新中的城市基础设施建设研究[D]:[硕士学位论文].上海:同济大学,2002:18

3) 水压不足

历史街区建筑高度低,在城市供水中常属于低压区。由于区内现有给水管网的管径不足,加上人口迅速增长造成的用水量增加,更造成了供水水压的严重不足。如北京市前门地区常常是一个院落四五户、甚至近十户人家只有一根自来水管。为了方便,居民常常自行将自来水管引入房中。这样的结果是,每家的自来水的水流都很小,尤其是早上用水高峰期更加如此,不仅给居民生活带来不便,还造成了居民间的矛盾❷。

4) 消防供水不足

水量和水压不足,更严重影响了区内的消防供水。我国未经大规模改造的历史街区大多数没有独立的消防给水管网,以生活和消防共用管网为主。但由于供水管径偏小,单满足日益增长的生活用水尚且不足,更难以满足消防供水的水量和水压要求。北京前门街道辖区内有30余个消火栓,但是大都出水不畅,能够真正用于消防的水龙头,都在方圆 1 km 以外❸。消防供水不足严重影响着历史街区居民和建筑遗产的安全,因为没有充足供水而延误火灾扑救,导致火势蔓延、损失扩大的惨痛事例屡见不鲜。

5) 管网陈旧,供水水质较差

我国历史街区给水管道管材多为早期采用、现已停止使用的灰口铸铁❹,即使少量经过修补或更新的管道也是现已限制使用的镀锌钢管。由于使用时间长,设施老化,管道锈蚀情况严重,存在水垢厚、过水断面小、水头损失大、易渗漏爆裂等问题,并且直接带来水质的恶化,混浊水和红锈水的现象十分普遍。而部分地区,例如杭州北山街栖霞岭等地势高差较大的地区,为解决水压不足问题还在使用几十年前的老式蓄水池和自建水箱,这些蓄水设施陈旧、卫生条件差,极易造成生活用水的二次污染❺。

6) 管网形式不佳,供水可靠性差

给水布置形式分为树状和环状两种。环状网中给水管线纵横相连,形成闭合的网络,供水安全性好。树状管网呈树枝状分叉,管径逐渐变小且安全性差❻。我国历史街区,尤其是名镇型历史街区的给水管网多为树状,一方面管网水头损失大,管网末端由于用水量小而水流缓慢

---

❶ 袁媛.我国旧城居住区更新中的城市基础设施建设研究[D]:[硕士学位论文].上海:同济大学,2002:18
❷❸ 北京市社会科学院"北京城区角落调查"课题组.北京城区角落调查 NO.1[M].北京:社会科学文献出版社,2005:67,64
❹ 北京旧城历史文化保护区市政基础设施规划研究课题组.北京旧城历史文化保护区市政基础设施规划研究[M].北京:中国建筑工业出版社,2006:28
❺ 杭州市房产管理局.历史文化街区基础设施改造若干问题的初步探索[EB/OL]. http://www.cin.gov.cn/csjs/cs-dt/200707/t20070726_117883.htm,2007-10-10
❻ 戴慎志.城市工程系统规划[M].北京:中国建筑工业出版社,2004:201

甚至停留,致使水质容易变坏;另一方面,更严重的结果是安全可靠性差,一旦某一管段漏水或者爆管,将导致下游所有管道用户断水。如北京大栅栏石头胡同某杂院曾因地下自来水管锈蚀而跑水,但自来水公司因为住户的自建厨房压在管线上而无法进行维修,最终导致全院80多口人断水两个多月❶。

7) 管网明敷杂乱,影响风貌

历史街巷和历史建筑建设时,本身并未考虑和预留给水管网安装的可能性。1980年代之前的管网敷设,由于缺乏遗产风貌保护的理念以及材料、技术和经济等客观限制,设计施工没有充分考虑到遗产保护和美观的需求。管材以灰口铸铁和镀锌钢管为主,在公共街巷一般浅埋,有的地区因有石质地面或地形高差等原因甚至明铺于地面(图3.2);入户管直接从地面穿墙而入,入户后也多为明装,加上后来因人口增加各户自行接入房间的支管,错综复杂;各类、各时期的管井缺少统一规划,见缝插针、杂乱无序,井盖亦没有特别的设计,这些都在一定程度上影响了历史街区街巷传统地面铺装和室内外风貌的整体和美观。

图3.2 深圳大鹏所城内的浅埋、明敷的给水管线

3.1.3 历史街区排水系统现状分析

1) 投资严重不足

在城市总体层面上,由于资金不足和以工业经济增长为主的发展观的影响,加之雨水地面径流、污水收集转运等传统排水机制仍然发挥着一定的作用,我国城市基础设施的各专项投资结构中长期存在重给水、轻排水的问题,对排水设施的投资一直少于给水设施❷。污水方面,建国后至1999年城市污水量增加了13.9倍,而排水量只增加了4.2倍❸,而2007年济南7·18特大暴雨引发的洪灾也凸现了城市雨水系统建设的薄弱。

具体到旧城和历史街区的排水系统建设,由于不属于新的城市基础设施建设,而是以旧有基础设施的更新改造为主,所以在建设投资中所占的比例就更低,存在着严重的投资不足问题。以绍兴市为例,1997—2000年的4年中,只有1999年有5.72%的资金用于旧有基础设施更新改造,其他年份的基础设施资金全部用于基建和维护(表3.3)。而在更新改造的各专项基础设施中,又以道路和交通为主,给水系统只占2.52%,排水系统更仅有0.39%❹(表3.4)。

---

❶ 北京市社会科学院"北京城区角落调查"课题组.北京城区角落调查 NO.1[M].北京:社会科学文献出版社,2005:159

❷ 王路.城市基础设施建设合理比例关系探析[J].城市规划,2000(05):26-31

❸ 阳建强,吴明伟.现代城市更新[M].南京:东南大学出版社,1999:28

❹ 袁媛.我国旧城居住区更新中的城市基础设施建设研究[D].[硕士学位论文].上海:同济大学,2002:34

表 3.3　1997—2000 年绍兴市城市基础设施建设资金支出表

项目名称	1997 年	1998 年	1999 年	2000 年
小计	11 642.00	21 044.00	68 323.00	62 429.10
基建支出	7 271.00	17 538.00	61 840.00	54 039.20
更改支出	0.00	0.00	3 910.00	0
维护支出	4 371.00	3 506.00	2 573.00	8 389.90
基建所占比例(%)	62.45	83.33	90.51	86.56
更改所占比例(%)	0.00	0.00	5.72	0.00

资料来源:袁媛.我国旧城居住区更新中的城市基础设施建设研究[D]:[硕士学位论文].上海:同济大学,2002:34

表 3.4　1997—2000 年绍兴市旧城更新改造的各专项基础设施投资比例表

	给水	排水	道路/桥梁	公交	煤气	园林	环卫	供热
更新改造项目	2.52	0.39	60.75/1.17	9.34	0	0	1.75	0

资料来源:袁媛.我国旧城居住区更新中的城市基础设施建设研究[D]:[硕士学位论文].上海:同济大学,2002:34

2) 传统排水机制丧失

我国历史街区在长期的发展过程中形成了较为完整的传统排水机制。在体系上,粪便和主要的厨余污水(泔水)通过人工收集转运,分别用作农业堆肥和家畜饲养,而街区内的排水主要以雨水和部分洗涤废水为主,实现了一种"低技术"且生态环保的雨污分流体系。在雨水和部分洗涤废水排除上,城市历史街区传统建筑院内一般有较为完善的雨水下渗和排除系统,雨水和部分洗涤废水也通过此系统汇集至街巷。街巷雨水多利用地形高差排水,小雨雨水自然渗入地下土壤;大雨雨水沿街道通过地表径流、明渠或地下暗沟等形式汇流,就近排入河道。这些传统的排水机制曾经在相当长的时期内满足了城市和历史街区的基本需求。

目前我国绝大多数历史街区中,排水系统基本依靠"现代"管网系统,传统的排水机制几乎已不复存在。人工收集转运粪便和泔水的制度在 80 年代以后基本绝迹,粪便和污水在理论上由家庭污水管道经化粪池进入城市污水干管后进入城市污水处理厂,进行无害化处理后用于农业等用途。在雨水方面,由于历史街区院落内建筑加密,庭院地面减少,街巷地面铺装都已换成水泥、沥青等不透水的硬质地面,利用地表自然渗透的雨水量极少。街巷雨水多依靠雨水口收集入城市雨水管,然后就近或汇入周边城市雨水干管排入水体,明渠、暗沟等传统排水机制则因被漠视或被视为落后而堵塞甚至填没。

由于现代管网主要依靠管网坡度而不依靠地面坡度排水,历史街区内维持了数百年的地面竖向关系被打破。一方面,部分历史街区在内部环境整治中,忽略原有地面高程和两侧建筑的排水关系,为赶工期而抬高或更改地面标高,造成街巷高度高于两侧建筑院落地平高度,或者院落地平高于室内地平,使得街巷雨水向院内倒灌或院内雨水向建筑室内倒灌;另一方面,很多城市历史街区外围的道路在城市更新中不断抬高,而使得整个历史街区成为洼地,不但内部雨水排不出去,而且外部道路和街区的雨水容易倒灌进来,排水防涝问题十分严重。如绍兴古城的内部道路经过数次拓宽改造,每改造一次,道路标高就增高一些,使得历史街区房屋内的标高低于道路标高,雨水积流、倒灌入屋的情况时有发生。

3) 现代排水管网和设施建设不足

传统排水机制丧失的同时,历史街区唯一可以仰赖的"现代"排水管网和设施的建设却存在着严重不足。在北京、上海等大中城市,历史街区外围的城市道路一般敷设有城市雨水管和接城市污水处理厂的污水主干管,但历史街区内的合流制排水管道的修建时间早、管径小、排水标准偏低,污水截流管道截流倍数❶偏小,遇到中雨或大雨,平日堆积在排水管道中的污物被雨水冲进河道,导致水环境污染❷。

而在小城市和名镇型的历史街区中,由于整个城市建设中污水处理厂和管网体系尚未健全,历史街区内的排水管网就更加零乱而不成体系。尽管街区居民大多自行加建了室内排水设施和部分支管,但由于干管的建设及其与主干管的衔接欠佳,导致公共污水管道系统的缺乏。有些历史街区所在的城市没有污水处理厂,街区往往采取直排合流制,污水只经过化粪池的初级处理即和雨水一起进入合流管道,直接排放入地表水体(图 3.3)。更有甚者,由于街区内空间不足而不设化粪池,污水直接排入地表水体,造成了严重的水环境污染。如 2000 年整治前的周庄古镇,由于建筑群落散乱密集,开敞空间较少,因此只有少数房屋或院落建了化粪池,居民的生活污水(包括洗涤、洗澡、厨房、冲厕、粪便污水等)只有部分经过化粪池预处理后,其余的都直接排到河中。镇区内 50 多家饭店,10 多个公厕,也只有少数建有化粪池,其他的都把污水排入河中,严重污染了水质❸。

图 3.3 苏州山塘历史街区整治前沿河道设置的排污口

资料来源:石宏超摄

3.2 历史街区给排水问题和对策

3.2.1 历史街区给排水系统问题

1)影响居民生活质量和卫生健康

由于我国历史街区给排水系统存在的上述问题,区内居民的生活质量和卫生健康水平相对低于城市平均水平。给水水量、水质、水压的不足,排水系统的缺乏,在某种程度上限制了居民建造和使用现代卫浴设施的可能性。如扬州东关历史街区内,75%以上的家庭没有独立卫生间,66%以上的家庭没有浴室❹。大部分居民"白天要跑出几百米找厕所,晚上还要用马桶和痰盂"❺,除了忍受不便外,还要承担公共厕所、浴室可能带来的不卫生和病毒传染等健康问题,这样的环境绝非有能力追求现代生活品质的年轻人和高收入人群所愿居

---

❶ 截流倍数为截流式合流排水系统降雨时截留的雨水量与晴天的污水设计流量(旱流污水量)之比值。参见:邢丽贞.给排水管道设计与施工[M].北京:化学工业出版社,2004:100-101

❷ 北京旧城历史文化保护区市政基础设施规划研究课题组.北京旧城历史文化保护区市政基础设施规划研究[M].北京:中国建筑工业出版社,2006:28

❸ 袁媛.我国旧城居住区更新中的城市基础设施建设研究[D]:[硕士学位论文].上海:同济大学,2002:22-23

❹ 扬州市城市规划设计院.扬州老城区详细规划大纲[Z].2001

❺ 张晨.扬州古城改造让原住民恋上老屋[N].新华日报,2006-10-13

图3.4 扬州东关历史街区内的公共厕所

图3.5 扬州东关历史街区个园社区的暴雨防汛通知

住(图3.4)。所以,历史街区的给排水问题除了影响居民的生活质量和卫生健康外,还间接造成了街区的低收入化和老龄化,并降低了历史街区和遗产的魅力。

2) 威胁居民和遗产安全

给水系统存在的消防供水水量、水压不足和排水系统中雨水排水能力的欠缺,使得历史街区在面对火灾或特大暴雨、洪涝灾害时显得格外脆弱,威胁着居民的人身和财产安全,也威胁着区内大量珍贵的建筑遗产的安全。一方面历史街区建筑以木构为主、密度大,如果没有消防供水将火灾扑灭在初起阶段,将造成火势蔓延而加大损失;另一方面,历史街区内建筑年代久远,基础、屋面和墙面在雨水的浸泡、侵蚀下都可能发生垮塌危险,所以在北京等地,历史街区每年都是汛期受灾最严重的地区❶。(图3.5)

3) 影响街区景观和生态环境

历史街区内排水设施的不足除了给居民生活带来不便外,还直接造成了街区环境的恶化。一方面部分采用合流制排水的街区,由于化粪池和管网容量不足,暴雨时污水污物从下水道涌上街道;有些街区由于户内排水管不足,居民直接在街道合流制管道的雨水口倾倒食物残渣、垃圾甚至粪便,严重影响街区景观和卫生;还有些街区在设计上将室内污水出水口直接接入雨水集水井,造成街区空气恶臭现象。另一方面,大多数历史街区的生活污水和生活废水直接排入河道水系,大量的砖砌化粪池的污水也渗入地下污染地下水,致使城市和街区内地表水体和地下水的水质都不断恶化。如改造前的古镇周庄,市河全功桥、通秀桥、贞丰桥、报恩桥、永安桥五座桥断面的监测结果显示,氨氮、总铬、DO、CODMn、pH值指标符合Ⅳ类水质,说明区内河道已达到Ⅳ类水体。特别是枯水时期,河水水质浑浊,略有恶臭,其中报恩桥断面的溶解氧(DO)只有 1.4 mg/L、1.9 mg/L、2.1 mg/L,达到地面水严重污染级标准,水中已基本没有鱼类生存❷。

3.2.2 历史街区适应性给排水对策

历史街区给排水状况的改善,需要从观念、资金和技术三方面入手。观念上应重视历史街区保护和居民生活质量的提高,资金上应多方筹集资金,加大对历史街区基础设施更新改造的投入。本章主要讨论适合历史街区现状特点,考虑居民生活改善和历史文化保护双重要求的

---

❶ 北京旧城平房区及建设工地 今年仍是防汛重点[N].北京青年报,2007-6-3
❷ 袁媛.我国旧城居住区更新中的城市基础设施建设研究[D]:[硕士学位论文].上海:同济大学,2002:19

给排水技术措施,具体包括以下几个方面:

(1) 因地制宜的厨卫配套改造措施:厨卫设施的便利程度是直接影响居民生活水平,也是决定居民生活给排水总量的主要因素。在历史街区人口密度大、用地紧张情况下,如何因地制宜地增加居民家庭厨卫设施,是本章研究的重点之一。

(2) 生活、消防给水管网:历史街区现阶段存在的供水问题主要不是由于城市总体供水不足,而更多的是由于历史街区内部给水管网自身的问题引起的,因此应研究历史街区生活、消防给水管网形式的选择和街区供水水量、水质、水压和可靠性要求的关系。

(3) 多元化的雨污排水体系:历史街区分流制、合流制选择原则,保护和延续街区内传统排水体系的重要性和可行性,结合传统排水机制的多元化雨污排水体系研究。

(4) 最小化管线综合措施:历史街区地上地下空间紧张,应在给排水通用技术规范的基础上,通过应用新材料、新技术、新工艺,使得给排水设施对街区风貌干扰最小,管线对地上地下空间的占用最少。

3.3 因地制宜的厨卫配套改造措施

3.3.1 给排水总量应考虑厨卫设施的增加

给排水规划设计的首要问题是确定街区给排水系统所需容量。排水容量一般以给水容量取一定系数确定,给水容量则和城市气候、街区面积和用地性质、人口数量和结构、生活方式等许多因素有关。我国大多数历史街区都是居住型街区,直接影响给排水总量的主要是居民数量及其生活用水标准,而这两个因素在历史街区保护规划实施前后会发生较大的变化。

在居民人数上,我国大多数历史街区都存在着人口密度过大的问题,人口疏解往往是保护规划的重点之一,具体人数根据保护规划确定,但从保持原有社会结构考虑,一般应保留60%以上的原住民。

历史街区居民的现状人均生活用水量较少,除了管网供排水能力不足、居民老龄化程度高、收入低且保持节约用水的生活方式等原因外,最直接的原因是区内大多数居民家庭都没有独立的厨房、卫生间,即住宅的成套率低、用水设备少。如经济水平名列全国前茅的苏州,古城区内住房成套率尚不足20%,即约有80%的居民缺乏户内独立的厨房卫生间❶。按照《城市居民生活用水量标准》❷的分类,即有80%居民处于A类(户内有取水龙头、无卫生间等设施的)以下的用水标准。

历史街区保护规划的目标是提高人民生活质量和遗产保护的双赢,所以区内居民的生活用水条件和用水标准都应提高至城市一般水平。一方面,在管网给排水能力计算的取值上,居住人口以规划人口计算,人均用水量标准取值应等同当地新建住宅区。另一方面,街区保护规划应结合历史街区建筑的特点,探讨在不影响建筑风貌的前提下改善历史建筑、增加厨卫设施的技术措施,提供居民现代化的用水条件。

---

❶ 史建华,盛承懋,周云等.苏州古城的保护与更新[M].南京:东南大学出版社,2003:101
❷ GB/T 50331—2002.城市居民生活用水量标准[S].2002

3.3.2 历史建筑厨卫设施改善的原则

1)不破坏建筑结构和外观

历史街区具有较为严格的风貌保护要求,不破坏历史建筑的外观、不对历史建筑的结构造成永久性的改变,是历史街区厨卫设施改善的基本原则。所以,在厨卫设施改善的原则和方法上,应根据历史建筑本身的空间和结构特点因地制宜地进行设计,可以参照上海等地以新中国成立后住宅为主要对象的旧住宅成套改造的成熟技术❶,但不能照搬。

2)充分利用室内外空间

历史街区大多建筑密集、人口众多,用地十分紧张。街区保护规划一般将疏解不超过40%的人口,但同时也会拆除相当数量的违章搭建(如扬州东关历史街区的调研结果显示,属于临时和违章搭建的建筑面积约占街区现状总建筑面积的11%),建筑面积仍然十分紧张,必须充分利用室内外空间,尽量少占用主要居住空间。

3)灵活简单、经济易行

为适应历史建筑相对狭小的院落和室内空间尺度,便于安装建造,并便于未来根据人口变化的再次改造,厨卫设施的改善和增减应尽量小巧灵活。历史街区需增减的厨卫设施数量众多,考虑到居民的经济条件相对较低,为节约政府投入,应在改造技术上简单易行,具有可以推广的经济性。

3.3.3 因地制宜的厨卫改善措施

建筑遗产的再利用在国内外都有着大量的实践。我国近代历史建筑在形式、功能和结构构造上都接近西方建筑,在国内已有上海外滩、上海新天地、宁波三江老外滩等成功的案例。由于我国近代类型的历史街区数量较少,而有关西方建筑保护、改造与再利用方式方面的研究成果较多❷,所以不再赘述。本节主要介绍中国传统居住型历史街区中大量性的历史民居中厨卫空间的增建措施。

1)传统建筑空间的平面细分

我国历史街区的建筑以院落式建筑为主,因历史原因,往往每家占据一间或两间用作卧室或客厅兼卧室,各家共用院内过厅和厨房,使用巷中公用厕所。由于传统建筑正房开间一般在3~4 m,进深一般有6~10 m,面积在18~40 m²,相当于新建单元楼卧室房间面积的2~3倍,完全可以通过精心设计将单一的房间细分为包括卧室、卫生间、厨房等两三个功能的组合,从而增加各户独立的厨房、卫生间(含淋浴),实现各户的成套化。典型案例如苏州十梓街50号原为清末四进砖木结构二层楼房,占地面积1 250 m²,建筑面积931 m²,居住7户55人。在苏州市建委进行的试点改造中,根据"外观保护传统住宅特色,内部生活设施现代化"的要求,将原有面积较大的各家卧室进行平面细分,结合剖面调整,将原来互相干扰的大杂院变为独门独户且每户均有居室、客厅、厨房、卫生间的现代院落,有效使用面积从原来的625 m²扩大到773 m²,户均使用面积从38 m²增加到45 m²❸(图3.6)。

---

❶ 程建均.旧住房成套改造设计的前瞻性和现实性[J].住宅科技,2001(09):34-36
❷ 陆地.建筑的生与死——历史性建筑再利用研究[M].南京:东南大学出版社,2004
❸ 瞿慰祖.苏州古城传统居住环境的保护与发展[J]//清华大学建筑与城市研究所.旧城改造规划·设计·研究[M].北京:清华大学出版社,1993:167

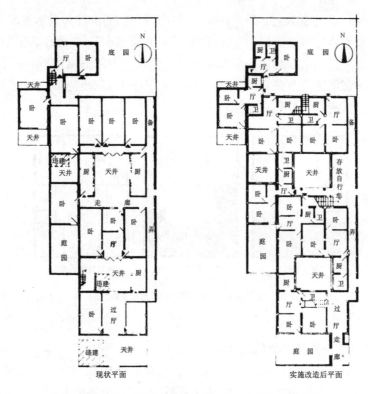

图 3.6 苏州十梓街 50 号通过平面细分增加厨卫设施

资料来源:瞿慰祖.苏州古城传统居住环境的保护与发展[J]//旧城改造规划·设计·研究[M].北京:清华大学出版社,1993:167

2) 传统建筑空间的竖向细分

历史建筑的正房一般在 3 m 以上,加上坡屋面下的屋顶空间,室内高度常常足以添加夹层,可以将睡眠空间等无须经常出入的空间置于夹层上,而利用夹层下的空间增建厨卫设施。

如 1997—2002 年中挪合作《西安回民区保护项目》中,对西羊市 77 号院马祖望家进行的室内空间利用设计中,利用夹层空间解决居住面积不足的问题,将夹层空间作为卧室使用,高度在 2.4 m 左右,底层为 2.8 m 高的会客起居空间。由于底层起居空间面积较大,进一步的研究建议将厨房及卫生设施增建在卧室下的底层空间内。室内厨卫设施以模块的形式布置,室内预留给排水管道口,既提高厨卫设施使用的灵活性,同时减少对传统建筑的影响❶(图 3.7)。

3) 利用闲置空间增建

历史街区保护规划实施人口疏解后将会出现一定的闲置空间,或者有些街区居民家庭因子女成家

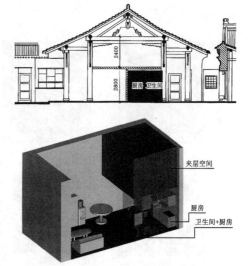

图 3.7 通过竖向空间细分增建厨卫空间

资料来源:毕景龙.西安鼓楼历史街区保护院落利用研究[D]:[硕士学位论文].西安:西安建筑科技大学,2004:80-82

---

❶ 毕景龙.西安鼓楼历史街区保护院落利用研究[D]:[硕士学位论文].西安:西安建筑科技大学,2004:80-82

迁出后其原有房间也成为事实上的闲置房间,这些闲置空间的出现为调整院落平面、增设厨卫空间带来了可能。在南方传统民居院落中,厢房一般进深很小,适宜改作厨卫空间。

如德国技术合作公司(GTZ)在扬州东关街某宅的改造更新方案中,第一步利用现状北侧住户西厢房的闲置房间进行改建,南北两住户各增加了一个私人卫生间。在远期迁出一户后,则利用闲置空间扩大厨房面积❶(图3.8)。

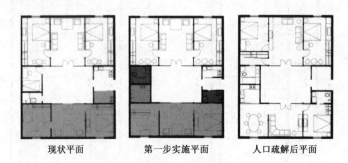

图 3.8 扬州东关街某宅利用闲置空间增建厨卫

资料来源:德国技术合作公司.生态城市规划与管理项目:扬州老城改造[Z].扬州:2005.

4)利用室外空间插建厨卫功能模块

历史街区传统建筑的院落空间,往往是居民自行搭建增加使用空间的处所。尽管这些违章搭建将在历史街区保护规划实施的过程中予以拆除,但它提供的利用室外空间的思路已经为建筑师所借鉴,即可在适当的室外空间中插入厨卫功能模块。

如1998年"2050年的白塔寺街区"中英学生设计竞赛第一名方案中,一些专门设计的"功能模块"被插入四合院角落的室外空间内,以提供居民所需的厨厕等空间❷(图3.9)。

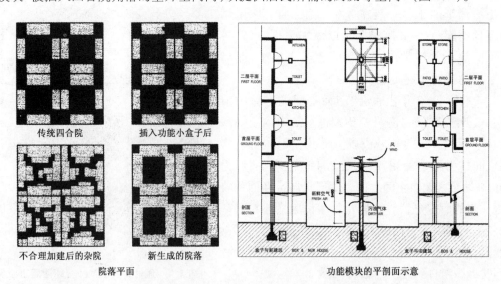

图 3.9 "2050年的白塔寺街区"中英学生设计竞赛第一名方案中的厨卫"功能模块"

资料来源:方可.当代北京旧城更新:调查·研究·探索[M].北京:中国建筑工业出版社,2000:254

---

❶ 德国技术合作公司.生态城市规划与管理项目:扬州老城改造[Z].扬州:2005
❷ 方可.当代北京旧城更新:调查·研究·探索[M].北京:中国建筑工业出版社,2000:254

类似的研究也应用在西羊市77号院落的厨卫空间增建中。卫生设施和厨房设施分别被设计成采用钢和磨砂玻璃的模块,在院落给排水管道施工时,在角落空间设置预留管以方便模块的安装,具有很高的灵活性❶(图3.10)。

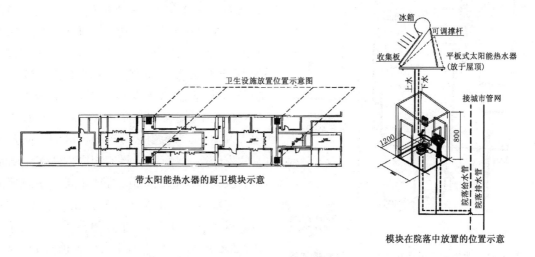

图3.10 西安西羊市77号院落的厨卫模块

资料来源:毕景龙.西安鼓楼历史街区保护院落利用研究[D]:[硕士学位论文].西安:西安建筑科技大学,2004:78-79

3.4 生活与消防给水机制研究

历史街区作为城市的局部区域,具有区别于城市一般地区的特征。一是历史街区的建筑以3层以下、小体量的居住和公共建筑为主,没有大型公共建筑和工业建筑,用水需求以生活用水为主,且没有过大过高的用水点。目前我国各城市给水事业发展迅速,历史街区外围城市道路的配水干管的水量和水压一般均可满足区内供水需求。历史街区现阶段存在的供水量不足、水质不好等问题的主要原因是街区内部供水管网形式、管径和管网材料不佳等造成。二是历史街区街巷空间狭窄,地下市政管位十分紧张,应该尽量减少给排水管道的数量。在给水方面,历史街区不考虑中水回用、分质供水系统,并应将生活用水和消防用水管网合并,以使给水管的数量最少。三是历史街区具有风貌保护的要求,在给水设施、管网的空间和形式上都要注意与历史肌理和风貌的协调。

3.4.1 历史街区给水管网形式和管径

1) 历史街区给水管网的形式选择

我国历史街区的规模一般相当于居住小区,给水水源接自周边城市管网。参照《居住小区给水排水设计规范》,历史街区内给水干管应布置成环网或与周边城市市政管网连成环网,小区支管和接户管可布置成枝状❷。为保证区内居民供水的安全性,尤其为保证消防用水的安全性,应结合街区道路整治将区内接有消火栓的给水干管联络成网,并至少有两处和周边市政

---

❶ 毕景龙.西安鼓楼历史街区保护院落利用研究[D]:[硕士学位论文].西安:西安建筑科技大学,2004:78-79
❷ CECS 57—1994.居住小区给水排水设计规范[S].1994

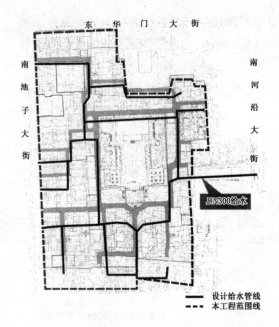

图 3.11 北京南池子历史文化街区给水规划图

资料来源：北京旧城历史文化保护区市政基础设施规划研究课题组. 北京旧城历史文化保护区市政基础设施规划研究[M]. 北京：中国建筑工业出版社，2006：93

管网相接，以保证消防用水的安全。

如北京南池子历史文化保护区，现状南池子大街有一根 DN 200 给水管，南河沿大街有一根 D 350 给水管。规划在南池子大街上铺设一根 DN 400 给水管。由于南池子大街两侧主要为 1~2 层的传统建筑，如按 35 m 红线宏观规划，会对街道尺度、空间和风貌造成较大影响，不宜扩建，故没有条件在该道路新敷设一根 DN 400 给水管或将现状 DN 200 给水管改建成 DN 400。考虑到普渡寺等街区的消防及供水的安全性，规划将瓷器库胡同内 DN 100 给水管改为 DN 300 管道，同时起到连通南河沿大街与南池子大街给水管的作用。这样，区内给水就有两个来源，一个是南池子大街的 DN 200 现状给水管，一个是南河沿大街的 DN 350 现状给水管❶（图 3.11）。

2）历史街区给水管径

历史街区给水管网的管径决定了给水的水量，区内现状管网水量和水压不足的情况主要是由有效给水管径不足造成的。居住小区内室外给水管道管径选择，一般依据《建筑给水排水设计规范》❷、《居住小区给水排水设计规范》等规范中居民用水定额、用水量等相关内容来确定。由于历史街区和居住小区一样给水管道管径一般较小，单靠水力计算表不容易确定管径，所以有学者提出可以参考《水工业工程设计手册·建筑和小区给水排水》❸中提出的界限流量表，并结合地方经验来确定。但由于界限流量的确定受管网、电费和用水规律等的影响较大，尚没有适用于特定历史街区的界限流量表，所以本节采用平均经济流速来确定经济管径❹。表 3.5 列出了经济管径、管段流量和可供给人数的对应关系，从中可知，D 200 的给水管可满足特大城市中 4 410~26 854 人的供水需求，即可满足绝大多数历史街区的供水需求（表 3.5）。

表 3.5 给水管径和历史街区服务人口对照表

管径 d(mm)	最大流速 (m/s)	平均经济流速 v(m/s)	最小秒流量 (L/s)	最大秒流量 (L/s)	最小日流量 (m³/d)	最大日流量 (m³/d)	服务人数 (人)
25	2.04	0.6	0.29	1	25	36	58~134
50	2.12	0.6	1.18	4.17	102	150	237~559
100	2.33	0.6	4.71	18.4	407	662	948~2 470

---

❶ 北京旧城历史文化保护区市政基础设施规划研究课题组. 北京旧城历史文化保护区市政基础设施规划研究[M]. 北京：中国建筑工业出版社，2006：93

❷ GB 50015—2003. 建筑给水排水设计规范[S]. 2003

❸ 聂梅生. 水工业工程设计手册——建筑和小区给水排水[M]. 北京：中国建筑工业出版社，2003

❹ 邢丽贞. 给排水管道设计与施工[M]. 北京：化学工业出版社，2004：51

续表 3.5

管径 d(mm)	最大流速 (m/s)	平均经济流速 v(m/s)	最小秒流量 (L/s)	最大秒流量 (L/s)	最小日流量 (m³/d)	最大日流量 (m³/d)	服务人数 (人)
200	2.69	0.7	21.9	83.3	1 892	7 197	4 410～26 854
300	2.71	0.8	56.5	192	4 881	16 588	10 445～61 895

资料来源：根据以下数据来源计算编制：

(1) 管段流量 = $d^2 \times \pi \times v/4$，$v$ 取最大流速时为最大流量，取平均经济流速时为最小流量

(2) 最大流速取值参照"给水管径快速计算表"，参见：http://co.163.com/forum/content/360_393254_1.htm

(3) 平均经济流速取值参照《给排水管道设计与施工》"平均经济流速表"

(4) 服务人数下限 = 最小日流量／特大城市人均综合用水量上限，服务人数上限 = 最大日流量／特大城市人均综合用水量上限

(5) 特大城市人均综合用水量(268－429) = 260－410(综合生活用水定额) + 4.7－9.41(人均市政道路用水) + 3.45－9.2(人均公共绿地用水)；综合生活用水定额按《室外给水设计规范》(GBJ 13—86)取 260～410 L/(人·天)；人均市政道路用水按《给排水管道设计与施工》取 1～2 L/(m²·天)，取南京市老城区人均道路面积约 4.7 m²，得 4.7～9.4 L/(人·天)；人均公共绿地用水按《给排水管道设计与施工》取 1.5～4.0 L/(m²·天)，取南京市老城区人均道路面积 2.3 m²，得用水 3.45～9.2

(6) 南京老城区人均绿地、道路面积数据来自：周岚,童本勤,苏则民,等.快速现代化进程中的南京老城保护与更新[M].南京：东南大学出版社,2004:27

3.4.2 历史街区的消防给水

1) 优先采用生活、消防合用管网

历史街区内的消防给水是保障历史街区消防安全必不可少的前提条件，一般包括室外消火栓给水和重要文物保护单位的室内消火栓给水。根据《建筑设计防火规范》第 8.1.4 条规定，建筑的低压室外消防给水系统可与生产、生活给水管道系统合并❶。由于历史街区地下空间紧张，增大管径显然比增加管线数量更加节约地下空间，所以历史街区内应优先采用生活、消防合用管网。

2) 合用管网的管径确定

根据《建筑设计防火规范》8.2.1 的要求，我国历史街区的一般规模人数小于 2.5 万人，面积小于 100 hm²，故同一时间内最大室外消防用水量为 1 次×15 L/s = 15 L/s。考虑到部分历史街区内尚有国家级文物保护单位等需要安装室内消火栓或喷淋系统，根据规范 8.5.2 规定，最大室内消防用水为 15 L/s❷，但文物保护单位属于历史街区范围内，故不同时计算室内和室外消防用水。根据表 3.5 复核，可知 D 200 以上的管径即可同时满足历史街区生活和消防供水的需求。所以，一般情况下，历史街区内设有消火栓的给水管管径应取 200 mm，最小不得小于 150 mm。

3) 因地制宜的其他消防水源

历史街区的消防给水的水源除了上文的市政给水外，在南方水镇型历史街区或有条件的其他历史街区，还可以利用历史街区内的河流、湖塘等天然水源和某些人工水景作为补充水源，此时应注意枯水季节和冬季冰冻的影响、取水口的水质控制和消防车或手抬式消防泵等的取水操作空间等问题❸，鉴于本书以城市历史街区为主要研究对象，故不展开讨论。

---

❶❷ GB 50016—2006.建筑设计防火规范[S].2006

❸ 王玉松,刘丽娟,李志平,等.非市政给水用作消防水源的探讨[J].给水排水,2002(10):56-58

3.4.3 历史街区现状给水管网改造

历史街区给水管网改造有两个目标,一是改善管网设施,以提高供水质量为目标;二是将某些室外露明、架空敷设改为地下敷设,以保护历史街区的传统风貌为目标。前者是本节讨论的内容,后者将在第3.6节进行讨论。

1) 扩大管径、干管成环

历史街区现状给水管网改造首先要扩大管径以满足街区生活和消防用水量的需求,同时应将枝状管网改造为环状管网以满足供水安全性的需求。为节约起见,管网改造可以先行改造街区主干管和设有消火栓的给水干管。主干管管径应在200 mm以上,并应和周边市政管网有两个以上的接口;干管管径不得小于150 mm,并应和主干管、市政管网连成环状。对不设消火栓的支管和接户管可以继续保留使用。

2) 更换管材和破损管段

历史街区内因管网陈旧,大多数给水管的管材为目前已经禁止使用的灰口铸铁管,即使在1980年代后更新的管材也主要为目前正在淘汰的镀锌钢管。管材不良造成了爆管、管漏和水质差等历史街区供水的种种问题,所以应更换为球墨铸铁或高分子塑料管道。考虑到历史街区内给水管径较小(一般为200 mm以下),且地下空间复杂,应主要采用经济性和灵活性好的高分子塑料管材。

一般情况下,给水管道的更换可结合道路和其他管线改造时一起开挖换管。但考虑到历史街区内的旧管数量庞大,还有许多管道位于历史建筑基础内或墙内而不便开挖更新,所以不开挖管道更新或维修技术也是历史街区的使用技术。在对供水能力进行复核后,根据所需输水能力的不同,可以采用如表3.6中的胀破旧管、牵引换管、滑衬软管、内插小口径管等多种方式进行不开挖更新❶(表3.6)。

表3.6 管线更新方法比较

序号	更新改造方法	输水能力变化
1	改敷较大口径管道	可增大输水能力<20%
2	开挖更换新管	恢复原管输水能力
3	胀破旧管	可增大输水能力<20%
4	牵引换管	可保持原管输水能力的95%
5	水泥砂浆衬里(包括刮垢)	可恢复
6	滑衬软管	
7	内插较小口径管	输水能力下降较多

资料来源:王萍,邱文心,殷先亚.供水管网旧管改造依据的探讨[J].给水排水,2004(12):26-29

对于街区内80年代以后埋设的镀锌钢管,因其数量较多,对不需重新敷设的旧管可以采取日本等国发明的AS/AR技术,先以高速气流混合铁砂通入旧管中研磨内管,称Air Sand,再以高速气流混合环氧树脂涂料涂衬,即Air Refresh。此外还有真空气流清洗涂衬技术(VACL,Vacuum Air Cleaning Lining),其与AS/AR技术的主要区别在于采用真空机来形成

---

❶ 王萍,邱文心,殷先亚.供水管网旧管改造依据的探讨[J].给水排水,2004(12):26-29

负压操作的气流,不会因管线有薄弱点而造成高压气体冲出等不安全因素,对历史街区较旧的管线能够适用。真空气流还具有所需机具少、功率小的优点,因此也更为节能❶。

3) 入户管线、水表改造

历史街区内普遍存在着供水管网只在院落内设一个出水口而没有到户,各户自行接管入户,管线零乱等问题。历史街区的管网改造应该结合人口疏解和建筑整治对院落内的接户管进行整治,满足各户用水便利和风貌保护的双重要求(图 3.12)。需要指出的是,历史建筑内的管线敷设应随平面形状屈曲延伸,不应为追求短捷而在历史墙体上钻孔穿管。

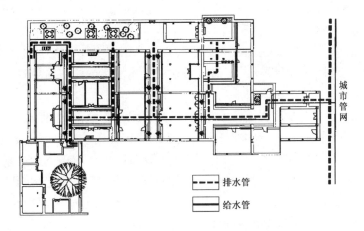

图 3.12 西安北院门 144 号院落给排水改造平面

资料来源:毕景龙.西安鼓楼历史街区保护院落利用研究[D]:[硕士学位论文].西安:西安建筑科技大学,2004:60

在水表改造方面,在有群众基础的地区可以实行"一户一表"改造。但水表出户会对街巷或庭院景观造成影响,尤其是一户一表制后,院落内多户水表全部设于院落入口或院外街巷处,不但可能影响街巷和建筑景观,在管网造价上也较不经济(图 3.13)。所以历史街区内不宜因考虑抄表方便而强制推行一户一表和水表集中出户,可以将水表分散置于户外院落空间内检修方便且无碍景观的适当位置,或者在水表集中出户后,加罩经过专门设计、与街区风貌协调的箱柜,由各市政公司或街区物业管理部门负责启闭。

历史街区几十年来的户内安装水表、院内居民轮流上门抄表的传统形式仍然可以延续。既减轻市政抄表的工作量,又不影响历史建筑的外观风貌,还有利于街区传统邻里关系和社会结构的保持。此外,目前部分新建小区采用的远程抄表技术,在技术进一步发展和成本下降后,亦可应用于历史街区内的水表改造。

图 3.13 深圳大鹏所城水表出户,集中安装于历史建筑的山墙上

---

❶ 沈之基.建筑物内给水管的翻新技术[J].给水排水,2003(03):81-83

3.5 多元化的排水体系

3.5.1 历史街区排水量特点

历史街区排水规划的首要任务是确定排水量,包括污水量和雨水量。我国历史街区的污水主要为居民生活污水和少量的公共设施污水,在保护规划确定历史街区的人口和建筑、用地功能后,都有一定的规范和计算方法可以测算,或可根据街区用水定额的 80%～90% 取值。需要指出的是,由于历史街区内建筑多有院落,院落地面多为吸水性较好的土或砖石地面,有的还有一定数量的草地树木,加上街区居民普遍有将洗涤废水泼洒在院内、浇灌花草的习惯,所以相较于一般城市居住区,历史街区的排水相对于用水定额的取值可略低,建议取定额的 75%～80%。

在雨水量方面,各地的暴雨强度各不相同,汇流面积也因地而异,但在径流系数和重现期的计算取值上,历史街区有其一定的特殊性。因为历史街区内院落和传统街道的砖石铺地透水性良好,院落内多有绿化和土地面,加上许多历史建筑院内都有雨水沟渠系统,沟渠本身具有透水性可向地下渗流,有些沟渠系统还有专门的雨水渗井,所以历史街区内的雨水径流系数可以取较低值。规划重现期的取值关系到街区管网的经济性,鉴于历史街区地下空间和管位的紧张,在当地许可的范围内,应尽量取较低的规划重现期,以减小雨水管的计算管径,从而为其他管线的安排提供便利。

3.5.2 历史街区排水制度

城市排水制度有两种基本类型:分流制和合流制。从环境保护、防止水体污染方面考虑,分流制比合流制好,但合流制建设费用较少,所以我国 1949 年以来新建城市和旧城市的新建区一般都采用分流制,而绝大多数的旧城和历史街区目前仍为合流制。尽管雨污分流是未来发展的方向,但对历史街区而言,由于街巷宽度的限制,一般情况难以满足污水管、雨水管同时埋地敷设的空间要求,所以历史街区适用《城市排水工程规划规范》第 2.2.4 条的规定,宜采用截流式合流制❶。

截流式合流制是在合流管排入雨水干线前设截流井。目前截流井的形式是在检查井内设置截流槽,并另设截流管将截流槽与污水干线接顺(图 3.14)。截流槽低于合流管的管底,保证非雨天时,污水全部截留入污水干线内。在雨天时,超过截流倍数的合流污水通过雨水干线排入水体,其污染物已被稀释了❷(图 3.15)。

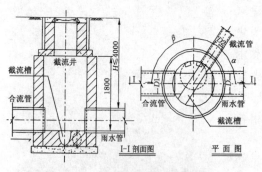

图 3.14 污水截流井示意图

资料来源:北京旧城历史文化保护区市政基础设施规划研究课题组.北京旧城历史文化保护区市政基础设施规划研究[M].北京:中国建筑工业出版社,2006:47

---

❶ GB 50318—2000.城市排水工程规划规范[S].2000
❷ 北京旧城历史文化保护区市政基础设施规划研究课题组.北京旧城历史文化保护区市政基础设施规划研究[M].北京:中国建筑工业出版社,2006:16,47

相对城市而言,历史街区的面积非常小,所以在历史街区实行局部的截流式合流制不会对城市污水管网和污水处理厂产生太大的影响。如北京 30 片历史文化保护区市政的基础设施规划中,通过研究确定 6 m 以下胡同原则上可以采用合流制管道排水,经统计 30 片街区中共计 327 hm² 用地采用合流制,占总用地面积的 29%,占其所属的高碑店污水处理厂流域面积的 2.9%。因此,在 30 片内局部地区采用合流制排水体制,对北京市区、高碑店污水处理厂流域的影响是非常小的[1]。

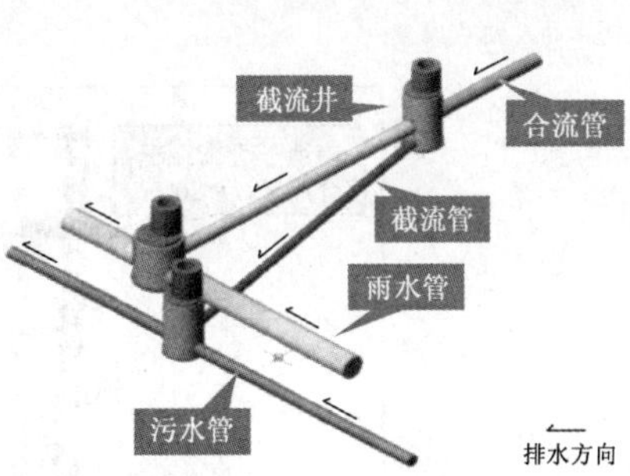

图 3.15 污水合流系统截流示意图

资料来源:北京旧城历史文化保护区市政基础设施规划研究课题组.北京旧城历史文化保护区市政基础设施规划研究[M].北京:中国建筑工业出版社,2006:16

3.5.3 借鉴传统的多元化雨水排除方式

在我国大多数历史街区中,都有着较为成熟的、传统的雨水排除体系,但随着时代变迁和排水技术主流的变化,绝大多数已经消失了,只有少数的历史街区还有相对完整的排水体系遗存,有的至今仍在发挥作用。一方面,这些保存较好的传统排水体制本身就是历史街区文化价值的一部分,应该受到保护、展示和借鉴。另一方面,城市雨水量变化幅度大且管径大,而污水量较为稳定且管径小,所以如果通过借鉴传统的雨水排除方式可以取消埋地雨水管或减小埋地合流管的管径,以节约地下空间。

1) 地面径流

在城市排水中,雨降落到地面后,部分雨水沿地面的自然坡度形成地面径流进入附近的河流湖泊或边沟、明渠、管道等人工雨水收集设施。我国古代城市大多利用地面自然坡度排水,以地面径流的方式将雨水排入就近水体,而不需设置排水管道。在历史街区街巷宽度不足以布置所需计算口径的雨水管,且地面具有一定的坡度时,局部可以采用地面径流的方式将雨水排入下游的雨水管或河湖水体。历史街区局部采用地面径流而取消雨水管,不但可以保护街巷尺度、节约管线投资,而且在地面径流过程的直接蒸发、植物截留、渗入地下、填充洼地会消耗部分雨水,所以可减小下游的管道管径。

如北京南池子历史街区采用雨污分流制,由于局部街巷狭窄而市政管线众多,为节约地下水平空间,利用地势和道路竖向设计组织地面径流排除雨水,从而取消该段雨水管,不但极大地节约了资金,而且保证了其他管线的敷设空间[2](图 3.16)。

再如北京陟山门街修建性详细规划中,排水体制采用雨污合流制,每个院落的雨污水汇入胡同下埋设的合流管中。但由于胡同较为窄小,圆景胡同宽度只有 2.7 m,陟山门街最窄处也只有 6 m 左右,管线路由十分紧张。考虑到规划范围较小且排水条件较好,规划胡同雨水通过地面径流汇到陟山门街,陟山门街也不设雨水口而直接通过地面径流排到景山西街的合流干管,从而有效地减少了区内合流管的管径[3](图 3.17)。

---

[1][2] 北京旧城历史文化保护区市政基础设施规划研究课题组.北京旧城历史文化保护区市政基础设施规划研究[M].北京:中国建筑工业出版社,2006:30;92

[3] 中国城市规划设计研究院,沈阳市城市规划设计研究院.城市规划资料集(十一)工程规划[M].北京:中国建筑工业出版社,2005:78-79

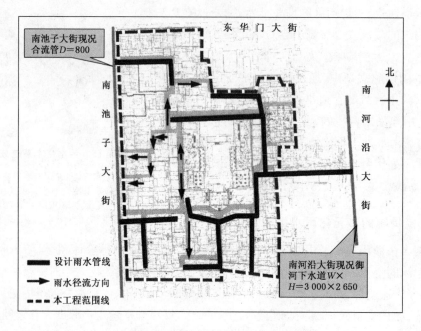

图 3.16 北京南池子历史街区雨水系统图

资料来源:北京旧城历史文化保护区市政基础设施规划研究课题组.北京旧城历史文化保护区市政基础设施规划研究[M].北京:中国建筑工业出版社,2006:92

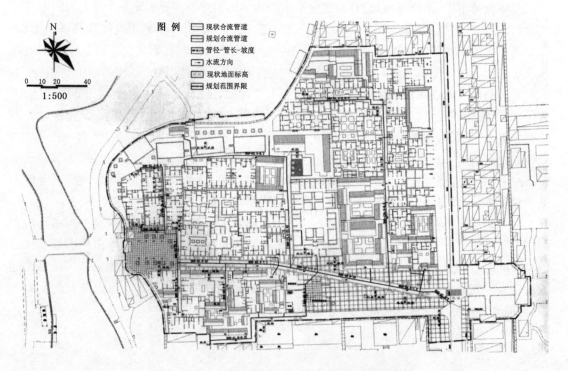

图 3.17 北京景山西片陟山门街雨水工程规划图

资料来源:中国城市规划设计研究院,沈阳市城市规划设计研究院.城市规划资料集(十一)工程规划[M].北京:中国建筑工业出版社,2005:78-79

2) 明渠边沟排水

边沟排水是我国传统的排水方式,它利用道路的横坡将雨水通过地面径流汇到道路的边沟内,当道路有纵坡时可采用等截面边沟随道路纵坡敷设,当道路无纵坡,应在边沟底设纵坡排除雨水。边沟排水是一种有组织排水,不但可替代雨水管道,而且比地面径流更有利于雨天的路面行走,对于难以敷设常规雨水管道的历史街区具有很好的适应性。边沟可以分为明渠边沟或暗渠(盖板)边沟,根据构造方式还可分为砌筑边沟和预制装配式边沟等多种形式(图3.18),可根据历史街区的具体情况灵活选用,尤其应与区内传统的排水机制相协调。如城市型、商业性的历史街道传统上多采用排水暗渠以利行人通行,而某些山地型历史街区常采用明渠边沟的形式以利于山洪暴雨的宣泄。

图 3.18　预制装配式边沟产品示例图

资料来源:北京旧城历史文化保护区市政基础设施规划研究课题组.北京旧城历史文化保护区市政基础设施规划研究[M].北京:中国建筑工业出版社,2006:15

如深圳大鹏所城是国家历史文化名村、全国重点文物保护单位,作为海防军事要塞,其排水利用城内地形高差大的优势,在街道一边设明沟排水入护城河,十分适宜南方多雨气候,沿街居民在明沟上搭两块青石板出入宅门,形成了一种传统景观特色(图3.19)。在2005年《全国重点文物保护单位大鹏所城保护规划》中,将这一明沟排水体系列入整体环境保护的重要内容,并建议市政设计单位继续沿用现有边沟系统排除雨水,地下仅敷设污水管道,采用传统方式实现了雨污分流,并为其他管线节约了管位❶(图3.20)。但遗憾的是,由于提前施工等种种原因,这一合理的规划要求最终未能实施。

3) 街巷排水暗渠

图 3.19　深圳大鹏所城传统明沟系统图

暗渠或方沟排水也是我国传统的排水方式之一。如扬州古城区主要街巷均有砖砌下水道,雨水通过条石盖板缝隙自然流淌沟内;也有少数巷道在条石盖板上铺层泥土再铺条石路面,雨水污水通过道路两侧雨水井流入沟内❷,后者和现代的雨水管道系统已经十分接近。在历史街区的排水规划中,一方面应充分利用现存的传统暗渠或方沟组织排水,另一方面可以借鉴方沟排水的方式,结合地面铺装设置地下雨水综合管沟。

---

❶　东南大学建筑设计研究院.全国重点文物保护单位深圳大鹏所城保护规划[Z].2006
❷　扬州城乡建设志编审委员会.扬州城乡建设志[M].合肥:黄山书社,1993:56

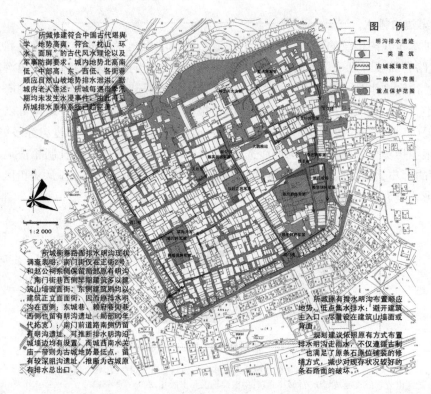

图 3.20 深圳大鹏所城明沟排水系统分析图

资料来源：东南大学建筑设计研究院.全国重点文物保护单位深圳大鹏所城保护规划[Z].2006

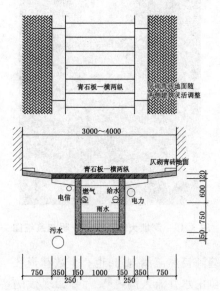

图 3.21 扬州东关街借鉴传统方沟排水的雨水综合管沟

资料来源：东南大学建筑设计研究院.扬州东关街及东关历史街区重点地段保护规划(中期成果)[Z].2007

如扬州东关历史街区保护规划方案中(规划进行中，尚未完成和实施)，借鉴原有道路方沟和地面铺装方式，设混凝土地下雨水方沟，底部是雨水，沟内中部架设给水管和燃气管，沟上方设钢筋混凝土梁，梁上铺设传统形式的青石板路面，沟外两侧利用悬挑盖板下的空间分别敷设浅埋的电力电信线缆，污水管道因埋设较深而单独设置❶(图 3.21)。

4)透水地面和自渗排水

在地下土层透水性良好的历史街区中，在一些支巷、小巷以及距河道较远的内部街巷，往往通过砖砌窨井将雨水渗入地下。在传统的街道和庭院地面、砖砌方沟、暗渠有组织排水的同时，地面和砌筑材料本身的透水性又减少了排水量，较少出现由于排水不畅而使街巷受淹情况。现代城市中的地面铺装黏结层往往采用水泥、沥青等不透水材料，不但加大了城市排水量，而且因降水不能渗入地下造成地下水枯竭、河湖水位下降等诸多的生态问题。

---

❶ 东南大学建筑设计研究院.扬州东关街及东关历史街区重点地段保护规划(中期成果)[Z].2007

所以,历史街区内的地面铺装应尽量选用传统的砖、石、土等透水性材料,采用传统的或现代的透水铺砌方式(图3.22),以减小雨水管道的管径并在某种程度上促进传统生态环境的保持❶。如地下土层透水性良好,也可仿照地下暗沟下渗方式,利用雨水管在排水的过程中渗透一部分雨水。渗透式雨水管的原理是通过在管底开小孔将雨水渗透回补地下,考虑到暴雨初期的地面径流污染较为严重,不宜渗入地下,故管壁最低孔口距管底应有一定高度,由φ角的大小进行调节控制❷(图3.23)。

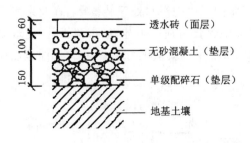

图3.22 现代透水铺装做法示例

资料来源:丁跃元,侯立柱,张书函.基于透水砖铺装系统的城市雨水利用[J].北京水务,2006,(06):1-4

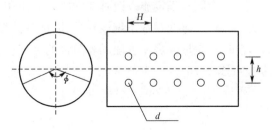

图3.23 管壁加小孔的渗透式雨水管

资料来源:黄凯.城市市政道路有组织排水与雨水利用[J].甘肃科技,2006,22(01):127-128.

3.5.4 适应性的排污方式

在城市污水管网收集系统未完善以前,化粪池是我国城市普遍使用的粪便污水预处理设备。新鲜粪便污水的排放一般先进入化粪池(即厌氧生物发酵池),化粪池对粪便中大量的有机污染物和致病微生物进行厌氧发酵,降解为粪渣和粪液,粪渣沉淀后定期清除,粪液内污染物少,可以直接排入污水管网。

我国绝大多数历史街区都具有建筑密度大的特点,而化粪池一般体积较大且需要较大的安装空间。如供3~5人使用的2.2 m³典型三格式砖砌无害化粪池的基坑尺寸为2 900 mm×1 400 mm×1 050 mm。根据《建筑给水排水设计规范》第4.8.5条规定,化粪池外壁距离建筑物外墙不宜小于5 m,且不得影响建筑物基础❸,加上部分街巷宽度无法满足一般环卫吸粪车通行,所以许多历史街区没有足够的空间安装常规化粪池,区内只有少数房屋或院落建了化粪池,大量污水粪便未经处理直接排入河湖水体,严重污染街区环境❹。

为了改善历史街区的排污和环境状况,适应历史街区特点的新型化粪池、抽粪车和完全取消化粪池的污水直排是两个主要的发展方向,而借鉴传统的人工污水收集体系仅适用于少数极端情况。

1) 新型化粪池

在新型化粪池方面,目前国内已经有一些新型环保化粪池和微型污水处理装置的生产厂家。这类产品的主要特点为:①采用细菌分解有机物的方法与设备,将粪便转化为清水,达

---

❶ 丁跃元,侯立柱,张书函.基于透水砖铺装系统的城市雨水利用[J].北京水务,2006,(06):1-4
❷ 黄凯.城市市政道路有组织排水与雨水利用[J].甘肃科技,2006,22(01):127-128
❸ GB 50015—2003.建筑给水排水设计规范[S].2003
❹ 袁媛.我国旧城居住区更新中的城市基础设施建设研究[D]:[硕士学位论文].上海:同济大学,2002:22-23

到控制污染的效果;②清淘周期长,可视情况3~5年抽一次;③体积小,规格为1 200 mm×1 200 mm×1 100 mm 的环保化粪池每天可处理15人的粪便;④采用整体式玻璃钢或塑胶结构,无渗漏、异味等问题,因此可以在院落内部安装❶(图3.24)。在环卫车辆方面,亦有新型的体型小巧的环卫车辆,其抽粪管道长度可以达到30~40 m。因此,通过采用新型设备和技术,在历史街区的院落或建筑内设置化粪池是完全可行的。

如绍兴市红旗路历史街区道路过于狭窄,最宽处2.8 m,最窄处仅0.66 m,无法敷设污水支管,因此,街区基础设施改造时在国内率先采用了微型无动力污水处理装置❷。在北京南池子历史文化保护区的污水系统设计中,因街巷狭窄无法设置普通化粪池,经市政设计、建筑设计、管理单位、东城区房屋管理局等单位的共同协商,最后采用新型化粪池,并将化粪池埋设在院落内❸(图3.25)。

图3.24 PE塑钢预铸环保化粪池,尺寸 1 140 mm×1 060 mm×1 100 mm

资料来源:固得耐环保设备有限公司产品网页 http://www.goodnice.cn/product_list.asp?id=133

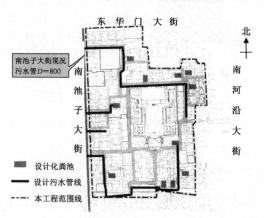

图3.25 北京南池子历史文化保护区污水系统设计图

资料来源:北京旧城历史文化保护区市政基础设施规划研究课题组. 北京旧城历史文化保护区市政基础设施规划研究[M]. 北京:中国建筑工业出版社,2006:93

2) 污水直排

当城市污水管网和处理设施较为完善时,历史街区可以取消化粪池以节约空间,粪便污水直接由院落污水管排入城市污水管网。国外发达国家的城市大都不设化粪池,而是依靠完善的污水收排管网系统收集,最后汇入污水处理站,经综合处理后达标排放。在我国大中城市污水处理厂的运营中,目前普遍存在的问题是实际污水处理量和肥料等资源化产品的生产量远远不足。这一方面的原因是污水收集管网不足、总量少,另一方面的重要原因是大多数经过化粪池处理后排入污水管网的污水中有机物含量很低,资源化利用的产出就低。

随着我国城市污水管网的不断发展完善,取消化粪池的污水直排系统已经成为发展的趋势。

---

❶ 河南奥德曼环保工程有限公司. 新型无动力生物污水处理装置与老式化粪池[EB/OL]. http://www.cctvep.com/product/product5844.htm,2007-9-9. 另参见:北京旧城历史文化保护区市政基础设施规划研究课题组. 北京旧城历史文化保护区市政基础设施规划研究[M]. 北京:中国建筑工业出版社,2006:92

❷ 袁媛. 我国旧城居住区更新中的城市基础设施建设研究[D]:[硕士学位论文]. 上海:同济大学,2002:38

❸ 北京旧城历史文化保护区市政基础设施规划研究课题组. 北京旧城历史文化保护区市政基础设施规划研究[M]. 北京:中国建筑工业出版社,2006:92

在广州等污水管网建设较为发达的地区,也已在全面开展截污工程建设的同时,开始逐步取消化粪池。取消化粪池可以减少因化粪池渗漏、溢流等原因对地下水和地表水的污染,改善卫生环境,同时有利于城市污水处理厂的正常生产运营❶。所以,在历史街区周边道路设有污水干管且容量足够的情况下,可以结合区内居民卫生设施和排污管网的改造、建设,逐步实现由居民水冲式卫生洁具排入院落污水管,由院落污水管汇入街巷污水管网,再经城市污水干管后最终进入城市污水处理厂的污水直排体系,从而取消街区内化粪池,解放院落地下空间,净化街区环境。

3) 污水收集和生态排污

传统的粪便和食物废水(泔水)收集方式在我国一般城市只延续到 80 年代初期,但在少数边远城镇至今仍然存在。在水资源紧缺、无法普遍使用水冲式卫生设备的极少数历史街区,不可能利用管道系统排污,传统的人工倾倒、收集、储存和清掏就成为必然的方式。这种方式不污染地下水,且转运后用于农业和家畜饲养,具有十分明显的生态优势。因此,各种对传统排污方式进行卫生改进的生态卫生体系已经成为众多国际机构的研究和推广重点。这些生态卫生系统的共同特点是不依赖长距离管道排污,而是基于分类收集、无害化处理、转运堆肥等生态化污水处理方式,可适用于无条件敷设管道的旧城拥挤地区或严重缺水地区。瑞典国际发展合作署编写的《生态卫生——原则、方法和应用》一书对生态卫生系统的理论和世界各地的实践案例作了较为全面的研究,其中包括我国鄂尔多斯、广西田阳县等地的生态卫生系统实践案例❷(图 3.26)。此外,1998 年联合国开发署与世界银行向世界各国推荐的哥伦比亚 ASAS 系统和巴西"共同卫生系统"❸,是两种以社区为单位,合理利用"低技术"(Low-Tech)手段建设独立的污水收集和处理系统的适用技术,可以低成本地为无城市污水管道系统的地区改善基础设施条件。因本文的研究对象主要是城镇历史街区,绝大多数都已有或即将建设污水管道系统,故对此仅备一说而不深入介绍。

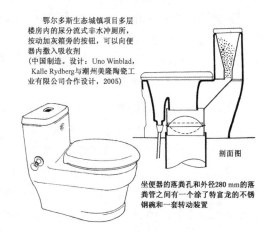

图 3.26 鄂尔多斯生态城镇的尿分流式非水冲厕所

资料来源:[瑞典]雨诺·温布拉特,梅林·辛普生-赫勃特.生态卫生——原则、方法和应用[M].朱强,肖钧,译.北京:中国建筑工业出版社,2006:114

3.6 给排水管线适应性技术

3.6.1 节约地下空间的新材料、新设备

1) 采用新型管材减少管径、埋深和检查井数量

在给水、排水量一定的情况下,采用 UPVC 等各类新型塑料管材可以起到减少管径、埋深和

---

❶ 王丽凤,陈伟秋,卢绍琨.广州逐步取消化粪池[N].信息时报,2005-9-1

❷ [瑞典]雨诺·温布拉特,梅林·辛普生-赫勃特.生态卫生——原则、方法和应用[M].朱强,肖钧,译.北京:中国建筑工业出版社,2006

❸ 方可.当代北京旧城更新:调查·研究·探索[M].北京:中国建筑工业出版社,2000:254-256

检查井数量的作用。塑料管具有质量轻、耐腐蚀、水流阻力小、节约能源、安装简便迅速、造价较低(管径 600 mm 以下)等显著优势,在材料性能、施工方法、寿命周期成本上都优于传统管材。

对历史街区而言,塑料管材的适用性突出表现在以下几个方面:①高强耐腐,大大降低渗漏的可能性,从而可以适当缩小管线间距、节约空间。②管材长度远远大于传统管材,有的塑料管还可以用卷盘施工,大大减少管线接头,在提高安全性的同时还能减少所需检查井数量,节约地下空间,并有利于历史街区地面整洁。③外径小、摩阻系数小、流速快、沉泥量少,不仅减少了人工掏挖疏通、养护次数和费用,更可以减小排水管道的管径和埋深,尤其适用于历史街区空间狭窄的特点。④在历史街区的给排水设计中,管道的管径一般均≤600 mm,塑料管材的经济性明显优于传统管材。所以,历史街区在给排水管网改造中,应逐步将现有管道、尤其是街巷干管更换为塑料管道。

2) 非标准检查井

检查井、阀门井等给排水管道附件的井室尺寸在很大程度上决定了管线之间的间距,当历史街区街巷地下空间不足时,可以采用非标准检查井和塑料检查井等新型检查井。

非标准检查井是在常规圆形检查井(如雨水井 PT02—Y01—Y08,污水井 PT03—Y01—Y08)的基础上,通过非标准设计适当减小检查井的外形尺寸,为综合安排其他管线创造条件。如在北京历史文化保护区的市政技术标准研究中,即从缩小井室内径尺寸和井墙结构厚度两方面入手设计非标准井室。

在井室内径尺寸方面,可根据管道埋深适当缩减。当排水管道顶覆土≤0.7 m(或管道埋深≤1 m)且下游管道管径≤400 mm 时,可采用 φ700 圆形检查井;但当埋深≥0.7 m(或管底埋深≥1 m)或下游管道管径≥400 mm 时,宜按标准图集选用 φ900 或更大的圆形检查井。非标准检查井还可采用长方形或椭圆形井型以缩减一个方向的尺度,长方形或椭圆形井室的长边或长轴为顺水流方向,长度宜≥900 mm,垂直水流方向为短边或短轴,长度宜≥700 mm,针对有带水维修要求的污水管,必须要求支户线顶平接入,不得跌落接入❶(图 3.27)。

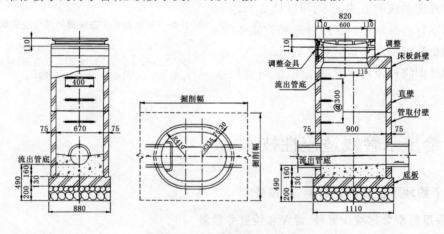

图 3.27 椭圆形检查井示意图

资料来源:北京旧城历史文化保护区市政基础设施规划研究课题组.北京旧城历史文化保护区市政基础设施规划研究[M].北京:中国建筑工业出版社,2006:45

---

❶ 北京旧城历史文化保护区市政基础设施规划研究课题组.北京旧城历史文化保护区市政基础设施规划研究[M].北京:中国建筑工业出版社,2006:45

在井壁厚度上,可以用钢筋混凝土结构代替传统标准图的砖砌体结构,从而减少井壁的厚度(尺寸根据具体工程情况由结构计算确定)。钢筋混凝土检查井还可分为现浇和预制两种,非标准设计中的长方形检查井适合现浇混凝土施工,而椭圆形检查井适合预制装配的施工方式。其他如钢、玻璃钢、塑料等新型井壁材料则可进一步缩小井壁厚度。

3) 新型塑料检查井

新型塑料检查井已经是较为成熟的排水产品,目前国家建设部已颁布了《建筑小区用塑料排水检查井》行业标准❶。塑料检查井和塑料管道配套使用,相较于传统砖砌检查井,排水用塑料检查井有以下优点:①解决了原来传统砖砌检查井的渗漏、泄漏问题;②不需人员下井作业,可避免作业人员沼气中毒;③大大加快了施工速度,缩小了施工作业面积,缩短了整个工程施工周期;④综合成本低;⑤可循环利用;⑥更易疏通处理,维修费用低;⑦节约宝贵的黏土资源,节约能源❷。

对于历史街区而言,塑料排水检查井最突出的优势就是无须下井作业,因而管径小,节约地下空间。常用塑料检查井适用于污水管道管径不大于 315 mm,雨水管道管径不大于 800 mm 的排水检查井。污水管道为 315 mm 时,直通检查井室尺寸仅为 450 mm,远远小于普通检查井的尺寸,因而适宜在历史街区的排水系统中进行推广(图 3.28)。

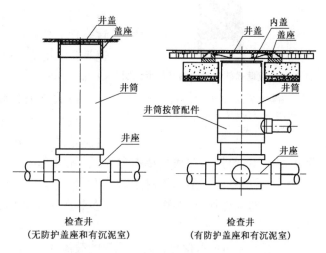

图 3.28 新型塑料检查井构成示意图

资料来源:周敏伟,周佰兴.浅议建筑小区排水用塑料检查井的应用[J].给水排水动态,2006(12):9-10

4) 直埋式阀门等新型管道附件

一般城市给排水工程中,闸阀、用户连接阀、空气阀、排气阀等各类阀门、地下消火栓等管道附件都要砌筑井室以方便控制和检修,不但要求较大的管线间距,而且使得地面井盖星罗棋布,破坏传统地面的完整性,对于历史街区的景观影响较大。近年来,免维修、产品质量较好的新型闸门不断出现,特别是直埋式阀门技术的成熟已经可以解决历史街区井盖遍地的问题。

直埋式软密封闸阀是建设部《建设事业"十一五"技术公告》❸推广应用项目,由专门设计的软密封闸阀、加长杆、阀盒等部件组成,直接埋覆于地下,操作者在地面上使用 T 形开关工具即可操作阀门。目前该产品已有塑料和金属管两大系列,规格齐全,《给水排水用直埋式闸阀》城镇建设产品行业标准已经实施❹。

---

❶ CJ/T233—2006.建筑小区排水用塑料检查井[S].2006
❷ 周敏伟,周佰兴.浅议建筑小区排水用塑料检查井的应用[J].给水排水动态,2006(12):9-10
❸ 中华人民共和国建设部公告第 659 号.建设部关于发布建设事业"十一五"推广应用和限制禁止使用技术(第一批)的公告.附件 1:建设事业"十一五"推广应用和限制禁止使用技术(第一批)推广应用技术部分.2007-6-14
❹ 国家工程建设标准化信息网.城镇建设产品行业标准《给排水用直埋式闸阀》召开(送审稿)审查会[EB/OL]. http://www.ccsn.gov.cn/Norm/bzgl/ViewInfo.aspx? ID=2918,.2007-10-2

图 3.29　直埋式软密封闸阀产品示例图

资料来源：郑州市晨光管道设备有限公司 http://www.chenguang168.com/display.asp?id=84

对历史街区而言，其突出的优点在于直接埋设不设阀门井，体积小节约地下空间，建设时减小路面开挖面积，建成后可 30 年免维护。直埋式闸阀在路面上的井盖直径仅为 200 mm，且阀杆长短可以调节，适合不同冻土层厚度的寒带地区❶（图 3.29）。

3.6.2　节约地下空间的管道敷设技术

为适应历史街区狭窄的街巷地下空间，给排水管道的敷设应尽量节约地下空间，主要措施包括减少地下敷设的管线种类和数量，在敷设路由上尽量共用路由或者利用河道等不占街道空间的特殊路由，在施工方式上采用柔性接口、砂基础以减少工程占地，本节主要讨论前两个方面。

1）减少管线种类和数量

减少给排水管网设施所占地下空间，最直接有效的措施是减少给排水管线的种类和数量。在我国目前的历史街区中，给排水管线主要有给水管、雨水管和污水管三种，不考虑热水给水、直饮水给水、中水回用系统。给水管对于现代生活质量具有不可替代的重要性，在所有市政管线中具有最高的优先性，而污水管在绝大多数历史街区中也必不可少，可能减少的管线种类只有雨水管。

将雨水管和污水管合并为合流管的截流式合流制是十分适合历史街区的排水机制。在有地形条件的历史街区，也可以通过地面径流、边沟、明渠等多种形式排除雨水，而不必敷设雨水管道，相关具体方法前文已经述及，此处不赘述。在数量方面，以区内自足为原则，不考虑城市其他过路给排水管道的穿越，故给水管和雨污合流管各一路是历史街区最经济适宜的给排水方式。

2）共用敷设路由

在管道数量和管径一定情况下，共用路由可以大大减少对地下空间的占用。共用路由最彻底的方式是本书第 7 章介绍的管线共同沟技术，而在直埋敷设时，雨水和污水管道由于性质相近也可以共用路由。如对于雨污必须分流的历史街区，在其中道路宽度有限的局部地段，可以将雨污水检查井放置在同一路由上，使投影方向的雨污水管外结构净尺寸减少到最小，竖向高程上雨污水管结构相错开，以满足支户线接入的交叉要求。污水置于下方，雨污水检查井错开布设，污水检查井中套有雨水管。共用路由带来了在受力和渗漏时的相互影响，所以雨污水管道需保证结构安全，可采用强度高、管道外径小且抗腐蚀的高分子聚合材质的管材（如 UP-VC 等）❷（图 3.30）。

3）利用河道作为敷设路由

在地势平坦的江南水乡型历史街区，如果完全采用重力流排水，考虑到成本控制，污水泵

---

❶　郑州市晨光管道设备有限公司. 直埋式软密封闸阀[EB/OL]. http://www.chenguang168.com/display.asp?id=84. 2007-9-30

❷　北京旧城历史文化保护区市政基础设施规划研究课题组. 北京旧城历史文化保护区市政基础设施规划研究[M]. 北京：中国建筑工业出版社，2006：14，45

站的数量不能过多,则污水管道埋深会过大,可能影响到两侧古建筑地基的牢固性。此时利用当地纵横交错的河道空间敷设污水干管,就成为一种富有创意的利用地下空间(包括道路空间和河道空间)的形式,既解决了埋深问题,又给道路下留有足够的空间和管位。需要注意的是,水下管道一旦渗漏会直接污染水体,所以应采用抗渗性能好的塑料管道并严格控制施工质量,不宜采用混凝土排水管道。通航河道还要注意设置防撞安全标志。

如周庄污水处理第一期工程的 1 500 m 主干管全部敷设于主要河道:南北市河、后港河和中市街河内。这种污水管网的敷设方式是国内首创,为类似历史街区提供了宝贵的经验和教训。如为了降低检修难度,采用"之"字形的污水收集主干管,在"之"字的节点上布置检查井和污水泵站(图 3.31)。但存在的问题是增加了主干管的长度,加大了施工维修的难度。如在施工围堰抽水时,驳岸由于失去水的侧压力而塌陷、开裂,两侧传统建筑地基有所滑动,最终不得不采取钢管对撑驳岸、上敷钢板的方式进行支护❶。

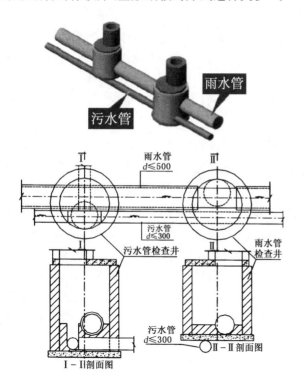

图 3.30　特殊地段雨污分流、共用路由示意图

资料来源:北京旧城历史文化保护区市政基础设施规划研究课题组.北京旧城历史文化保护区市政基础设施规划研究[M].北京:中国建筑工业出版社,2006:14,45

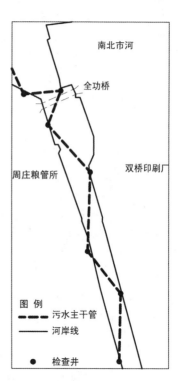

图 3.31　周庄污水干管沿河敷设

资料来源:袁媛.我国旧城居住区更新中的城市基础设施建设研究[D]:[硕士学位论文].上海:同济大学,2002:48

3.6.3　降低排水管埋深的适应性技术

给水管为压力管,靠压力输送自来水,故而在管线综合时灵活性较大,埋深和管线走向可以灵活处理,可以在地下、地面甚至楼面、屋面(上行下给)铺设。但污水管为重力管,主要依靠

---

❶ 袁媛.我国旧城居住区更新中的城市基础设施建设研究[D]:[硕士学位论文].上海:同济大学,2002:48

管道坡度排水,所以往往埋设较深。在历史街区保护规划中,一方面历史建筑多为浅埋基础,管道埋设过深、开挖量大会影响两侧建筑安全,另一方面街区内部的管网建设一般滞后于周边城市干管,周边干管敷设时未充分考虑历史街区内排水管道接入的可能性,故常有排水管按正常坡度敷设至外围城市干管时出现埋深大于排水干管而需设提升泵站的情况。所以,降低排水管道埋深的适应性技术也是本文探讨的内容之一。

1) 设防淤截留池减小排水坡度

在污水排放系统中采用截留池拦截污水中容易沉淀的物质,以防止因管道坡度减小和流速降低而引起的管道堵塞,从而可以酌情减小排水管道最小设计流速和最小设计坡度的取值,以达到减小排水管道埋深的目的。在设计污水管道时,截留池上游的管道坡度不能减小,经截留池防淤处理后的污水管道,其最小设计流速和最小设计坡度的取值,可比规范规定的最小值减小 20%~30%,这对于历史街区的排水管网敷设将带来较大的灵活性❶。

将检查井的井底下沉 30~50 cm,用于截流沉淀物,也是一种较为简单的截流池法。与此方法相配合,可在庭院或住宅小区的污水管道出口处设置简易的人工拦污格栅,拦截漂浮物并定期清掏,以从源头减少进入市政管网的漂浮物,也可进一步减小管道坡度❷。

2) 溢流井排放法

当历史街区污水管出口低于市政污水管时,可采用溢流井法溢流排入市政污水管,提升泵作为辅助,用于排除溢流井及上游污水管道内的积水,其流量宜按 30 min 内排尽所有积水确定。为减少运行成本,可在每天高峰用水前启动污水提升泵,抽干溢流井及上游管道内的积水,这样既可避免污水在管道内长期停留,造成淤积,又使积水管段经常得到冲刷,同时有利于管道通风和管道内有害气体的排除。

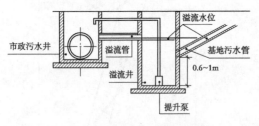

图 3.32 溢流井排放法示意图

资料来源:蒋方明.减少排水管道埋深的集中方法[J].给水排水,2006,32(05):94-95

溢流井法也适用于雨水排放系统,雨水均通过溢流井溢流排放,雨水提升泵仅在每次雨后与管道需要疏通和维护管理时开启,以排除管道内的积水❸(图 3.32)。

3.6.4 给排水路面设施的风貌化

历史街区有历史空间肌理和风貌保护的要求,但对区内给排水工程而言,一般不涉及取水、净水、输水、污水泵站、污水处理等大型构筑物,所以对街区空间肌理的影响较少。历史街区内部的给排水设施以地下管网为主,对风貌有影响的主要是消火栓、雨水口和各类管井的井盖。

消火栓作为基本的安全保障,不能被封闭和遮挡,也不宜进行装饰,但因其数量不多,可视作现代风格的小型雕塑,所以最好的办法就是选择适当的位置,并以其简洁大方的现代工业美与历史街区风貌相协调(图 3.33)。

---

❶❸ 蒋方明.减少排水管道埋深的集中方法[J].给水排水,2006,32(05):94-95
❷ 张志军,陈锐,张秋菊.城市排水管道的几个改进措施[J].中国给水排水,2002,18(01):4

雨水口、管井盖的隐蔽和美化工作已经广泛受到重视。雨水口隐蔽的方法是通过将石材等地面铺装之间的缝隙加大，作为现状的排水口。雨水口美化的主要方法是定做各类纹样的雨水口，如最常见的双钱纹、孔阵形等(图3.34)。

图3.33 深圳大鹏所城内消火栓与环境结合

图3.34 深圳大鹏所城在传统院落的出水口处对应设置钱纹雨水口

管井盖的隐蔽方法除了上文述及的减少井盖数量和尺寸外，主要的方法是使管井盖低于铺装地面，然后在井盖上铺设与、纹样相同的地面材料。如绍兴八子桥历史街区中，道路上的各类井盖除水表井外一律用旧石板，机动车道用15 cm钢板包边做双层井座与井套；非机动车道则用7 cm钢板包边做单层井套，各石板井盖上刻字以示功能区别❶。

管井盖美化的方法最常见的是定制反映城市或街区历史文化特征的图案(图3.35)。由于现在的玻璃钢、塑胶防盗井盖的制作方法比传统铸铁井盖简单，个性化井盖定制的成本已经降低，完全可以在历史街区内广泛采用。

图3.35 日本姬路天守城附近的地下消火栓井盖

此外，我国历史街区中的建筑大多采用的是屋面无组织自由落水，在某些建筑的再利用过

---

❶ 叶永水，徐觉民.绍兴历史保护街区基础设施改造实谈[J].浙江建设，2005(07)

程中，为便于人员活动常需要增设雨水檐沟，并通过落水管集中排水，此时即要对雨水檐沟和落水管进行风貌化处理。日本京都等地的常见处理手法是用类似青铜材质的金属构件制作雨水檐沟，精美的雨水檐沟上还有装饰花纹，变现出类似雕刻遮檐板的装饰效果。简单的乡村民居风格建筑也和我国一样常用整根剖开的毛竹筒作为雨水檐沟。较为巧妙的是落水管的做法，不采用常规的管状材料，也不像我国常见的直接由檐沟排水口泄下，而是采用软质的绳索类构件从雨水口悬下至地面的卵石散水或集水井，简单的建筑采用一根麻绳，精致的建筑采用铁环链，在某些寺庙中使用成串的铃铛。通过这类并不复杂、昂贵的巧妙手段，既满足了有组织排除屋面雨水的要求，又与传统风貌相得益彰（图3.36）。

图3.36 日本京都知恩院前仿古建筑的有组织排水

总之，历史街区的给排水和其他各类市政设施种类很多，只要本着尊重文化遗产的原则，对不符合风貌要求的一般做法进行改进和精心设计，完全可以设计出构思精巧、经济适用、满足使用和风貌保护需求的"市政景观小品"。

4 历史街区适应性电力电信技术

4.1 电力电信供给的现状和问题

4.1.1 历史街区电力电信现状

我国的电力和电信事业是世界上发展较早的国家之一。1879年世界第一座电厂美国旧金山实验电厂启用,同年上海公共租界工部局也已建成一台7.5 kW的照明用电机。1876贝尔在美国首先申请电话专利权,1900年,我国第一部市内电话在南京问世,1904年至1905年,烟台至牛庄架设了无线电台。但在1949年以前,全国电力装机容量只有185万kW,只有部分城市的局部地区可以使用电力;电话的普及率仅为0.05%,电话用户只有26万❶。新中国成立后,我国电力电信事业蓬勃发展,改革开放之后,发展更是突飞猛进。1996年以来,我国的发电装机容量和年发电总量已稳居世界第二位,2005年达5亿kW,城乡用电普及率接近100%❷。2007年,我国电话用户总数已接近9亿户,其中,固定电话用户3.72亿户,移动电话用户5.09亿户,固定电话网和移动电话网规模自2003年来持续保持在世界第一位❸。

我国的历史街区许多位于城市的历史中心,曾经是最早享受城市近代化和电力电信服务的地区之一。近20多年来,城市的电力电信系统随着城市开发和建设的热潮取得了日新月异的发展,给城市居民带来了越来越多的现代生活的便利,但由于这类基础设施的建设往往和开发改造相随,并未能惠及受到保护的历史街区。加上历史街区保护又存在着资金上投入不足、理念上"重地上、轻地下,重外观、轻内部"的偏差、技术上针对特殊性的准备不足,所以,大多数历史街区的市政设施未能得到足够的重视和实质性的改观,电力电信设施仍然是在80年代的水平上修修补补,得过且过,严重影响了街区居民生活质量的提高和历史文化价值的延续与弘扬。具体而言,我国历史街区电力电信设施的现状存在以下特点和问题:

1) 线路架空明铺、影响供电安全和风貌保护

我国未经改造的历史街区内,电力、电信线路和设施多为架空线路。架空线路一般仍以80年代甚至更早的杆线设施为主体,历年来为适应用电负荷的增加和有线电视、宽带线路的增多又多有增改。由于缺乏统一规划和精心施工,一般很少有整体改造,通常是"头痛医头、脚痛医脚",续接补修、添加搭接,更新速度远远落后于增长的需要。架空线排列无序、无规则的问题非常普遍,电杆倾斜、阻挡道路、借杆架线、跨街连接,乱接乱搭,可谓凌乱如麻,不但成为

---

❶ 唐海.建筑电气设计与施工[M].北京:中国建筑工业出版社,2000
❷ 中国新闻网.中国年发电量位居世界第二 装机已突破五亿 kW[EB/OL]. http://www.chinanews.com.cn/news/2005/2005-12-30/8/672401.shtml,2007-10-15
❸ 我国电话用户近9亿户 规模居世界第一[EB/OL]. http://article.pchome.net/content-452435.html,2007-10-16

影响历史风貌和城市景观的空中"黑色污染"❶,而且不利于维护管理(图4.1)。

图4.1 北京什刹海街巷(左)及院落(右)凌乱的电力电信缆线

更为严重的是许多历史街区内变压器、电力和照明线与建筑、道路的安全距离不足,存在严重的安全隐患。例如,江门旧城区、常熟古城、绍兴旧城居住区等10 kV电力主干线大部分架空敷设,与传统风貌格格不入。古镇周庄,220 V接户电线在二层楼高度绕行,对木质结构的房子造成一定的威胁,极具火灾隐患❷,对居民的生命财产和建筑遗产的安全都存在巨大的威胁。部分地区,虽然实现了部分管线的下地直埋,但由于居民户内线路没有同时进行改造,入户线仍然裸露在外,影响景观❸。部分地区虽然对线路进行了一定的改造整治,但仍以室外明线为主,除了线路易于老化外,对景观也有轻微的影响。

2) 设施线路陈旧、影响居民用电和生活水平

未经整体改造的历史街区内,现有电力电信设施和线路大多架设安装于1980年代甚至更早时期,由于长年采用架空线裸露室外,加上疏于维护,陈旧老化现象非常严重。一方面设施陈旧、容量小、线路少,应变能力较弱,已不能适应迅速发展的用电负荷的增长需要;另一方面导线截面偏小,而供电半径偏大,线路损耗较多,用电质量差,时有故障发生。特别是在冬夏用电高峰期,往往出现负荷超载造成经常性的电压不稳定乃至断电、停电,大大影响了旧城区居民正常的生活,更减少了他们享用现代化家用电器的机会,严重影响其生活质量。这成为许多有经济能力的居民迁出历史街区的主要原因,间接地造成了街区居民的低收入化,并在很大程度上抵消了历史文化遗产的价值优势,影响了保护工作的开展。

如福州三坊七巷历史街区中,很多老宅的表下线都是使用了几十年的铝线,在防火、防触电、正常使用大功率电器方面,都给居民带来麻烦。其中宫巷居民买个空调用不上几分钟就烧断保险丝,于是把保险丝换成铜丝,空调是能用了,可房子里到处是烧焦的橡胶味,

---

❶ 邹静.上海市道路架空线入地整治规划的研究[D]:[硕士学位论文].上海:同济大学,2004:1
❷ 袁媛.我国旧城居住区更新中的城市基础设施建设研究[D]:[硕士学位论文].上海:同济大学,2002:37
❸ 陈蓬勃,陈景丽,苏云龙.敞亮敞亮——北京旧城历史文化保护区市政基础设施建设[J].北京规划建设,2005(4):87—90

吓得赶快又换回来❶。在上海郊区小城镇的被调查者中，空调不用和偶用的分别占47%和14%，常用的占19%。从一个侧面说明虽然有较为耗电的电器设备，但使用频率低，整体用电水平不高❷。

由于街区电力供应欠佳和居民本身的低收入化，历史街区内居民的人均用电量普遍低于城市平均水平。以改造前的绍兴市红旗路历史街区为例，人均用电量约是 95.05 kW·h/(人·年)，只是同期该市平均水平 202.9 kW·h/(人·年)的 1/2 左右，全国城市平均水平 277.2 kW·h/(人·年)的 1/3 左右，中等发达国家 80 年代水平 558～789 kW·h/(人·年)的 1/6 至 1/8 左右❸。

3) 线路老化，影响居民生命财产和建筑遗产安全

线路设施的陈旧老化，不但影响了居民享用现代化家用电器的机会，而且可能引发火灾、触电等事故，给居民的生命财产和建筑遗产的安全造成损失。根据最新统计资料，2006 年全国共发生火灾 235 941 起，死 2 497 人，伤 2 506 人，直接经济损失 13.6 亿元。其中电气火灾 31 380 起，占火灾总数的 21.9%，居各类火灾原因之首位❹。历史街区和历史建筑遗产本身以木构建筑为主，电气线路老化往往成为火灾的主要原因。2000 年武当山遇真宫火灾起因于电线短路、北京护国寺配殿则是由于变电箱走火。江西景德镇老城区居民建筑密集，电线布置混乱，部分居民密集区电线有的飘在巷子上空，有的扭成团挂在木墙上，未穿管的裸露的电线直接铺设在可燃吊顶或可燃物上，开关用铁铜线代替保险丝等现象普遍。2007 年以来，该市老城区居民火灾起数就几乎占到了火灾总数的 30%，据消防部门的统计，老城区火灾的原因 75% 是电气火灾，火灾原因或是线路设计不合理，或是电气使用不符合规定，或是线路陈旧老化❺。

4.1.2 历史街区电力电信设施问题的症结及其对策

1) 街区电力电信设施投入不足及对策

在我国的城市各项市政基础建设中，电力电信和交通行业的投资一直遥遥领先。如上海市 1992—1997 年的各项投资比例中，电力、电信的投资额与交通运输接近，是自来水、煤气、市内公用交通的 3～4 倍，是园林绿化和环境卫生的 20～30 倍(图 4.2)。而且，根据 1994 年世界银行发展报告对不同收入国家的基础设施构成变化统计可知，对电力、电信、公路设施在总量构成的比例会随收入增加而加大；给水、灌溉、卫生、铁路设施在总量构成的比例随着收入的增加而减小❻(图 4.3)。近年来，我国电力、电信和交通的飞速发展已经验证了这一研究成果的正确性。

---

❶ 历史街区民用电线老化严重福州"三坊七巷"存在用电安全隐患[N].中华建筑报.第 1549 期
❷❸ 袁媛.我国旧城居住区更新中的城市基础设施建设研究[D]:[硕士学位论文].上海:同济大学,2002:20
❹ 天津市公安消防局保税支队.电气火灾的成因及预防[EB/OL]. http://xfzd.tjftz.gov.cn/system/2007/06/05/010012088.shtml,2007-8-12
❺ 欧阳鑫,张娟,黄建华,等.失火之痛暴露千年瓷都"软肋"[EB/OL]. http://news.qq.com/a/20070816/001188.htm,2007-10-2
❻ 王路.城市基础设施建设合理比例关系探析[J].城市规划,2000(05):26-31

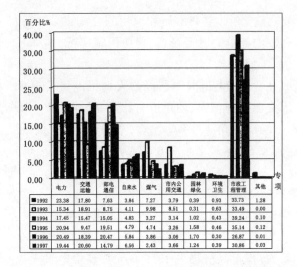

图 4.2　上海市 1992—1997 年城市基础设施各专项投资比例

资料来源:上海统计年鉴 1998。转引自:王路.城市基础设施建设合理比例关系探析[J].城市规划,2000(05):26-31

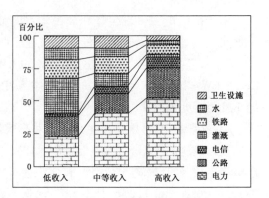

图 4.3　各种收入国家的基础设施构成变化

资料来源:世界银行发展报告,1994。转引自:王路.城市基础设施建设合理比例关系探析[J].城市规划,2000(05):26-31

但是,电力电信行业的投资结构却存在着明显的不均衡。如在电力投资方面,存在"重发轻供",即重视发电,轻视供电的倾向。国家电网公司的数据显示,国外发达国家电网与电源投资的比例一般为 6∶4,而我国仅为 4∶6,投资不足导致我国城市电网结构薄弱,电网老化严重。以北京市为例,1/4 的线路运行时间超过 25 年,个别设备达到 40 年❶。而城市电网中,直接面向城市居民的中低压配电网的投资又远低于城市高压输配电网。且有限的城市中低压配电网的建设投资又往往和城市扩展、房地产开发、旧城改造相随,很少惠及因保护而不能大规模开发的历史街区。因而,历史街区的电力电信设施往往是城市中最薄弱的一环。

城市电网和中低压配电线路的投资和建设比例问题,近年来已经受到国家和各地政府重视。"十一五"期间,将对国家电网公司系统 31 个直辖市、省会城市和计划单列市的城市电网进行建设和改造,总投资将达 2 200 亿元❷。随着各地资金的落实和工作展开,"重发轻供"的问题不久将得到缓解。

在对历史街区的输配电网投资方面,一方面仍然需要以政府加大对改善街区居民生活和历史遗产保护的投资为主,另一方面应以多种方式广辟资金来源。在操作模式上,除了传统的依靠各地电力电信公司进行建设维护的模式外,还可以尝试以历史街区或所在社区为单位组建专门的物业管理机构,对小区内包括电力电信在内的公共市政设施进行统一的管理和维护。而在室内线路方面,特别要通过提高居民收入、明确产权政策等措施鼓励历史街区居民的自我更新改造❸(图 4.4)。

2) 遗产保护的资金不足和观念偏差

我国历史街区保护一直存在着资金不足问题,而在有限的资金投入上,则又明显地存在着

---

❶❷　苏文杰.电网建设加速 国家电网公司发动两大引擎[N].中国工业报,2005-7-20
❸　定海老城区改造用电线路[N].舟山日报,2007-9-25

理念的偏差。在历史街区的保护规划实践中，保护往往和旅游开发、活动献礼结合在一起，存在着"资金少、时间短、见效快"的短期目标倾向，而改善居民生活质量的规划目标和措施往往含混空洞，或者作为二期、三期工程而落不到实处。一方面表现为缺乏系统深入的调查研究和精心细致的设计施工，仓促规划设计，仓促拆迁施工，缺乏针对街区特点的技术研究和创新实践，往往因满足通用规范和常规做法而破坏风貌，甚至直接拆毁历史建筑遗产；另一方面，规划设计和施工着重于立面出新、地面铺装、环境整治、景点开发，存在着重地上、轻地下，重外观景观效果、轻内部生活质量的问题。

图4.4　定海老城区投资240余万元改造用电线路

资料来源：定海老城区改造用电线路[N].舟山日报，2007-9-25

在规划设计上，电力、电话和有线电视三线下地往往是首批实施的工程。但在实际施工中，多数以满足景观需求为目的，存在只管室外街道管线、不管入户线和室内线路，只图眼前效果而不顾实际使用效果。往往出现街道外观焕然一新，而居民室内线路老化陈旧依然如故，大量宝贵的资金投入并不能有效提高街区用电的水平。三线下地只立足于现有管线，而没有考虑未来需求增长和扩充的可能，容易出现负荷不足、频繁开挖等问题。最后，在设计前没有对既有地下管道分布进行勘测，设计断面只是一种理想状况，施工单位在施工中往往将图纸抛在一边，边挖边干，频繁造成对其他给排水、燃气等管线的破坏，管位布置简陋随意，而且施工完成后大都没有绘制竣工图，以致造成此类现象的恶性循环。

3）对历史街区特殊性的技术准备不足

历史街区的电力电信问题，不同于一般城市地区，有其自身的特殊性。一方面，区内街巷狭窄曲折，建筑密集，电力设施和线路的引入对街巷本身而言意味着一种改变和添加，故不可能如现代居住区建设中那样同时规划施工的建筑与电力电信系统那样科学、规则、合理，历史街区内线路架设见缝插针、因陋就简的情况十分普遍。木结构建筑本身火灾负荷很高，内部的电线又多为居民自行安装，不合规范私搭乱接的现象非常严重，再加上区内电力电信设施和线路的陈旧老化、容量不足，所以历史街区的火灾负荷远远高于城市一般居住区，因而在电气防火方面有着更高的要求。在规划设计中，应对区内的设施容量和线路状况进行评估，并从技术、经济、管理等方面提出改进的措施，但目前的历史街区保护规划中的相关内容往往流于原则和教条，不能切实指导规划的实施。

另一方面，街区内历史街巷地下空间狭窄，无法满足一般直埋市政管线的安全间距，只有采取新材料、新技术、新工艺才能保证电力电信管线和其他必要的市政管线可以同时下地敷设。但目前大多数历史街区保护规划的管线综合规划，普遍缺乏针对历史街区特殊情况的技术研究和实践经验，或者机械照搬一般城市建设规范，甚而因此做出拓宽历史街巷等错误的规划决策；或者含糊其辞，既要符合规范又要保护街巷格局，却避而不谈具体的措施，最终导致实施时的混乱无序，不能有效改善街区居民的生活条件。

再一方面，历史街区对于历史风貌和文物建筑等建筑遗产的保护有着严格的要求。一般城市地区使用的某些常规做法，如独立变电站、配电所需要较大的体量和安全距离，可能造成历史街区肌理尺度和传统风貌的破坏。某些电力电信的标准设备，如各类人孔手孔箱、普通路灯等,在尺度和外观上也不能完全适应历史街区的要求。这些都需要从历史街区风貌保护的角度出发,对现有的电力电信技术进行适应性的选择、改进和集成创新研究。

4.2 历史街区电力电信容量预测

4.2.1 历史街区用电容量预测方法和原则

1) 历史街区用电容量预测方法

我国大多数历史街区的现状是人口多、居民收入低、人均用电量低、电器和电信设施拥有率低。但鉴于保护规划往往会对区内用地、人口数量和结构作出较大的调整,故不宜采用基于现状供电水平和用地情况的年平均增长法、时间序列法等负荷预测方法。历史街区保护规划作为区域性的详细规划,其用电容量测算方法也不应采用适用于城市总体规划的"综合用电水平指标法",而应以街区保护规划为依据,采取单项建设用地负荷密度法或单位建筑面积负荷密度法进行测算。

根据历史街区保护规划的深度,如处于控制性详细规划深度,可采用规划单位建设用地负荷指标法,按照单位居住用地和公共设施用地的负荷指标[1](表4.1)进行预测,在参照分类综合用电指标数据并结合调研与经验的情况下,可以在居住和公共设施的大类下分小类确定不同的用电负荷指标后进行合计汇总。如保护规划为修建性详细规划深度,则应采用单位建筑面积负荷密度法进行计算(表4.2)。

表4.1 建设用地用电负荷指标

城市建设用地用电类别	单位建设用地负荷指标(kW/hm²)	城市建设用地用电类别	单位建设用地负荷指标(kW/hm²)
居住用地用电	100~400	工业用地用电	200~800
公共设施用地	300~1 200		

资料来源:GB 50293—1999.城市电力规划规范[S].1999

表4.2 部分历史街区用电负荷测算实例

名称	面积(hm²)	计算方法	总负荷(kW)	资料来源
高淳老街历史街区	7.6	居民 4 kW/户 商业设施 40 W/m²	3 000	国家历史文化名城研究中心,上海同济城市规划设计研究院等.高淳老街历史街区保护与整治规划文本[Z].上海:2001
无锡清名桥历史街区	18.78	居住用地 400 kW/hm² 公共设施 600 kW/hm²	10 100	清华大学建筑学院,清华大学建筑与城市研究所.清名桥沿河历史文化街区保护规划文本[Z].北京:2006
苏州东山历史文化古镇	144.71	居住 150~200 kW/hm², 行政商业 200~400 kW/hm², 文化教育 150~200 kW/hm², 道路广场 20~40 kW/hm²	15 800	江苏省城市规划设计研究院.东山历史文化名镇保护规划文本(论证稿)[Z].南京:2006

2) 历史街区用电容量预测原则

历史街区用电指标确定的第一个原则是应使街区居民的用电机会和城市其他地区基本接

---

[1] GB 50293—1999.城市电力规划规范[S].1999

近,这一点在绪论中已经论述,不再赘言。

历史街区用电指标确定的第二个原则是在资金许可的情况下,规划街区内电力设施和最大缆线容量应取现有规范的上限值。目前我国城市用电指标一般按照《城市电力规划规范》执行。电力规划规范发行于1999年,实际的编制时间更早,尽管1999年全国城市平均用电量只有277.20 kW·h/(人·年),但规范具有远见地提出了较高的人均标准,基本相当于80年代中期中等发达国家558~789 kW·h/(人·年)和发达国家1 330~2 455 kW·h/(人·年)的用电水平❶。

近年来,我国电力事业发展迅速,2005年全国城市平均用电量是443.18 kW·h/(人·年),比1999年增长了近一倍❷(资料来源:中国城市统计年鉴2006)。2000年,美国、德国、英国、法国、日本、韩国、新加坡、香港8个发达国家和地区的人均年生活用电量平均达到7 008.2 kW·h,最少的香港也有5 446.7 kW·h❸。由此可以预见,随着我国经济和电力事业的不断发展,人民生活水平的不断提高,我国的人均用电量上升的空间很大,我国现行规范中规定的指标(表4.3)可能不久将会修改而适当提高。

表4.3 规划人均居民生活用电量指标

指标分级	城市用电水平分类	人均综合用电量[kW·h/(人·年)]	
		现状	规划
Ⅰ	用电水平较高城市	400~201	2 500~1 501
Ⅱ	用电水平中上城市	200~101	1 500~801
Ⅲ	用电水平中等城市	100~51	800~401
Ⅳ	用电水平较低城市	50~20	400~250

资料来源:GB 50293—1999.城市电力规划规范[S]

由于历史街区的规模相对不大,用电负荷的增加对于导线截面的影响并不显著(参见表4.4),或者说增大规划容量不会对历史街区地下管位造成影响。因为电力设施和主干缆线是一项长期投资,应该留足发展的空间,所以应取现有规范的上限值。

表4.4 电压等级和导线、电缆截面关系

电压等级		导线截面(按铝绞线考虑)(mm²)			电缆截面(mm²)/直径(mm)			
380/220 V(主干线)		150	120	95	240/18	185/16	150/14	120/13
10 kV	主干线	240	185	150	300/20	240/18	185/16	150/14
	次干线	150	120	95				
	分支线	不小于50						

资料来源:根据相关资料整理编制

4.2.2 历史街区电信容量预测

历史街区内现有的固定电话和有线电视的普及率相对较高,而宽带的普及率则相对较低。

---

❶ GB 50293—1999.城市电力规划规范[S].1999.条文说明
❷ 国家统计局城市社会经济调查总队.中国城市统计年鉴2006[G].北京:中国统计出版社,2006
❸ 城市居民生活质量——上海与发达国家(地区)的比较[N].中国信息报.转引自:http://www.xici.net/b387847/d27935987.htm,2007-2-5

从长期发展的角度看,历史街区内固定电话、有线电视、宽带网络的普及率都将达到100%。但街区内现状人口密度过高,在保护规划实施后必然出现一定幅度的下降(一般规划人口为现状人口的60%~80%),人口总量的下降抵消了普及率提高的上升因素,故而在总量上不会出现大的升幅,即历史街区的电信容量将基本维持现有水平。

考虑到无线通信技术的发展和日益普及,我国目前移动电话用户总数已经超过固定电话,无线城域宽带也开始推进,未来固定电话、有线电视和宽带的用户必将因转向无线通信而大幅下降。以固定电话为例,2004年苏州一项调查显示,苏州农村居民的固定电话拥有率下降了1个百分点❶。随着手机单向收费的开始,固定电话已经面临严重的生存危机,2007年,固定本地电话业务收入比去年同期减少4.0%。固定本地电话通话量比去年同期下降6.1%,而移动本地电话通话时长比去年同期增长34.9%,对固定本地业务的替代效应持续增强❷。所以,目前最常使用的单位用地密度法预测所得的固定电话用户的数量(表4.5),已经不能准确反映未来实际的发展情况。

表4.5 南浔历史文化保护区市话预测

用地性质	用地密度(部/hm²)	用户数(部)	用地性质	用地密度(部/hm²)	用户数(部)
居住	150	9 450	市政设施	16.5	10
商业金融	200	4 640	公共绿地	2	45
行政办公	90	100	合计		14 325
医疗卫生	40	80			

资料来源:湖州市城市规划设计研究院.南浔历史文化保护区控制性详细规划文本[Z].2006

具体到历史街区,由于街巷狭窄,地下空间十分紧张,因电信线路目前种类繁多,且和电力线存在着电磁干扰的影响,在管线综合中占据空间较大。所以从顺应技术发展的趋势和节约历史街区空间的角度而言,在历史街区保护规划的电信规划中,不应考虑固定电话、有线电视、宽带等有线通信容量的继续扩张,而应在维持现状的基础上逐渐减量。

4.3 管网设施的更新和完善

4.3.1 街区电力管网设施的更新和改善

电网是我国电业部门对电力系统的俗称,它包括电源和网络两部分。电网是分层分区的,按电压分层,按地区分区。一般城市供电分为高压、中压、低压三种网络,高压网络(≥35 kV)通过高压变中压的变电所供电给中压网络(10 kV)、中压网络通过中压变低压的变电所供电给低压网络(380/220 V),由低压网络直接向用户供电❸。

我国的历史街区作为城市的一个相对较小的区域,其面积、人口和用电负荷都属于低压配电网可以供应的范围,其电源一般来自地块周边道路上的10 kV的中压配电线缆,由10 kV变380/220 V的变电站或变电箱向街区内的居民供电。所以,对于历史街区而言,其供电规划主

---

❶ 王芬兰.苏州农民生活出现新"百分百"[N].苏州日报,2005-5-25
❷ 谢卫群.手机资费不断下调 固话会消失吗?[N].人民日报,2007-5-31
❸ 蓝毓.现代城市电网规划设计与建设改造[M].北京:中国电力出版社,2004:38-41

要是选择10 kV供电电源,计算区内用电需求以确定所需的电源和变电站(箱)的数量,规划10 kV电源引入线和变电站箱的位置,并合理布置220 V配电干线和支线网。

在历史街区内,应结合道路整治、三线下地工程,整理改善现状电网。一方面,改造现有的放射式电网,一般至少应提供10 kV双回路主干线,以保证供电的可靠性。有条件的历史城区或规模较大的历史街区,应使10 kV线路在街区外围成环,两个380 V或220 V低压配电干线成网,并宜提供双电源能力以增加供电的安全可靠性,重要地段及重要用户应予保证双电源。如常熟古里古镇从南北两侧城市干道引入10 kV电源,并在核心区外侧设10 kV箱变,内部形成环网加放射的380 V电力网络❶(图4.5)。

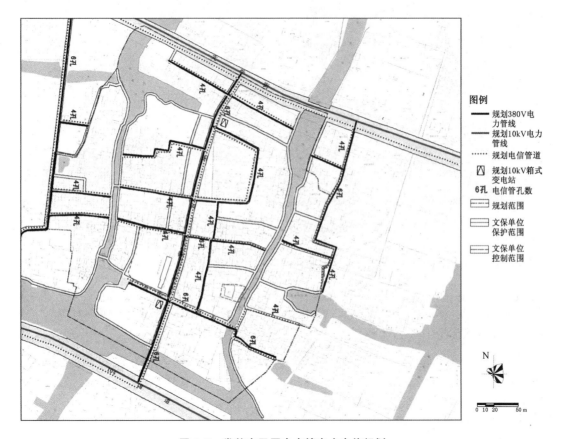

图4.5 常熟古里历史古镇电力电信规划

资料来源:东南大学城市规划设计研究院.常熟市古里历史古镇保护规划[Z].2006

高淳老街历史街区保护与整治规划中在街区南侧的官溪路和中部的高淳老街平行敷设两条10 kV电缆,各设两个变配电房向区内供电,符合小容量、多布点、双电源的原则(图4.6)。如能将穿越高淳老街的10 kV干线改由北侧的县府路敷设,同时在江南圣地路敷设连接线使县府路和官溪路的10 kV干线成环,将更有利于街区的保护和用电安全❷。

另一方面,为提高街区负荷能力,对街区内的变压器等设施进行改造。为了减少低压线路

---

❶ 东南大学城市规划设计研究院.常熟市古里历史古镇保护规划[Z].2006
❷ 国家历史文化名城研究中心,上海同济城市规划设计研究院,江苏省高淳县建设局.高淳老街历史街区保护与整治规划文本[R].上海:2001

图 4.6 高淳老街历史街区保护与整治规划之电力电信图

资料来源:国家历史文化名城研究中心,上海同济城市规划设计研究院,江苏省高淳县建设局.高淳老街历史街区保护与整治规划文本[R].上海:2001

的损耗,历史街区内的变压器宜采用"小容量、多布点、短半径"的原则,以小容量的箱变为主向街区供电,为提高防火能力,应采用干式变压器。最后,所有电缆均应采用下地埋设,对于暂时难以下地的部分电缆和入户线,应在近期进行绝缘化改造。在缆线容量方面,提供街区电源的 10 kV 电缆主干线可选用 YJV22-3×300 mm²,街区内大分支电缆截面宜选用 240 mm² 或 120 mm²,小分支电缆宜选用 120 mm² 或 70 mm²,至变压器回路的电缆选用截面≥35 mm²❶。

4.3.2 户内电线改造

在完善和改造街区街巷电网的同时,应进行居民户内电力线路改造,提高居民用电的质量和消防安全性。针对历史街区内木结构建筑多,导线截面小、乱搭乱接、安装不规范、电线老化的情况,改造的首要重点是更换陈旧老化的电线和线路配件,以达到导线绝缘化和安装规范化,增加导线截面以满足家庭负荷要求,增设漏电保护器,在有条件的地区还应做到一户一表。

在导线截面方面,应确保历史街区未来的居民可以正常享受现代家用电器和生活设施。相关研究以我国目前发达地区中等城市面积为 150 m² 左右的三室二厅居民住宅为例,常用家用电器的用电负荷假设为:客厅柜机空调器 3 000 W、三居室空调器(每个挂机 800 W)2 400 W、洗衣机(滚筒式)650 W、电冰箱 1 500 W、电热水器 1 500 W、微波炉 1 450 W、电饭煲 650 W、电视机 220 W、家庭影院 165 W、饮水机(带制冷)500 W、消毒柜 600 W、抽油烟机 250 W、吸尘器

---

❶ 刘理峰.杭州城市配网建设与改造[J].供电企业管理,2007(02):38-41

1 200 W、台式电脑 300 W、照明 600 W，该家庭所有用电设备额定功率之和为 14 985 W，其安全载流量按需用系数法 0.4 和 0.7 求取，得安全载流量为：

(6 018.21 W/220 V)～(10 531.87 W/220 V)＝27.35～47.87 A，约为 30～50 A。据此入户电源线的截面积不应小于 6～10 mm²，室内各墙体插座之内分支线路的截面积不应小于 4～6 mm²❶。历史街区居民室内线路改造可以此为标准参照执行。原则上保护规划确定为保护、保留、修缮、改善的建筑应取较高值，对规划维修、改造、拆除的建筑近期内可取低值，以免造成不必要的浪费。在院落和入户线的容量计算上应取较高值，以适应未来的需求增长。

为防止历史建筑发生短路、过负荷、漏电事故引起的电气火灾，在居民家庭线路改造时，宜安装 30～50 A，最大不超过 50 A 的漏电保护器(又称剩余电流动作断路器)。文物建筑、价值较高的历史建筑和有条件的家庭还应安装电涌保护器(过压保护器)，以便在发生雷击感应造成局部电路产生瞬时高压等事故时，能够及时动作并切断电流，确保建筑遗产和居民的人身和财产安全。

在居民家庭线路改造的方法方面，历史街区内的一般历史建筑和非历史建筑，可以采用一般电气电工标准。保护规划列为有较高价值的历史建筑和文物古建筑的电气改造，除了上文提到的导线截面、保护装置等方面的要求外，还应有不改变文物原状和更高的消防安全标准方面的要求。关于不改变原状的电器安装的施工工艺方面，在国内苏州、杭州、北京、扬州等地的实际工程中都进行了许多的探索实践，如沿古建筑梁架、墙、柱等敷设位置的选择、线路连接的隐蔽和美观等方面，其主要成果已在《古建筑电器装置与火灾预防》❷等著作中有了较为系统的研究，本书主要针对街区保护层面，故不赘述。

4.3.3 街区电力管网改造的组织实施

历史街区户外公共电力电信管网设施的改造应结合街区保护规划中的道路和其他市政管网的改造统一规划，统一实施，其实施主体应为供电部门，资金应以政府投资为主，并吸收其他多种资金形式。

历史街区居民家庭内部的电力、电信线路改造，可以历史街区专门的物业管理部门或所在社区组织，联合供电、电信各部门共同进行，在经费问题上应实行政府和街区内单位、个人协商分摊的方式。

如 2007 年定海老城的电气改造中，由区政府专门成立改造业务指导小组，负责施工过程的工作协调、方案制定、监督和验收。户外老化线路由定海供电分公司统一组织实施改造。住户内部线路改造设计方案由定海供电分公司提供技术支持。城区每个街道成立相应的协调小组，每个社区确定一名专职联络员，全程跟踪老化线路改造工作，并做好相关的群众工作。各街道对需治理的用电线路进行排查摸底，并聘请专业电工和有资质的人员具体实施户内线路改造，力争每户房屋都要做一个科学合理的线路改造方案。据初步估算改造费用需 100 多万，经政府研究决定，涉及单位公房的费用由各单位自行负担；个人私房的安装费用全部由区政府

---

❶ 郑端文,刘亚力,张保礼.现代居民家庭导线的截面积和电器保护装置应当如何选择[J].消防技术与产品信息,2006(09):19-20

❷ 蔡裕康,宋金海.古建筑电气装置与火灾预防[M].北京:中国建筑工业出版社,2004

承担,线路改造材料成本由个人负担2/3,街道补助1/3❶。

需要指出的是,对于历史价值较高的历史街区中的文物建筑和重要历史建筑的电力电信管线改造,除了社区和电力电信部门的合作外,还应取得历史文化名城保护或文物部门的同意和技术支持,以确保在满足用电需求和专业技术规范的同时,不破坏甚至有利于文物价值的保护和展示。

4.4 设施的外置、隐蔽和美观

4.4.1 大中型电力设施的外置

大中型电力设施占地多、体量大,进出线复杂(表4.6),对于历史城区和街区的肌理、风貌、安全有较大的影响。设施外置是指将与历史街区无直接供给关系的大中型电力设施置于历史街区的保护范围以外,有直接供给关系的电力设施在服务半径可以覆盖历史城区、历史街区的前提下,也应尽量设置于保护范围之外,非直接为历史街区供电的高压线缆不应穿越历史街区。《历史文化名城保护规划规范》明确指出,历史城区内不宜保留枢纽变电站❷(包括起电网联系作用的220/110 kV枢纽变电站和起电网联系作用并供给地区35 kV或10 kV用电负荷的220/110/35 kV或110/35/10 kV地区枢纽变电站),这就是设施外置原则的体现。

表4.6 电力变压站等级、供电能力、结构形式和占地面积对照表

电压等级(kV)	220 kV	110 kV			35 kV			10 kV
出线电压(kV)	110、10	35、10			10			0.38、0.22
供电半径(km)	50~100	15~30			5~10			0.3~0.5
主变压器容量[MVA/台(组)]	90~180/2~3	20~63/2~3			5.6~31.5/2~3			0.8~1/2~3
结构形式和占地面积	户外式 12 000~30 000	户外 3 500~5 500	半户外 1 500~3 000	户内 800~1 500	户外 2 000~2 500	半户外 1 000~2 000	户内 500~1 000	箱式、户内式

资料来源:综合相关资料编制

在实际规划操作中,需要外置的电力设施主要有以下几种情况:

(1) 城市电网的电源(发电厂和提供大电网供电的220 kV以上区域性变电所)、220 kV以上输电网、220 kV以上变电所为城市级电力设施,和历史城区、历史街区不直接相关,禁止在历史城区内及周边穿越。

(2) 历史城区面积相对较大,特大型历史城区(如北京旧城)可以110 kV高压电缆沿城区外围主干道敷设,并布置户内式110 kV变电站出35 kV高压电缆向历史城区内部供电。一般历史城区可以35 kV高压电缆沿城区外围主干道敷设,并布置户内式35 kV变电站出10 kV中压电缆向历史城区供电。

(3) 历史街区的面积范围一般较小,保护要求也更为严格。35 kV以上高压缆线及高压

---

❶ 王成.浙江舟山斥资百万加快老城区电气线路改造[EB/OL]. http://www.119.cn/txt/txt/2007-09/21/content_1784992.htm,2007-9-21

❷ GB 50357—2005.历史文化名城保护规划规范[S].2005

变电站不直接对历史街区供电,且一般采用需要较宽高压走廊的架空线缆而严重影响历史街区风貌和安全,故不应穿越历史街区内部及附近地块。如必须沿历史街区外围的城市干道敷设,则宜采用下地埋设,且不宜布置在靠近街区一侧。

(4) 在供电半径可以覆盖历史城区、历史街区的前提下,35 kV以上的高压缆线、变电站、开闭所及其他高压电力设施,均宜尽量远离历史城区的保护范围。

(5) 历史街区的电源一般接自周边地块或道路上的10 kV的中压配电线缆,由10 kV变380/220 V的变电站或变电箱向街区内的居民供电。在供电半径可以覆盖街区的前提下,10 kV线缆和变电站宜尽量沿街区外围道路敷设。

4.4.2 中小型电力设施的隐蔽和协调

对于历史街区必需的中小型电力设施,在选址和体量上应尽量隐蔽,在造型和色彩上应注意和历史风貌相协调。具体而言有以下方面:

在选址上,新建的独立式变电站(所)、箱式变压器、有线电视交接箱等电力电信设施不宜位于历史街区的主要景观街道和景点的视线可及范围内,现有的此类设施应通过规划迁往新址或进行适当的景观处理。历史街区内新增电话模块局、邮政所(无投递功能)的选址宜靠近街区外围城市道路或主要机动车道,电话局宜和其他商业建筑合用,邮政所宜选取靠近主要景点出入口的现有历史建筑进行改建。

在体量上,应尽量选取较小的设施方式,并采取适应性措施隐蔽体量。如缆线方面最好的隐蔽就是下地敷设。在设施方式上,位于历史城区和街区的变电所、配电所应以占用空间较小的全户内型为主❶,并应优先考虑利用旧有建筑或院落改建,一般不宜单独设置变电所。如必须单独设置变电所,则优先采用地下式或半地下式以减小体量。容量在0.8 MW以下的供电分区可以采用箱式变压器,箱式变压器宜采用嵌墙式或室内安装。如北京南池子历史文化保护区的电力设计,最初方案采用8台箱式变压器,后考虑到工程场地狭窄,改为在南部和北部各建设两个地下变电室,北部的位于商业用房地下室,南部的位于地下车库中❷(图4.7)。

外露的电力设施应在造型、色彩方面进行适当的设计,做到简洁、大方、美观,并尽

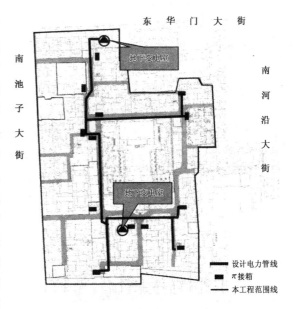

图4.7 北京南池子历史文化保护区电力系统设计

资料来源:北京旧城历史文化保护区市政基础设施规划研究课题组.北京旧城历史文化保护区市政基础设施规划研究[M].北京:中国建筑工业出版社,2006:94

---

❶ 戴慎志.城市工程系统规划[M].北京:中国建筑工业出版社,1999:65
❷ 北京旧城历史文化保护区市政基础设施规划研究课题组.北京旧城历史文化保护区市政基础设施规划研究[M].北京:中国建筑工业出版社,2006:94

量与历史街区的风貌相协调,同时可辅以一定的绿化景观。如宁波老外滩历史街区对箱式变压器进行了材料和建筑上的处理,使其现代简洁而操作方便(图4.8)。南京夫子庙历史街区采用传统隔扇式的木栅栏对箱式变压器进行装饰。深圳大鹏所城的变电站在造型、色彩上注意采取当地民居式样以和古城传统风貌取得协调,但在体量上处理不当而显得过于高大(图4.9)。此外,前文3.6.4节已经述及的管井井盖的风貌化设计,也是美化电力电信设施造型,彰显街区特色的措施之一。

图4.8 宁波老外滩历史街区的变电箱

图4.9 深圳大鹏所城的配电房体量过大

4.5 架空线下地改造

由于架空线路的种种弊端,各地城市普遍开展了将电力、电话和有线电视线缆由架空改为地下辐射的线网改造工程,称"三线下地",部分地区也有包括了路灯和宽带线缆的"五线下地"做法,或可通称"上改下"。

历史街区电力电信架空线下地改造的特殊优点在于传统风貌的保护意义重大,所以往往成为保护、风貌整治或旅游开发规划中首要实施的项目之一。但历史街区内地下空间十分紧张,给水、排水、燃气、供暖和电力电信管道都需要下地埋设,一般不可能按照市政管线综合规范进行敷设,所以必须在技术上采取新材料、新技术、新工艺等适应性措施。适应性措施可以分为两类,一类是减少管线所需间距以节约地下空间,另一类是在间距不足的情况下提高管线设施安全性能。对于历史街区的电力电信设施而言,具体有以下的内容:

4.5.1 减少下地管线的种类和数量

要减少管线所需空间,最简单的方法是减少下地管线的种类和数量。

在管线种类方面,电力线提供的生活能源,必须依赖线缆传播,并可能引发电气火灾、触电等安全事故,所以必须下地埋设。提供市政路灯照明的路灯电缆可以通过与生活电缆合并,或采用太阳能路灯而取消(详见4.6节)。

目前在我国市政设施各门类中,电信系统的缆线数量、发展速度和敷设开挖频率都是最高的。这一方面固然是由电信技术日新月异的发展所致,但更存在着管理体制本身的不合理因素。随着电信体制改革的深化和国家信息化的推进,中国电信、中国网通、中国联通、中国移动、中国卫星、中国铁通等经营基础电信业务的企业，以及广电、专用网单位，都开始进入通信管线建设和运营市场。由于缺乏健全的公用通信管道的物权形态和产权制度，这些企业和单位为了各自业务的发展，纷纷掘地破路，占领地下空间，抢建各自独立的通信管道，出现了无序竞争局面和建设行为的不规范❶。在新区建设中，常常各种电信基础管线各自为政、互不共用路由，仅各类电信管位就宽达数米，而且还要不断的破路添建，造成了极大的浪费。

历史街区中地下空间本身十分紧张，且要优先安排给水、排水、供电等必须依赖管网传输的管线，所以不可能任由电信线缆的无序发展。现阶段，在历史街区保护规划中宜只考虑单一的宽带和固定电话网络提供商，以节约缆线敷设空间和建设费用。可由代表街区利益的社区组织或物业公司进行组织，由居民选定某一家公司提供宽带服务，而免除其他公司路由的空间。从目前的情况看，历史街区最适宜采用有线电视宽带网络，因其和有线电视共用路由而不增加空间占用和线缆敷设的投资。长期来看，在无线通信快速发展的背景下，未来的电话、电视、网络都可以采取无线传输方式而可完全取消电信管线。

在各类管线的数量上，首先应确定街区自给自足的原则，即街区内的地下管线仅以满足街区内部使用负荷为目标，非街区内部使用的管线不应穿越街区地下空间，而应从街区周边城市道路地下绕行。其次应通过精确的计算和加大缆线截面，在满足远期使用要求的前提下尽量减少管线数量。

4.5.2 综合管沟和共用路由的集约化直埋敷设

地下管线敷设分为管线直埋和综合管廊两种敷设方法。综合管廊是把电力、电信以及给水、排水等全部或部分市政管线统一敷设在同一个地下沟渠状的市政走廊内，具有节约地下空间、方便统一管理、无需重复开挖地面等优点，是未来市政管线综合的趋势。经过适应性改造的综合管廊技术也非常适合于解决历史街区狭小地下空间中的电力电信等各类管线敷设，本书第7章对综合管沟作了专门研究，本节主要研究在直埋的条件下如何应用新材料新工艺实现电力电信管线的集约化敷设。

集约化的敷设方式主要是共用管线路由。《城市工程管线综合规划规范》要求不同管线之间必须保持一定的净距，规定不同路由的电信电缆平行敷设间距至少需要0.5 m、垂直间距不小于0.25 m，而对不同路由的电力电缆之间的间距未作规定❷。《城市电力规划规范》规定直埋电力电缆平行敷设间距在加隔板保护或加热层保护后允许的最小水平间距不得小于0.10 m、垂直间距不小于0.25 m❸(表4.7)。

表4.7 直埋电力电缆之间及与建筑物和其他管线之间的安全距离

项 目	安全距离(m)	
	平行	交叉
建筑物、构筑物基础	0.50	—
10 kV以上电力电缆之间，以及10 kV及以下电力电缆与控制电缆之间	0.25(0.10)	0.50(0.25)
通信电缆	0.50(0.10)	0.50(0.25)

---

❶ 薛兴华.建立通信管道物权形态及产权制度之探讨[J].通信世界,2004(18):33-34
❷ GB 50289—98.城市工程管线综合规划规范[S].1998
❸ GB 50293—1999.城市电力规划规范[S].1999

续表 4.7

项　　目	安全距离(m)	
	平行	交叉
热力管沟	2.00	(0.50)
水管、压缩空气管	1.00(0.25)	0.50(0.25)
可燃气体及易燃液体管道	1.00	0.50(0.25)

注:1. 表中所列安全距离,应自各种设施(包括防护外层)的外缘算起
　　2. 表中括号内数字,是指局部地段电缆穿管,加隔板保护或加热层保护后允许的最小安全距离
　　3. 电缆与水管,压缩空气管平行,电缆与管道标高差不大于 0.5 m 时,平行安全距离可减小至 0.5 m
资料来源:GB 50293—1999.城市电力规划规范[S].1999

　　管线间距的控制主要受电力和通讯传输安全和施工操作空间的限制,故在采用穿管保护、隔板保护或加热层保护后可适当缩小。多孔混凝土管块正是利用这一原理将多条缆线分别穿入对称重叠的不同管孔内,管孔之间的内壁就起到隔板和穿管的作用,管孔的外壁则可保护缆线、提高耐压能力和减少埋深。所以相比同样数量的缆线直埋敷设,极大地减少了管线敷设所需的宽度和埋深,节省地下空间,而且由于可利用人孔等工作井直接在管块中新穿或抽换缆线而不必开挖路面,也带来了施工和维护的便利。

　　近年来,随着材料科学的发展,如涂塑钢管、镀锌钢管等金属材料类电缆保护管,玻璃钢管等树脂基纤维增强复合材料类电缆保护管,低摩擦纤维水泥管、维纶水泥管等水泥基纤维增强复合材料类电缆保护管的出现,都提高了敷设集约和施工便利的程度❶。尤其是有机高分子材料的多孔电缆保护管,即塑料多孔管的应用,为解决历史街区狭窄曲折的地下空间管线敷设问题指明了方向。

　　电力电信用多孔塑料管的材料主要有碳素波纹管、聚氯乙烯(PVC-U)和高密度聚乙烯(HDPE)管,结构方式分为多孔管(单孔为圆形或六边形)、多孔一体的蜂窝管(单孔为五边形或圆形)和栅格管(单孔为方形或长方形)。多孔一体结构受力均匀,结构紧凑。管孔为3～7孔,单管外径一般在 25～32 mm,也可根据需要任意组合生产(图 4.10)。管材长一般在 6 m 以上,盘绕式管材最长可达 200 m,盘长也可根据需要生产,具有极大的灵活性,非常适合历史街区中道路狭窄、地形复杂、各种综合管线较多的路段❷。

图 4.10　新型信息管道材料

资料来源:陈蓬勃,陈景丽,苏云龙.敞亮敞亮——北京旧城历史文化保护区市政基础设施建设[J].北京规划建设,2005(4):87-90

　　历史街区内必须敷设的电力和电信管线,应尽量共用路由,形成容纳电话、电信、宽带网络电缆的电信多孔管和容纳所需的多条电力电缆的电力多孔管。目前的规范禁止电力或电信管线同管敷设,并规定电力与电信的直埋线缆和管沟之间的平行敷设和交叉间距均为 0.5 m,很大程度上是出于防止电力对电信信号的电磁干扰。传统上为缩减电力和电信线缆的间距,可在通信电缆附近敷设屏蔽

❶ 康忠学.通信工程强制性条文摘录(讲义提纲)[R].四川省通信学会:2005
❷ YD5007—2003.通信管道与通道工程设计规范[S].2003。参见:康忠学.通信工程强制性条文摘录(讲义提纲)[R].四川省通信学会:2005

线或在通信电缆外套装金属管道的方法进行电磁屏蔽保护❶。将来,随着电磁屏蔽技术❷和塑料技术❸进一步发展和成本降低,目前主要应用于电器电子产品中的电磁屏蔽技术必将大规模应用到市政电力电信缆线工业中,电磁屏蔽电缆、电磁屏蔽塑料多孔管的普及应用将可以达到电力与电信线缆同管敷设的可能,从而可以极大地节约地下空间,为历史街区提供更多的市政服务。

4.5.3 集约化的电缆设施新材料、新工艺

在线缆材料方面,除了上节的电磁屏蔽技术外,以光缆代替目前常用的铜芯通信电缆也是节省空间的最有效方法之一。目前我国绝大多数城市的电话、有线电视和网络线缆主要以铜芯电缆为主,历史街区内还有大量的金属导线线路,它们以金属作为信号传输介质,以电流信号作载波,所以抗电磁干扰能力较弱;而光缆以光纤为传输介质,以高频率的光波作载波,不但因传输频带和容量远大于金属导线和电缆而可以采用较细的线径,而且无电磁干扰问题,故可以和电力管线同管敷设。目前,有线通信材料的发展趋势正逐步由通信光缆、电缆取代传统的金属导线线路❹,而历史街区更应结合电力电信线路的改造,在城市中率先实现光缆通信,以在狭窄的空间内满足群众日愈多元化的通信需求。

除了缆线敷设本身的集约化外,缆线交接点的人孔、手孔井的材料、尺寸和构造方式也对节约历史街区地下空间至关重要。传统上电力电信的人孔井和手孔都是采用砖砌筑的构造方式,虽然简单经济,但施工周期较长、质量控制困难,对于历史街区而言,更关键的问题在于所占空间太大,必须对其数量和规格进行压缩。一方面应充分利用人孔间距150 m、手孔间距50 m左右的调节余地,尽量减少人孔、手孔的数量,并选择历史街巷断面较大的地方布置。另一方面,应采用尺寸较小的非标准设计或新型人孔手孔。如在北京历史文化保护区市政基础设施规划和技术标准研究中,尝试采用非标准异型人孔、手孔井,玻璃钢新型材料井室等方式减小人孔手孔的尺寸,以适应历史街区的空间特点❺(图4.11)。

XBGS型耐水不燃高强度手孔

XBGP型耐水不燃高强度手孔

XBGF型耐水不燃高强度手孔

图4.11 北京历史文化保护区采用的尺寸较小的新型手孔、人孔

资料来源:北京旧城历史文化保护区市政基础设施规划研究课题组.北京旧城历史文化保护区市政基础设施规划研究[M].北京:中国建筑工业出版社,2006:18

---

❶ 邹军,袁建生,周宇坤.地下通信电缆外套金属管道与附近铺设屏蔽线屏蔽效果的比较[J].电网技术,2000(04):16-18
❷ 马洪才,张梅.电磁屏蔽材料的技术探讨[J].山东纺织科技,2003(03):52-54
❸ 廖正品.2004中国塑料工业发展现状与未来[J].塑料加工,2005,40(6):1-11
❹ 刘志治"光进铜退"拉开宽带提速大序幕[J].电信技术 2007(8):47-49
❺ 北京旧城历史文化保护区市政基础设施规划研究课题组.北京旧城历史文化保护区市政基础设施规划研究[M].北京:中国建筑工业出版社,2006:18,48

4.6 历史街区电力照明的适应性技术

历史街区内的电力照明可以分为街巷公共照明和单位、住宅内部照明两类。一般街巷公共照明属于城市路灯管理体系,由各地独立的或下属于市政部门的路灯管理处(所)统一管理,而单位、住宅内部照明则由单位和居民自行管理。

传统上,历史街区的路灯照明也采用架空杆线安装,常分为专用杆和合用杆,和电力、电信杆位与线路交叉错杂,影响景观和安全性(图 4.12)。在历史街区的保护规划中,路灯线也包括在三线下地的范畴内。城市路灯一般要求有独立的控制系统,由供电公司提供 10 kV 电源,安装单独的路灯箱变控制,每个灯杆附设专门的工井,电缆直埋深度(由地面至电缆外皮)不小于 0.7 m;电缆外皮至地下建筑物的基础的水平距离不小于 0.6 m,与不同部门电缆(如电力电缆)的水平间距不小于 0.5 m,在灯具的安装位置方面也有着一定的间距和安全距离要求❶。历史街区狭窄的街巷中除了路灯线还要敷设许多其他管线,显然难以满足这一要求,因此需要采取一系列适应性的技术和产品措施。

居民住宅及单位内部照明系统改善的重点,主要是上文已经述及的更新老旧线路、规范电气安装、引进物业管理模式以提高照明系统的安全性,此外为了减少因灯具发热引发的火灾和对文物建筑油漆彩画的影响,LED 灯具的发展也是一个值得关注的方向。

图 4.12 北京烟袋斜街架空路灯照明线和电力电信线缆纵横交错

4.6.1 路灯供电和敷设的适应性技术

首先在供电和控制方面,如采用独立的路灯箱变应尽量和区内配电箱结合,或者采取室内或地下箱变的方式,以满足节约空间、保护风貌的要求。如无条件设独立的路灯箱变,供电公司的箱变或配电室提供专用低压线,路灯安装控制箱,以解决路灯专用电源、单独控制、单独计量的问题,每一电源点的供电半径为 500 m 左右。

其次在缆线敷设方面,路灯电缆直线段可采用直埋方式,必要时增加相应的保护措施,分支处采用路灯预制手孔井、异型井,亦可采用一些新的接线工艺,保障安全可靠供电❷。在管线敷设的路由方面,因路灯供电电缆的电压低、截面小,因此可以灵活处理以避免占据较多的地下空间。如北京南池子历史文化保护区,将路灯线缆置于道路侧边距建筑物 0.3 m 的位置,埋设在建筑物基础上,故一般不会与其他管线发生矛盾❸。

---

❶ 江苏省城市道路照明工程技术规程[S].下载自:http://www.asklight.com/article/Folder1/20070416/73967.Html

❷ 于景萍.对北京旧城历史文化保护区胡同照明设施改造的看法[J].照明工程学报,2006,17(B01):1-1

❸ 北京旧城历史文化保护区市政基础设施规划研究课题组.北京旧城历史文化保护区市政基础设施规划研究[M].北京:中国建筑工业出版社,2006:44

4.6.2 路灯供电的"无线化"

不论采取何种适应性技术，只要采用线缆就必然需要占用一定的地下空间，当街巷空间极度紧张难以安排管位，或需在远离市政电源的位置新增路灯时，就必须考虑路灯供电的"无线化"。路灯供电的无线化既有高科技的太阳能路灯、风光互补路灯系统，也有依靠管理改革的"居民生活合用"路灯等低技术方式。

太阳能路灯、庭院灯和草坪等是节能、环保、方便安装的绿色太阳能产品。采用硅材料太阳能电池板，白天光电池将太阳光转换为电能，储存于可充电池内，利用低功耗超高亮白光LED为光源；夜晚，可以通过光传感器自动打开灯。风光互补路灯在利用太阳能的同时，可以同时利用风能转换电能，以保证大功率的干道和广场灯的需要。太阳能路灯和风光互补路灯系统目前已是比较成熟的技术，全国各地均有生产厂家和系列齐备的产品，越来越多地应用于城市照明。由于太阳能路灯具有无需电力线缆、安装灵活、节能环保等优势，价格上也已经接近普通路灯（考虑无电力和线缆消耗，经济性远高于普通路灯），而且款式多样，还可以订制成与历史街区风貌协调的式样，非常适宜在历史街区进行推广❶（图4.13）。

图4.13 国内生产的太阳能路灯示例图

资料来源：左图为北京汇能精电科技有限公司的太阳能路灯产品 http://www.epsolarpv.com/web/hnjd/c21791/c21804/default.asp，中图为深圳亨尔达电子科技优先公司的太阳能路灯产品 http://jackwenbo.diytrade.com/sdp/591119/2/md-3040140/3188153.html，右图为南京邦能电工设备有限公司生产的光风互补太阳路灯 http://www.epargne.cn/newsview.asp?keyno=183

"居民生活合用路灯"是将路灯照明用电直接和路灯所在位置的居民或单位的生活用电缆线连接，安装方式可以灵活采用庭院灯、外墙壁灯、墙头灯、门灯等多种方式，电费计量可以通过单独的电子计量器具，或者以协议维护的方式与居民或历史街区的物业管理机构分摊电费和维护费用。这是对当前市政路灯的供电、计量和管理方式进行改革的低技术方式，但在历史街区的街巷照明上，具有很好的适应性，可以结合历史街区市政和物业管理的革新进行推进。

4.6.3 路灯位置和造型与街巷风貌的结合

一般城市道路的路灯设置采用灯杆架设，并有相对统一的杆位间距的要求。历史街区的

---

❶ 参见百度百科"光风互补路灯"词条，http://baike.baidu.com/view/1070596.htm

街巷曲折，断面变化丰富，排列整齐的路灯杆一方面不符合历史街区的传统氛围，同时有些地段街巷过于狭窄，设置灯杆可能影响交通，所以必须结合街巷情况进行灵活布置。一方面不应强求杆位的匀齐划一，应根据街巷空间的大小、氛围进行灵活布置，并考虑交通和空间景观的需求，尽量利用建筑的凹处、门前空间、小广场等布置杆位，在保证夜间基本照度的前提下做到疏密错落有致。另一方面可以灵活采取庭院灯、外墙壁灯、墙头灯、门灯、灯龛、灯笼、灯箱等多种安装位置和方式，一般在街巷空间狭窄处，尽量避免采用灯杆，而宜优先采用壁灯、墙头灯、门灯、灯龛、灯笼、灯箱等无杆位的安装方式(图 4.14)。

图 4.14 历史街区附墙路灯示例图

(左图为绍兴红旗路历史街区采用墀头出挑的路灯和常用的红灯笼照明相组合，右图为上海新天地历史街区内具有历史风貌的门头灯)

在路灯的造型上，一方面应选用和历史街区风貌相协调的路灯色彩和形式，如民国时期的历史街道可以采用常见的欧式路灯；当没有十分协调的成型灯具时，宜考虑定做，无法订制时，应尽量采用简洁朴素的色彩和造型，以免过于醒目。任何时候，大量重复使用的成品或订制的路灯在体量、色彩、造型上都不宜过于突出，以保证历史街区风貌的主体性。另一方面，在有文化主题的重点路段的路灯，应根据其文化主题对路灯进行选型或进行专门设计，路灯除了作为照明工具外，尚可作为景观的组成要素，甚至可以和标志物相结合，但此类路灯的数量应严格控制，原则上街区内各主题景点和街区之间不应重复。

4.6.4 遗产保护的无害化灯具——LED

考虑到建筑遗产的不可再生性，历史街区内外的照明应避免引起对建筑遗产的破坏。除了上文提到的电路短路、漏电、老化蓄热引起的火灾外，灯具本身也可能造成对历史建筑的破坏，一是因灯具发热蓄积引发木构建筑及室内其他可燃物的火灾，二是因光线照射加速珍贵的油漆、彩画和室内展品的老化。

新型半导体发光二极管(LED)被誉为"代表照明技术的未来"的灯具，是利用半导体芯片作为发光材料，直接将电能转换为光能的发光器件，其照明技术最大特点是高节能和长寿命，其耗电量只有普通照明灯的 1/10，而寿命却是普通照明灯的 100 倍，同时具有无温升、无有害射线、安全环保的显著优点[1]。

LED 灯具不发热、无温升、无紫外线等有害射线，故而不会引发火灾和油漆、彩画纸张的老化，非常适合文物博览建筑和历史街区室内外的照明。目前 LED 灯具主要用于城市的景观照明，仍然价格较高，因此，在历史街区可部分应用于重要建筑遗产和安全间距不足、危险性较

---

[1] 肖萍，何人可. LED 照明灯具设计开发的发展趋势[J]. 装饰，2006(05)：112

高的场所,大规模的推广必须依赖政府出于节能和安全的经济补贴。但随着产业的规模化、技术进步带来的成本降低,LED 灯具将逐渐替代传统白炽灯、日光灯、卤素灯的主导地位,而成为包括历史街区在内的城乡广泛应用的节能环保的优质光源。

4.7 电信基础管线的无线化

在 4.5 节中,已经讨论了历史街区如何通过路由共享实现通信管线的集约化,但无论何种集约化的方式,只要存在电信管线,就必须要占用一定的地下空间。事实上,电信缆线传输的所有信号都可以通过电力线进行传输,或者通过无线网络传输,从而实现区内电信系统的无线化。北京旧城一项社会调查也显示,关于现代化改造问题,多数居民认为家居自动化有必要或应与改造同步进行。出于对建筑整体外观的考虑,多数人赞成自动化功能的连线方式以无线连接更好❶。

4.7.1 电力线载通信传输

电力线载通信传输技术是将电话、网络等通信信号加载在历史街区内必不可少、四通八达的电力线上进行传输,这样就可以完全不必考虑历史街区的电信管线及其管位,极大地解放地下管位。电力线载波电话早已是一种成熟技术,已经制定了《载波电话设备质量分等标准》❷等电力线载波电话的行业标准,并且在某些市话网不能覆盖的局域电话网的建立中已有不少的实际应用。近年来,随着技术的发展,电力线宽带接入技术也已经发展成熟,宽带接入可以采用各种方式,如 ADSL、FTTB、WirelessLAN 等,安全稳定地接入到电力线局端设备上。用户需要使用宽带互联网时,只需使用一个电力网卡,将电力线网卡的电源插头接入到电力插座上便可接入到互联网❸(图 4.15)。

图 4.15 电力线上网设备:HomePlug 适配器

资料来源:追速. PLC 电力宽带上网未来是喜是忧[EB/OL]. http://publish.it168.com/2007/0117/20070117002002.shtml. 2007-6-30

电力线通信的优点在于不再需要任何新的线路铺设,安装设备以及使用方式简单方便,具有较好的安全稳定性,所以在历史街区保护中具有较高的应用价值。但与无线通信相比,电力线通信由于仍然需要借助一定的设备和网络投资,所以相对于无线通信而言,只能是历史街区电信接入的一种过渡技术。

4.7.2 城域无线电话、电视和宽带网络在历史街区的应用

在我国通信事业的发展史上,无线广播和电视的发展最早并在很长的时间内是我国广播电视的主要形式,1990 年后,有线电视的迅速发展取代了无线电视的地位。有线电视的最大

---

❶ 李颖伯,郭利娅,崇菊义. 历史文化街区现状调查及发展规划的建议[J]. 北京联合大学学报(人文社会科学版),2004(01):15-20

❷ SJ/T 9523.11—1993,载波电话设备质量分等标准[S].1993

❸ 尔凡. 电力线上网如何脱困局[EB/OL]. http://blog.sina.com.cn/s/blog_54b8b8ac010007h5.html,2007-6-30

优势在于接收卫星电视信号后,通过有线网络传送给用户,具有节目频道数量多、信号稳定的优势。而当时的无线电视信号主要以地面发射和接收为主,信号辐射范围较小故而频道有限,且易受天气等因素干扰,所以有线电视台在短期内迅速取代了无限电视❶。但随着技术的进步,原来只有电视台和特定单位才可能拥有的卫星电视接收装置的技术成本已经很低,1 000 元一套微型卫星电视接收器(俗称"锅")已在各种非法渠道销售,其实际成本仅在 200 元左右。所以从技术、经济上居民的无线电视接收已经没有障碍,主要的问题在于我国 1993 年颁布的《卫星电视广播地面接收设施管理规定》第 9 条明确规定,个人不得安装和使用卫星地面接收设施❷。在国家政策不变的前提下,历史街区如确实地下管位紧张、难以敷设有线电视管线,可以物业公司、社区的组织形式申请建立卫星电视接收站,将卫星信号转换成地面无线信号后向居民的家庭电视机发射。

我国无线电话的发展时间很短,但发展极其迅速,在短短的 10 余年间我国已经成为世界移动电话用户最多的国家,其总数已经超过了发展数百年的固定电话用户。当前我国的 GSM、CDMA 等无线电话网络遍布城乡。在历史街区内,无线电话的普及率本身已经很高,鉴于近期居民对于固定电话的依赖性,可以采取在固定电话上加装无线接收装置,即国内现在已有批量生产的"无线固定电话"的方式实现街区电话网络的无线化(图 4.16)。同样的技术也可以应用于公用电话,在日本的风景区等有线电话网铺设代价较高的地区,无线公用电话的使用十分普遍(图 4.17)。近年来,我国各大风景区以及部分城市的公用电话亭也已经开始使用无线固定电话。

图 4.16 国内厂商生产的无线固定电话

资料来源:http://detail.china.sunmen.com/buyer/offerdetail/307941.html,2007-1-4

图 4.17 日本奈良东大寺的无线电话亭

互联网在我国的发展不过数年,就已经实现了从借助电话线的拨号上网发展到 ADSL、光纤以太网以及有线网三种主要的宽带传输方式的普及,近年基于无线路由的家庭、单位等局域

---

❶ 陈晓宁.中国的有线电视[EB/OL].http://www.tvdiy.net/tv/6609-10.htm 2007-1-3
❷ 国务院令第 129 号.卫星电视广播地面接收设施管理规定[Z].1993

网络也开始普及,而覆盖全市的城域互联网络近年起也在北京、上海、杭州、深圳、天津、武汉等6城市正式启动建设,相信不久即将迅速普及。无线城域网的建立,将能把所有无线信号发射和接收装置结合起来,电视机、手机、电脑以及正在逐渐普及的智能建筑控制系统都将联为一体,实际上也将取代无线电话和无线电视系统,实现真正的无线城市和智能城市❶。

从目前的技术看,历史街区完全有可能实现通信网络的无线化,从遗产保护的需求和未来的技术发展趋势看,历史街区也必将实现通信网络的无线化。但所有的地面无线技术都必须建立用于信号发射或接收的基站和分集接收台,而这些台站需要建立较高的天线,必须注意不应设于历史街区内。服务半径最小的小区制基站的服务半径也在 1.5～15 km 之间,所以历史街区内一般可以不设无线台站❷。如必需设置,也可以结合建筑物或广告牌等构筑物,采用隐蔽式的基站。因此,从风貌保护的角度来看,通信的无线化应是历史街区市政设施发展的主要方向之一。

---

❶ 日月. 六城市无线宽带城市规划[EB/OL]. http://it.sohu.com/20070921/n252291415.shtml, 2007-9-30
❷ 戴慎志. 城市工程系统规划[M]. 北京:中国建筑工业出版社, 2004:158

5 历史街区适应性燃气和供热技术

燃气和供热是我国城市市政公用事业的两大组成部门,它们和电力一起构成了城市的能源系统。燃气广泛应用于工业和民用的各个方面。在民用方面,燃气主要作为燃料用于居民和单位的炊事、热水和采暖。与我国过去的主要民用燃料"煤"相比较,燃气具有使用方便、热效率高、可调节性好、充分燃烧后无废气、废渣和粉尘污染等优点,是一种清洁、优质、使用方便的能源,实现民用燃料的气体化是我国城市现代化的重要标志之一。我国城市民用燃气,按来源可分为天然气、人工煤气和液化石油气三大类,按供应方式可以分为管道气和瓶装气,燃气来源的天然气化、供应的管道化是目前城市燃气的主流❶。

城市供热是指为城市工业与民用热能的供应。在民用方面,室温调节是城市供热的主要内容。在北方严寒地区需要采暖,在南方炎热地区则需要供冷,采暖和供冷都可以通过供热实现❷。由于集中供热具有热效率高、节约燃料、减轻大气污染、节约土地、便于自动化管理等优点,多年来一直是我国北方城市采暖的主要方式❸,而在供冷方面则以家庭、单位的分散供冷为主。南方炎热地区的城市一般无集中采暖和供热的要求,除少量有热源条件的厂矿企业外,一直以分户采暖供冷为主,也有部分利用热电联产实现集中采暖供冷的研究和倡议。生活热水的供应也属于城市热负荷的一部分,但多以家庭和单位分散供给为主,只有少数靠近有蒸汽等热源的大型厂矿居住区才有集中热水供应。

5.1 历史街区燃气和供热现状及其问题

5.1.1 历史街区燃气和供热现状

由于所处城市的地理位置、经济状况和能源供给情况不一,以及自身的街巷空间特征各异,我国各历史街区的燃气和供热状况存在着一定的差异,但总体而言均严重落后于城市一般地区的供应水平。

在燃气供应方面,目前历史街区居民的炊事和热水已经开始普及燃气,但其普及率相对低于城市一般地区。一方面,除在经济和空间上有条件的极少数历史街区外,大多数历史街区没有足够的技术和资金解决狭窄地下空间中燃气管线的管位和安全问题,因而没有敷设完善的燃气管道,居民生活以瓶装液化石油气(煤气包)为主,使得居民使用燃气的方便程度降低。如绍兴市近年来因管道燃气的普及,瓶装燃气用户量总体以5%的比例逐年递减,但老城区的鲁迅故里、书圣故里等七片历史街区和东浦古镇、斗门古镇等历史文化保护区仍"因安全原因无

---

❶❷ 戴慎志.城市工程系统规划[M].北京:中国建筑工业出版社,2004:82,111
❸ 王炳坤.城市规划中的工程规划[M].天津:天津大学出版社,1994:124

法接入燃气管道"❶。另一方面,历史街区居民收入水平低、老龄化程度高,仍有较多中老年居民(尤其是名镇类历史街区的居民)出于经济和习惯而使用燃烧热值小、燃烧效率低和污染严重的蜂窝煤、柴草等传统能源,而较少使用新兴而洁净的燃气等能源。例如,古镇周庄在2000年整治以前一直没有敷设燃气管道,瓶装液化气用户占居民总数60%,另有近40%的居民使用煤和柴火❷。

在集中供热方面历史街区的状况就更加不容乐观。北方采暖地区的城市一般均有城市或区域集中供热系统,但由于历史街区内的道路狭窄、传统建筑规模较小等原因,常常没有引入城市热力管网;而街区内燃气管网缺乏、电网老化陈旧、居民收入偏低等问题,也降低了电力、燃气等清洁采暖方式在技术和经济上的可行性,所以许多街区内居民的冬季采暖方式仍以小煤炉或以煤为燃料的"土暖气"为主,以满足采暖期长达一百多天的24小时采暖需求。如北京市前几年开展采暖锅炉煤改气工作后,旧城内的采暖煤用量已从100多万t下降到50多万t,而这50多万t就主要集中在历史文化保护区内,区内绝大部分居民使用小煤火炉采暖❸。非采暖地区没有集中供暖和采暖期要求,且冬季严寒期较短,故一般没有集中供热系统,以单位和家庭空调等多种方式的分散采暖为主。其中历史街区内的居民因收入偏低,冬季采暖仍以煤炉、火盆等传统方式为主。相关调查显示,在能源的使用上南北历史街区存在着一定的差异,如南方因无采暖需求而以液化石油气为主,北方因有采暖需求而以煤为主,而且,因为煤价格低廉(各地的蜂窝煤单价在0.25～0.4元/块之间,一个三口之家每天用3块煤即0.75～1.2元就可以解决烧火做饭问题),所以仍旧是历史街区内中低收入居民的主导生活能源❹(表5.1,图5.1,图5.2)。

图5.1 北京南池子东华门居民储煤过冬　　图5.2 深圳大鹏所城居民厨房柴火与瓶装液化气混用

---

❶ 徐霞鸿,王平.绍兴市区瓶装燃气,将增8个供应站明年3月使用[EB/OL]. http://ent.zjol.com.cn/05zjnews/system/2007/08/17/008709475.shtml,2007-10-10

❷ 袁媛.我国旧城居住区更新中的城市基础设施建设研究[D]:[硕士学位论文].上海:同济大学,2002:23

❸ 北京旧城历史文化保护区市政基础设施规划研究课题组.北京旧城历史文化保护区市政基础设施规划研究[M].北京:中国建筑工业出版社,2006:73

❹ 胡敏.历史街区的防火问题研究[D]:[硕士学位论文].北京:中国城市规划设计研究院,2005:63

表 5.1 我国部分历史街区能源使用情况对照表

历史街区	北京大栅栏	洪江古城	屯溪老街	平遥古城	扬州东关街	周庄(改造前)	肇庆府城
主要能源	煤	煤	煤、液化气	煤	液化气	液化气、煤	液化气
辅助能源	电、液化气	木材(炭)	木材、电	木材	电、煤	电	煤
取暖方式	煤炉	木炭烤火	煤炉烤火	煤炉、火炕	电、烤火	煤、烤火	无

资料来源:现场调研,其中洪江和屯溪资料来自:胡敏.历史街区的防火问题研究[D]:[硕士学位论文].北京:中国城市规划设计研究院,2005

在供冷方面,我国南北城市一般都没有集中供冷系统,以单位和家庭的电力空调供冷为主。随着近年全球变暖和城市热岛效应的加速,在北京、上海等一线城市的空调普及率已达80%以上,每年夏天均对城市供电形成巨大压力,以致不得不拉闸限电。在历史街区内,由于区内居民收入水平偏低和电网老化负荷不足的原因,在主观上和客观上都造成了空调的实际拥有率和使用时间远低于城市一般地区。低收入家庭的防暑仍然依赖传统建筑本身的隔热通风为主,辅以电扇、摇扇乃至地面洒水蒸发散热等人工通风降温手段。

5.1.2 历史街区燃气和供热的问题分析

历史街区的燃气和供热现状存在着相互关联的以下几个问题:

(1) 煤炉、煤油炉、土煤气、火盆等传统炊事和采暖方式虽简单、经济、易行,但热效率低、污染大、且火灾危险度高。根据北京历史文化保护区的调查,采用小煤火炉采暖达不到北京城市供热 16 摄氏度的室内最低温度要求,而且还因热效率低下浪费了能源,更严重污染大气环境,如前门监测站在非采暖区监测到的首要空气污染物一般为氮氧化物,到了采暖区则为二氧化硫,即历史文化保护区大气污染主要是采暖煤烟型污染❶。历史街区内人口密集,古老的木构建筑内存在如此众多的火源,火灾危险性很高。历史街区的资料显示,用火不慎是仅次于电器火灾的第二大火灾原因❷。所以,无论从安全、环保、生态、可持续原则各方面分析,历史街区内都应推广使用清洁能源,逐渐减少煤炉等传统的炊事和采暖方式,这是本章研究的基本前提之一。

(2) 瓶装煤气作为一种使用方便、清洁高效的能源,在城市历史街区中普及率越来越高,相较于煤、柴等传统炊事和采暖能源是一大进步。但是由于目前历史街区瓶装煤气在容器、灌装、运输、使用各环节中都存在着不规范,加上燃气灶具、热水器老化和安装不当,因使用瓶装煤气而导致的爆炸、火灾和煤气中毒事故较多,相较于传统的煤、柴等燃料,对街区居民和建筑遗产的安全威胁更大。解决这一问题有两方面的措施,一是有条件的地区可以引入城市燃气管道和供热管道,除使用便利和可提高能源效率外,更减少运输、灌装环节不规范和用火点不固定引发的安全事故,增加安全保障;二是在无法敷设燃气管道的情况下,采用瓶装燃气也是一种经济性较好的选择,关键要加强对历史街区内燃气灶具和瓶装燃气销售使用的全方位监督,加强燃气安全教育和管理。比较历史街区内瓶装燃气和管道燃气在安全方面的特点,研究区内瓶装燃气安全管理的措施是本章的研究内容之一。

---

❶ 北京旧城历史文化保护区市政基础设施规划研究课题组.北京旧城历史文化保护区市政基础设施规划研究[M].北京:中国建筑工业出版社,2006:73

❷ 胡敏.历史街区的防火问题研究[D]:[硕士学位论文].北京:中国城市规划设计研究院,2005:30

（3）城市燃气和供热管道具有高效、清洁、环保等各种优点，但由于历史街区的道路狭窄曲折，在风貌保护要求下，各类管线都有下地埋设的要求，地下管位十分紧张。而燃气管道的安全和供热管道的散热均要求较大的管线间距，所以在技术上难以满足一般市政规范要求。传统建筑密集呈平面展开，且规模较小，管网建设量大，也给燃气和供热管道的引入带来了资金上的障碍。本章将重点研究历史街区内敷设燃气和供热管道的可行性，以及为保护街区风貌而需采取的适应性措施。

（4）在无法敷设燃气管道的情况下，除可采用瓶装煤气外，以电力作为炊事用能源也是一种选择。但历史街区内存在电力设施陈旧、居民收入较低、传统建筑保温性能不良等问题，这些都限制了管道燃气、电力、太阳能这些替代性清洁能源的使用。电力设施的改造在第4章中有详细论述，本章主要关注在历史街区中各类能源方式的经济性、适用性的比较，并对历史建筑保温性能的改善措施做了初步的探讨。

（5）在历史街区采暖供热的现状中，居民采用太阳能热水器和空调的情况较为普遍，由于在产品设计和安装上缺乏对传统风貌的协调，一定程度上破坏了街区的传统风貌。本书针对太阳能热水器和空调与历史街区风貌的一体化设计与安装做出了初步探讨。

5.2 适应性燃气管道系统

历史街区作为城市中面积较小的一个区域，其燃气管网是城市燃气系统的一个组成部分，根据本书第二章确定的自给自足、设施外置的原则，历史街区内的燃气管道系统以满足街区内居民生活和旅游等公共设施的炊事、热水和采暖需求为主，一般不考虑兼顾周边其他地块的燃气供应。

5.2.1 管网系统规划

随着气化率的提高，我国城市的燃气输配系统将以中压、低压二级管网系统或高、中、低压三级管网(大城市、特大城市)系统为主。人工煤气或天然气中压、低压二级管网具有供气安全、安全距离容易保证等优点，是适用于历史街区等大城市的老市区和中小城市街道狭窄、房屋密集地区的管网模式❶。

历史街区作为城市中一个面积较小的区域，一般不直接影响城市气源、高压管道和高中压燃气调压站的布局规划，只需对街区内部及周边道路的燃气管网和设施作出规划。按照中低压调压站供气半径0.5 km考虑，我国历史街区在面积上一般可由一个或数个中低压调压站的作用半径覆盖。高压、中压管道具有较高的压力，一旦发生泄漏事故其危害程度远高于低压管道，故其与建筑基础和其他管线的间距要求也较高，故不应穿越建筑密集、街巷狭窄且有风貌保护和不可再生的建筑遗产保护要求的历史街区。理论上在街区短边长度小于1 km的情况下，即可在街区外围敷设中压管道并设置中低压调压站向区内供低压燃气，只有极少数面积很大(短边长度超过1 km)的历史街区才有必要将中压管道引入街区内部。

与管网敷设相对应，高中压区域调压站覆盖范围广，对于安全距离要求较高，故不应设于历史街区内部及邻近地区。历史街区的燃气供应主要由中低压用户调压站供应。中低压调压

---

❶ 戴慎志.城市工程系统规划[M].北京：中国建筑工业出版社，2004：98

站虽然本身占地很小但由于入口压力较大,根据《城镇燃气设计规范》规定,各类中低压调压站需和周边保持如表5.2要求的安全距离❶。鉴于历史街区内用地紧张和空间保护的需要,在作用半径可以覆盖历史街区的情况下,中低压调压站亦应设于历史街区保护范围之外。

表5.2 调压站(含调压柜)与其他建筑物、构筑物的水平净距

设置形式	调压装置入口燃气压力级制	建筑物外墙面(m)	重要公共建筑物(m)	铁路(中心线)(m)	城镇道路(m)	公共电力变配电柜(m)
地上单独建筑	高压(A)	18.0	30.0	25.0	5.0	6.0
	高压(B)	13.0	25.0	20.0	4.0	6.0
	次高压(A)	9.0	18.0	15.0	3.0	4.0
	次高压(B)	6.0	12.0	10.0	3.0	4.0
	中压(A)	6.0	12.0	10.0	2.0	4.0
	中压(B)	6.0	12.0	10.0	2.0	4.0
调压柜	次高压(A)	7.0	14.0	12.0	2.0	4.0
	次高压(B)	4.0	8.0	8.0	2.0	4.0
	中压(A)	4.0	8.0	8.0	1.0	4.0
	中压(B)	4.0	8.0	8.0	1.0	4.0
地下单独建筑	中压(A)	3.0	6.0	6.0		3.0
	中压(B)	3.0	6.0	6.0		3.0
地下调压箱	中压(A)	3.0	6.0	6.0		3.0
	中压(B)	3.0	6.0	6.0		3.0

资料来源:GB 500028—2006.城镇燃气设计规范[S].

在街区规模较大而必须在街区内设置中低压调压站时,应尽量设置地下单独建筑或地下调压箱,并不能紧邻重要文物建筑和人流量大的建筑布置,此时可适当减小调压站(箱)与其他建(构)筑的水平净距。当采用地上式调压站(柜)时,应尽量采用小型调压箱(柜),并置于主要景点的视线范围之外。考虑到风貌保护的要求,应优先在风貌尚可、规划保留的临街非历史建筑或院落内设置调压柜,当安全距离不能满足规范时,可通过加砌隔墙或围墙提高其安全性。

如北京历史文化保护区市政规划建议,考虑到区内条件所限,通过专家研究论证,在不能满足规范要求时,地下调压箱和建(构)物的水平净距可以减为2 m,地上调压箱与建(构)筑物的水平净距为3 m❷。在作为试点工程的南池子历史文化保护区试点片的市政工程设计中,燃气调压箱位于普渡寺西巷、A区西侧(图5.3),西侧保留建筑物,东侧为道路,保留建筑物与道路之间距离只有3.5 m,不符合与建筑物净距≥4.0 m,与道路净距≥2.0 m的规范要求。经过多方论证及协商,最终在调压柜与保护建筑和道路间砌筑防爆墙以保证其安全运行❸(图5.4)。

---

❶ GB 500028—2006.城镇燃气设计规范[S].
❷❸ 北京旧城历史文化保护区市政基础设施规划研究课题组.北京旧城历史文化保护区市政基础设施规划研究[M].北京:中国建筑工业出版社,2006:52,98

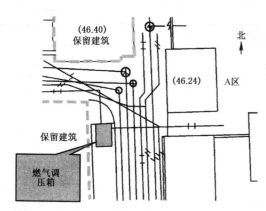 

图 5.3 北京南池子燃气调压箱设计位置图　　图 5.4 北京南池子燃气调压箱沿路设防爆墙

资料来源：北京旧城历史文化保护区市政基础设施规划研究课题组．北京旧城历史文化保护区市政基础设施规划研究[M]．北京：中国建筑工业出版社，2006：98

5.2.2 管线材料及设施技术

历史街区内引入燃气管道的最大障碍是街巷的宽度不足以满足燃气与各管线间的安全净距要求。由于燃气管道具有以瓶装燃气和电力替代的可替代性，所以地下空间应优先布置给水、排水、电力三类管线。在满足三类基本管线的最小敷设距离后，可在电信、燃气、供热三类可替代管线之间进行选择，就目前而言，优先级顺序为电信＞燃气＞供热，未来无线通信进一步普及后，优先级顺序为燃气＞供热＞电信。

为使更多的历史街区可以享受到管道燃气的便利，应尽量缩小管道燃气所占用的地下空间。除了上文论述的区内自足、设施外置、采用低压燃气、采用小型调压箱(柜)的措施外，主要有提高管道防泄漏能力，减小阀室等设施尺寸，在敷设方式上增加套管、隔墙等安全措施，以及综合管沟敷设等四方面的措施。

提高管道防泄漏安全性主要措施有：①采用安全性能较高的无缝钢管、聚乙烯(PE)管、钢骨架聚乙烯塑料复合管等管材。②在理论计算值的基础上加大管材的壁厚，或提高用材等级，如低压管线采用中压管线适用的SD-R11管材，相当于增加60%管壁厚。③在工艺上减少管道接口，并提高接口安全性。如采用较长的钢管或采用PE盘管以减少接头，PE焊口接头处采用电熔管件，钢管接头焊接，并进行100%焊口无损探伤。根据北京市的研究，在采取了上述措施后，燃气与相邻管线之间的间距可以小于规范规定的安全净距[1]（表5.3）。

表 5.3　北京历史文化保护区制定的小于规范值的燃气与相邻管线水平净距标准

胡同宽度(m)	与相邻管道的水平净距(m)					
	上水		雨、污水		电力	
	实际	规范	实际	规范	实际	规范
4		0.5	1.2(1.0)		0.4	1.0(0.3)
5		0.5	1.2(1.0)		0.4	1.0(0.3)

---

[1] 北京旧城历史文化保护区市政基础设施规划研究课题组．北京旧城历史文化保护区市政基础设施规划研究[M]．北京：中国建筑工业出版社，2006：51

续表 5.3

胡同宽度 (m)	与相邻管道的水平净距(m)					
	上 水		雨、污水		电 力	
	实际	规范	实际	规范	实际	规范
6			0.7	1.2(1.0)	0.2	1.0(0.3)
7	0.75	0.5(0.3)	0.65	1.2(1.0)		
8	0.9	0.5(0.3)	0.65	1.2(1.0)		
9	1.2	0.5(0.3)	0.75	1.0(1.0)		
10	1.2	0.5(0.3)	1.15	1.0(1.0)		

注：表中括号中数字为市规委[2002]271号会议纪要采取措施后可减小到的安全净距
资料来源：北京旧城历史文化保护区市政基础设施规划研究课题组.北京旧城历史文化保护区市政基础设施规划研究[M].北京：中国建筑工业出版社，2006:51

燃气阀室和护井的大小也是影响地下空间的重要原因。一方面，历史街区内应灵活布置阀室和井位，尽量置其于街巷断面较大的部位。另一方面可以采用新型阀室和异型护井以减少地下空间尺寸。如常规采用的燃气地下钢闸井尺寸较大（一般为2 m×3 m），显然不宜用于历史街区，故应非标准设计缩减井内径尺寸或井壁尺寸。对街巷狭窄、管线众多的历史街区而言，除了缩减阀门井室的尺寸外，更有效的措施是直接采用相应的各类直埋阀门以节省地下空间，而不必另设井室。目前，与燃气钢管和PE管配套的各类新型直埋阀门我国国内均有生产，这一新材料的应用将有利于在更多的历史街区内引入燃气管道（图5.5）。

  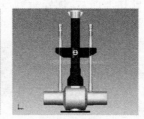 

图5.5 国内生产的燃气用直埋式聚乙烯(PE)阀门
左起依次是双方散阀、球阀、放散阀、标准阀
资料来源：北京京燃凌云燃气设备有限公司网站，http://lingyunranqi.cn.china.cn/，2007-3-5

在燃气管道的敷设上，一方面应灵活选择管位，尽量将燃气管道设于间距要求较小的管线（如给水、电力管线）之间，而避免和间距要求较大的管线（如排水管、热力管）毗邻，不同的管位选择所需要的敷设宽度相差较大。另一方面应提高相邻管道的安全性，如使用塑料排水管代替传统的混凝土排水管道、加大电力管线的绝缘性和保护层厚度、加大热力管道的热阻和密闭性，或者在管道间砌筑隔墙或设置隔板，这些措施都可以有效地降低管道之间相互干扰的可能性，从而缩小所需的净距。最后，节约燃气管道地下空间的最好方法是采用地下管线共同沟，综合考虑管线之间的间距，并省却各种阀井的空间需要。管线共同沟的设计问题将在第九章专门论述，此处不再重复。

5.3 适应性集中供热系统

在历史街区各项市政管线中，集中供热管道应该是最后考虑的内容。首先只有北方采暖地区才有集中供热需求,而且燃气、电力等多种分散供热对于集中供热的替代性较强(详见5.5节)。其次,供热管道一般为双管,与其他管道的净距也大,其要求的敷设空间对历史街区的狭窄街巷来说极难满足❶(表5.4)。最后,北方传统合院民居低层平面展开,管线入户困难,经济性差。因此,除了街巷宽度在10 m以上、其他管道敷设后尚有余地的情况之外,历史街区一般不考虑敷设燃气管道。如北京历史文化保护区的市政规划中,除了个别保护区有部分楼房已接入现状城市热力网管线外,基本未扩大保护区内的集中供热范围。

表5.4 热力网管道与历史街区常见建(构)筑物及其他管线间距

建筑物、构成物或管线名称	与热力网管道最小水平净距(m)	与热力网管道最小垂直净距(m)
地下敷设热力网管道		
建筑物基础:对于管沟敷设热力网管道	0.5	—
对于直埋闭式热水热力网管道 DN≤250	2.5	—
DN≥300	3.0	—
对于直埋开式热水热力网管道	5.0	—
通讯电缆管块	1.0	0.15
直埋通讯电缆(光缆)	1.0	0.15
电力电缆和控制电缆 35 kV以下	2.0	0.5
110 kV	2.0	1.0
燃气管道		
压力<0.005 MPa 对于管沟敷设热力网管道	1.0	0.15
压力≤0.4 MPa 对于管沟敷设热力网管道	1.5	0.15
压力≤0.4 MPa 对于直埋敷设热水热力网管道	1.0	0.15
给水管道	1.5	0.15
排水管道	1.5	0.15

资料来源:CJJ 34—2002.城市热力网设计规范[S].2002

考虑到集中供热实施可能性低,本节仅简略论述历史街区在可能敷设集中供热管网时的适应性措施,不作展开论述。

历史街区类似城市的居住小区,其集中供热系统一般为热水热力站供给的闭式双管制的二级管网,面积在10 hm²以下历史街区可只设一个面积300 m²左右的热力站,并应采用地下式热力站减少对街区空间肌理的破坏。当无条件建设常规集中供热站时,可采用以智能化组合式热力机组为主的占地面积20~70 m²、供热面积2 000 m²左右的小型热力交换站,亦可结合附近的公共配套设施联合建站❷,或者以区内院落为单位,一院一站,采用尺寸为400 cm×300 cm×400 cm的小型热力交换站供应本院居民燃气和热力需要,这种小型热力交换站可悬挂于墙上,具有适合历史街区建筑特点的灵活性。

---

❶ CJJ 34—2002.城市热力网设计规范[S].2002
❷ 北京旧城历史文化保护区市政基础设施规划研究课题组.北京旧城历史文化保护区市政基础设施规划研究[M].北京:中国建筑工业出版社,2006:52-53

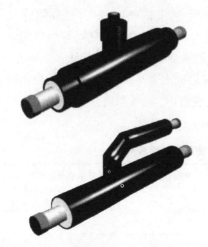

图5.6 新型直埋预制热力保温管和球阀（上）和平行三通保温管（下）

资料来源：北京旧城历史文化保护区市政基础设施规划研究课题组.北京旧城历史文化保护区市政基础设施规划研究[M].北京：中国建筑工业出版社,2006:18

在直埋管网敷设方面,热力管道采用三位一体的整体结构,即钢管、保温层、外壳管高度黏结,可以最大限度减少用地。在管道及附属设施方面,可以通过新型球阀、三通等设备和相应的安装工艺减少甚至取消管道热补偿设备和相应所需的小室❶(图5.6)。

当直埋预制保温管管径小于 DN 300 时,采用直埋补偿器、直埋阀门及平行三通,可以不设小室,对管道长度也没有具体限制。DN 500 以下管道,可以采用冷安装或预应力技术,最大限度减少补偿设备和小时数量,采用直埋保温球阀、蝶阀,可使小室与管道占地同宽❷(图5.7,图5.8)。根据《城市基础设施工程规划手册》热力管网、管径估算表,DN 300 的管径可供应 $10\sim20\ hm^2$,已经可以满足一般历史街区的供热需求。如历史街区面积很大,采用单一分区管径大于 DN 500 时,可划分为 2～3 个供热分区,增设热力站,以减小管道占地❸。

图5.7 国产直埋补偿器

资料来源：巩义市大崴供排水材料厂产品网页,http://www.64120699.com/cpzs26.htm,2007-3-5

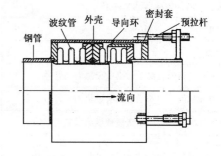

图5.8 直埋热力补偿器结构

资料来源：杜永红.直埋保温管及直埋波纹补偿器在城市供热管网中的应用[J].管道技术与设备,1999(02)

采用综合管廊将热力管道和其他各类管线综合布置,是节约地下空间最有效的方法,其相关内容参见本书第七章。

5.4 历史街区瓶装燃气的安全管理

瓶装燃气是我国目前历史街区中炊事、热水的主要能源,相较于煤、柴等传统燃料具有热效率高、清洁、环保、控制方便等优点。在由于街巷狭窄不能引入燃气管道,或因城市燃气管网总体布局和投资等原因短期内无法引入管道燃气的历史街区,瓶装燃气是一个经济适用的供气方式选择。如北京历史文化保护区市政工程技术标准研究中规定,5 m 以下胡同原则上不

---

❶❷ 北京旧城历史文化保护区市政基础设施规划研究课题组.北京旧城历史文化保护区市政基础设施规划研究[M].北京：中国建筑工业出版社,2006:18,52-53
❸ 戴慎志.城市基础设施工程规划手册[M].北京：中国建筑工业出版社,2000:495

敷设天然气管线,瓶装燃气、电将成为区内主要的炊事和采暖用能。有鉴于此,本节着重探讨如何针对历史街区的特殊性进行瓶装燃气的安全管理。

5.4.1 瓶装燃气和管道燃气的安全性比较

在各地推广管道燃气的过程中,往往有管道燃气安全性高于瓶装燃气的宣传。诚然,目前我国入户煤气管道一般为低压管道,户内管中是不足 50 克已经气化的燃气,管内压力 $\leqslant 0.105$ MPa,即只比一个标准大气压(0.101 3 MPa)大5%左右。而每瓶液化气约 14.5 kg 左右,汽化后约有 35 m^3 左右,且瓶内压力高达 0.6~1 MPa,二者无论在数量上、压力上都相差几个量级,所以对特定居民户内燃气事故而言,瓶装燃气事故发生的几率和危害程度要远高于管道燃气事故。加上目前各地在容器、灌装、销售、运输等方面都存在一定的不规范性,以及历史街区木结构建筑密集、居民老龄化程度高等因素,燃气泄漏引起的火灾、煤气中毒等对街区居民和建筑遗产安全造成了不小的威胁,这种威胁甚至成为某些强行拓宽道路以敷设燃气管道的破坏性建设的借口。

但是,民众在反对管道燃气昂贵的初装费等问题的同时,又质疑如 2003 山东章丘 2·17 管道煤气泄漏特大爆炸❶、2006 广州花都 12·23 煤气爆炸事故❷等管道煤气事故的严重程度。管道燃气的特点在于供气具有系统性和连续性,若户内管道泄漏不能及时发现并采取补救措施,或者市政中高压管道因其他地下施工时挖断等原因发生泄漏,往往引发较大规模的爆炸和群死群伤的严重事故,其危害程度又远高于一般燃气瓶的爆炸事故。

事实上,城市燃气的应用就其本身而言是安全的,管道燃气和瓶装燃气的安全性并没有绝对的高低差别,如果严格按照国家标准、技术规范、操作规程执行,安全使用是完全有保障的。王天锡❸、魏军甫❹、何淑静❺等管理和研究人员对管道燃气的安全管理和技术措施已作了卓有成效的研究,本节试图结合历史街区的特点对街区内瓶装燃气的安全管理提出一些初步的看法。

5.4.2 城市瓶装燃气供应站点规划要以历史街区为重心

在我国快速城市化的进程中,绝大多数城市地区已经经过了程度不等的更新改造,所以具备安装管道燃气的条件。在目前城市管道燃气逐步取消初装费且服务日渐完善的情况下,管道燃气必将覆盖城市的绝大多数地区。但某些历史街区,尤其是南方城市的历史街区由于街巷空间的历史格局受到保护,在管道技术不发生根本性变革前,将不可能引入城市燃气管道。换言之,城市总体的瓶装液化气需求量将越来越少,而历史街区将成为城市中主要的、也是最后的瓶装液化气供应地区。

因此,在城市储配站和瓶装燃气供应站点的布局规划时,应放弃覆盖全市、布点均衡的传统做法,而以历史街区等主要服务对象为重心规划布点。可根据历史街区的大小,按服务人数

---

❶ 王茂盛,柴安东.山东章丘发生煤气爆炸事故 24 人伤亡[EB/OL]. http://www.cnr.cn/home/society/200301290001.html

❷ 陈良军,彭美.广州发生煤气爆炸事故 40 m 火海烧毁公汽[EB/OL]. http://news.sohu.com/20061224/n247227335.shtml

❸ 王天锡.提高城市燃气管网技术水平和管理水平确保城市燃气安全运行[J].城市煤气,2001(08):11-13

❹ 魏军甫,徐姜,李帆.城市燃气管道泄漏的原因分析与对策[J].煤气与热力,2004(02):105-107

❺ 何淑静,周伟国,严铭卿.城市燃气输配系统事故统计分析与对策[J].煤气与热力,2003(12):753-755

5 000～7 000 户,供应半径 0.5～1.0 km 计算,配置相应数量的瓶装燃气供应站。由于一般液化气供应站的用地需 500～600 m²,且有较高的安全间距要求,所以液化气供应站不应按常规做法设在供应区域——历史街区的中心,而应设置在毗邻历史街区的周边地块,既满足居民使用,又不影响历史街区的风貌保护和安全。

如绍兴市建设局和市规划设计院对现有瓶装液化气供应站的现状问题进行了充分的调查研究后认为,从现状供应量看,瓶装燃气用户量是以 5% 的比例逐年递减的。而目前市区总的液化气储存和供应能力是过剩的。由于安全原因无法接入燃气管道的历史保护街区的居民(主要指东浦古镇、斗门古镇以及老城区的鲁迅故里、书圣故里等七片历史街区)和一些小餐饮、理发等服务业是使用瓶装燃气的主体。所以建议应逐渐减少一些设备老化或与城市规划冲突的储配站,使服务半径更加合理。同时结合绍兴土地资源稀缺的现状,这次规划没有设置一级供应站,而只设置了对用地和安全要求都较低的 5 个二级供应站点和 3 个三级供应站点❶。

5.4.3 燃气部门与社区合作进行历史街区燃气安全管理

在保证燃气供应站布局合理、安全和便利的基础上,燃气供应部门和供应站应和相关历史街区所在的社区或物业管理公司进行合作,联合进行街区内瓶装燃气安全的宣传教育、预防管理和监督检查工作。具体包括几个方面:

(1) 联合社区清理周边可能的非法燃气供应站和提供燃气灶具、钢瓶更换服务机构和个人,把街区内与瓶装燃气相关的服务都统一到燃气部门专设的为历史街区服务的供应站来,避免在器具销售、气瓶灌装、运输服务中的混乱和不规范。

(2) 统一使用供应站提供的或经供应站检验合格的煤气钢瓶,并编号固定到户,不得使用其他未经许可的钢瓶。与街区联合,统一提供区内钢瓶充气服务。为降低成本提高竞争力,可由社区招聘区内低收入无业居民,由供应站对其进行培训后,专为居民提供燃气瓶灌充服务,在利于燃气安全管理的同时,增加居民收入。

(3) 联合街区对居民进行燃气管理法规、安全常识等的教育普及工作,并对社区内工作人员和志愿者进行专业培训,组织居民消防和燃气安全协会等多种形式,提高居民自身的燃气使用知识和安全意识。如广东省惠州市城市燃气发展有限公司和市志愿者联合会合作,一方面在风尚广场向市民宣传安全用气知识,同时组织一支经过培训的安全用气义务宣传服务队,进入社区挨家挨户宣传安全用气的观念和知识❷。历史街区规模不大,传统上具有良好的邻里关系,无论从保护街区居民安全还是从保持传统社会网络结构和生活氛围的角度,都应该充分发挥社区和居民自己的积极性,组织志愿者队伍挨家挨户帮助居民、尤其是老年居民掌握燃气安全使用的知识。

(4) 联合社区对街区内的燃气钢瓶、灶具、热水器等进行定期安全检查,纠正不规范的用气设施安装方式、维修器具故障、更换老化陈旧设备,对可以继续使用的用气设备进行编号,定点定灶。居民新安装或改动用气设备均需在社区备案,社区和供应站应提供及时的、等同市

---

❶ 徐霞鸿,王平. 绍兴市区瓶装燃气,将增 8 个供应站明年 3 月使用[EB/OL]. http://ent.zjol.com.cn/05zjnews/system/2007/08/17/008709475.shtml, 2007-10-10

❷ 壬琰琰,林志坚. 义工上门教市民用燃气提供指导[N]. 南方都市报,2006-12-19

场价格的规范化安装和维修服务,并为居民购买的用气设备和安装提供免费的安全咨询和验收服务。

(5) 针对历史街区内老龄化程度高,老年人多健忘、反应迟钝、行动不便等特点,应对街区内的燃气设施加装回火安全防爆装置(如图 5.9 所示的家用燃气瓶阻火器)和燃气防泄漏报警器(图 5.10)。为防止街区内老人使用燃气烧水、做饭时容易忘记或不及时监管,因炉火被外溢的液体浇灭或者被风吹灭时导致的燃气泄漏,历史街区内的燃气灶应加装自动熄火保护装置,在 60 s 之内自动切断燃气,以避免煤气泄漏。新颁布《家用燃气灶具》国家标准❶规定,嵌入式燃气灶具出厂前必须安装熄火保护装置,但目前我国历史街区内的灶具绝大多数都没有熄火安全保护装置,所以应该进行更换或改装。

图 5.9 家用燃气瓶阻火器示例图(价格约 45 元)

资料来源:上海源科智能控制设备有限公司网页,http://www.ntzl.com/company/spzs.asp?id=351,2007-3-25

图 5.10 燃气防泄漏报警器示例图

资料来源:常州联宁电器有限公司网站,http://www.czln.com/,2007-4-1

(6) 由于历史街区内居民收入普遍偏低,而燃气设备的整改和安全保护装置的使用都需要一定的费用。一方面政府应从保护文化遗产和资助弱势居民的角度提供一定数量的财政补助,另一方面建议由相应的燃气供应站从预期营业利润中出资,以作为垄断街区燃气服务的回报。

5.5 历史街区替代能源的可行性研究

当历史街区不具备引入城市燃气管道或城市热力管道的情况下,就要考虑为历史街区内提供适用于炊事、热水和采暖的可替代能源。

5.5.1 电力、太阳能替代燃气炊事和热水

历史街区内无法引入管道燃气时,可以采用瓶装燃气,在经济性上二者相当。但由于瓶装燃气仍然具有一定的危险性、需要运输换装、并有一定的油烟等问题,尤其当瓶装煤气供应不稳定、或者价格上涨的情况下,电力作为燃气的替代产品的优越性就体现出来了❷。

事实上,在历史街区的炊事和热水供应上,电饭锅、电水壶已占主流,微波炉、电热水器也有相当的保有量。但在过去相当长时间内,由于燃气价格低廉、电灶具功率欠佳等原因,燃气在烹饪炒菜方面占据绝对优势。近年来,燃气价格的上涨速度快,而电费下降速度快,燃气的

---

❶ GB 16410—2007.家用燃气灶具[S].2007
❷ 殷石柱.煤气不稳定,电磁炉热销[N].太原日报,2005-12-14.张毅伟.液化气价格上涨 电磁炉成厨房新宠[N].三秦都市报,2007-11-02

价格优势已经不复存在(表5.5)。因此,采用电力炊事、热水和采暖的比重逐年增加。

表5.5 肇庆市近年电力和燃气价格走势对比

	1999年	2003年	2007年
居民电费(元/kW·h)	1.20	0.80	峰0.58 谷0.20
液化石油气(元/15 kg)	40	65	120

资料来源:调研自制

在炊事方面,近年来电磁炉的热效率和功率得到很大提升,烧水煮饭、煎炸炖炒功能全面,而且商家普遍推行买电磁炉送灶具等活动,抢占了很大的市场。电磁炉成为厨房的新宠,不但受到年轻人的欢迎,越来越多的老年人也开始接受。由于电磁炉具有清洁环保、经济高效、无明火、不发热的优势,不会产生煤气中毒等附加威胁,适合老年人使用,且在使用成本上也逐渐等于甚至低于燃气灶,所以对于减小街区火灾负荷、提高安全性方面有着显著的优势。在街区电力设施整治、提高负荷能力后(详见第四章),完全有可能替代燃气灶具而成为历史街区内炊事的主要用具(表5.6)。

表5.6 电磁炉与煤气炉等其他灶具热效率比较表

炉具	时间	用量	消费金额	效率
电磁炉	6.7 min	0.202 kW·h	0.097元	98%
煤气炉	8 min	0.04 kg	0.116元	50%
电 炉	12 min	0.354 kW·h	0.170元	47%

注:以2 L水从25℃烧至100℃计算
资料来源:北京市思露德觉科技有限公司网站,http://www.slood.com/AITING/AITING3.asp,2007-5-4

在热水的供应方面,除了电热水器,太阳能热水器在历史街区内的应用已经相当普遍。太阳能是最为环保、经济的能源,目前我国太阳能热水器技术已非常成熟。历史街区建筑以低层建筑为主,日照环境较好,太阳能热水器的使用较为普遍。但目前我国历史街区在太阳能热水器的形式、安装位置和方式上都没有考虑到历史风貌保护的要求,一定程度上影响了街区的历史风貌,本章5.6.2节将讨论历史街区太阳能热水器的适应性技术。

5.5.2 多元化分散采暖替代集中供暖

在城市的尺度上,以集中供暖为主、积极发展多种供暖方式互补,已经成为城市供热事业的发展趋势。2005年12月,国家建设部等六部委发布《关于进一步推进城镇供热体制改革的意见》,要求各地逐步推进供热商品化、货币化,停止由房屋产权单位或职工所在单位统包的福利用热制度,改为由居民采暖用户直接向供热企业交纳采暖费,实行用热商品化,同时将采暖费补贴由"暗补"变"明补"。在城镇供热资源的配置优化上,坚持集中供热为主,多种方式互为补充,鼓励开发和利用地热、太阳能等可再生能源及清洁能源供热。国家发改委、科技部颁布的2006《中国节能技术政策大纲》中也将发展集中供热技术、热电冷联供技术作为发展的方向。但在集中和分散程度、燃气和电采暖谁是未来分散采暖的主要发展方向等问题上,各方的立场和研究角度不同,存在着较多的分歧和争辩❶。

---

❶ 唐琳,刘青云.供暖体制改革与采暖方式发展趋势[J].基建优化,2002,23(04):53-54

对于历史街区而言,不管城市集中供热的和分散采暖之间的角力结果如何,街区内采用何种采暖方式主要取决于街区本身的街巷空间结构。对于街巷宽度在 5 m 以内,没有条件引入燃气和热力管道时,无疑只能采用分散式的电力采暖方式。街巷宽度在 5~9 m 之间,才有条件引入燃气管道,此时燃气分散采暖就成为可能的选择;只有当街巷宽度超过 9 m 或街区外围紧靠城市道路的部分,方有引入城市燃气管道进行集中供热的可能。

除了街巷宽度条件外,历史街区周边是否有可利用的城市热力、燃气、电力管网,以及城市各类能源的现状价格和未来价格趋向等也是需要考虑的因素。对于不同的历史街区,以及较大规模历史街区的不同部分,可以在综合考虑上述因素的基础上划定为不同的供热区。如北京旧城 30 片历史文化保护区(不包括故宫、六海地区)占地面积约 1 054 hm²,建筑面积约 587.7 万 m²,根据上述方法划分为管道天然气采暖区 271 万 m²(46.1%)、电采暖区 116.2 万 m²(19.8%)和城市热网采暖区 200.5 m²(34.1%)❶(图 5.11)。

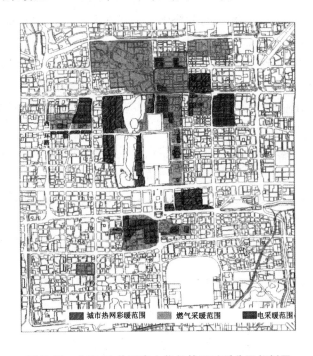

图 5.11 北京 30 片历史文化保护区采暖分区规划图

资料来源:北京旧城历史文化保护区市政基础设施规划研究课题组.北京旧城历史文化保护区市政基础设施规划研究[M].北京:中国建筑工业出版社,2006:33

太阳能可以作为历史街区采暖方式的有效补充,如太阳能热水器、太阳能空调❷。但由于采暖用能需求量大,历史街区内建筑有风貌保护不宜设置面积过大的太阳能板,也不宜改建为主动式或被动式太阳房,加之目前的太阳能应用技术如太阳能空调的实际效果也难令人满意❸,在分散采暖方面只能作为电力、燃气等方式的补充。但作为一种最环保、经济的能源方

---

❶ 北京旧城历史文化保护区市政基础设施规划研究课题组.北京旧城历史文化保护区市政基础设施规划研究[M].北京:中国建筑工业出版社,2006:33
❷ 杜海龙,齐朝晖,匡骁.太阳能热电空调理论研究与性能分析[J].制冷空调与电力机械,2007(03):22-25
❸ 杨建民."太阳能空调"悄然收场[J].大众商务,2007(10)

式,更为高效、小巧、利于和历史街区风貌协调的太阳能供热装置仍然是技术研究发展的方向之一❶。其他如电源热泵、生物能等能源方式可以应用于郊野乡村型的建筑遗产中,但对于城镇性质的历史街区的能源供给则缺乏应用空间。

5.5.3 采暖方式经济性和可行性比较

当有多种可能的采暖方式可供选择时,一方面,规划应从经济性和街区风貌保护的可行性出发,对区内各种可能的供热方式进行比较,形成推荐性的方案供居民选择。另一方面,应充分尊重居民意愿,尽可能创造多种条件,让居民根据自身经济情况选择采暖方式。由于各地能源价格和相关政策存在一定差异,本节引用 2004 年北京旧城历史文化保护区清洁能源采暖规划的专题研究作为范例,说明比较方法❷。

该课题组在市场调研的基础上,从北京市内的电、天然气、液化石油气和城市热力及地热(或地温能)等各种用能的采暖、制冷方式中,最终确定了九种采暖及制冷方式组合作为研究方案进行比较。研究考虑到各方案的寿命期、初投资、运行费用不同,按照净现值法测算各方案的经济指标。测算对各系统的能源转换效率、市场价格取值分别如表 5.7、表 5.8 所示,在运行成本的计算中,取固定资产形成率为 95%,基本折旧费土建为 2%,设备为 5%;大修费取基本折旧费的 40%;维修费电锅炉为 4%,其他为 2%;采暖最大负荷利用小时,城市热网采暖取 2 134 h,其他采暖方式取 1 800 h;空调负荷利用小时,住宅及公建平均取 670 h;人工费 12 000 元/年;设备寿命期,户式空调器、热泵式空调器和燃气壁挂式采暖器寿命期为 10 年,其他设备均为 20 年。计算所得经济指标和采暖经济性排序及总排序名次见表 5.9 所示。

表 5.7 北京历史文化保护区清洁能源研究的能源转化效率取值

电 力 系 统			
分类	能源转化效率(%)	分类	能源转化效率(%)
发电厂	30.0	10 kV 电网	96.0
110 kV 电网	98.0		
供 热 系 统			
分类	能源转化效率(%)	分类	能源转化效率(%)
燃气分散锅炉房	90.0	电锅炉	90.0
燃气壁挂式采暖器	85.0	户式电锅炉	98.0
电热膜	98.0		
制 冷 系 统			
分类	能源转化效率(%)	分类	能源转化效率(%)
1. 空气源热泵	2.7(1.9)	3. 地源热泵	4.5(2.5)
2. 水源热泵	5.0(3.0)		

注:括号内数据为供热工况

资料来源:北京旧城历史文化保护区市政基础设施规划研究课题组.北京旧城历史文化保护区市政基础设施规划研究[M].北京:中国建筑工业出版社,2006:74

---

❶ 胡志新,虞耀君,欧阳卫强,等.太阳能空调热水一体化技术开发研究[J].九江学院学报(自然科学版),2006(01)

❷ 北京旧城历史文化保护区市政基础设施规划研究课题组.北京旧城历史文化保护区市政基础设施规划研究[M].北京:中国建筑工业出版社,2006:74-76

表5.8 北京历史文化保护区清洁能源研究的能源价格取值及特性

能源种类	能源热值	能源计算价格
电力	3 600 kJ/kg	低谷:0.20元/(kW·h) 非低谷(居民):0.45元/(kW·h) 非低谷(公建):0.60元/(kW·h)
天然气	35 588 kJ/kg	1.8元/m³
液化石油气	46 055 kJ/kg	3 350元/t
自来水		3元/t
热力		28元/m²

资料来源:北京旧城历史文化保护区市政基础设施规划研究课题组.北京旧城历史文化保护区市政基础设施规划研究[M].北京:中国建筑工业出版社,2006:76

表5.9 北京历史文化保护区建筑采暖空调方式经济性计算结果汇总表（单位:元/m²）

		初投资	经营成本	净现值	采暖排序	总排序
方案一	分体壁挂空调器	146.7	13.0	365.8	8	8
	天然气壁挂炉	177.8	35.7	902.9		
	合计	324.5	48.7	1 268.7		
方案二	分体壁挂空调器	146.7	13.0	365.8	9	9
	液化气壁挂炉	177.8	47.5	1 038.6		
	合计	324.5	60.5	1 404.4		
方案三	分体壁挂空调器	146.7	13.0	365.8	1	2
	楼宇天然气锅炉	76.3	29.1	381.5		
	合计	223.0	42.1	747.3		
方案四	分体壁挂空调器	146.7	13.0	365.8	7	7
	电热膜	295.6	59.0	799.5		
	合计	442.3	72.0	1 165.3		
方案五	分体壁挂空调器	146.7	13.0	365.8	4	4
	户式蓄热电炉	299.3	29.0	476.6		
	合计	446.0	42.0	842.4		
方案六	电驱空气源热泵	59.9	11.7	245.6	5	5
	电驱空气源热泵	146.4	28.6	599.8		
	合计	206.3	40.3	845.4		
方案七	电驱水源热泵	42.2	7.3	171.3	3	1
	电驱水源热泵	103.0	17.9	418.3		
	合计	145.2	25.2	589.6		
方案八	电驱地源热泵	76.7	9.2	285.9	6	6
	电驱地源热泵	187.2	22.5	698.2		
	合计	263.9	31.7	984.1		
方案九	分体壁挂空调器	146.7	13.0	365.8	2	3
	城市热网	131.6	29.8	400.7		
	合计	278.3	42.8	766.5		

资料来源:北京旧城历史文化保护区市政基础设施规划研究课题组.北京旧城历史文化保护区市政基础设施规划研究[M].北京:中国建筑工业出版社,2006:76

在此基础上,该课题组结合文化保护区的可行性得出分析结论如下:

(1) 在电采暖的五个方案中,除第八方案地源热泵和第四方案电热膜投资较高外,其他三个方案的经济性排名靠前,特别是第七方案水源热泵名列第一。但是由于地下水的开采受到资源和水源保护条件的限制,能够使用水源热泵的用户十分有限,对于历史文化保护区更是如此,因此真正有推广意义的采暖方案是第五和第六方案,即蓄热式电采暖和空气源热泵采暖。

(2) 液化器采暖由于耗气大,换瓶工作量大,而且液化石油气的市场供应不十分稳定,价格昂贵且波动很大,不宜采用。

(3) 天然气采暖需引进天然气管道,而历史文化保护区内现状情况基本不具备敷设天然气管道的条件。因此,天然气采暖的前提条件是成片统一开发。

(4) 城市热力采暖虽然经济性好,但由于热力管网要占用较宽的路面,历史文化保护区内绝大部分胡同难以安排,所以只有临近城市道路,且有城市热网的地区可采用这种采暖方式。

需要指出的,北京旧城历史文化保护区清洁能源采暖规划研究主要完成于 2003 年,研究对象和数据仅限于北京。在时间上,近年来我国能源宏观政策和价格又发生了较大的变化,燃气、水的价格上涨幅度较大,用电实行分时电价后价格进一步降低,所以总体上电采暖价格上的劣势正在缩小,发展空间会越来越大。在空间上,我国各地区的气候、资源情况千差万别,如江浙地区的采暖需求和北京不同,就需要专门的分析研究❶。在能源政策和价格上,北京市各项能源价格都略低于一般城市水平,而其他有水电、核电资源等地区电力充裕,其历史街区电采暖的价格就可能低于燃气采暖。所以上述研究方法具有普遍性,但其研究结论会因时因地有所不同。

5.6 传统建筑采暖空调适应性措施

历史街区的风貌保护要求,对一般传统建筑而言就是外观的保护,而对文物建筑和优秀历史建筑更加需要保护建筑的室内空间和装饰细部。作为满足现代生活需求的采暖空调设施,如何与古老的建筑紧密结合,既保证传统风貌不被破坏,又能切实提高居民的生活条件,这是我们需要研究的内容。

5.6.1 传统建筑的热工环境改善

热工环境的好坏,是关系采暖制冷能效的重要因素。在建设可持续、节约型社会的背景下,历史街区传统建筑应在保护风貌的前提下改善热工环境,提高采暖效果,节省居民的采暖费用。我国各地历史街区的居住类建筑一般可以分为两类,一类是近代建筑为主的历史街区,如上海外滩、新天地、广州沙面的历史街区,这类建筑在结构体系、材料、设计和建造方式上已经接近现代建筑,建筑功能再利用和热工环境的改善相对较为简单,在全国各地已有不少成功的案例,也有许多国外的案例可资借鉴❷。另一类是中国传统城镇民居型的历史建筑,这类建筑在我国历史街区中占绝大多数,它们在建筑材料、构造、平面布局都与当地的气候有着良好

---

❶ 钟英杰,都晋燕,张雪梅,等.新时期江浙沪地区家庭采暖需求的初步分析[J].能源工程,2002(05):12-14
❷ 刘少瑜,杨峰.旧建筑适应性改造的两种策略:建筑功能更新与能耗技术创新[J].建筑学报,2007(06):17-19

的适应性。以《中国古代建筑技术史》❶和近年来汤国华❷等学者的著作为代表,我国各地传统民居的热工性能、技术措施和其生态意义都进行了研究,但对于在传统建筑再利用中热工性能的改善问题却鲜有涉及。由于全球变暖、技术发展、生活水平提高等原因,传统建筑完全被动式的保温采暖、通风防热措施已经不能完全满足现代人的需要,在空调、暖气等人工采暖和制冷方式日益普及的今天,传统建筑原有的热工性能的改善技术应是建筑遗产保护和再利用的重要研究方向之一。

我国各地城市传统民居的热工性能随其气候而变化,但总的来说,墙体的保温隔热性能较好,无论是南方的空斗墙、北方的土坯砖墙都具有良好的保温隔热性能,主要的薄弱环节在门窗和屋面。传统民居的窗户大多为使用窗纸的木格扇窗或棂窗,现在大多数建筑的窗纸都已改为玻璃,但总体上木门窗的气密性和保温隔热性能较差,不利于空调和暖气的节能。要提高历史建筑的热工性能,应对可更换的非传统构件的门窗进行更换,提高其气密性;对不可更换的传统门窗可在室内一侧季节性地使用气密条❸,更换普通玻璃为双层玻璃。特别需要指出的是,历史建筑的再利用中应优先恢复传统的保温隔热方法,如传统上夏季悬挂竹帘遮阳、冬季悬挂棉布帘保温挡风的做法仍然可以利用,而且可以将竹帘、布帘等传统材料替代为性能更好的反射膜等新材料,并在造型上进行适应历史街区风貌特征的设计。

传统建筑为兼顾防卫、通风、采光、保温等各种需求,常有多层窗的做法,如格栅-支摘板窗、木栅-平开板双层(图5.12)、花格-木栅-推拉板三层窗等多种形式,其中板窗层的主要作用就是夜间保温、挡风和提高私密性。这种做法对于改善热工性能和保持传统风貌十分有效,应该在建筑遗产修缮和再利用中予以恢复。

传统民居居室的屋面做法在南方考虑通风多冷摊瓦屋面、架空双层屋面,江浙以北地区为保温隔热性能较好的苦背屋面,屋面本身的热工性能较好。但对于空调或采暖房间而言,人体活动高度以上的坡屋顶空间较大,增加了温度调节的能耗,对于这种情况,可以借鉴传统建筑中的木天花和板壁装修做法,加强建筑的保温隔热效果和舒适性。对于修缮和改造建筑,还

图5.12 淮安民居常用的双层窗

(朱占科故居窗,外层为木栅、内层为推拉木板窗扇)

可在木板壁、地板和天花板后设置现代保温材料层,提高建筑的热效率(图5.13)。

在传统建筑居住房间的采暖和供热方式上,值得借鉴的是我国东北朝鲜族地区和韩国民居传统的"温突"做法,即使用地面加热方式采暖。我国大部分地区的居室内多为砖或木架空地面,主要起防潮作用。随着人们采暖需求的提高,我们可以在冬季利用密闭性较好的架空部分设置采暖低温热水管或电阻丝,进行地面采暖(图5.14)。从采暖方式上看,地面的电热辐射或暖气采暖对于传统建筑空间的改动最小且热量集中在人的活动区域,效率最高,因此应是历史街区传统建筑优先选择的采暖方式。

---

❶ 中国科学院自然科学史研究所.中国古代建筑技术史[M].北京:科学出版社,1985
❷ 汤国华.岭南湿热气候与传统建筑[M].北京:中国建筑工业出版社,2005
❸ 负英伟,吴香国,范丰丽.我国建筑节能现状分析及对策[J].重庆科技学院学报(自然科学版),2006(01):62-65

图 5.13 扬州汪氏小苑的木地板、板壁和天花板可提高保温性能

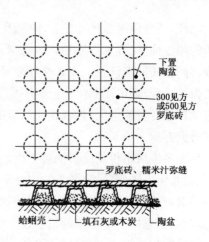

图 5.14 苏北传统民居响堂作架空地面

5.6.2 太阳能热水器与传统建筑一体化技术

在目前的历史街区中,居民自发使用太阳能热水器的现象十分普遍,但在具体的设备型式、安装位置上缺少规范和设计❶,对历史街区的风貌造成了一定的影响(图 5.15)。太阳能作为一种最节能环保的能源方式,其经济性也符合街区居民低收入的状况,所以应该鼓励太阳能热水器在历史街区的应用,同时探索太阳能热水器与传统建筑风貌一体化的技术与管理措施。

在技术上,目前我国城乡和历史街区中安装的太阳能热水器大多是整体式太阳热水器,这种热水器主要包括三个部分:贮水箱、集热器和支架,储水箱置于集热器上端,可以形成水箱和集热器中的水自然循环,所以无需电泵加压。具有结构简单、成本低、集热效率高等诸多优点,但屋面的水箱和支架对传统风貌的影响较大。为保护历史街区的传统风貌,实现太阳能热水器与传统建筑的风貌一体化,首先必须采用储水箱与集热器分离的分体式太阳能热水器,即把储水箱和集热器分离,集热器呈板状设于屋面,而储水箱设于室内,另增加电泵强制储水箱和集热器内的水进行循环❷。这样虽然耗费少量的电能,但对历史街区的风貌保护非常有利(图 5.16)。

图 5.15 扬州东关历史街区内太阳能热水器

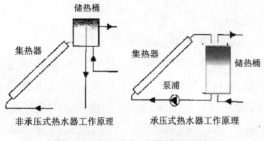

图 5.16 太阳能热水器的两种类型

资料来源:郭晓洁.太阳能热水系统与建筑一体化应用技术研究[D]:[硕士学位论文].上海:同济大学,2006:30

太阳能热水器的屋面集热器为平板或真空

---

❶ 杨维菊,蔡立宏.太阳能热水设备与住宅建筑的一体化整合的探讨[J].中国建设动态—阳光能源 2004(10):19-23
❷ 郭晓洁.太阳能热水系统与建筑一体化应用技术研究[D]:[硕士学位论文].上海:同济大学,2006:30

管组合板状。为了得到最大的年日照量,集热器应该面向赤道方向,即应有近似于当地纬度 ϕ 的倾角,在冬季获得最佳日照量倾角为 $\phi+10°$,夏季为 $\phi-10°$❶。由于大多数热水器生产时是考虑用于平屋面的,故采用支架以形成适宜的倾角。历史街区的传统建筑绝大多数为坡屋顶,其屋面坡度一般在 19°(三五举)至 42°(九举)之间。我国哈尔滨的纬度为 45°,北京为 39°,苏州为 31°,广州为 23°,可见绝大多数地区的纬度都在屋面坡度的变化范围内,即大多数历史街区的传统建筑物屋面坡度和太阳能集热板的最佳安装角度基本吻合,集热效率较高。所以对历史街区的分体式太阳能热水器而言,完全可以取消屋面支架,使集热器和建筑屋面坡度一致,即可以紧贴现有屋面上敷设太阳能集热器。对可以略加改造的一般传统建筑也可以利用类似威卢克斯天窗的构造方式直接嵌入屋面,外观上和屋面相平,同时起到采光和集热的作用❷。而储水箱(储热器)和水泵可以设于建筑的一角或专门的房间内。当建筑平面空间紧张时,由于历史建筑的坡屋顶空间通常较大,储水箱和水泵也可以通过结构设计隐入天花上部的坡顶空间内。

在太阳能热水器的安装位置上,必须通过管理禁止在街区主要街道和景观走廊可视的建筑屋面上安装整体式热水器。当采用分体式太阳能热水器时,可以安装在一般历史建筑的屋面上,但文物建筑和历史价值较高的建筑屋面上不应安装。历史街区的社区和物业部门应对街区热水器的安装位置进行指导和咨询,除了上述原则外,应鼓励集中式的太阳能热水器,即可选择四合院内次要建筑的屋面集中设置较大面积的太阳能集热板和统一的大容量储水器,通过热水管道供各家使用,而避免过多的太阳能集热板破坏传统风貌。

图 5.17 屋面上紧贴安装的光伏电池板

资料来源:TopEnergy 建筑节能 & 绿色建筑论坛. 太阳能和建筑设计 [EB/OL]. http://bbs.topenergy.org/viewthread.php?tid=1029&extra=page%3D2%26amp

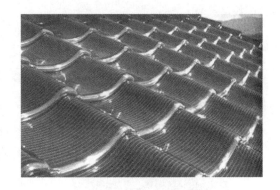

图 5.18 太阳能光伏电池瓦

资料来源:杨维菊,蔡立宏. 太阳能热水设备与住宅建筑的一体化整合的探讨[J]. 中国建设动态-阳光能源 2004:19-23

此外,尚可结合院内空间改造,设置多种形式的太阳能集热板,如设置封闭庭院或插入式厨卫盒子时,封闭庭院的采光顶和厨卫盒子的顶面和四壁都可以采用构件化的太阳能集热板。而光伏电池的逐渐普及,除了可以直接将太阳能转换为电能从而为历史街区提供最环保的清洁能源供应外,由于光伏电池不依赖水循环,其形式更加灵活多样,除了传统的板状(图 5.17),还可以

---

❶ 在具体建筑与太阳能一体化设计时,有可能会对集热器进行水平或垂直放置,这样集热器效率必定有所降低。损失的集热器面积可以按照总面积的 10% 适当增加。见:郭晓洁. 太阳能热水系统与建筑一体化应用技术研究[D]:[硕士学位论文]. 上海:同济大学,2006:43

❷ 郭晓洁. 太阳能热水系统与建筑一体化应用技术研究[D]:[硕士学位论文]. 上海:同济大学,2006:62-64

将光伏电池直接制成瓦、墙、百叶等建筑构件,将对太阳能利用和传统建筑外观的统一带来革命性的进展(图5.18)。

5.6.3 空调室外机的风貌管理

随着人民生活水平提高和街区电力设施的改进,空调在历史街区的普及程度将会进一步提高。但目前历史街区内空调室外机的安装位置、形式缺少规范和管理,给街区的风貌造成了一定的影响(图5.19)。

图5.19 北京东华门巷口合院门屋上的空调

从保护历史街区风貌的角度出发,首先应鼓励以院落或家庭为单位,安装集中式中央空调或者一拖二、一拖三分体式空调,以尽量减少空调室外机的数量。

在安装位置上,空调应安装在院内适当位置,当必须在院外安装时,应尽量安装在非主要景观面的背墙或侧墙上,对同类建筑,空调机的安装高度应尽量一致并在2.5 m以上❶,管线应整齐规则。如必须沿主要街道和景观面安装空调,应向历史街区社区物业管理部门申报,并在保护专业人员帮助下选定位置、精心施工,做到位置恰当、整洁美观。

沿街道和人行通道安装的空调,距离地面高度应在2.5 m以上,当无法满足时,应选用上排风或侧向排风室外机,避免热风对行人造成不适。在旅游区或重要景点,应在设计时考虑对主要景观面上的空调室外机采取一定的隐蔽和美观装饰措施(图5.20,图5.21)。

图5.20 京都祇园历史街区空调室外机隐藏于窗下竹制弧形护墙格栅内

图5.21 绍兴历史街区中空调室外机的掩饰图

资料来源:陈蓬勃等.敞亮敞亮——北京旧城历史文化保护区市政基础设施建设[J].北京规划建设,2005(4):90

---

❶ GB 17790—1999.房间空气调节器安装规范[S].1999。其中5.5.2条规定:"……空调器室外机组的安装应考虑环保、市容的有关要求,特别是在名优建筑物和古建筑物、城市主要街道两侧建筑物上安装空调器,应遵守城市市容的有关规定"。5.5.4条规定:"空调器的室外机组不应占用公共人行道,沿道路两侧建筑物安装的空调器其安装架底(安装架不影响公共通道时可按水平安装面)距地面的距离应大于2.5 m"

6 历史街区适应性消防技术

6.1 历史街区消防与遗产保护

历史街区在空间物质形态上不同于城市一般地区,区内保存有相当数量和规模的历史建筑物和构筑物,具有相对完整的传统空间格局和建筑风貌。历史街区作为一个地区,在社会形态上也不同于单独的文物建筑或建筑群,区内人口密集,包含着丰富的生活内容。历史街区的空间和建筑遗产及其丰富的社会生活都是保护的对象,这一特点决定了其消防问题具有较大的特殊性。

6.1.1 历史街区消防隐患的特殊性

1) 传统建筑空间格局的消防隐患

历史街区的传统城市空间格局和区内年代久远的传统建筑是全人类共同的珍贵遗产,蕴涵着丰富的历史信息,具有较高的历史、艺术、科学和社会价值而应当受到保护。但其同时也存在着严重的消防隐患,具体表现在:①绝大多数建筑均采用木结构,在室内外装修中也大量使用木材等易燃材料,耐火等级低且火灾荷载较大;②建筑密度较高,彼此间距较小,一旦出现火情极易大片蔓延而难以控制;③街巷狭窄曲折,难以满足普通消防车的通行宽度和转弯半径,一旦出现火情,普通消防车不能进入火场施救❶。

2) 基础设施建设管理的消防隐患

我国目前的城市基础设施建设具有与新区建设、房地产开发相伴随的特点。历史街区是大规模房地产开发的"禁区",在城市中的经济地位往往较低,其市政设施的更新改造往往因不受重视而缺乏资金,加之街区空间造成的市政设施改造上的技术困难,历史街区内市政设施的建设和管理都相对落后于城市一般地区。其对消防造成的影响主要表现在以下几个方面:①区内电线、煤气管线老化,容易引发火灾;②供水管网又相对不足,无法提供的足够的消防水量和水压;③消火栓和灭火器配备严重缺乏。

3) 现阶段社会人口状况的消防隐患

与街区的经济地位低、市政设施落后相伴随的是街区内功能混杂、人口密度过大,居民呈现出低收入和老龄化的特点。在功能布局上,居住与小型餐饮、商业、娱乐甚至手工业作坊杂处,缺少规划和管理,火灾负荷大于一般纯居住区;区内人口密集且收入偏低,为扩大居住面积私搭乱建,随意改变历史建筑格局,使得原有的火巷和疏散通道阻塞,传统的封火墙遭拆毁或坍塌而无力维修;绝大多数街区都没有管道燃气,电力容量也不足,加上居民低收入和老龄化

---

❶ 李新建,李岚.历史街区保护中的适应性消防对策[J].城市规划,2003,27(12):55-59

的因素,区内使用液化气、煤炉、柴火的比例较高,火源繁密,消防安全性差。

6.1.2 消防安全关乎历史街区及其保护制度的生死存亡

1) 直接威胁居民生命财产和建筑遗产的安全

由于上述历史街区物质空间结构的特点以及社会经济、市政建设管理方面存在的问题,包括著名的平遥古城❶和杭州清河坊❷等许多历史街区都存在着严重的消防隐患,消防形势较城市一般地区更为严峻,极易发生火灾。

以 2003 至 2004 年为例,除了广受关注的 2003 年武当山遇真宫火灾外,其他历史街区的重大火灾尚有:2003 年 10 月,世界文化遗产地丽江市古城区文化馆所在地、县级文物保护单位"龙神祠"发生火灾,烧毁 26 间房屋,过火面积 919 $m^2$❸;2003 年 12 月文成县玉壶镇百年历史的商业街玉壶老街发生火灾,67 间木结构民房被大火吞噬,48 户村民受灾,整条老街烧成一片废墟,商户损失严重❹;2004 年 5 月,台湾十大观光老街之一,著名观光景区阿里山的奋起湖老街发生火灾,老街上 2/3 的木屋化为灰烬❺;2004 年 6 月北京市文物保护单位护国寺金刚殿的西配殿失火,因地处胡同深处,消防车无法进入,不得不从西侧、南侧胡同铺设 300 多米长的水带,延迟了扑救时机,使得文物建筑的损失扩大❻(图 6.1)。这些火灾不但直接造成居民生命财产的损失,更导致了区内文物建筑和其他不可再生建筑遗产的损毁和灭失。

图 6.1 北京护国寺西配殿的雕梁画栋付之一炬

资料来源:人民网.北京护国寺发生火灾,原因为附近变电箱走火[EB/OL]. http://news.21cn.com/domestic/difang/2004/06/21/1616750.shtml

2) 消防技术影响历史街区保护制度的存亡

历史街区消防隐患多、灭火能力差的现状,不但威胁着历史街区内居民生命财产和建筑遗产的安全,而且已经成为开展历史街区保护工作的一大障碍,甚至成为某些地方破坏历史街区的借口。

历史街区的建筑和空间形态客观上存在着不能满足现行消防规范,不能驶入一般城市消防站配备的现代大型消防车辆等技术问题。由于这些技术问题长期得不到认真的研究和解决,使得居民把消防技术上的难题归结为建筑遗产本身的落后,极大地影响了人们对历史街区价值的认同和对建筑遗产保护制度的信心,甚至错误地认为只有拆房扩路才能改善消防安全。

---

❶ 许凌云等.险!平遥古城火灾隐患多[N].发展导报,2000-11-10
❷ 傅丕毅、柴骥程.杭州清河坊历史街区火患四伏[N].中国旅游报,2001-7-25
❸ 新华网.云南丽江黑龙潭"龙神祠"遭遇火灾惨被烧毁[EB/OL]. http://news.21cn.com/domestic/guoshi/2003/10/23/1312264.shtml, 2007-1-2
❹ 贾盈盈,刘兴荣.玉壶火灾烧毁 67 间民房,当地积极做好善后工作妥善安置受灾群众[N].温州日报,2003-12-23
❺ 赵卫,李鲲.台阿里山老街发生火灾 2/3 木屋化为灰烬[EB/OL]. http://news.sohu.com/2004/05/12/00/news220100084.shtml, 2007-3-15
❻ 人民网.北京护国寺发生火灾,原因为附近变电箱走火[EB/OL]. http://news.21cn.com/domestic/difang/2004/06/21/1616750.shtml, 2007-3-15

当这种错误的观点不幸成为决策依据或者被觊觎历史街区土地资源的开发商所利用时,历史街区就可能在保障居民生命财产安全、改善居民生活条件等堂而皇之的理由下被大片拆除。如在 2000 年的定海旧城改造风波中,当地政府之所以"忍痛挨骂"拆除大片旧城区,一个重要的"理由"就是旧城区已经成为火灾的高发地段,居民"就像坐在火炉子上面",生命和财产安全受到极大的威胁❶。

因此,历史街区的消防问题不仅影响区内建筑遗产和居民的生命财产安全,而且影响社会对历史街区价值的认同和对保护制度的信心。换言之,消防安全是影响整个历史街区及其保护制度生死存亡的一个关键问题,历史街区的保护和发展规划如果不能解决消防安全等实际问题,就是注定要失败的一纸空文。

6.1.3 历史街区消防对策的问题和方向

进入 21 世纪以来,我国城市化发展迅速,历史街区的保护和改造日益紧迫,各地政府十分重视历史街区保护的规划编制和实施工作。历史街区的保护规划一般都有两个同等重要的目标指向,保护历史街区的传统风貌和改善区内居民的生活条件,通过在建筑布局和风格、交通方式、居住方式、环境卫生、市政建设等各方面采取各种适应性设计,以期达到二者兼顾的良好效果。然而由于消防问题人命关天的极端重要性,以及受到《中华人民共和国消防法》❷等法律法规的严格限制,在保护历史街区和保障消防安全的利弊权衡中,往往一边倒地倾向于保障消防安全,而疏于探索二者兼顾的适应性措施。

如对于历史街区大片的狭窄街巷中消防车无法通达的问题,长期以来的一般做法是拆除违章建筑和部分价值相对较低的历史建筑,打通消防通道,留出消防车回车场地。如果还未能满足消防要求,则不惜拓宽一侧或整个历史街巷,以满足消防车的通行要求。这种做法,固然提高了消防安全性,从而保障了居民的人身和财产安全,但同时却极大地破坏了历史街区风貌的完整性。传统的城市肌理和街巷结构被迫改变,街巷空间尺度和完整的立面形式彻底消失,历史街区失去了其赖以存在的意义。这样的保护和改造,自然不能算作全面和完善。

这种未加研究最佳方案就贸然采取"两害相较取其轻"的逃避责任的态度,反映了现有历史街区消防策略的贫乏。我们何不花点心思,换个思路来考虑问题,立足于历史街区的现状和特点,在全面保护历史风貌的前提下探索消防问题的解决办法呢?历史街区固然有其不适应现代消防的地方,但我们为何不能尊重其历史的合理性,而以"无所不能"的现代消防技术去适应古老而迷人的历史街区呢?扬州市的政协委员们在针对《扬州市老城区控制性详细规划大纲》提出的建议中呼吁:"我们不能用现代人的眼光去对待古物,比如不能让古城去适应消防车,而应该研究消防技术如何适应老城区保护"。这是历史街区改造的使用者和监督者对我们实际操作的规划师们提出的要求,值得我们警醒和重视,并做出相应的努力。

本章就是从建筑遗产保护的角度出发,分析历史街区及其消防问题的特殊性,并研究街区保护中的适应性消防对策。

---

❶ 郑黎,柴骥程.定海旧城改造风波透视[J].城市化动态,2000(08)
❷ 中华人民共和国消防法[Z].1998

6.2 历史街区消防的特征和对策分析

6.2.1 历史街区火灾特点

由于上述物质空间和社会经济两方面的因素,我国传统居住型历史街区中发生的火灾表现出一定的特点。

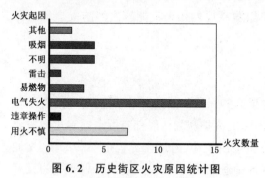

图 6.2 历史街区火灾原因统计图

资料来源:胡敏.历史街区的防火问题研究[D].[硕士学位论文].中国城市规划设计研究院,2005:32

1) 电气火灾和用火不慎是火灾主因

在历史街区中,用火不慎和电气火灾是最主要的火灾起因。由于电气设施管线老化,且因人口密集而私搭乱接现象严重,老龄居民电气操作不慎等原因,历史街区的电气火灾日益严重。区内无充足的管道燃气和电力等安全性较高的能源供给,居民收入偏低,液化气、煤炉、柴草等安全性较低的用火点密集,加之其他可燃物多,这些都造成了历史街区火灾原因中用火不慎的比例极高(图6.2)。

2) 火灾发生速度快

相关研究表明,历史街区内传统建筑某一部位发生火灾,火势蔓延、发展的速度明显快于现代建筑。一旦初期控制不力,将很快延烧到整栋建筑,并向周边建筑扩散。如果为多层木构建筑,还会出现立体燃烧和垮塌的现象,造成人员伤亡的增加。这其中既有传统建筑材料和构件耐火等级的先天不足,也受到人口和建筑密度过高,传统院落的火巷、出入口等疏散通道被封堵,传统建筑的风火墙等防火构造遭受破坏等人为因素的影响。

3) 火灾中后期扑救困难

火灾的初起是扑救的最佳时期,火灾发生后如果在 3~5 min 没有被发现和扑灭,火势会迅速扩大,扑救难度会逐渐增加,这是火灾发生的普遍规律。对于历史街区而言,这一规律表现得尤为突出。多位有历史街区灭火经验的一线消防指挥员认为,历史建筑的早期灭火效果十分明显,一些木结构建筑的火灾在初期往往只需要少量水源就可以迅速扑灭。但如果早期扑救失败,即便有大量人员和设备增援,火势也很难控制。究其原因,除了上述木构历史建筑易延烧的特征外,主要是历史街区的空间结构和市政设施现状带来的大型消防设施难以进入、消防水源和小型消防设施缺乏等原因❶。

6.2.2 历史街区消防的适应性对策

针对上述历史街区消防安全和火灾特性的分析,历史街区的适应性消防对策主要有以下几个方面:

1) 改善电气能源设施

针对历史街区电气火灾高发的特点,应对历史街区内的电力、燃气、采暖等能源基础设施

---

❶ 胡敏.历史街区的防火问题研究[D].[硕士学位论文].北京:中国城市规划设计研究院,2005:32

进行改造更新,以降低其消防隐患。其具体方法在本书第四、五章中已有详细论述,本节不再重复。

2) 降低人口密度、改善人口结构

居民人口密度大、收入低、老龄化程度高是造成历史街区各种消防问题的重要原因,历史街区保护规划应将降低人口密度、改善人口结构(主要是年龄、收入)作为提高街区生活条件的首要措施。

3) 拆除违章建筑、畅通疏散通道

相对于城市一般地区的现代建筑,历史街区的传统建筑绝大多数为2层以下,单体建筑面积小,院落和巷道多,本身有利于火灾时人员的避难和疏散。但由于人口数量增长,大量的私搭乱建封堵了原有的疏散通道,造成消防逃生的困难。因此历史街区的保护规划应明确主要的消防疏散通道,拆除违章建筑并加强管理,保证消防疏散通道的畅通。

4) 消防通道和消防车的适应性设计

历史街区内绝大多数传统街巷的宽度不满足现行消防规范对消防通道宽度的要求,也不能满足城市消防站主力消防车的通行要求,因此应根据历史街区街巷尺度的实际情况,选择适宜的消防通道和消防车,以将历史街区纳入城市消防站的保护范围。对于历史街区消防通道、消防车的研究是本书研究的出发点和重点。

5) 依托消火栓系统的区内自救体系

由于历史街区火灾蔓延速度快,消防车通行困难,因此历史街区的消防和高层建筑消防一样,不应只依赖城市消防车的扑救,而应建立以消火栓系统为依托的区内早期火灾自救体系,这是历史街区适应性消防对策的主体,也是本书的重点所在。

6) 历史街区性能化消防规范研究

在本书第一章介绍的性能化规范研究中,建筑防火的性能化设计是其中发展最为迅速的分支。性能化消防规范重视整体的防火效果,而不强调具体的条文和数据,因而将推翻历史建筑不符合消防规范的伪命题,而真正将设计的重点回归到为保证历史街区的整体消防安全进行技术创新上来,这正是适应性消防对策的本意,也是未来历史街区消防研究的主要发展方向❶(表6.1)。本章讨论的适应性对策虽然秉持了性能化的原则,但仅是从遗产保护规划角度出发的粗浅研究。适用于历史街区的性能化消防规范的编制还需要非常多的基础实验和研究工作,其中比较迫切的是研究我国传统木结构建筑和历史街区的燃烧机制,这些都远远超出了本书的研究范围。

表6.1 指令性规范与性能化规范下的主要设计差异表

指令性设计	性能化设计
直接从规范中选定参数和指标	依照规范性能要求能被证明,允许给出任何解释
主要关心怎样建造建筑	主要关心建筑的火灾行为如何
原则上是规范中没有规定的不能做	所提供的性能只要能证明合适的,允许采用任何革新设计
重视细节,忽视整体	强调消防系统的综合集成

资料来源:李引擎.建筑防火性能化设计[M].北京:化学工业出版社,2005:16

---

❶ 李引擎.建筑防火性能化设计[M].北京:化学工业出版社,2005:16

6.3 历史街区消防通道和消防车适应性设计

历史街区保护规划中首当其冲的消防瓶颈在于:历史街区内狭窄的街巷"无法"满足现行规范中对消防通道宽度 4 m 的要求❶,这似乎已经成为某些削足适履者拓宽历史街巷或拆除历史建筑的"充分"理由。然而如果抛开死抠规范条文的惯性思维,本着性能化规范和适应性设计的原则,对历史街区实际的消防需求和可能的消防手段进行全面的理性的分析,然后再根据区内街巷的情况选择消防通道并配备适当的消防车辆,就可以找到历史风貌和消防安全二者双赢的解决措施。

6.3.1 历史街区内消防通道宽度可以小于 4 m

设置消防通道的目的是使消防车得以通过,顺利进入火场扑救,所以消防通道的宽度和转弯半径主要取决于消防车辆的外形尺寸,再乘上一定的安全系数以便于其快速通过。我国《城市消防规划建设管理规定》❷和《建筑设计防火规范》❸规定消防通道最小净宽 4 m,净高尺寸 4 m,这是从城市总体的角度出发,综合考虑了各类消防车(表 6.2,表 6.3)的通行要求而确立的普适尺寸,并非雷打不动的"天条",而是可以并且应该根据特定区域内所需通行的消防车外形尺寸进行调整。

表 6.2 我国城市消防车的类型和功能

消防车类型		主要功能和适用对象
灭火消防车	泵浦消防车	装备消防水泵及其他消防器材及乘员座位,以便将消防人员输送到火场,利用水源直接进行扑救,也可用来向火场其他灭火喷射设备供水
	水罐消防车	车上除了装备消防水泵及器材以外,还设有较大容量的贮水罐及水枪、水炮等。可用于供水、输水和消防,是公安消防队和企事业专职消防队常备的消防车辆
	泡沫消防车	适用于扑救石油等油类火灾并向火场供水和泡沫混合液
	高倍消防车	适用于扑救地下室、仓库、船舶等封闭或半封闭建筑场所火灾
	二氧化碳消防车	适用于扑救贵重设备、精密仪器、重要文物和图书档案等火灾
	干粉消防车	适用于扑救可燃和易燃液体、可燃气体火灾、带电设备火灾
	泡沫干粉联用车	适用于可燃气体、易燃液体、有机溶剂和电气设备火灾
专勤消防车	通讯指挥消防车	装备通讯设备,专用于火场指挥员现场指挥联络
	照明消防车	用于夜间灭火照明、通讯、动力等
	抢险救援消防车	装备各种救援、防护、破拆工具及火源探测器,抢险救援专用
	勘察消防车	用于火灾现场、刑事犯罪现场及其他现场的勘察
	排烟消防车	用于地下建筑和仓库等场所火灾时火场排烟或强制通风
	供水消防车	装有大容量的贮水罐和消防水泵系统,适用于干旱缺水地区
	供液消防车	专给火场输送补给泡沫液的后援车辆

---

❶ 李引擎.建筑防火性能化设计[M].北京:化学工业出版社,2005:16
❷ 公安部,建设部,财政部,国家计委.城市消防规划建设管理规定[Z].1989
❸ GB 50016—2006.建筑设计防火规范[S].2006

续表 6.2

消防车类型		主要功能和适用对象
专勤消防车	器材消防车	用于将各类消防器材及配件运送到火场
	救护消防车	装备医疗用品和急救设备,救援和运送火场伤亡人员
	宣传消防车	装备影视、录放音响和发电设备进行防火宣传
机场消防车		可在行驶中喷射灭火剂,专用于处理飞机火灾事故
举高消防车		装备云梯等装置可进行登高操作,适用于高层建筑灭火

资料来源:汇集各类资料自制

表 6.3 消防车尺寸和转弯半径(带 * 号的为历史街区适用的小型消防车)

消防车型号	外形尺寸(m)			最小转弯半径(m)	资料来源
	长	宽	高		
CQ23 曲臂登高车	11 200	2 600	3 700	12.00	建筑设计防火规范
CG18/30A 型水罐泵浦车	7 200	2 400	2 800	8.00(参照 CGG30/35)	
CP10A 型泡沫车	7 200	2 400	2 800	8.00(参照 CGG30/35)	
CST7 型水罐拖车	10 040	2 400	2 400	9.20	
CGG30/35 内座式水罐消防车	6 910	2 420	2 960	8.00	
* CBJ22 型轻便泵浦消防车	4 160	1 915	1 960	<6.50	1987 消防产品器材样本
* CBM510 型泵浦消防摩托车	2 400	1 590	1 300	<3.00	
* 迷你消防车(台湾彰田企业股份有限公司生产)	1 770	1 040	1 780	<2.50(参照体形接近无锡华荣 BD1 搬运车)	该公司互联网站
* 迷你抢救车(香港)	2 060	1 160	1 400	2.50(同上)	绵阳消防网网站
* 消防电单车(香港)	2 230	900	1320	2.50(参照体形接近的豪迈 125 摩托车)	
* 前线指挥车(香港)	4 615	1 835	1 840	5.25[参照体形接近的宝来(BORA)1.6 轿车]	

资料来源:见表内资料来源栏

对历史街区而言,区内建筑以低层居住建筑为主,发生火灾时火情较为简单,无需动用特殊的大型消防车,普通的水剂消防车即可满足需要。在确保历史街区消防供水的前提下,区内实际需要通行的消防车其实只有体形相对较小的泵浦灭火车和通讯、器材、救护等部分专勤消防车。本着适用够用的原则,历史街区的消防通道宽度和高度均可以小于 4 m。

6.3.2 选用小型消防车辆适应历史街巷宽度和转弯半径

装备储水罐、体形较大的水罐消防车和水罐泵浦消防车是我国各城市消防部门最普遍、最常用的消防车类型,但对历史街区而言既非必要,也不适用。首先,无论其储水量大小,在实际灭火过程中最后还要依赖城市管网供水,即只要保证历史街区内的消防供水,就完全可以取消水罐。其次,历史街区狭窄的街巷确实无法满足其通行要求。所以,适应性的历史街区消防应该尽量选用体形较小的轻便消防车辆,而不是常用的水罐消防车。

我国国产轻便泵浦消防车多数为吉普车底盘改装,车体宽度大约在 2 m,转弯半径一般 ≤6.5 m,而通讯、照明、器材、救护等部分专勤消防车的装备和车体大小也可以灵活配置

图 6.3　小型消防车和消防摩托车

资料来源：见表 6.3

（表 6.2），大多数历史街区的主要街巷可以满足其通行要求。对于少数街巷特别狭窄的历史街区，为满足消防扑救要求，尚可以选择体型更小的消防车辆。如表 6.3 中我国国产的三轮消防摩托车，以及香港、台湾等地消防部门装备的迷你消防车和消防摩托车，它们的车体尺寸和转弯半径都极小，适于在崎岖、狭窄和倾斜的道路上行驶，应该成为历史街区消防的必备车辆（图 6.3）。事实上，小型消防车的使用在世界范围内都是受到欢迎的普遍做法，研制和生产小型消防车也已经成为机械行业的一个重要发展方向。

近年来，我国北京大栅栏历史文化保护区等部分历史街区开始装备引进或改装的小型消防车和消防摩托车❶（图 6.4）。济南等城市还成立了专为历史街区等老城区服务的消防摩托车队。随着这些适应历史街区特点的消防车辆和消防组织形式在全国历史街区的普及，消防车不能进入历史街区扑救的现象将逐渐消失，历史街区的消防安全性也将逐步提高。

图 6.4　北京市为历史文化保护区配备的小型消防车和消防摩托车

资料来源：北京旧城历史文化保护区市政基础设施规划研究课题组．北京旧城历史文化保护区市政基础设施规划研究[M]．北京：中国建筑工业出版社，2006：14，19

6.3.3　慎重选择历史街区消防通道

我国《建筑设计防火规范》规定，消防通道之间的间隔不宜超过 160 m，这是考虑了室外低

---

❶　北京旧城历史文化保护区市政基础设施规划研究课题组．北京旧城历史文化保护区市政基础设施规划研究[M]．北京：中国建筑工业出版社，2006

压供水消火栓的保护半径和消防车的最大供水距离均为 150 m,160 m 内可以处于两辆消防车的有效保护半径之内,消防安全性较高。这一原则同样适用于历史街区,但考虑到历史街区的特殊性,其消防通道的选择必须十分慎重。首先,应尽量选择历史街区外围的城市道路,或在历史街区外围新开辟道路作为消防通道,以减少历史街区内消防通道的数量;若历史街区窄边宽度小于 160 m,就可以完全不考虑内部消防通道。其次,应根据历史街区内街巷结构的等级和肌理,尽量利用宽度较大的主要街道或巷道作为消防通道,避免选择狭窄的巷道作为消防通道。当没有足够的街巷满足一般消防通道的宽度时,可选择其中较宽的巷道(一般 2.5 m 以上)组织小型消防车或消防摩托车道,并配备相应的消防车辆和人员。

图 6.5 所示为高淳老街历史街区❶,其保护范围较小,街区四周的城市道路官溪路、县府路、通贤街和江南圣地都应作为外围消防车道(蓝色图例),由于街区东西向短边的长度在 160~240 m 之间,故而仍需在街区中设一条消防通道。街区中部南北贯通的高淳老街宽度超过 4 m,即可作为区内消防车道(红色图例),其他的街巷(深灰图例)则无需考虑消防车的通行。整个历史街区的消防通道符合规范要求,且不必拓宽任何街巷。

图 6.5 高淳老街历史街区的消防通道规划

分析底图来自:国家历史文化名城研究中心等.高淳老街历史街区保护与整治规划文本[R].上海:2001

图 6.6 所示为扬州东关历史街区的消防通道布置❷。扬州东关历史街区规模较大,保护范围和建设控制地带的面积合计达 78 hm²,东至泰州路,西至国庆路,东西长约 1 100 m,南至文昌路,北至盐阜路,南北宽约 700 m,区内除东关街宽度超过 4 m 外,其余街巷宽度均不足 4 m。规划一方面利用外围城市道路(红色图例)作为消防车道,同时结合交通规划利用保护

---

❶ 国家历史文化名城研究中心,上海同济城市规划设计研究院,江苏省高淳县建设局.高淳老街历史街区保护与整治规划文本[Z].上海:2001

❷ 东南大学建筑规划设计研究院.扬州市规划设计研究院.扬州东关历史街区及东关街重点地段保护规划过程图[Z].2007

范围外的非历史街巷略作拓宽设置了数条机动车道兼做消防车道(棕色图例)。规划将东西贯通的东关街辟为步行街,但同时兼作消防车道,允许必要情况下消防车的通行(深蓝色图例)。由于街区面积大,上述消防车道的设施并不能覆盖整个街区。为此,规划在消防站配备小型消防车和消防摩托车,选取区内宽度3 m以上的街巷,组织分布均匀、覆盖全区的小型消防车道(黄色图例),而消防摩托车则可进入其他绝大多数巷道(深灰图例)。整个规划在不拓宽历史街巷的前提下,可以解决消防车道和消防车的规划问题❶。

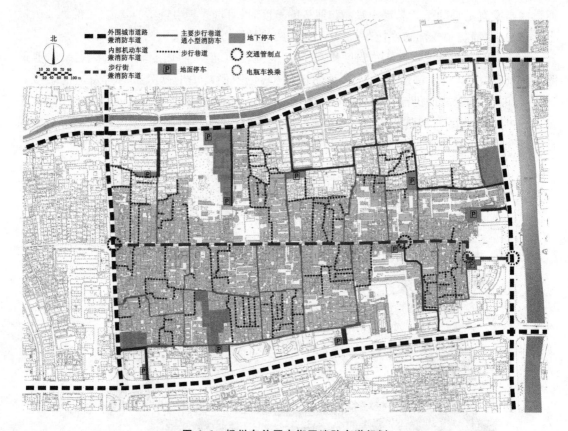

图6.6 扬州东关历史街区消防车道规划

资料来源:东南大学建筑规划设计研究院等.扬州东关历史街区及东关街重点地段保护规划(过程图)[Z].2007

6.4 消火栓系统是历史街区消防安全的主要保障

6.4.1 消火栓系统适合历史街区的特点

历史街区的火情较为简单,水是最实用、最优良的灭火剂,在理论上只要具备充足的消防供水和动力泵、水枪等必要的消防器材,就完全可以取代消防车的主要功能,实现区内的消防自救,保证消防安全。消火栓系统是我国城镇消防供水的主要水源之一,以消火栓系统为依托

---

❶ 本消防规划方案为中期研究成果,最终完成的扬州东关历史街区及东关街重点地段保护规划中的消防规划图与此有所不同。

建立的区内消防自救体系十分适合历史街区的特点。

首先,以完善的消火栓系统为依托,配置固定或机动的消防泵、消防水带和其他灭火器材,在设备上就完全可以取代普通泵浦消防车的功能。再组建一支相对固定的具有消防知识的街区内居民和消防志愿者队伍,即可在第一时间内扑灭初期火灾,实现区内自救,而无需等待消防车、消防员的到达。不但非常适合历史街区火灾蔓延速度快,初期扑救易,中后期扑救难的火情特点,而且可不必为开辟消防车道而破坏历史街区的空间格局。其次,消火栓系统的主要管网沿城市和街区道路埋置于地下,不占用地上空间,对历史街区的道路、建筑和环境几乎没有任何影响,可以最大程度地保护历史风貌。再者,消火栓的建设可以和城市生活供水系统相结合,比较经济可行。

因此,本着防患于未然和区内自救为主的原则,保持现有街巷尺度,不强求消防通道的四通八达,而精心规划和建设消火栓系统,采用生活用水和消防用水相结合的临时高压制消防供水系统,是适应历史街区特点的适应性消防策略,而且在国内已经有了成功的实例。如泉州的历史街区虽然胡同非常狭窄,但并未盲目地拓宽为消防车道,而是采取加大生活给水管管径、提高水压的办法,成功地保障了消防安全。他们的成功经验证明,完善的城市消火栓系统可以而且应该成为历史街区消防安全的主要保障。

6.4.2 历史街区消火栓系统的适应性技术要点

1) 保证充足的消防水源和水压

城市给水管网是历史街区的主要消防水源。在历史街区规划和改造过程中,应该认真核算区内消防所需的水量和水压。以历史街区现有的供水管网为水源,往往难以满足消防水压的要求,因此应结合历史街区市政设施改造,完善给水管网形式,增大管径,提高水压,以保证消防给水的可靠性,其具体技术本书第三章已有论述,此处不赘❶。

在历史街区给水管网水压不足且短期内无法改进的情况下,可在街区规划中选择适当地点建设加压泵站,一旦火灾发生,立即启动消防水泵,使室外消火栓的水压增加,以满足消防灭火需求。当城市管网完全无法满足消防水量要求时,可以利用区内河、湖、池等天然水源,或结合环境设计建设观赏水池兼作消防水源。

在消防车难以到达的历史街区或区内部分地段,应根据消火栓或天然消防水源的位置,规划在其附近配备手抬泵、推车泵等移动迅速、动力简单的轻便型消防增压设备,以在第一时间实现取水灭火(图 6.7)。

2) 合理布置室内外消火栓

按照国家消火栓设计要求,室外消火栓的间距不应超过 120 m,保护半径不超过 150 m,这是由消防车的供水范围及水带工作长度决定的❷。考虑到历史街区房屋密集,消防水带的非直线系数较大,因此室外消火栓的间距应该缩小至 80 m 左右。消火栓的布置应兼顾消防安全和经济性,既要保证保护半径的全覆盖,又不能因数量过多造成浪费。除了采用人工计算布点的传统规划方法外(图 6.8),还可以采用具有强大的区域计算功能的 GIS 软件帮助提高消

---

❶ 贺占奎,马恒,冯建朝. 城市消防给水工程[M]. 西安:西北工业大学出版社,1993:5-22
❷ 新编消防技术标准规范条文说明汇编[M]. 北京:中国计划出版社,1996

栓布置的合理性和经济性❶(图 6.9)。

图 6.7 人工便携式消防设备(手抬消防泵)可直接从河道取水,方便快捷

资料来源:宁波市科技园区巨涛工贸有限公司网站 http://company.biz72.com/detail-243991/

图 6.8 采用传统方法的深圳大鹏所城消火栓规划图

资料来源:深圳市市政工程设计院,龙岗区大鹏街道办事处.大鹏所城改造工程市政改造方案汇报[R],2005

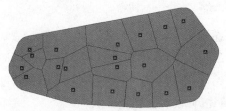

现状每个消火栓的覆盖范围

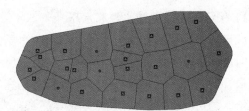

规划后每个消火栓的覆盖范围

图 6.9 以 GIS 软件调整历史街区消火栓规划图

资料来源:胡明星,董卫.GIS 技术在历史街区保护规划中的应用研究[J].建筑学报,2004(12):63-65

室外消火栓一般布置在路边或较大的建筑庭院中。在狭窄的街巷中,并应尽量设置在街边空地或街巷断面较大处,以避免因占用空间对地面交通和地下市政管位造成影响。寒冷地区采用地下消火栓,普通地区采用地上消火栓,消火栓的规格和施工应严格执行《室外消火栓通用技术条件》❷等有关规定。

室内消火栓对初起火灾的扑灭极其重要,应根据建筑物的情况尽量多设,至少区内重点文物保护单位必须设置室内消火栓,有条件的重要文物保护单位还应配置自动喷淋系统。

3)配套机动消防泵、水带、喷枪等消防器材

尽管一般的室外消火栓主要供消防人员使用,不配备固定的消防器材。但对历史街区而言,考虑到消防车可能无法到达,可以参考高层建筑室内消火栓的做法,为每个消火栓配备固定的消防器材箱,以便消防人员或历史街区义务消防员使用。如果历史街区内消防水压不足,

---

❶ 胡明星,董卫.GIS 技术在历史街区保护规划中的应用研究[J].建筑学报,2004,(12):63-65
❷ GB 4452—1996,室外消火栓通用技术条件[S].1996

则需配置一定数量的手抬式或牵引式的机动消防泵,在火灾扑救中可以灵活运送到火场地点,代替普通泵浦消防车增加消防水压。

4) 组织和培训区内义务消防员

为了达到历史街区消防安全万无一失,除了专业消防站和消防队员外,还应该立足区内自救,充分利用历史街区良好的传统邻里关系和社会结构,发动居民群防群救,组织和培训义务消防员,掌握消防知识和消防器材的使用技术,协助进行消防管理,及时发现和扑灭初起火灾。

6.5 完整的历史街区消防系统

历史街区的消防问题是整个城市消防系统的一个组成部分,它既具有城市消防的共性,也具有一定的特殊性。消防通道和消火栓系统只是整个消防系统中与城市规划和建筑设计联系较为密切的部分,而完整的历史街区消防体系则是一个涉及社会各层面的系统工程。

1) 合理规划消防安全布局

在城市历史街区规划中,合理规划消防安全布局,降低区内的消防负荷。生产、娱乐、餐饮等场所人流集中、火灾危险性大、安全负荷高,应尽量排除在历史街区之外。如确因区内居民生活和旅游开发等必需,则应相对集中,并和大量性的居住建筑群拉开一定的安全距离,或可参照日本的经验设置防火墙或延烧防止带❶,以切实保证此类建筑自身及其周边建筑的消防安全。

2) 配备专用消防站和消防车辆等器材

尽量在历史街区周边设置专用消防站,在摸清区内消防现状的基础上,根据实际情况配备一定数量的小型消防车、机动消防泵等适应性消防设备,并建立历史街区内各种类型的消防预案。如无条件建设专用消防站,则历史街区所属的城市消防站也应该在设备、人员和工作上为历史街区作特殊准备。

3) 建立公共消火栓等消防给水系统

市政供水部门和消防部门应密切配合,为历史街区规划建设单独的或合用的公共消火栓、消防给水管网、消防水池、水井或加水柱;或对区内已有消防给水系统的布局、水量、水压和器材规格质量进行复核,不符合消防要求的予以改造;保存消火栓、消防水池等资料,定期检查设备状况。

4) 因地制宜规划和管理消防通道

在不改变历史街区风貌和现有街巷结构的前提下,规划和研究火灾情况下各类消防车(包括小型消防车)可能使用的消防通道,在消防通道方案确定后对消防通道的使用进行严格管理,严禁阻塞、占用和堆积。

5) 合理配置灭火器扑救初起火灾

严格执行国家《建筑灭火器配置设计规范》❷,在历史街区内配置足够数量的灭火器。灭火器最好能以家庭或建筑为单位进行配置,种类以干粉和泡沫灭火器为主。消防站向市民传

---

❶ [日]波多野纯.日本历史性建筑的保存活用及防灾之基本考量与对策[A]//中国技术学院,日本工业大学.古迹、历史建筑保存与再利用学术研讨会[C].台北:2003:1-13

❷ GB 50140—2005,建筑灭火器配置设计规范[S].2005

授消防知识和灭火器使用方法,并负责定期检查灭火器的药剂和配置状况。灭火器的合理配置和广泛使用,可以将火灾扑灭于初起阶段。

6) 提高建筑物自身耐火、防雷安全性

在区内环境整治的过程中,清除违章搭建和易燃堆放物,完善和恢复历史街区原有的封火墙体系。在不损害历史风貌的前提下对建筑物内部(特别是厨房)进行现代化改造,炊事取暖由柴火、煤炉改造为(管道)煤气、蒸汽,并注意提高装修所用材料的耐火等级。对于规模较大或雷电频繁的历史街区,还要注意结合建筑外立面改造,设置避雷装置以防止雷击火灾。

7) 加强居民防火意识和灭火技术的宣传教育,组织和培训消防协管员

历史街区消防站应向居民开放。以消防站为基地,联合街道和居委会进行消防知识的宣传和培训,提高区内居民的防火警惕性和灭火的知识与技术。对于规模较大,情况复杂的历史街区,可以在专职消防队伍之外,挑选熟悉区内情况的热心居民进行培训,组织有偿或义务的消防协管队伍。协管员的选择应注意分布均匀,最好在每个消火栓附近的住户中各挑选一名协管员,管理自身居住范围内的消火栓、灭火器及其他配套消防器材,检查和排除消防隐患,宣传消防知识。

8) 通讯、电力等其他部门的配合

通讯部门须在历史街区内建立畅通的 119 火警报警系统,并在火灾发生时协助消防部门的通讯指挥。电力部门不仅要保证消防用电,更应该定期对历史街区内变压器、电线等电力设施和器材进行安全检查,特别注意更换历史街区内大量的老化电线和电力设备,排除消防隐患。

9) 严格执法,加强管理

除因保护历史街区建筑遗产所需必要的、并经消防部门论证的技术调整外,应在规划设计和日常管理中严格执行《中华人民共和国消防法》、《城市消防规划建设管理规定》、《古建筑消防管理规则》❶、《建筑设计防火规范》、《建筑灭火器配置设计规范》、《室外消火栓通用技术条件》等相关消防法规和行业标准,并结合历史街区的实际,加强管理,消除火灾隐患,建立完备的消防档案和消防预案,保证消防安全。

10) 新技术的应用和研究

在有条件的重要历史街区中,应尝试采用新的消防技术和设备。如消防监控报警和自喷淋系统,GPS 消防报警定位系统,新型小型消防车、无人驾驶消防车、消防侦察车、消防灭火飞机等。

---

❶ 文化部、公安部.古建筑消防管理规则[S].1984

7 历史街区适应性市政管线综合技术

7.1 历史街区管线综合的问题和对策

7.1.1 历史街区管线综合存在的问题

工程管线综合是城市规划的一项重要内容。管线综合规划的任务是对城市中各类现状及规划工程管线的空间位置进行综合设计,一方面可以防止和解决各种工程管线之间,管线与建筑物、构筑物之间可能发生的矛盾,并给将来的工程管线建设预留出空间,另一方面可以指导各项管线工程的设计和施工,也便于管线建成后的管理工作。

历史街区是城市中因历史文化价值而受到保护的特定区域。和城市一般居住区一样,历史街区的管线综合需要为居民提供各类市政服务所需的管线。但由于区内狭窄的历史街巷是其历史真实性的重要组成部分而受到保护,如果按照现行《城市工程管线综合规划规范》❶的管线间距等要求,历史街巷内能够安排的管线种类和数量将难以满足居民的生活需求。因此,有的历史街区因缺乏符合规范的技术手段而搁置了市政设施更新,或者为敷设市政管线而忍痛拓宽历史街巷,甚至有觊觎街区土地的开发商借此鼓吹历史街区完全不能适应现代生活的谬论,误导部分居民把对现实的不满归咎于保护历史,把向往现代生活等同于盼望拆迁,再趁机以改善基础设施、提高生活水平为名,行大拆大建、逃避保护责任、追求巨额利润之实。

因此,历史街区在管线综合的规划设计和施工方面存在的特殊困难,不但关系到街区居民生活质量的好坏,更决定着历史街区及其建筑文化遗产的去留存亡,应该得到深入的研究和妥善的解决。

7.1.2 历史街区管线综合的性能化标准

目前,我国城市建设中"缺乏针对历史街区的建设标准,无论是市政管线的选型,还是道路布局的选线,多年来仍然按照一般的城市标准进行规划设计和建设,缺乏与历史街区保护目标相协调的特殊政策"❷,具体到历史街区的市政管线综合方面,就是以通用的《城市工程管线综合规划规范》和《城市居住区规划设计规范》❸为标准。规范规定了各类管线敷设时的水平及竖向排列顺序,各类管线的最小埋深,管线之间以及管线和建筑物、构筑物之间的最小水平和垂直间距等各项内容,对于提高城市工程设计和城市管理的科学性、先进性和可操作性发挥了重要作用。但对于历史街区等特定地区而言,由于特殊的现状条件和规划目标,既不可能也

---

❶ GB 50289—98.城市工程管线综合规划规范[S].1998
❷ 单霁翔.城市化发展与文化遗产保护[M].天津:天津大学出版社,2006:137
❸ GB 50180—93(2002版).城市居住区规划设计规范[S].2002

不应该机械性地照搬《城市工程管线综合规划规范》。

1)《城市工程管线综合规划规范》编制有通用性

我国现行《城市工程管线综合规划规范》把通用性作为主要的编制目标。规范编制时已经认识到"城市工程管线在城市道路、居住区内等地下敷设的原则和顺序等要求各不相同,在城市总体(含分区)、详细规划阶段管线规划内容也不完全一致",但鉴于"我国目前城市工程管线综合规划在各阶段均没有相应的技术标准,……编制中考虑适用于城市总体(含分区)、详细各规划阶段工程管线综合规划"的通用性,所以适用于城市绝大多数新区建设和建成区改造项目❶。

2)《城市工程管线综合规划规范》允许灵活运用

《城市工程管线综合规划规范》在追求通用性的同时,也强调了在特殊情况下的灵活应用。如要求管线综合需同时遵循各专业规范和《城市居住区规划设计规范》等其他专项规范,也明确了工厂内部管线的特殊性,更允许在"受道路宽度、断面以及现状工程管线位置等因素限制难以满足要求时,可根据实际情况采取安全措施后减少其水平净距"❷。由此可见,《城市工程管线综合规划规范》本身并不鼓励不分场合的生搬硬套,那种为满足管线敷设规范而简单地拓宽道路的做法是对《城市工程管线综合规划规范》的误解,是教条主义导致的"削足适履"式的错误举措。

3) 规范修订有滞后性

现行《城市工程管线综合规划规范》编制于 1998 年,《城市居住区规划设计规范》编制于 1993 年,当时的材料、设备、规划设计和施工技术和现在不能同日而言。近 10 年来,各类塑料和特种管材、小型设备的迅速发展和应用,计算机辅助设计和 GIS 信息系统的普及,各类非开挖管线敷设等施工技术的突飞猛进,相应的各种材料、设计和施工规程也相继出现,而管线综合规划规范却没有适时修订,因此出现了管线综合规范的更新滞后于各专业管线规范规程的更新,滞后于实际工程应用技术发展的局面。

4) 规范的性能化发展和应用

性能化是我国目前规范编制的主要发展方向,可以很好地克服现行规范的弊端(详见第一章)。在现行规范进行性能化修编以前,历史街区市政管线综合规划应考虑到历史街区的特殊性,既尽量满足现行规范,又不完全照搬其条文。在保护历史风貌的前提下,根据历史街巷的具体条件综合安排市政基础设施,尽量使其满足现行规范;确实不能满足的,可采取适当的规划管理和技术措施突破规范条文的限制,但仍应满足规范对管线综合所能达到的内在性能的要求,即由遵守规范条文转变为满足规范的性能要求,这些性能要求应至少包括管线的安全性、施工维修的易操作性和一定的经济性。

7.1.3 历史街区管线综合的适应性目标

作为城市中的特定区域,除了满足居民生活需求的基本目标外,历史街区具有不同于城市一般地区的现状特点和规划要求,这些决定了历史街区管线综合具有不同于城市一般地区的适应性目标:

1) 地下敷设以适应传统风貌的完整性

管线综合包括地下敷设和架空敷设两种方式。由于架空敷设方式简单易行,传统上各国

---

❶ GB 50289—98.城市工程管线综合规划规范[S].1998:条文说明
❷ GB 50289—98.城市工程管线综合规划规范[S].1998

早期的电力、电信线缆大多采用架空敷设方式。但由于架空线缆受气候影响,在暴风雨等恶劣天气中的安全性较差,且空中线缆的存在对城市景观存在一定的影响,所以目前大多数国家的城市中心区和景观地区都已基本实现了架空线的入地改造。我国历史街区一般以明清风貌为主,架空线缆对低矮而优美的传统建筑天际线影响较大。所以,出于风貌保护的要求,历史街区管线综合应以地下敷设为主,现有的架空线缆应进行下地改造。

2) 减少水平间距以适应传统街巷的狭窄空间

管线敷设一般以城市街道作为敷设的通道,而历史街区管线敷设的主要通道就是历史街区街巷的地下空间。我国绝大多数历史街区都具有建筑密度高、街巷空间狭窄曲折的特点,但由于风貌保护的要求又不能扩大和改变空间尺度,往往出现管线布设空间狭小、管线净距离不能满足《城市工程管线综合规划规范》等问题。因此,历史街区的管线综合应采取适应性措施,在减少管线敷设所需的水平间距的同时保证管线的安全和施工检修的方便。

3) 减少管线埋深以适应历史建筑的浅基础

我国历史街区内的建筑多为明清和民国建筑,基础埋深较浅。如《营造法原》规定南方苏州地区民居的基础一般"刨深一尺七八寸,阔二尺五寸"❶,即埋深约550~600 mm。清《工程做法则例》规定"创槽以步数定深,如夯筑灰土一步,得深五寸,外加埋头尺寸,应创深一尺一寸",即基础深度为铺筑灰土的层数(步)加地下埋头尺寸之和。一般民居为小式建筑,灰土约1~2步,埋深总计450~500 mm,大式建筑灰土为2~3步,埋深计500~660 mm❷(图7.1)。即便故宫三大殿的基础也只有11步合计埋深1 680 mm❸(图7.2)。对照《城市工程管线综合规划规范》的最小覆土深度规定,可知绝大多数管线的埋深都在基础以下,一方面会加大管线与建筑水平净距的计算值,另一方面在狭窄的街巷内深挖施工也会对两侧建筑基础产生影响,必须采取施工加固措施。因此,历史街区的管线综合规划应采取适应性措施减小直埋管线的埋深,以减少对街巷两侧建筑遗产的影响。

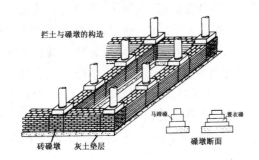

图7.1 北方建筑基础构造和礅墩断面

资料来源:刘大可.中国古建筑瓦石营法[M].北京:中国建筑工业出版社,2000:16

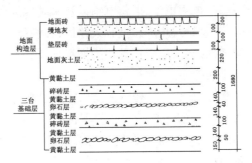

图7.2 故宫三台基础实测资料

资料来源:田永复.中国园林建筑施工技术[M].2版.北京:中国建筑工业出版社,2003:29

7.1.4 历史街区管线综合适应性措施

历史街区管线综合的适应性技术措施,应在全面理解和掌握管线综合的影响因素及其性

---

❶ [清]姚承祖著,张至刚增编.营造法原[M].2版.刘敦桢,校阅.北京:中国建筑工业出版社,1986:3
❷ 刘大可.中国古建筑瓦石营法[M].北京:中国建筑工业出版社,2000:16
❸ 田永复.中国园林建筑施工技术.[M].2版.北京:中国建筑工业出版社,2003:29

能化标准的基础上,开发有利于减少管线水平空间和埋深的新材料、新技术、创新工艺和非标准设计,并在实际工程中选择和综合运用各种安全有效的适应性材料、设备、规划设计技术、施工维修技术等方面的措施。

本书第二至六章已经对历史街区市政各专业的适应性技术进行了论述,对其中和管线综合有关的部分,本章不再重复其具体内容,而是重点阐述这些适应性技术在管线综合中的应用。根据对国内历史街区保护和市政管线综合方面的理论和实践成果的调查研究,本书分三个方面来探讨历史街区管线综合的适应性技术:①适应性直埋管线综合技术;②适应性综合管沟技术;③适应性管线施工维修技术。

7.2 适应性直埋管线综合技术

历史街区管线敷设以地下敷设为主,包括直埋敷设和综合管沟敷设两种方式。直埋敷设时,管线综合规划的主要内容是确定历史街区工程管线的种类和在地下的排列顺序,确定各管线敷设时的水平净距、埋深和垂直净距。

7.2.1 直埋管线的种类和数量

1) 历史街区管线敷设的原则和特点

历史街区作为城市中以居住和少量旅游商业为主要功能的特定区域,其市政设施遵循区内自足和最小干扰的原则,即只考虑历史街区内部需求,不考虑兼顾街区以外周边地区的供应需求;为街区提供接入服务的城市干管沿历史街区外围城市道路设置,不允许与街区无关的任何城市管线穿越街区内部。

因此,历史街区内部的管线种类一般不超过7种,即生活消防合用给水管、污水管、雨水管、燃气管、电力电缆、电信电缆以及采暖地区所需的热力管线;在数量上,除热力管线为一组双管外,其余管线均不超过一条路由;在管径上,由于各历史街区的规模和管网布置的不同存在着很大的差距,应根据具体的情况计算确定,但总体而言,历史街区市政管线在规模和容量上类似于居住小区,在管线规格、管材和特点上均接近居住小区,而和城市市政管线表现出较大差异❶(表7.1)。一般而言,历史街区内的市政管线均为支线以下,直接面向用户的管线,其管径通常较小,如给水管管径一般不超过200 mm,污水管、天然气、热力管管径不超过300 mm,雨水管不超过1 000 mm,燃气管为以0.005 MPa以下的低压为主,电力电缆为10 kV以下,电信一般不超过6孔。

表7.1 南方城市市政管线与居住小区管线的异同对照表

类别 \ 性质	市政管线			小区管线		
	规格	管材	特点	规格	管材	特点
给水	一般大于DN300	预应力钢筋砼管给水铸铁管	一般无专用消防给水管	一般小于DN300	金属管	应考虑消防管预留位置并与给水管保持最小0.15 m净距

---

❶ 刘鹏.谈建筑小区市政管线综合规划设计[J].中外建筑,2001(02):23-24

续表 7.1

类别	性质	市政管线			小区管线		
		规格	管材	特点	规格	管材	特点
排水	雨水	一般大于 $D500$	钢筋砼管或砼管	管径大、埋设深	一般小于 $D500$	钢筋砼管或砼管	管径小、埋设较浅
	污水	一般大于 $D300$	预应力钢筋砼管或钢筋砼管	管径大、埋设深	一般小于 $D300$	以钢筋砼管为主	管径小、埋设较浅
电力	高压	一般为 $B \times H = 0.8 \times 0.5$	砼管沟保护	管沟断面大	一般为 $B \times H = 0.4 \times 0.5$	砼管沟保护	管沟断面小
	低压			一般无低压电缆沟	一般为 $B \times H = 0.4 \times 0.5$	砼管沟保护	管沟断面小
燃气		一般大于 $DN100$	金属管	一般为中压管压力为 0.005~0.3 MPa 局部高压 0.3~0.8 MPa	一般小于 $DN100$	金属管	一般为中压管压力为 0.005~0.3 MPa
电讯		一般大于 6 孔	用 PVC 塑料管 $DN120$ 保护	每一条塑料管为一孔，孔数较多	一般小于 6 孔	用 PVC 塑料管 $DN120$ 保护	每一条塑料管为一孔，孔数较小
电视		一般大于 2 孔	用 PVC 塑料管 $DN50$ 保护	与电讯管同线不同井埋设	一般为 1~2 孔	用 PVC 塑料管 $DN50$ 保护	与电讯管同线不同井埋设
智能管线		一般无			同上	同上	同上
采暖		南方不考虑			南方不考虑		
路灯		一般大于 1 孔	用 PVC 塑料管 $DN75$ 保护	功率大、安装高度高、路灯基础大	一般为 1 孔	用 PVC 塑料管 $DN75$ 保护	功率小、安装高度低、路灯基础较小

资料来源：刘鹏．谈建筑小区市政管线综合规划设计[J]．中外建筑，2001(02)：23-24

2) 管线敷设的优先顺序

不论是按照现有的管线综合规范，还是采取一定的适应性技术措施，都有可能因历史街区街巷过于狭窄而难以容纳上述 7 种管线，此时就需要根据区内居民的实际需求和街巷条件进行取舍，通过合并或取消部分管道减少管线综合所需的地下空间。

一般而言，历史街区在空间狭窄的情况下，应优先敷设居民生活所必需的且无法采用其他替代方式提供服务的、占用空间较小、无危险性的市政管线，当有条件时才考虑非必需的、有其他替代方式的、占用空间较大的、可能造成一定危险的管线。优先性最高的管线有给水、电力、污水三类，所有历史街区中都必须优先敷设；取消或合并可能性最大的是雨水和供热管道；燃气、电信管线在特定情况下也可以取消。

具体而言,非采暖城市历史街区各类管线中,由于雨水管的管径最大,和建筑物及其他管线的间距要求很高,且可以通过地面径流、明沟等方式就近排除,所以应首先考虑通过地面径流、明沟排水方式取消雨水管或减小雨水管管径,当不能取消时应考虑合并雨水和污水管为雨污合流管,合流管的管径必定小于两管管径之和,而且还减少了两管间距,将极大减少地下空间。

采暖城市历史街区各类管线中,除了雨水管外,供热管道也是首先排除的对象。热力管道一般采用双管制,和建筑物及其他管线之间的间距要求最高,绝大多数历史街区都不具备在敷设给水、排水、电力、电信、燃气管线的同时直埋敷设供热管道的空间条件(按照管线综合规范,至少需要 10 m 以上),加上供热管道的采暖功能可为燃气采暖、电采暖等多种方式所代替,我国现有历史街区的规划几乎都不考虑在区内敷设供热管道。

历史街区内燃气管道由于具有一定的危险性,且有罐装燃气、电力等可能的替代方式,因此当历史街区宽度不允许时,可以取消燃气管道。如北京旧城历史文化保护区市政工程综合布置和技术标准的研究中,5 m 以下的胡同原则上不设天然气管道❶。

电信线缆和建筑物及其他管线之间的间距要求较高,且从长期看来无线网络、无线电视和手机可能取代现有电信线缆,所以在街巷空间不足,且未来可能实行无线网络的条件下,可以取消。

在给水、电力、污水三种最必要的管线中,给水具有最高的优先性,电力在不具备地下敷设条件时,可以通过沿墙壁明敷的方式解决供电问题,污水可以采用微型污水处理装置处理后直排入明渠和水系。

3) 管线数量和街巷等级的关系

需要指出的是,尽管可以根据本节确定的管线优先性顺序和《城市工程管线综合规划规范》规定的管线净距,计算出各种情况下规范所需的最小宽度,但管线敷设的具体种类和数量显然不是仅由道路宽度和优先性来确定,同时还受到历史街区内部道路宽度等级、现状地下管线、地形等多重影响,应该在实际工程中根据当地街巷网络的情况具体研究确定。一般来说,主要街巷需要提供的管线类型多、服务范围广,而支巷的管线数量相对较少,主要为入户管线。

如北京旧城历史文化保护区市政基础设施工程综合布置和技术标准研究中,按照居民最基本生活要求的顺序,按不同宽度胡同断面,制定出一系列不同宽度的胡同市政管线布置的横断面方案。胡同宽度 10 m 及 10 m 以上的,7 种管线(雨、污、气、水、路灯、电信、电力)一次埋设到位;胡同宽度 5~7 m,优先安排供水、污水、雨水、燃气、供电、电信等 6 种管线;胡同宽度 3~4 m,优先布置给水、污水管线;胡同宽度 2 m 及以下的,仅布置给水管线❷(图 7.3)。按照该方案,能够基本满足国家规范的间距要求,但这是建立在北京历史文化保护区中 5 m 以上胡同占 52%,3 m 以下胡同只占 14%的前提之上的,即大部分胡同可以提供 6 种以上的生活管线,已经可以满足居民的基本生活需求❸。

---

❶❷❸ 北京旧城历史文化保护区市政基础设施规划研究课题组. 北京旧城历史文化保护区市政基础设施规划研究[M]. 北京:中国建筑工业出版社,2006:55,54,3

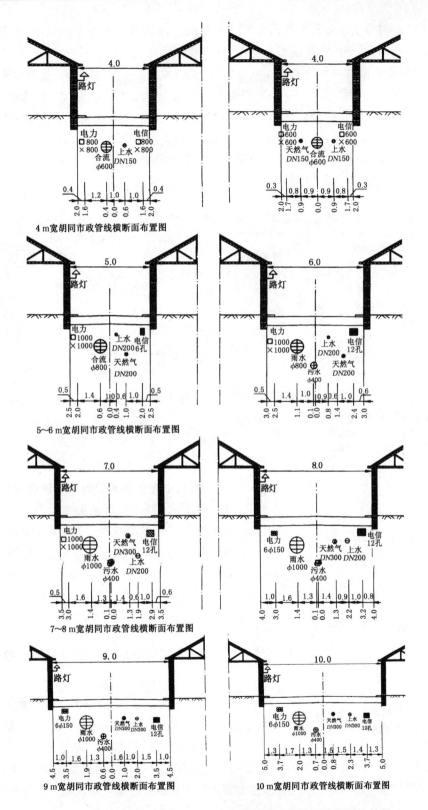

图 7.3　北京历史文化保护区 4~10 m 道路直埋管线综合方案比较图

资料来源：北京旧城历史文化保护区市政基础设施规划研究课题组.北京旧城历史文化保护区市政基础设施规划研究[M].北京:中国建筑工业出版社,2006:44-45

但对于街巷总体上十分狭窄的历史街区来说,绝大多数街巷都在4 m以下,如果套用北京的断面和管线序列,几乎所有街巷都只能布置给水污水管线,显然是不适宜的。如苏州平江历史街区中,主要街道的宽度尽管都在4 m以内,仍然直埋敷设了多达7种市政管线❶(图7.4);再如大鹏所城街巷狭窄到只有2～3 m,但仍然需要敷设最基本的电力、电信、给水、排水管道四种管线。市政设计最初精心设计了综合管沟方案,但在实际施工中因赶工期被改为直埋敷设,其中宽度为2.2 m的路段管线水平间距为零,在道路宽度只有1.6 m的东城巷2号、东门街10号、南门北段46号等3处甚至出现了管线上下交叠的情况,且并未采取足够的增加安全性的措施,可能存在一定的隐患(图7.5)。

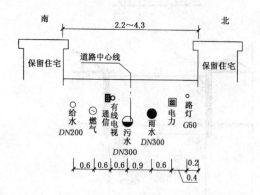

图7.4 苏州平江历史街区市政管线横断面图

资料来源:北京旧城历史文化保护区市政基础设施规划研究课题组.北京旧城历史文化保护区市政基础设施规划研究[M].北京:中国建筑工业出版社,2006:7

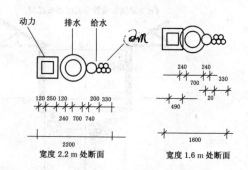

图7.5 深圳大鹏所城最窄路段管线直埋实测图

资料来源:施工单位技术人员现场手绘

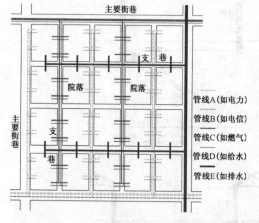

图7.6 利用街巷体系的管线交错敷设方法示意图

4) 利用街巷体系的管线交错敷设方法

当断面较窄时,每条历史街巷按照规范所能容纳的管线数量都很少。但鉴于我国历史街区往往具有较为密集的街巷体系,可以利用多条、多方向的街巷分别敷设不同的市政管线,从不同的方向分别接入院落,共同为院内居民提供全面的市政管线服务,如图7.6所示。

7.2.2 直埋管线的排列顺序和最小敷设尺寸

我国现行《城市工程管线综合规划规范》和《城市居住区规划设计规范》都对工程管线的敷设排列顺序作出了一定的规定。如《城市工程管线综合规划规范》第2.2.3条规定,"从道路红线向道路中心线方向平行布置的次序,应根据工程管线的性质、埋设深度等确定。分支线少、埋设深、检修周期短和可燃、易燃和损坏时对建筑物基础安全有影响的工程管线应远离建筑物。布置次序宜为:电

---

❶ 北京旧城历史文化保护区市政基础设施规划研究课题组.北京旧城历史文化保护区市政基础设施规划研究[M].北京:中国建筑工业出版社,2006:7

力电缆、电信电缆、燃气配气、给水配水、热力干线、燃气输气、给水输水、雨水排水、污水排水"❶。《城市居住区规划设计规范》10.0.2.5条规定"各种管线离建筑物的水平排序,由近及远宜为:电力管线或电信管线、燃气管、热力管、给水管、雨水管、污水管"。10.0.2.6条规定电力电缆与电信管缆宜远离以减小电力对电信的电磁干扰,宜按照电力电缆在道路东侧或南侧、电信管缆在道路西侧或北侧的原则布置,以简化管线综合方案,又能减少管线交叉时的相互冲突❷。

历史街区的特殊性在于街巷狭窄,且街巷两侧均为建筑,管线一般同时为两侧建筑服务,所以在管线的敷设顺序上,不能完全按上述顺序一字排开,也没有绝对的东侧西侧、南侧北侧之分,而应根据实际的街巷宽度,充分利用管线之间的最小间距,尤其是管线和建筑基础之间的最小间距进行敷设。在不采取其他安全措施减少规范间距的情况下,历史街区的直埋管线一般应遵循以下原则:

(1) 雨水、污水管道或雨污合流管不应紧靠建筑敷设,以避免与两侧建筑基础水平净距2.5 m的要求,并减少因其埋深较大时开挖施工对两侧建筑基础的影响。

(2) 电力电缆与建筑物规范净距0.5 m,在所有管线中最小,因此一般应紧靠建筑物敷设,以充分利用空间。燃气与建筑物规范净距0.7 m,仅比电力电缆略大而小于其他各管线,也宜紧靠建筑物敷设。

(3) 《城镇燃气设计规范》❸提高了燃气管与电力管之间的安全要求,将二者净距由原来较小的0.5 m增加到现在的1 m,因此历史街区宜将燃气管和电力管分别紧靠街巷两侧建筑敷设,既满足安全距离又充分利用空间。

(4) 应充分利用0.5 m的最小净距,如燃气应尽量布置于电信和给水之间,污水宜和电力相邻等。

上述原则间可能存在矛盾,此时应进行多方案比较,最终选择敷设空间最小的方案。如电力电缆(≤10 kV)、电信电缆、给水管、雨污合流管、燃气管(低压)是一般历史街区常用的5种管线,可以为街区居民提供基本的现代市政服务。根据《城市工程管线综合规划规范》规定的最小净距,当不考虑管径和基础时,按"电力—给水—排水—燃气—电信"顺序敷设需要净距4.5 m。按上述第二项原则调整为"电力—电信—排水—给水—燃气"顺序后净距4.2 m。按上述第三项原则调整为"电力—排水—给水—燃气—电信"顺序后,净距则仅需4.0 m(图7.7)。

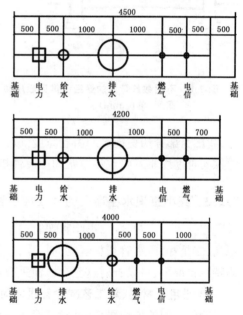

图7.7 五种管线不同排列方式所需敷设空间差异

注:图中尺寸均为净距,未计入管径,单位 mm

---

❶ GB 50289—98.城市工程管线综合规划规范[S].1998
❷ GB 50180—93(2002版).城市居住区规划设计规范[S].2002
❸ GB 500028—2006.城镇燃气设计规范[S].2006

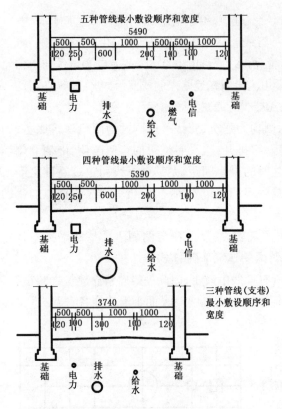

图 7.8 不同数量管线的最经济排列顺序和宽度（单位 mm）

按照电力电缆（≤10 kV）4 孔管块宽 250 mm、电信电缆直埋 6 孔管外径 100 mm、给水管 DN 200、雨污合流管 DN 600、燃气管 DN 100、两侧基础放脚各 120 mm 计算，比较各种管线排列方式可得到以下结论（图 7.8）：

(1) 当敷设全部五种管线时，最经济的排列顺序为"电力—排水—给水—燃气—电信"，其最小净距合计需 4.0 m，加管径和基础宽度，街巷两侧建筑外墙间的最小距离需 5.49 m；

(2) 敷设除燃气外的四种管线时，最经济排列顺序为"电力—排水—给水—电信"，其最小净距合计也需 4.0 m，街巷外墙最小距离需 5.39 m，仅比五种管线节省了燃气管自身 0.1 m 的管径尺寸；

(3) 敷设除燃气、电信外的三种管线时，最经济的排列顺序为"电力—给水—排水"，其最小净距合计需 3.0 m，考虑到敷设三种管道的街巷往往为需求量小、管径小的支巷，可按雨污合流管 DN 300，给水 DN 100，直埋电缆 DN 100 计算，则街巷外墙最小距离需 3.74 m；

(4) 由上述管线排列方式和尺寸分析可知，我国大部分历史街区的街巷宽度都难以满足《城市工程管线综合规划规范》的要求，因此需要探讨可以缩小管线敷设净距的适应性措施。

7.2.3 缩小直埋水平净距的适应性措施

在管线综合规划中，影响直埋管线水平净距的主要因素是三个方面，一是管线之间的安全距离，二是井、闸等管线构筑物的尺寸，三是施工和维修操作空间。历史街区在敷设空间不足的特殊情况下，可以针对这三个方面采取适应性的工程技术和管理措施。

1）采用新材料、新工艺减少管线之间的安全距离

管线之间的安全距离，是指某管线需和其他管线及建筑物基础保持一定的距离，以保证其管线及管内介质的安全，并避免对其他管线和管内介质以及建筑物基础的安全造成影响。就历史街区内部的直埋管线而言，一般没有高压和有毒有害管线，且具有容量小、管径小的特点，其管线之间的影响可以分为两类，一类是在正常输送状态下管内介质间的相互影响，另一类是管线在泄漏等特殊情况下对其他管线、管内介质和建筑基础产生的影响。

历史街区内各管线中，在正常输送状态下可能产生相互干扰的只有电力和电信管线，主要表现为电力线缆的电流对电信线缆内的通信数据产生的电磁干扰。根据《城市工程管线综合规划规范》要求，二者最小水平和垂直净距均为 0.5 m。如前文第四章所述，缩小二者净距的方法主要有三方面：①在通信电缆附近平行敷设屏蔽线，或在通信电缆外套装金属管道的方法进行电磁屏蔽保护；②使用电磁屏蔽电缆、电磁屏蔽塑料多孔管等新材料；③通信线缆采用完全不受电力线电磁场干扰的光缆。

在历史街区中,可能因泄漏造成安全影响的管线主要是给水管、排水管和燃气管。《城市工程管线综合规划规范》规定的水平和垂直净距已经考虑了在管线泄漏状态下,减少管线间相互影响的安全距离。给水管为有一定压力的洁净水管,雨污水管虽为重力管,但管径大、水量多,二者在泄漏时都会对建筑物的基础产生一定的冲刷,造成基础沉降不均,对湿陷性土壤的破坏尤其严重,因此其距离建筑基础的距离要大于电力、电信、燃气等管道;污水管内污水具有一定的腐蚀性,泄漏后可能对给水管和燃气管等金属管的外壁产生腐蚀,引发污染自来水和燃气泄漏的事故。污水管内的污物、垃圾发酵会产生可燃的沼气等气体,长期存积的可燃气体超过了安全界限后发生泄漏,并与电力、电信管线的电火花相遇,可能发生爆炸;燃气管为压力管,管内为易燃易爆气体,一旦泄漏并与电力、电信管线可能出现的电火花相遇,将有爆炸危险。

近年来,高性能塑料管材和相关施工工艺发展迅速,如高密度聚乙烯(HDPE)等新型高分子塑料给水、排水与燃气管材的力学性能和防腐、防水能力已经远远超过《城市工程管线综合规划规范》编制时普遍采用的镀锌钢管给水管、燃气管和混凝土排水管,其管材长度增加,接头数量大大减少,加之管线连接、密封等施工工艺有了长足的进步,所以不但可以减少各类检查井的数量,更可以大幅缩小管线之间的水平与垂直净距。

如北京南池子历史文化保护区试点片市政工程的综合设计中,采用了防水性能较好的 HDPE 雨水管和浅埋深技术,将雨水管与建筑基础的净距由《城市工程管线综合规划规范》规定的 2.5 m 减少到 2.0 m,雨水管与电力电缆净距由 0.5 m 减少到 0.4 m;采用 HDPE 污水管,将污水管与给水管的净距由 1.0 m 减少到 0.55 m;燃气管采用高防腐等级的钢管或聚乙烯管(PE 管),将燃气和电信管线净距由 1.0 m 减少到 0.5 m❶。因此,得以在 5.8 m 宽的后普渡寺巷内敷设了 7 条市政管线(图 7.9)。

2)采用新设备和非标准设计的井闸等构筑物

《城市工程管线综合规划规范》规定的管线间最小净距为 500 mm,很大程度上是受到各类井、闸等管线构筑物尺寸的影响。在前文各章介绍的各专业管线井闸中,一般常见的人式井闸的最小内径为 700 mm,加上两侧井壁砖墙厚度 240 mm,按管径 200 mm 计算,则从管壁到检查井外壁的距

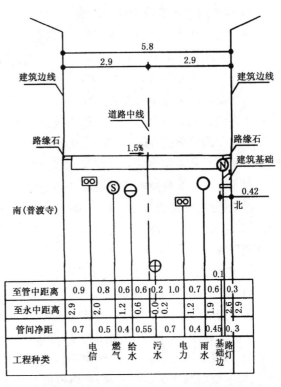

图 7.9 北京南池子后普渡巷管线综合断面图

资料来源:北京旧城历史文化保护区市政基础设施规划研究课题组.北京旧城历史文化保护区市政基础设施规划研究[M].北京:中国建筑工业出版社,2006:97

---

❶ 北京旧城历史文化保护区市政基础设施规划研究课题组.北京旧城历史文化保护区市政基础设施规划研究[M].北京:中国建筑工业出版社,2006:96

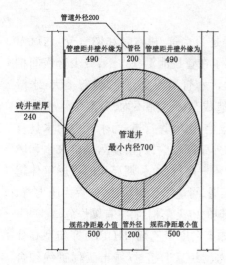

图 7.10 管井尺寸与最小净距的关系图

离已达 490 mm,基本等于《城市工程管线综合规划规范》中管线净距的最小值 500 mm(图 7.10)。所以历史街区中要将管线净距减少到 500 mm 以下,一般首先考虑减少井、闸构筑物的尺寸,或者取消部分井闸减少其数量。

总结前文历史街区各管线专业的内容,减少井闸数量的方法主要有:①开发新型管材、管件和施工工艺,通过降低管材的摩阻系数,提高管材防腐防水和保温性能,增加管材长度,开发各类异型弯头构件,提高接头质量等方法,减少管网所需检查井、补偿小室等的数量。②应用各类无需砌筑井室的免维护地埋阀门、闸管、远传水表等新型设备,减少井室的数量。

减小井闸尺寸的主要措施有:①采用非标准设计的小内径长方形、椭圆形井室;②采用钢筋混凝土、钢等薄型井壁;③采用塑胶、玻璃钢等整体型井室;④采用小型的耐水不燃高强度人孔、手孔;⑤采用无需下井操作的新型塑料检查井。

3) 管线敷设中节约管位的措施

除了材料和设备本身的措施外,在管线敷设中节约管位也是在历史街区狭窄路段敷设市政管线的措施之一。具体的方式除了前文所述的雨水管、污水管共用路由,电力电信多孔管、管块统一路由等措施外,还要在敷设过程中根据街巷实际情况灵活处理。

如历史街区街巷断面往往变化较多,因此在管网井闸、消火栓等的布置上,可以充分利用街巷断面较大或有临街局部空地的路段,而在空间狭窄的路段尽量少设检修井闸。对可以不在路中布置的消火栓井、水表井、各类预留接户管等应尽量在路外空地上设置,不占用路内空间。对必须在路内部布置的检查井,则应相互错开。

对于平面上有冲突的管线设施,应充分发挥电力电信缆线、燃气管线、给水管线等小管径、易弯折的管线,在遭遇其他管线时进行绕避。当井位排布紧张时,相邻市政管线间可以穿井敷设,并在穿入其他市政管井中的管段外增加防护套管,以免管线泄漏等原因造成的相互影响。如当燃气管遭遇消火栓井、给水闸井、电力检查井等井室且无绕避空间时,可加护套管从这些井室中穿越,以节省管线敷设的平面管位。

4) 部门协调和标准制定

历史街区的市政管线综合设计中,应综合采取上述各类措施以节约管线敷设空间,适应历史街区的街巷特点。但需要指出的是,因管线综合平面布置涉及各个相关市政专业公司和管理部门,为避免设计、施工和管理中的相互矛盾和冲突,对于每一个特定历史街区的市政工程设计,应在取得对街区市政需求、道路宽度和地下管线状况的初步调查成果后,由各市政专业设计和管理部门进行共同协商,对管线综合中可能出现的不满足规范宽度的路段进行分析,研究所需采取的技术措施,并协调对各专业产生的影响。对于规模很大,情况复杂的历史街区,还可由各专业根据街区的实际情况,研究制定符合本街区的市政管线净距标准,以统一各专业、各阶段的设计、施工、管理部门的一般技术措施。

如北京市规划委员会于 2003 年组织了相关的十余家市政设计和管理部门,在对北京 30 片历史文化保护区现状进行充分调查研究的基础上,对其市政基础设施的特殊技术措施和技术标准进行共同研究和协商,并制定了适用于北京历史文化保护区特点的市政管线综合标准❶(表7.2)。

表7.2 北京历史文化保护区市政管线最小水平间距表

序号	管线名称	1 建筑物	2 自来水 D≤200	2 自来水 D>200	3 雨污水 D≤1 000	4 燃气 低压	4 燃气 中压 D≤200	5 电力 ≤10 kV	6 电信
1	建筑物		1.0	2.0	1.0	0.7	1.0	0.3	0.3
2	自来水 D≤200	1.0			0.5	0.3	0.5	0.5	0.5
2	自来水 D>200	2.0			1	0.5	0.5	0.5	0.5
3	雨污水 D≤1 000	1.0	0.5	1		0.5	1.0	0.5	0.5
4	燃气低压	0.7	0.3	0.5	0.5			0.5	0.5
4	中压 D≤200	1.0	0.5	0.5	1.0			0.5	0.5
5	电力≤10 kV	0.3	0.5	0.5	0.5	0.5	0.5		0.5
6	电信	0.3	0.5	0.5	0.5	0.5	0.5	0.5	

注:单位为mm,适用于10 m以下胡同,不考虑热力和高压燃气管道
资料来源:北京旧城历史文化保护区市政基础设施规划研究课题组.北京旧城历史文化保护区市政基础设施规划研究[M].北京:中国建筑工业出版社,2006:96

7.2.4 缩小埋深和交叉垂直净距的措施

1) 减小管线埋深

《城市工程管线综合规划规范》2.2.12条规定,"工程管线在交叉点的高程应根据排水管线的高程确定"❷。由于历史街区内部管网的改造往往滞后于周边城市道路的改造,街区内雨水、污水等重力管的最大埋深受到城市道路干管埋深的限制,为利于区内的雨污排水,地势平坦的历史街区应尽量减小排水管道的埋深。减少排水管道埋深的措施在第三章中已有论述,主要包括采用摩阻系数小的塑料管材、设截留池法减小排水坡度,以及设置溢流井等方法。减少排水管的埋深,除了利于排水外,还节约造价,并减少深开挖对两侧历史建筑基础的影响。

相较于一般城市道路,历史街区内机动车道的交通以小汽车和摩托车、自行车为主,一般没有大型载重车辆通行,所以其下各类管线最小覆土深度的取值可以介于《城市工程管线综合规划规范》中车行道和人行道的覆土深度值的中间值,即最上层的直埋电力管线的埋深可取0.5~0.7 m之间。

2) 减小管线交叉垂直净距

《城市工程管线综合规划规范》第2.2.11条规定,当工程管线交叉敷设时,自地表面向下的排列顺序宜为:电力管线、热力管线、燃气管线、给水管线、雨水排水管线、污水排水管线,并规定了各工程管线交叉时的最小垂直净距,一般市政管线之间的最小垂直净距为0.15 m,个别管线如电力管沟与其他管线最小垂直净距为0.50 m。但在历史街区等地下现状管线复杂、空间狭窄地区的管线敷设中实际很难做到。

在历史街区管线间的垂直净距上,根据一些地区的实际施工经验,一般管线间只要保持交叉垂直净距>0时即可施工。为防止管线净距过小时管道变形、下垂而产生的管道间叠压带

---

❶ 北京旧城历史文化保护区市政基础设施规划研究课题组.北京旧城历史文化保护区市政基础设施规划研究[M].北京:中国建筑工业出版社,2006:96
❷ GB 50289—98.城市工程管线综合规划规范[S].1998

来的应力、金属管电极氧化等问题,宜对管道进行保护性加固,如《上海市排水管道通用图》在排水管道之间净距大于零且小于管道基础厚度的情况下,可采用管道混凝土方包加固。电力管线同燃气管交叉时可能发生泄漏爆炸事故,故最小垂直净距应争取控制在0.5 m以上,当无法满足时,应在燃气管线外用钢套管或PE套管进行保护❶。

3) 管线冲突的避让措施

在管线敷设顺序上,由于历史街区地下敷设空间紧张,加之各类现状管道错综复杂,在实际工程设计或施工时,有些管线很难做到在竖向上完全避开,此时需要按照压力管线让重力自流管线,可弯曲管线让不易弯曲管线,分支管线让主干管线,小管径管线让大管径管线,新铺管线让现状管线以及无害管线让有害管线的原则,进行特殊处理❷。

如雨水管道与燃气、污水等管线受各因素制约而无法相互错开时,可做成交叉井,或称过渡井的形式(图7.11),将污水等管线直接穿过交叉井,而雨水管线在井中断开❸。

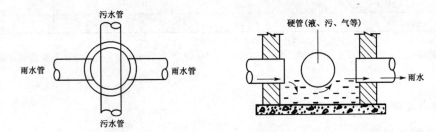

图7.11 雨水管与硬管交叉井平面剖面图

资料来源:毛国江.浅谈地下管道设计、施工和维修的协调[J].给水排水,2002(03):85-87(平面);王贤萍.市政管线的综合规划与管理[J].中国给水排水,2002(06):54-56(剖面)

交叉井的另一种形式是在电缆井池中过渡污水、雨水等不可弯曲管(硬管),为避免雨污水泄漏对电缆不利,电缆一般应从液体管道上方走行❹(图7.12)。

对于小管径压力管线与重力管线交叉无法避开时,可不设井,而采用4个45°弯头绕开。若该压力管为给水管且从重力管上方走行而覆土不够时,可从排水管下方走,但给水管须加护钢套管以免管线破损时水质被污染❺(图7.13)。

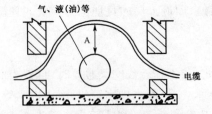

图7.12 电缆井中穿越硬管做法图

资料来源:毛国江.浅谈地下管道设计、施工和维修的协调[J].给水排水,2002(03):85-87

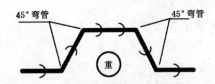

图7.13 压力管避让重力管做法图

资料来源:王贤萍.市政管线的综合规划与管理[J].中国给水排水,2002(06):54-56

---

❶ 王贤萍.市政管线的综合规划与管理[J].中国给水排水,2002(06):54-56
❷ 戴慎志.城市基础设施工程规划手册[M].北京:中国建筑工业出版社,2000:650
❸ 毛国江.浅谈地下管道设计、施工和维修的协调[J].给水排水,2002(03):85-87;参见:王贤萍.市政管线的综合规划与管理[J].中国给水排水,2002(06):54-56
❹ 毛国江.浅谈地下管道设计、施工和维修的协调[J].给水排水,2002(03):85-87
❺ 王贤萍.市政管线的综合规划与管理[J].中国给水排水,2002(06):54-56

7.3 适应性综合管沟技术

7.3.1 综合管沟技术简介

在地下管线的敷设中,综合管沟是区别于直埋的另一种方式。综合管沟是指收容两种以上市政管线的地下构筑物,日本称之为共同沟,我国也有学者称之为综合管廊、总管道,台湾地区称为共同管道。本书根据《城市工程管线综合规划规范》称之为"综合管沟",从历史街区适宜采用的综合管沟断面形式看,也更加符合"管沟"的概念。

综合管沟最早出现于法国,1833年法国巴黎在系统地规划排水网络时开始兴建综合管沟,并随着技术的进步,接纳了给水管、通讯电缆及交通信号电缆等管线。当前,国际上很多发达国家都已实施了综合管沟,如东京、莫斯科和巴黎等国际著名大都市都建有数百公里的综合管沟,综合管沟已成为面向21世纪城市现代化建设的趋势和潮流。我国首条综合管沟敷设于1958年的北京天安门广场,但因所需投资过大而一直没有发展。进入90年代以后,以上海浦东张扬共同沟为开端,北京、上海、南京、杭州、济南、宁波、衢州等各地都开始了规模不等的综合管沟建设,其中比较著名的有深圳大梅沙—盐田坳综合管沟、北京中关村西区综合管沟等❶。

相较于市政管线直埋敷设,综合管沟的主要优点在于:①地下管线敷设、扩容、检修无需挖掘道路,节约维修费用,避免给城市交通、景观和居民生活造成影响;②管线沟内敷设,环境稳定、检修方便,延长管线寿命,提高城市防灾能力;③沟内工程管线布置紧凑合理,节约道路地下空间;④减少道路杆柱、架空线及各工程管线的检查井、室,美化城市的景观。因此,综合管沟是一种较为先进的管线敷设方式,是未来我国城市市政建设现代化的发展方向之一,在目前尤其适用于因交通、景观、功能等的重要性而不能频繁开挖的主要交通干道、商业中心、历史文化风貌区等,可以单独敷设,更适宜在城市地下空间的统一规划下,与地铁、地下商业、人防通道等结合修建❷。

7.3.2 历史街区综合管沟的适用性和经济性

1) 历史街区综合管沟的适用性

我国历史街区内部道路具有断面狭窄、曲折多变的特点,大多数街区市政基础设施薄弱,亟须增敷污水、燃气等管线,而传统风貌的保护和整治也需要进行电力电信架空线入地等一系列市政设施改造。如果按照传统的地下直埋敷设方式,净宽4 m以下的街巷难以容纳给水、排水、电力、电信、燃气等5种居民所需的市政管线,即使采用前文所述的新材料、新技术等各项适应性技术措施可以敷设,过于狭窄的管位也不利于未来的维修,增容的可能性更是微乎其微。而综合管沟恰恰具有适应历史街区狭窄空间和风貌保护要求的诸多优点:

(1) 综合管沟将多种管线置于一个小室,管线可以在管沟内的空间中上下重叠、立体布置,解决了管线直埋所需的布置间距,在历史街巷有限的地下空间内可以布置更多种类和数量的管线,提高街区内的市政供给水平,并为未来发展留下余地;

---

❶ 胡敏华,蔺宏. 论市政共同沟的发展史及其意义[J]. 基建优化,2004,25(3):7-10

❷ 陈立道,朱雪岩. 城市地下空间规划理论与实践[M]. 上海:同济大学出版社,1997:21

(2) 综合管沟内本身具有检修的空间,可以取消直埋敷设时各类管线所需的数量庞大的独立检修构筑物,节约地下空间,修建时对两侧历史建筑的地基影响小,且无须频繁开挖,有利于两侧建筑遗产的保护;

(3) 综合管沟设置统一的检修口,极大减少了地面井盖数量,从而使得传统地面更为完整和美观,更有利于历史风貌的保护;

(4) 综合管沟内的管线可以通过设过渡段与周边城市道路和区内的现状管线实现简单易行、方便实用的连接,也可以方便地为周围建筑提供预留或增容各种管线,而不必破路;

(5) 综合管沟内的管线由于不直接与土壤、地下水、道路结构层的酸碱物质接触,可减少腐蚀,延长管线的使用寿命,同时避免了直埋管道渗漏造成的地下水污染、建筑基础沉陷等弊端;

(6) 综合管沟内可安装先进的监视系统,在使市政管理现代化的同时,及时发现管线隐患,及时维护管理,提高管线的安全性,减少因管线故障给街区居民和建筑遗产造成的损失。

2) 历史街区综合管沟的经济性

尽管市政综合管沟对历史街区具有以上种种技术上的适应性,但一次性投资较大,因此在规划决策时也必须要考虑其经济上的适用性。事实上,综合管沟在我国城市建设领域的推广整体上进展较慢,很大程度上是因为费用与效益的关系不够清晰,在经济性、可行性论证方面存在困难。

考量历史街区综合管沟的经济性是一个极其复杂的问题,已经远远超出了本书的研究范围,但最新的一项对城市市政综合廊道(即综合管沟)的费用—效益比的研究成果❶,已经可以证明其费效比大于分散直埋方式。该研究创造性地列出了城市市政综合管廊的直接和外部费用与效益的计算方法(图 7.14),并通过对国内 11 个具体项目进行计算分析,得到以下结论:

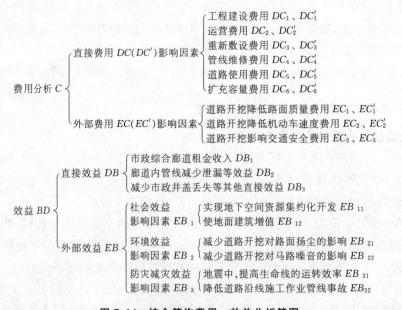

图 7.14 综合管沟费用—效益分析简图

资料来源:郭莹等.市政综合廊道费用—效益分析方法和实例研究[J].地下空间与工程学报,2006(B07):1236-1239

---

❶ 郭莹,祝文君,杨军.市政综合廊道费用-效益分析方法和实例研究[J].地下空间与工程学报,2006(B07):1236-1239

(1) 与分散直埋形式相比,市政综合廊道的外部效益与其成本比起来是相当可观的,效费比集中在 1.5~2.5 之间,说明发展市政综合廊道的效益大于费用。

(2) 与分散直埋形式相比,市政综合廊道的直接费用要高,一般约为直埋形式的 1.5 倍到 2 倍之间。

(3) 市政综合廊道效费比的高低与城市的经济发展和人口的密集情况密切相关,在大城市老城区改造中,密集的人口和财富分布使得廊道的环境效益和防灾减灾效益十分可观。

(4) 由于目前国内市政设施的地下空间资源基本为免费使用,市政综合廊道效益测算中无法体现道路地下空间的集约化效益,如果仿照日本等国家收取道路地下空间资源使用费的做法测算,市政综合廊道的效益会更加突出❶。

由于历史街区综合管沟的主要形式将以费用相对较低的非通行式管沟为主,而在外部效益上除了图 7.14 中所列各项外,更有保护历史文化遗产的重大社会效益,所以在绩效比上应高于城市一般综合管沟,因而相对于直埋敷设而言具有较好的经济性。因此,综合管沟虽然增加了一次性投资,但由于其对历史街区的狭窄空间和建筑遗产与风貌的保护具有独特的适应性,且在宏观上具有优越的经济性,所以应该成为历史街区市政管线综合的发展方向。

7.3.3 综合管沟在历史街区的适应性应用

综合管沟根据功能、检修方式、收纳管线数量可以多种分类。在功能上,综合管沟分为干线综合管沟、支线综合管沟以及缆线型综合管沟。根据检修时人是否通行,可以分为通行管沟和不通行管沟。根据管线是否全部纳入综合管沟内,可以分为全置式综合管沟和半置式综合管沟。

1) 干线综合管沟应用于特殊环境

所谓干线综合管沟是指收容两种以上市政管线系统中的干线,不直接为用户提供服务的综合管沟;支线综合管沟则为用户提供直接的接户服务❷。

由于干线管沟不直接为用户服务,且断面较大(图 7.15),难以沿着历史街区内部道路敷设,一般不适用于历史街区,所以城市干线管沟通常不允许进入历史街区内部。只有当街区规模很大,必须引入数量较多、管径较大的市政管线,但街区内街巷道路断面不足,难以按照常规沿街道地下直埋或管沟敷设时,才有必要利用盾构技术在地下构筑一种不按道路敷设的、隧道式的干线综合管沟,沟内敷设满足区内需求的、从外围城市干管引入的大容量管线,在区内适当位置集中引上地面,再沿街巷向四周敷设管径较小、服务面积较小的支线,支线以直埋或管沟方式直接供应用户。

如北京大栅栏历史文化保护区,面积大、人口多,街巷狭窄交错,难以引入满足区内容量的市政管线。2003 年世界银行委托国际专家组对国内外 6 家规划设计单位的大栅栏地区保护规划方案进行研究和评估,并根据评估结论提出的基础设施的概念性规划中,就采用了隧道式的市政干线综合管沟。规划中街区临近周边道路的外围部分直接从外围城市道路的市政干管接入支管。对外围市政干管不能直接供给的街区中部的市政服务,则由两条南北向的隧道式

---

❶ 郭莹,祝文君,杨军.市政综合廊道费用-效益分析方法和实例研究[J].地下空间与工程学报,2006(B07):1236-1239

❷ 王璇,陈寿标.对综合管沟规划设计中若干问题的思考[J].地下空间与工程学报,2006(04):523-527

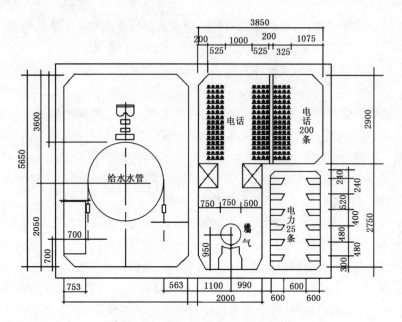

图 7.15 干线综合管沟内管线布置图

资料来源:GB 50289—98.城市工程管线综合规划规范[S].1998.条文说明

的干线综合管沟引入,在中部接出 4 个市政服务节点,再由节点向外敷设提供入户接口的市政支管❶。但由于开发目标、投资决策等方面的原因,世界银行的这一研究仅仅停留在概念阶段而未能深入(图 7.16)。

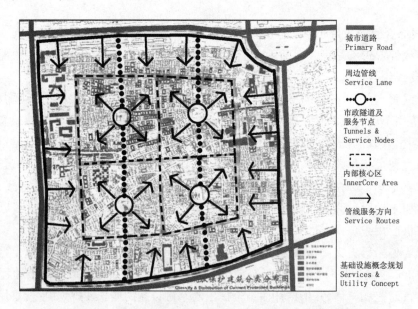

图 7.16 世界银行北京大栅栏地区概念规划中的隧道式市政综合管沟

资料来源:吴必虎.第三届三校旅游—景观论坛报告:旅游导向型城市历史街区的更新:北京大栅栏地区案例[R].北京:北京大学旅游研究与规划中心,2003

---

❶ 吴必虎.第三届三校旅游—景观论坛报告:旅游导向型城市历史街区的更新:北京大栅栏地区案例[R].北京:北京大学旅游研究与规划中心,2003

我国绝大多数历史街区的规模尚无应用干线综合管沟的必要，区内管线敷设多以直埋敷设和支线综合管沟、缆线型综合管沟为主。支线综合管沟、缆线型综合管沟的断面和沟内管线的管径较小，一般直接为历史街区内的居民和单位用户服务。因此，如无特别说明，本书以下讨论的均为支线和缆线型综合管沟。

2) 通行式综合管沟的应用要求较高

通行式综合管沟要求检修人员能够在其中行走，所以一般应保证地沟的通道宽度不小于0.7 m，高度不低于2 m(到梁底的高度最低可取1.8 m)，沿管线每隔一定距离，如200～300 m设一人孔，便于工人上下检修。在局部布置一定设备和附件的部位，可设专用的扩宽室或亭间，便于与支管的交接❶。通行式综合管沟检修便利、管内空间较大，埋深较大，加上因要保证人在管沟内的活动安全，需要安装供电、监控、消防、通风、报警电话等诸多的附属设备，所以造价较高，须安装在宽度较大的路面下，我国目前沿城市干道建设的干线和支线综合管沟主要是通行性综合管沟，其典型断面如图7.17所示。

北京中关村共同沟

广州大学城共同沟

上海张杨路共同沟

上海安亭新镇共同沟

图7.17　国内已建成的通行式综合管沟断面图

资料来源：束昱，马仕.论我国城市共同沟建设的发展战略[J].上海电力，2006(03)：225-228

在我国现有历史街区中，上海等地的部分近代型历史街区和北京等地的部分传统历史街区的街巷相对较为宽阔，在资金允许的情况下有可能建造此类通行性综合管沟。如北京市在北京旧城历史文化保护区市政基础设施规划研究中，委托北京城建设计院做了"综合管廊在历史文化保护区的应用"专题报告。该报告主要探讨的是历史保护区设置通行性综合管沟的技术标准、造价等因素，并以北京南池子小区为例，设计了通行性综合管沟的典型断面。报告结论性的建议认为，综合管沟在历史文化保护区的应用，应该与传统直埋方式相协调，在道路狭窄的地方，如路宽为3 m、4 m的路段，采用直埋管线方式，在道路较宽的地方，如路宽为4 m以上的路段，采用综合管沟方式；在市政干路上应用综合管沟，在市政支路上采用直埋方式❷(图7.18)。

需要指出的是，从该报告的结果看，4 m以上的路段采用直埋方式也可以满足街区市政管线敷设的要求，如果通行性综合管沟同样需要4 m以上路段才能敷设的话，就不能起到节约地下空间、适应狭窄街巷的作用，因此不具备针对历史街区的特殊适应性，其高昂的造价反而会成为阻碍其在历史街区的推广实施。南池子历史文化保护区虽然进行了该方面的研究，但最终的实施方案仍然采用直埋方案即可视作例证。

由此可见，通行性综合管沟在历史街区内的应用受到制约，只有在街巷宽度、埋深、造价等多方面条件满足时才比直埋敷设更具有可行性。

---

❶ 袁媛.我国旧城居住区更新中的城市基础设施建设研究[D]:[硕士学位论文].上海:同济大学，2002:45
❷ 北京旧城历史文化保护区市政基础设施规划研究课题组.北京旧城历史文化保护区市政基础设施规划研究[M].北京：中国建筑工业出版社，2006:107-109

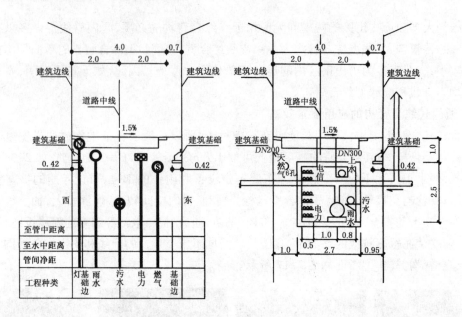

图 7.18　北京南池子 4 m 胡同管线直埋（左）与综合管沟（右）方案

资料来源：北京旧城历史文化保护区市政基础设施规划研究课题组. 北京旧城历史文化保护区市政基础设施规划研究[M]. 北京：中国建筑工业出版社，2006：109

3) 不通行性综合管沟是主要发展方向

尽管在我国《城市工程管线综合规划规范》和目前各地综合管沟建设的热潮中，干线综合管沟和通行式支线管沟占据绝对主流地位，但缆线型综合管沟和非通行性综合管沟更应成为我国城市市政管线综合的发展方向，尤其应该成为历史街区市政管线综合的主要发展方向。

图 7.19　缆线型综合管沟断面图

资料来源：王璇，陈寿标. 对综合管沟规划设计中若干问题的思考[J]. 地下空间与工程学报，2006(04)：525

不通行综合管沟是相对于通行式综合管沟的，其特征是检修人员不进入管沟，对管线的检修主要通过共用的管井完成，因此管井间的距离较近，通常为 50~80 m❶。由于无须设置人员通行的空间，所以在管沟深度和高度上都可以十分小巧，可采用预制工法，一般直接浅埋于地面铺装下，在采用条石、混凝土盖板等大型地面铺装材料时，亦可直接打开顶板进行维修。

缆线型综合管沟是与干线、支线综合管沟相对而言的，在功能上过去主要收容信息光缆与电力电缆，为用户提供直接的服务。近年来，日本及我国台湾地区在缆线型综合管沟的基础上又扩容加入了给水等管类设施，并在实践中取得了很好的效果❷。但在断面形式上，缆线型综合管沟也是采用不通行式设计，其最大的特征是埋深浅、顶板可以打开（图 7.19）。由于缆线型综合管沟已经不再只敷设缆线，所以本节把它归入不通行综合管沟统一论述。

---

❶　袁媛. 我国旧城居住区更新中的城市基础设施建设研究[D]：[硕士学位论文]. 上海：同济大学，2002：45
❷　王璇，陈寿标. 对综合管沟规划设计中若干问题的思考[J]. 地下空间与工程学报，2006(04)：523-527

不通行综合管沟、缆线型综合管沟在拥有前文所述综合管沟的各种优点的同时,还具有以下适合历史街区的突出特点:

(1) 断面小、埋深浅,对街巷宽度等建设条件的要求有较大的弹性,对两侧建筑物基础的影响小,所以可以深入到城市密集区的大小道路,尤其适用于历史街区内的狭窄街巷中连接成网,如同综合管沟系统的"毛细血管";

(2) 埋深浅、检修方便且无需通行,可以省去供电、监控、消防、通风、急救电话等诸多的附属设备,从而使造价大幅下降,适合历史街区保护的公用事业特性;

(3) 体积小,构造简单,接户方便,可以大量采用整体预制、拼装工法施工,使其建设工期明显缩短,减少对历史街区风貌和旅游的干扰程度。

正是由于以上的原因,非通行性的缆线型综合管沟在综合管沟相对发达的日本及我国台湾地区得到了很快的发展,如大阪 1992 至 2004 年的 12 年间,缆线型综合管沟的建设规模达到了 175 km,远远超过过去 50 年间干线与支线综合管沟建设的总规模,并仍然保持着较快的发展速度❶。

在我国,虽然城市综合管沟的发展尚处于以通行式干线和支线综合管沟为主的起步阶段,非通行性和缆线型综合管沟尚未得到普及,但在历史街区的市政管线综合中已经得到了初步的应用。如苏州周庄、绍兴红旗路、八字桥等历史街区保护规划中,已有采用非通行性综合管沟解决狭窄历史街巷中管线敷设问题的成功案例。在新近完成的深圳大鹏所城、扬州东关街等历史街区的保护规划中也应用了非通行性综合管沟,其效果正待实施和检验。

7.3.4 综合管沟断面设计原则

综合管沟断面设计是根据城市工程管网的接入、历史街区所需的管线种类、街区道路坡度、断面等情况进行综合技术经济比较后,对历史街区综合管沟内敷设的管线类型、管径及其空间位置进行设计。由于各历史街区在道路断面、管径等方面差异很大,本节主要讨论收纳管线类型的相容性及其布置原则。

1) 管线类型的相容性

我国目前还没有综合管沟的设计规范与设计标准,仅在《城市工程管线综合规划规范》中规定"综合管沟内宜敷设电信电缆管线、低压配电电缆管线、给水管线、热力管线、污雨水排水管线。……相互无干扰的工程管线可设置在管沟的同一个小室,相互有干扰的工程管线应分别设在管沟的不同小室"等笼统的原则❷。在综合管沟的规划设计实践和方案审查、评审中,往往因各管线可否共处一室的相容性而发生争议。

历史街区综合管沟在设计原则上沿用了室内建筑设备的方法和理念,因此不同于市政模式,有学者根据发达国家百余年来综合管沟建设的成功经验及其相关设计规范和设计标准,将综合管沟内管线的相容性概括为表 7.3 所示❸。由于历史街区中一般不考虑热力管道,所以主要是考虑电力与电信缆线之间、燃气管线与电力电信之间的相互影响。防止电力与电信管线电磁干扰的处理方式在第四章中已经详细论述,以下主要讨论燃气管道的相容性问题。

---

❶❸ 王璇,陈寿标.对综合管沟规划设计中若干问题的思考[J].地下空间与工程学报,2006(04):523-527
❷ GB 50289—98.城市工程管线综合规划规范[S].1998

表 7.3　综合管沟收容管线的影响关系

管线种类	自来水	下水道	煤气	电力	电信	热力
自来水		○	×	×	×	×
下水道	○		○	○	○	×
煤气	×	○		×	×	×
电力	×	○	√		√	√
电信	×	○	√	√		√

注：√表示有影响，○表示其影响视情况而定，×表示毫无影响
资料来源：王璇,陈寿标.对综合管沟规划设计中若干问题的思考[J].地下空间与工程学报,2006(04):526

2) 燃气管道的收纳原则

燃气管道因为输送的介质具有易燃易爆的危险性，所以和其他管线尤其是电力电信管线的相容性一直是我国综合管沟规划设计中的争议问题。一般研究认为，燃气管道采取一定的技术措施后可以纳入通行性综合管沟中，这些措施包括必须将燃气管道独设一小室，而且必须有相应的监控、防爆等安全技术措施。

历史街区的管沟以不通行管沟为主，设置独立小室和监控、防爆设施无疑将极大增加管沟的造价。在各地历史街区市政综合管沟的实践中，有的从安全的角度考虑，完全不设管道燃气，如绍兴在红旗路和八字桥历史街区均采用瓶装燃气，而不敷设燃气管道；有的从沟内管线种类的相容性出发，将燃气与雨水、给水等不会产生电火花的管线共沟，而将电力、电信线缆直埋，如周庄古镇的保护规划方案和扬州东关街保护规划方案；也有的恰好相反，是将燃气管在综合管沟外单独直埋。由于燃气管和建筑基础的距离较近，且直埋的安全性好、造价低，因此，在历史街区管线综合中宜优先考虑燃气管道直埋、其他管线共沟的做法。

3) 雨污排水管的设置

雨污排水管一般为重力管线，需要一定的敷设坡度，因此也是影响历史街区综合管沟断面的重要因素。当历史街区地面坡度满足排水要求时，可将雨污排水管置于综合管沟内，形成全置式综合管沟。如深圳大鹏所城，由于所城内地面中北部高，而东西南三面低，主要街巷垂直于等高线，因此保护规划的市政规划中沿街巷设置全置式综合管沟，管沟内设等截面雨污合流槽。

但当历史街区地形平坦时，如在综合管沟内设置重力雨污排水管，就可能要为满足雨污排水坡度要求而加大整个管沟的埋深，导致影响周边建筑安全、增加造价。为了避免这样的问题出现，通常有两种处理方式。一种是采用半置式综合管沟和直埋方式相结合，即排水管不纳入综合管沟中，而在沟旁单独敷设直埋排水管，实例如周庄古镇的市政综合管沟方案(图 7.21)。另一种方式在综合管沟中敷设经过压力泵加压的排水管，因此排水管和综合管沟保持同样的敷设坡度，形成全置式综合管沟，如图 7.20 即为下水道采用单独小室分出的全置式综合管沟在检修井处的断面。需要说明的是，压力排水管的成本较高，只适

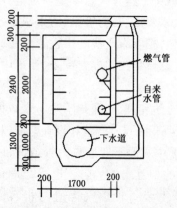

图 7.20　单设排水管的全置式综合管沟断面图

资料来源：GB 50289—98.城市工程管线综合规划规范[S].1998.条文说明

用于历史街区内街巷空间极其狭窄、且无其他方式排除雨水、污水的特殊情况。

7.3.5 综合管沟实例剖析

1) 苏州周庄历史文化名镇

苏州周庄古镇保护规划中的市政设施规划,在国内历史街区中较早规划并实施了管线综合管沟❶。按照规划,古镇采用半置式综合管沟和直埋管线相结合的方式,将给水管、燃气管共同敷设在雨水沟渠内作为综合管沟;其他电力线、电话电缆(有线电视)、污水管直接埋地敷设(图7.21)。此外,与综合管沟相配合,规划还对历史街区内市政管线的入户问题进行了研究(图7.22)。

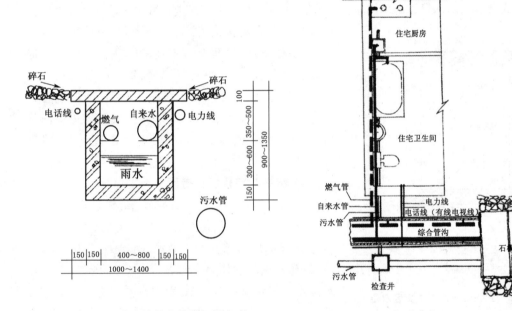

图7.21 周庄古镇综合管沟规划方案　　图7.22 周庄古镇市政管线入户方案

资料来源:阮仪三.护城踪录——阮仪三作品集[M].上海:同济大学出版社,2001:77

规划区内无机动车辆行驶,路面荷载较小,因此结合路面铺砌,直接采用传统的青石板作为综合管沟的盖板,路面中间低两边高,雨水通过石板之间缝隙汇入中间的综合管沟(相当于盖板雨水沟),和传统街巷设置地下砖砌雨水方沟的做法一脉相承,泄洪排水能力良好(图7.22)。

但在最终规划实施时,却对综合管沟的组合方式和断面尺寸进行了调整。原因是:①规划的共同沟断面尺寸较大(高900～1 350 cm,宽1 000～1 400 mm),只适合于镇区部分主要道路下。古镇区内部60%的道路只有1 m宽,最狭处只有600 mm,且道路两侧建筑物多为明清时期、民国初年的民居,结构和基础都已经老化。后来的实施过程中采用的综合管沟高度700～800 mm、宽度500～800 mm,道路开挖才不至于对建筑物的地基产生太大的不良影响,综合管沟才能够放入镇区内的绝大部分道路下。②规划综合管沟的组合方式是燃气、给水和雨水共

---

❶ 阮仪三.护城踪录——阮仪三作品集[M].上海:同济大学出版社,2001:77

沟、电话、电力和污水管线直埋,电话和电力线利用共同沟自然屏蔽,实施中是电力、电话和有线电视线共沟,给水管线和污水支管直埋,污水主干管放入河道内。由于三线地埋工程率先开始,把电力、电话和有线电视线组合在沟内,且未考虑到其他管线的敷设。③周庄决定建设集中式污水处理厂,导致污水主干管管径增大,地下空间更加紧张,污水主干管不能如规划那样放入道路下,致使管线共同沟组合方式改变❶。

在本案例中,由于历史街区市政工程的相关部门之间的工作缺乏统一规划以及政府决策的变化,使得保护规划中设计巧妙的综合管沟没有得到实施,最终的实施方案实际为功能单一的缆线管沟。

2) 绍兴红旗路历史街区

绍兴市红旗路历史街区改造时采用了双层综合管沟的形式:上层是照明、电信和有线,下层是电力线,给水、污水管和雨水沟单独敷设,其标准断面见图 7.23 所示。这是一种较为典型的缆线式综合管沟,构造简单经济,对于一般历史街区的"三线下地"工程具有广泛的适用性。值得一提的是,为解决沿线入户支管横穿,管沟的基本尺寸为 1.0 m 左右,规划要求每 5 段设一断口,断口宽度为 20 cm,作为支管横穿出口。这种形式无需单设出线井,对于道路空间特别不足的历史街区十分具有推广价值❷。

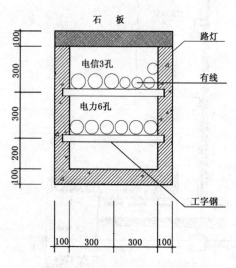

图 7.23 绍兴红旗路历史街区双层综合管沟标准断面

资料来源:袁媛.我国旧城居住区更新中的城市基础设施建设研究[D]:[硕士学位论文].上海:同济大学,2002:46

3) 绍兴八字桥历史街区

绍兴八字桥历史街区弄堂狭窄,建筑重叠紧挨。为不破坏历史街区的传统民居的小尺度空间韵味,市政管线埋地采用综合管沟做法,将电力、广电、电信、路灯、雨水进行立体综合布置,沟内每间隔 1.5 m 预埋双层的镀锌搁铁,可以分别架设强弱电套管。综合管沟的底层为雨水槽,中间为电力,最上层为广电、电信及路灯管线。在保证雨水通量及管线有足够的安装空间的前提下,管沟的宽度及沟内各层高度可根据管线实际数量进行适当调整。

综合管沟沿线设置出线窨井,位置根据两侧建筑群对电力、电信、有线、路灯等管线的使用需要确定,但出线井数量有严格控制,在出线井较少的区域,每隔一定长度设置检查井,保证了建成后沟内的穿线安装与检修使用。

八字桥综合管沟的底板与盖板采用预制混凝土板,墙体砖砌,一方面可以加快施工进度,减少对居民生活的干扰,同时也节省了造价,最终综合管沟的每米综合造价在 1800 元左右,具有良好的经济性❸。

4) 深圳大鹏所城历史文化名村

深圳大鹏所城是我国罕见的迄今保存完好的明清海防卫所,先后被公布为第五批全国文

---

❶❷ 袁媛.我国旧城居住区更新中的城市基础设施建设研究[D]:[硕士学位论文].上海:同济大学,2002:46
❸ 叶永水,徐觉民.绍兴历史保护街区基础设施改造实谈[J].浙江建设,2005(07):17

物保护单位和首批全国历史文化名村。大鹏所城保护规划市政设计的最初方案中,充分保护并利用历史上的明沟系统排除雨水,同时利用所城街道的自然坡度,在最窄不足 3 m 的巷道中精心设计了全置式的综合管沟,沟内设雨污合流槽,收纳各院落内的污水和少量雨水,电力和电信分上下两侧敷设满足 0.5 m 的规范间距,另敷设了消防和生活给水管各一条,综合管沟断面仅 1.8 m×1.55 m(图 7.24)。保护规划中还建议综合管沟采用 1.2 m 长的预制管块,根据两侧入户管线的位置在管块间预留 20 cm 缝隙后浇,具有很好的灵活性。

在后来的深化设计过程中,由于地方政府强制要求雨污分流,加上提前施工的环境整治施工中填没了历史上的路面明沟系统,所以市政规划修改为敷设综合管沟和直埋相结合的管线综合方案❶。综合管沟外径 1.1 m,内置入雨水、污水分流的管渠和通信线缆,沟外左侧直埋电力管块,右侧直埋给水管(图 7.25)。

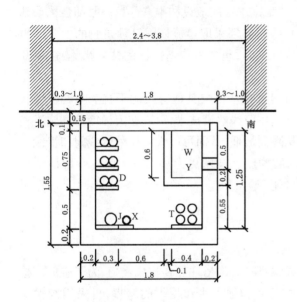

图 7.24　深圳大鹏所城综合管沟方案一

资料来源:深圳市市政工程设计院万成豪工程师提供

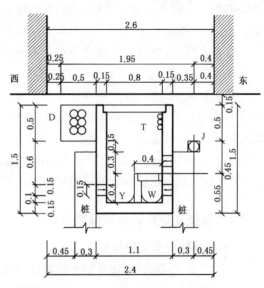

图 7.25　深圳大鹏所城综合管沟方案二

资料来源:深圳市市政工程设计院.大鹏古城保护与改造一期工程(市政工程)方案文本[Z].2005

但这一方案仍然没有能够实施,最后的实施方案又增加了天然气管道,所有管线全部直埋。因为大鹏所城靠近全国最大的进口天然气源,地方政府希望达到 100% 普及管道天然气的目标。虽然有关专家经过反复论证,认为所城内不具备铺设管道燃气的条件,宜在近期使用瓶装液化气,远期实现以电代气。但在一期市政工程的实施过程中,仍然为了敷设燃气管道而临时修改设计。从现场施工的结果看,虽然管线已经下地,但管线间距严重不足,且缺乏相应的适应性安全措施,其管线系统的稳定性堪忧。所幸地方政府在走过这段弯路后,能够积极面对问题,将可能在二期工程中一并进行改进。

---

❶ 深圳市市政工程设计院.大鹏古城保护与改造一期工程(市政工程)方案文本[Z].2005

7.4 适应性管线施工维修技术

7.4.1 施工维修对管线间距的影响

施工和维修操作的便利是影响直埋管线净距的重要因素。由于直埋管线的施工和维修主要采用开挖后下管、换管维修的方法,因此为避免在开挖某一管线的过程中对其他管线或建筑物基础可能造成的影响,《城市工程管线综合规划规范》规定了各管线间和管线与建筑基础间的最小水平净距,并在第2.2.6条明确规定"各工程管线不应在垂直方向上重叠直埋敷设"❶。

历史街区街巷狭窄,两侧历史建筑多采用浅埋条形砖基础,除埋深较浅的电力、电信、燃气管线的敷设一般不影响建筑物基础,给水管、尤其是排水管的敷设和维修开挖一般都会扰动基础持力土层(即位于基础下土壤内摩擦线以内),因此必须采取措施以保证建筑物的安全。当受街巷宽度限制,管线间的敷设净距达不到规范标准时,也要采取适应性的技术措施,避免开挖时人工或机械挖掘器具对相邻管道的影响。

传统的沟槽支撑、电缆穿管技术可以减少对建筑物基础与其他管线的干扰。随着机械和电子技术的发展,出现了新型地下管线测量与不开挖管线敷设技术,可以在大幅度提高施工精确度的同时,将对建筑物基础与其他管线的干扰降到最低,从而可以大大压缩管线间和管线与建筑基础之间的净距。而今年来在国内兴起的盾构施工技术更为在历史街区内开辟地下交通、停车空间和市政管线廊道提供了技术上的可能。

7.4.2 沟槽支护和管线在线更新技术

1) 钢板桩沟槽支护技术

由于历史街巷狭窄,埋深较大的管线敷设或维修时的沟槽往往要挖成直槽,为了避免沟槽壁在两侧建筑荷载和地下水作用下的垮塌,可采用沟槽支撑技术。除了传统的单板撑、井字撑、稀撑、横板密撑、竖板密撑等以木板为主的支撑方式外,近年来更出现了节省用料,便于支设和拆除的工具式钢支撑,其中采用工字钢或槽钢的钢板桩支撑具有节约材料和空间、适于带水操作等优点,非常适合历史街区狭窄街巷的施工❷(图7.26)。如深圳大鹏所城的市政设计中,在两侧建筑外墙距离只有2.4~3.3 m的情况下敷设宽1.1 m、容纳了电信线缆、雨水槽、污水槽的钢筋混凝土综合管沟(见图7.21),设计沟槽开挖时的基坑支护就是采用钢板桩❸。

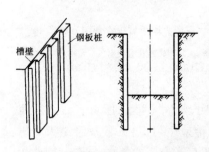

图7.26 钢板桩沟槽支护技术示意图

资料来源:李志鹏等.给水排水工程[M].北京:中国电力出版社,2006:91

2) 电力电信穿管敷设

在第四章已经介绍的混凝土管块和单孔、多孔、蜂窝、格栅等各类塑料电缆管道都属于穿

---

❶ GB 50289—1998.城市工程管线综合规划规范[S].1998
❷ 李志鹏,关颂伟,李云青,等.给水排水工程[M].北京:中国电力出版社,2006:89-93
❸ 深圳市市政工程设计院.大鹏古城保护与改造一期工程(市政工程)[R].2005

管敷设的类型,其最大的优点在于可以通过人孔等检修井等直接抽换、新增电缆,而不必重新开挖地面。一方面由于无需开挖施工,可以在管线敷设时共用路由以减少水平净距,甚至还可以上下叠压敷管,从而可以适应历史街区内狭窄的街巷地下空间;另一方面,穿管敷设减少了对历史街区道路与历史建筑的影响,并节约维护更新费用,节约中长期投资,非常适合历史街区市政设施更新这类公共事业的经济性。在历史街区市政综合规划中,应综合考虑电力和电信各专业的现有管线需求,并在初次敷设管块、管道时,考虑预留20%左右的孔位,以减少未来维修、增容时的地面开挖。

3）给排水、燃气管道在线更新技术

管线在线更新技术首先兴起于石油、天然气行业,主要用于油、气管道的更新修复,以后逐步应用于污水管及给水管的翻新改造中,并随着PE管等新型管材的应用而迅速推广❶。

在线非开挖管道更新工艺主要有:内衬管滑(拉)入衬装、无缝衬装、管道翻衬、管道喷涂衬装、爆(碎)管衬装等,其各自的技术和经济特点分别如表7.4和表7.5所示❷。前文已经介绍的用于镀锌钢管的AS/AR、VACL也可归入此类。

表7.4 在线非开挖管道更新工艺的技术比较

项目	适用管径(mm)	衬装后管道断面面积变化	技术优势	技术局限
内衬管滑(拉)入衬装	63～2 000	减小10%～30%	施工速度快,施工技术水平要求不高;衬装可以适应大角度的弯头;造价比传统开挖工艺稍高	衬装连续管时需开挖管线以引入工作坑;管道的断面减小量大;恢复支管供水需要在连接处开挖;施工时水流必须改线
无缝衬装	50～1 100	一般减小5%～15%	无需灌浆;施工速度快;管道断面减少量小;衬装可以适应大角度的弯头	待修复的管线须相当直;衬装前须在支管连接处进行开挖;只能修复圆形截面管道;原有管线的变形和偏移会对施工造成影响;"U"形内衬管会因有缺陷而中止管道拉进;施工设备需要空间很大的放置场地;需在施工前取消待修复管段中的弯头
管道翻衬	75～1 000	减小10%	施工速度快;可以适应管道断面变化;无需灌浆;衬装可通过弯头,但可能会在弯头处产生褶皱	仅有几种树脂被准许使用,支管连接处在切割完后可能需要密封接口;施工的技术水平要求较高;施工现场的设施搭建需要较高的费用
管道喷涂衬装	环氧树脂喷涂:50～1 200 水泥砂浆喷涂:>75 mm	变化很小	无需重新在支管连接处开口;可以改善管道的水流特性;仅需要极少的开挖;造价比传统开挖工艺低	施工过程中需要另外的临时供水管;喷涂修复的时间较长;非结构性衬装,对原有管道的结构性修复能力非常有限
爆(碎)管衬装	40～500	可增大断面	施工速度比传统开挖的快;可以保持或增大管道的过水能力	碎管设备的震动可能会影响周边其他的市政管道或结构设施;恢复支管供水需要在连接处开挖;水力扩碎管设备会使旧管不定向破碎,碎片会对衬装管的长期性能造成影响;遇到一些无法预见的情况(如旧管四周包有混凝土、无记录的管道接头以及不利的土壤环境等)时,开挖在所难免,衬装无法通过旧管段上的弯头

资料来源:方勇,詹永光,赵国成.给水管道在线不开挖更新技术[J].中国给水排水,2002(11):90-92

---

❶ 唐建国,朱保罗.排水管道非开挖修理技术的分类和选择[J].给水排水,2005(06):83-90
❷ 方勇,詹永光,赵国成.给水管道在线不开挖更新技术[J].中国给水排水,2002(11):90-92

表 7.5　在线非开挖管道更新工艺的经济性比较

项目	典型施工速度(m/d)*	施工费用(以管径为 150 mm 为例)(元/m)
内衬管滑(拉)入衬装	100	492
无缝衬装	60~120	740
管道翻衬	100~200	980~1 230
管道喷涂衬装	100	水泥砂浆喷涂:333　环氧树脂喷涂:492
爆(碎)管衬装	100	740

注:施工速度是在满足 8 h 内使更新管道恢复供水的条件下得出的,而不是因为技术本身的限制
资料来源:方勇,詹永光,赵国成.给水管道在线不开挖更新技术[J].中国给水排水,2002(11):90-92

由于此类非开挖管道更新技术的出现,当历史街巷空间不足、难以满足敷设水平间距时,可以局部将管道上下重叠敷设,在需要维修时采用非开挖更新维修技术。

需要注意的是,一方面应根据特定历史街区的具体的地形、空间、管线现状、投资、工期和技术储备情况选择最合适的非开挖管道更新技术;另一方面,在管道上下重叠敷设时,应遵守燃气管在其他管线之上、给水管在污水管上的基本原则,以避免管道渗漏时的相互影响。

7.4.3　现代不开挖地下管线施工技术

现代不开挖地下管线施工技术是将石油工业的岩土导向、定向钻进技术与当代先进控制技术相结合的一种现代非开挖施工新技术(Trenchless Technology 或 No-dig),主要用于在地表不挖槽的情况下,穿越河流、公路、铁路、建筑物、文物保护单位等铺设、更换或修复各种地下管线(包括电力电缆、电讯电缆、热力管道、燃气管道、给排水管道等)。该类技术自 1970 年代陆续出现,90 年代后开始引入我国,主要包括:水平导向钻进、水平定向钻进、微型隧道、顶管铺管技术等❶。

历史街区街巷狭窄,地下现有管线复杂,管线间距往往不足,普遍缺乏污水管道。由于污水管道的管径和埋深都较大,采用传统全线开挖技术将对两侧建筑基础和现有管线产生较大的影响,因此非开挖铺管就成为一种适应性的选择。非开挖技术种类很多,发展也十分迅速,本书仅以水平导向钻进技术、顶管技术、微型隧道为例简介其对历史街区的适用性。

1) 导向钻进(Guided Boring)铺管技术

具有:①导向仪导向,快速高效准确;②钻孔方向易控制,施工场地要求简单;③导向探测与管线探测相结合有效调整钻头,避开管线,适合复杂地层条件下施工等特点,且铺管直径、长度和材料范围较宽,适合 1 000 mm 以下管径的电力、通信、煤气和自来水等 PE 管铺设和钢管铺设。

2) 顶管(Pipe Jacking)铺管技术

采用导向探测仪和导向钻机进行导向钻孔定向,然后用液压顶管机液压顶进、人工挖掘。具有:①造价低;②定向准确、精度高、安全、无噪音污染;③适用于各种地质条件;④适用于大口径小场地各种管道施工等优点,适用于铺设直径 3 000 mm 以内钢管、混凝土管、铸铁管,其他材质管道可采用套管法进行顶管铺设,尤其适用于历史街区下敷设综合管沟。

3) 微型隧道(Microtunneling)铺管技术

微型隧道施工法的发源地是日本,它是一种遥控可导向的顶管施工方法,主要应用于铺设

---

❶ 叶建良.非开挖铺设地下管线施工技术与实践[M].武汉:中国地质大学出版社,2000:44-94

精度要求较高的非进人管道。它可准确地控制铺管方位,有效地平衡地层压力,控制地面沉降,实现非开挖铺设地下管道。该技术可广泛用于市政、煤气、自来水等管道工程。可铺设金属或非金属管道,铺管直径范围250～3 000 mm,一次性铺管长度可达300 m。与其他非开挖铺管技术相比,具有铺管精度高,尤其适应于污水等重力流管道,对地层适应性强(如卵砾石等复杂地层)、可在含水量大地层铺设各类管道、铺管直径范围宽等特点。

7.4.4 盾构法开辟历史街区地下交通和市政通道

1) 盾构法(Shield Tunneling)简介

盾构法是在地表以下土层或松软岩层中暗挖隧道的一种施工方法。在盾构设备掩护下,不稳定土层中也可安全进行土层开挖与支护工作;施工时与地面工程及交通互不影响,尤其是在城区建筑物密集和交通繁忙地段,该法更有优越性;震动和噪音小,可严格控制地表沉陷,对施工区域环境影响小,对施工地区附近的居民几乎没有干扰。

近年来,我国城市地铁隧道、污水隧道及管线隧道的修建越来越广泛地采用盾构法。由于其具有良好的安全性和较大的挖掘直径,也适用历史街区和文物保护单位地下的地铁、地下隧道、综合管沟的开挖,可以在很大程度上解决历史街区对城市交通的阻隔和街区内市政管网无法引入的问题❶。

2) 地下市政、交通廊道的开辟

盾构技术可以通过开辟地下通道,解决历史街区市政管线不足和对城市交通的阻隔问题。前文7.3.3部分已经阐述的大栅栏地下市政干线综合管沟的案例,就是盾构技术给历史街区带来的全新的市政管线敷设通道。与市政管线隧道相比,采用盾构技术开辟历史街区地下交通隧道,将对历史街区的交通规划带来更为革命性的变化。

由于历史街区内部街巷不能也不应承担大量的城市交通,当规模较大的历史街区阻断了城市主要交通干道时,通常的做法或者是为贯通城市交通而拓宽历史街道,导致历史街区的破坏,或者为保护历史街区而使城市交通干道绕行,导致干道交通不畅,都不是两全其美的办法。而现代盾构技术的成熟,可以在历史街区下构筑地下隧道贯通城市干道,也可在适当位置盾构地下停车场,作为解决历史街区可达性的方式之一。

历史建筑的基础较浅,未发生重大地质变迁的城市地区一般文化堆积层深度也较浅,在地下10～15 m的浅地下空间内进行盾构施工,将不会对历史遗存造成破坏。如北京地铁五号线雍和宫站—和平里北街站盾构区间段从地坛公园东部地下15 m穿过,直径6 m的盾构机沿西南方向掘进,由公园南门出来,隧道双向总长1 500 m,是国内首次大面积、长距离地从文物古迹下方穿越的地铁施工。工程制定了严密的施工方案,在掘进中根据地面监测反馈的数据分析,摸索科学准确的注浆方法,施工人员精心操作盾构机,严格控制掘进速度,使盾构机平稳掘进,施工质量和地面沉降的所有数据均达到设计要求。在通过地坛东门和方泽坛外墙时,所监测到的沉降值在1～2 mm以内,文物、古树和其他建筑未受任何影响❷(图7.27)。

---

❶ 本书编委会.城市地下空间开发利用关键技术指南[M].北京:中国建筑工业出版社,2006:55-58
❷ 彭力.地铁隧道科学施工、保护文物[J].特种结构,2005(02):20.另参见:范继文,潘澄清.地铁5号线"土行孙"钻地坛[N].京华时报,2005-03-23

图 7.27　北京地铁 5 号线成功完成地坛公园盾构施工后
从公园南门东侧接收井的预留孔内破土而出

资料来源:范继文等.地铁 5 号线"土行孙"钻地坛[N].京华时报,2005-03-23

3) 盾构技术在历史街区保护中的应用前景

　　从各地地铁、湖底江底隧道的施工情况看,历史街区地面上低层历史建筑的荷载不会给盾构隧道带来技术难题。目前,国内之所以在历史街区的保护中尚没有使用盾构隧道解决交通或市政问题的先例,主要不是因为技术问题,更多的是由于对历史街区保护的重视程度不够和资金投入不足,即没有将历史街区的整体保护提到和重点文物保护单位、风景名胜、自然遗产保护等同样的高度上来,在历史街区保护和交通市政改善上的投入额度尚不足以支撑此类投资大、直接经济效益低、外部社会效益高的大型工程。

　　总之,盾构和长距离顶管技术的发展打破了传统上必须沿道路敷设市政管线的惯例,也使开路必须拆房的论调变得荒谬。换言之,在当前的技术手段下,几乎可以在地下不同深度沿任何路径敷设市政管线、开辟交通道路和停车空间。所以,为了敷设市政管线、改善交通状况而拓宽历史街巷、拆毁文物建筑的理由在技术上再也无法成立,而按照国际惯例,单纯的经济因素不应成为拆毁、迁移建筑遗产的充分理由。可以预见的是,随着我国经济实力的进一步增强和遗产保护意识的提高,盾构技术在历史街区和其他建筑遗产的保护规划和工程项目中将有更大的用武之地,建筑遗产保护和城市建设的人地矛盾也将逐步趋于缓解。

8 结论:历史街区适应性市政技术体系建构

在第二至第七章中,本书研究了适应历史街区保护和发展需求的市政技术理论和各专业技术方法。本章在总结市政技术理论和技术方法结论的基础上,进一步阐述历史街区保护规划中市政设计与其他各专业的协同工作程序,以及适应性市政工程技术的一般原则,从而初步建构历史街区适应性市政工程技术体系。

8.1 历史街区适应性市政技术理论建构

1) 可持续的历史街区二重性和市政技术适应性理论

历史街区在城市职能保护和发展的二重性,物质和非物质文化遗产构成和保护方式的二重性,决定了历史街区市政技术的复杂性,所谓适应性技术理论就是对这些复杂性的具体问题具体分析。评判历史街区市政技术是否具有适应性的标准在于是否能够从技术上同时满足可持续保护和发展的需求,实现物质(建筑遗产)和非物质历史文化资源(传统社会网络和生活价值)的代际公平和可持续(保护)的同时,保证代内公平、区际公平、自然环境、文化环境、经济、社会各方面的可持续发展。

2) 社会建构的技术哲学观和技术价值调控理论

历史街区适应性市政技术要求以社会建构论为其技术哲学观,在尊重和利用客观技术规律的技术上,致力于适应性的改变和选择。在技术选择和应用过程中,要充分认识其预期价值和不期价值,并通过调控应用环境使技术最终的现实价值符合保护和发展的共同需求。遗产保护、文化传承、以人为本、可持续、和谐等价值理性标准应时刻保持对GDP、速度、高度、整齐、规模等工具理性标准的引导和制约,先考虑"为何做"、"可否做"再考虑"如何做"。技术外部的人文价值应优先于技术的造价、工期、先进、规范等内在价值,技术选择应以对保护和发展的适应性为主,而不应拘泥于技术本身是否先进、是否符合现行规范等内部价值标准。

3) 遗产资源化的居住环境和市政标准适度差异理论

居住环境是安全、保健、舒适、便利和可持续的综合体,不应采用统一的目标值和水准值。丰厚的物质和非物质文化遗产本身也是历史街区居住环境的资源优势,在日照、密度、停车等方面的适度欠缺并不妨碍历史街区居住环境相对于其他地区的公平性。我国历史街区市政建设没有专门的规范和标准,不应简单套用现行的指令性的一般市政技术规范,而应具体分析街区市政的性能需求,灵活采取各种适应性或创新性技术和管理手段满足具体的性能需求。

4) 市政技术各相关利益主体的调控理论

历史街区市政技术的各利益相关主体中,政府对历史街区这一公共资源应起到主导作用,在完善资金和审批管理的同时,宜在行政区划上采取"一区一管"的方式,明确责任主体,打破条块分割;作为公众主体的街区居民的利益诉求应得到落实,组建作为规划主体的居民委员会参与决策,并鼓励组建居民用户团体开展小规模自助式更新;作为技术主体的规划设计单位应加强各相关专业力量配置和交叉协作的工作组织管理。

8.2 历史街区适应性市政技术的选择和集成

1) 适应性道路交通技术

历史街区适应性道路交通技术的重点在于采取特殊的交通规划政策。首先应将过去以增加交通供给为主的思路转变为供给和需求双控的思路,综合采取交通系统管理和交通需求管理的各项措施,如发展新区降低历史街区的交通需求总量,通过用地调整转移大型交通吸发源,完善公交系统改善出行结构,加强静态交通和停车供应管理,土地综合利用和经济调控等。其次应将历史街区的交通视作特殊的地区交通,采取以外围环路、尽端路、换乘体系为依托的交通单元组织模式。最后应确立历史街区内以可达性为目标、通而不畅的区内慢速交通组织模式,利用现有街巷精心设计道路等级和分工、道路宽度和转弯半径,并在交通设施、路面铺装等方面采取"风貌化"措施。

2) 适应性给水排水技术

历史街区的适应性给水排水需要在因地制宜地改造和配套住户的厨卫设施的基础上,改善生活与消防给水管网和雨污排水管网。在地下空间不足的情况下,可采取生活与消防共用给水,雨污合流截流,结合传统的地面径流、明沟、边沟暗沟排雨,综合管沟,小型分散式污水处理设备等多元化的排污排水措施,应用节约地下空间、符合风貌要求的给排水新材料、新设备和适应性管道敷设方式。

3) 适应性电力电信技术

历史街区适应性电力电信的容量测算应电力从高、有线电信从低的原则,大型变配电设施尽量置于街区以外,中小型变配电设备遵循"小容量、多布点、短半径"原则并注意隐蔽和美观,电力线缆宜设双电源并成网。架空线一般宜地下埋设,并遵循减量化、集约化的原则。地上地下空间紧张时,可利用太阳能和其他管理手段取消路灯照明专线,并宜无杆安装并采用低能耗、低发热的LED灯具。电话、电视、网络等可在加强管理的前提下,采取无线通信技术或电力线载通信,解放地上地下空间。

4) 适应性燃气供热技术

历史街区适应性燃气和供热技术方面,集中供气和供热应采取节地高效的新型管道材料,大中型调压设施应置于街区之外。在空间和经济上不具集中供气供热的街区,可在加强管理的前提下使用瓶装燃气和分户采暖,并鼓励太阳能、电能、地源热泵等其他替代的洁净能源。区内传统建筑应采取多种手段改善热工环境,太阳能热水器、空调等设备应探索与传统建筑风貌的一体化设计安装。

5) 适应性消防技术

历史街区适应性消防技术应根据传统街巷特点,规划和管理消防通道,并购置小型消防车以满足狭窄街巷的灭火要求。当街区内水源、水压充足时,应建立以消火栓系统为主要依托的区内消防自救系统,通过用地、建筑管理降低消防负荷,组建区内志愿消防队,制定消防扑救、疏散的应急预案,建立完善的历史街区消防系统。

6) 适应性管线综合技术

历史街区适应性市政管线综合技术包括直埋和管沟两大类型。直埋管线应在明确街区性能化要求后，比较各管线的优先顺序和排列顺序，采取材料、设备、管网、施工、管理上的各种措施减少管线种类、减小直埋埋深、水平和垂直净距。综合管沟应根据不同情况确定纳入管沟的缆线种类，断面设计应和地下空间特点及传统地面做法相适应，探索防止缆线间干扰、便于检修的技术措施。通过沟槽支护、在线更新、不开挖管道敷设等施工技术，可以大大减少管线间距，特别是长距离顶管和盾构法的等地下空间技术发展使得地下空间施工和管线敷设不再依赖于地面的街巷和道路，即不必再为交通和市政设施的施工而扩路拆房，这将大大缓和历史街区建筑遗产保护和交通市政空间开拓之间的尖锐矛盾。

8.3 历史街区市政设计与各专业协同工作程序

科学的市政设计与各专业的协同工作程序是建构历史街区适应性市政技术体系的重要内容。在我国现阶段历史街区保护规划编制过程中，市政专业人员常常缺乏和遗产保护、城市规划各专业的有效配合，往往是在道路、空间、建筑、街景等空间物质形态规划基本定稿后，才在定稿方案上进行市政各专业的配套工作。这种方式的弊端在于，规划师进行空间物质形态规划时，已经千方百计地在考虑拓宽或者增辟其认为"天经地义"的机动车道或消防车道，而不了解不设机动车道或消防车道而解决交通或消防问题的其他理论或技术措施。后期参加进来的专项技术人员则不了解历史街区风貌保护的要旨，仅在已有的框架下进行配套，除非不能满足其专业要求，一般不会提出修改意见，所以可能造成整个规划方案的缺陷。因专业间配合不足还经常出现竖向设计与排水，道路宽度与管线综合等隐藏的矛盾，往往要等到实施阶段才可能暴露出来，导致规划修改、施工返工等不必要的时间和经济浪费。因此，有必要从规划调研阶段开始就加强各专业之间的紧密协作。

由于保护规划是一个多学科、长周期且非常复杂的集体设计过程，很难用某种清晰的、统一的流程逐一表述其每一个思维过程。因此，本书简单地将历史街区保护的相关专业分为建筑、规划和遗产保护，经济社会人口，交通市政工程三大类，分阶段说明三类专业的主要工作内容和协作中需要重点关注的问题，最后提出各专业合作的全过程中需要共同遵守的市政技术原则。

1) 前期工作阶段

项目负责人（一般为规划或遗产保护专业）根据项目基本情况和甲方商定合同细节，邀请经济社会类和交通市政类专业负责人共同考察现场，确定协作单位及协作方式，制定初步的工作时间表，组建多专业联合的调研工作团队。在甲方和协作单位配合下收集并研读城市总体规划、历史文化名城保护规划、相关分区规划及各专业规划等上位规划资料、地方法规、史志资料、文保单位"四有"档案等相关文献后，各专业负责人共同制订包括分工、时间、成果要求在内的调研工作计划，并汇总各专业需要纳入居民问卷的内容，统一编制调查表格和问卷。

2) 规划调研阶段

规划调研是历史街区保护规划的基础，各专业人员根据计划分头完成调查任务，同时保持联系，交流本专业调研中发现的对其他专业有价值的信息。

建筑规划和遗产保护类专业的主要调研内容包括：土地利用现状（用地分类至小类，并标明具体功能)、建构筑物现状评估(建筑年代、层数、面积、功能、质量、产权、建筑特征等,构筑物的年代、种类、数量、分布状况)、街巷现状评估(街巷年代、街巷风貌、街巷宽度、使用状况)、空间环境调查(公共空间、铺地、水体、驳岸、绿化、小品等)。

经济社会人口类专业的主要调查内容包括:文物古迹调查(各级文物保护单位管理现状,各类名人故居、历史遗迹寻访等)、非物质文化资源调查、产业经济现状评估(现状产业结构评估,可利用产业资源,企事业单位发展意向调查及适宜性评估等,传统商业街还应重点调查商业类型和经营状况)、社会结构调查(行政区划、居民自治组织、家族等)、居民座谈和社会问卷调查(主要包括人口结构的年龄、收入、职业、搬迁意向、改造意向、发展意向、出行方式、居住地点、工作地点、住房面积、住房类型、住房产权、厨卫设备、采暖方式、水电气用量等,可分类编制和分期发放,可逐户填写,抽样应≥300份)。

交通及市政类专业的主要调研内容包括:现状和已规划道路交通现状分析(主要包括道路系统的分布、最小宽度、断面、标高,外围及内部机动车道流向、流量,公共交通站点、停车场等设施,水上交通、旅游交通,主要交通吸发源等)、现状和已规划工程设施及管网现状(主要包括外围市政接口及容量,区内及周边各类市政站点的设备容量和管理,管线敷设方式及地下管线断面,传统院落和街巷排水方式、河道排水口等)。

调研成果初步整理完成后,各专业应进行汇总讨论,交流基于调研成果的初步规划设计思路,发现规划的难点、重点和可能产生矛盾的焦点,以指导各专业补充调研和下一步规划工作,其中专业间协商至少要有以下内容:

(1) 建筑规划和遗产保护专业在"五图一表"(建筑年代、建筑层数、建筑功能、建筑质量、建筑产权等五张建筑现状调查分析图,以及现状历史遗存明细表)的基础上,初步提出物质空间保护框架和保护区划。经济社会专业调查补充非物质保护内容,交通市政专业补充可能发现的有价值的古代市政工程。

(2) 经济社会专业人员提出街区功能调整的发展方向,大型企事业单位搬迁或发展的初步项目建议,建筑和规划专业论证街区功能调整和项目在用地、建筑再利用上的可行性和分布,交通市政专业论证用地和功能调整在外围交通条件、市政容量方面的影响和可行性。

(3) 建筑规划和经济社会专业分别提出从空间使用和社会结构保持、居民意愿出发的适宜居住人口规模,交通市政专业结合拟调整和发展的公共设施初步预估内外市政站点和管网是否扩容还是继续沿用。

(4) 建筑规划和遗产保护专业根据文献和调研确定历史街巷沿革图,并结合保存现状和风貌划分须保护街巷路段和可拓宽、改造街巷路段,与交通市政专业在此基础上初步提出区内外机动车道、消防车道、疏散通道的组织方案,对拟拓宽、改动的街巷、建筑逐一进行讨论,根据街巷宽度和管线状况商定采用直埋还是综合管沟的敷设方式,对各街巷宽度最小处应重点讨论论其对交通和管线综合的影响。

3) 规划方案设计阶段

方案设计阶段是各专业协同工作的重点时期,一般应以建筑与遗产规划专业为主,经济社会和市政各专业配合,同时工作,不宜分头开展工作,其中各专业协作的内容至少包括以下方面:

(1) 建筑规划和遗产保护专业和经济社会专业共同根据地块风貌和功能适宜性的评估,确定可供改造的各地块。可改造地块在考虑用地和功能方案前,应由交通和市政专业先行考虑利用可改造地块、可改造街巷增加解决街区交通的机动车道和人行疏散通道,结合地块改造方案,配建街区所需增设的公共空间和各类地上、地下市政设施站点,利用整片改造地块设置大型地下停车场、变电所、调压站等市政设施的可能性。

（2）经济和社会专业从街区经济社会发展适宜性和旅游、文化产业策划的角度考虑街区需要增加或改善的主要功能,并和建筑规划和遗产保护专业、交通市政根据其空间、交通市政需求安排在可改造地块内新建,或利用现有地块和建筑改造。对经济社会需求的大型或大体量商业或公共设施应尤其慎重,必须满足规划和交通市政专业对体量高度、街区肌理、空间景观、交通容量、市政需求容量等的控制。

（3）建筑规划和遗产保护专业确定历史街区保护区划和建筑保护与整治方式,对于确定改造和拆除的建筑,应主动结合经济社会规划、市政规划配套区内所需的各类公共服务用房和小型停车场、变电箱、调压站、邮局、公共厕所等院内或室内市政设施。对于街区内非居住的文物建筑和保护建筑,应由经济社会专业从旅游服务、文化创意产业、社区服务、非物质文化传习展销等角度规划实用功能,避免长期空置或全部辟作旅游景点。

（4）交通和市政专业的道路交通系统规划和市政设施规划应严格控制在历史街巷和建筑、风貌保护要求之下。道路交通规划应和建筑规划、遗产保护专业共同对区内各大型交通吸发源进行评估,功能不适宜应规划搬迁并利用其腾退用地组织道路、地面或地下停车场、市政站点及其他需增加的公共设施;对不宜或暂时不能搬迁的交通吸发源,考虑其用地范围、出入口位置等的适宜性,尽量疏解主要历史街道的交通压力。

（5）交通和市政专业的市政规划应根据不同街巷宽度采用灵活的直埋或管沟敷设方式,对于同一街巷的不同宽度段也要灵活变化,采用直埋方式时过于狭窄的局部路段可结合道路标高设计采用地面径流排除雨水。各类可灵活设置的市政管井,应尽量设置在道路宽度较大或路外小广场等处。地上市政设施宜结合建筑空间规划采用户内式或地下式,户外地上市政设施的选址、体量、造型、色彩应与建筑规划和遗产保护协商确定。当因空间限制而确定采用交通禁行或限时通行、瓶装燃气代替管道燃气、无消防车道的消火栓消防系统等适应性市政措施时,应由经济社会人口专业配合制定相关的管理办法和经济激励措施。

4）规划成果编制阶段

规划方案经各专业共同设计并经协作单位、甲方专家认可后,可分专业深化和编制正式成果,编制过程中仍应维持各专业间的联系,并分阶段进行各专业间的校核,发现问题及时讨论解决。全部完成后,应由各专业负责人和主要编制人共同进行审图,发现问题修改审定后正式会签。

8.4 历史街区市政设计的基本原则

历史街区适应性市政技术体系中,除了前文已经阐述的人文价值优先、适度差异、性能化等历史街区可持续发展的理论原则外,在具体的规划设计中,还应坚持以下四项基本原则:

1）区内自足原则

历史街区交通和市政规划的容量应以满足街区内居民生活及规划确定的适量旅游商业用途为主,不应将周边及城市其他地区的交通和市政设施配套需求纳入历史街区。(如道路交通应为以满足区内出行和可达性为主,原则上不考虑为周边城市道路分流;街区内市政设施和管网的服务半径限于街区范围内部)。

2) 设施外置原则

历史街区交通和市政规划应在街区保护范围外的相邻地块内设置兼顾历史街区需求的大型交通和市政场站(如停车场、公交车站、电力变压站、燃气调压站等)、公用设施(如市场、医院等)。

3) 最小干扰原则

历史街区交通和市政规划的道路和管网设施对街区传统风貌干扰最小。城市干道和各类市政干管均不应穿越历史街区。区内必要的道路和市政规划不应破坏或威胁历史建筑安全，设施应体量小巧、位置隐蔽、造型和风貌相协调。

4) 适应性原则

历史街区交通和市政规划应遵循适应性原则，即在历史街区特殊的物质空间和风貌保护要求下，采取一切灵活的技术和管理手段满足交通和市政需求，如确立适当的技术价值观，交通和市政供应标准的适度差异，各专业适宜的理论和技术，常规技术手段和目标的调适，市政设施的隐蔽和风貌化，性能化地适用现行技术规范，适应特定环境的新材料、新技术、新工艺的开发等。

8.5 结语

本书提出的这一历史街区市政工程技术体系仍然十分粗浅，仅仅围绕历史街区市政工程技术这一实践中经常遭遇的难题，初步建立了沟通建筑遗产保护、城市规划、道路交通、市政工程及哲学、社会学、经济学等个相关学科的相关理论和方法的桥梁和框架，虽然可以为历史街区的适应性市政工程实践提供理论、技术和方法提供一定的参考，但整个体系的修改、补充和深化，仍然需要上述各专业的学者的不懈研究和实践。希望这一体系的逐步完善，可以为历史街区的可持续发展的提供市政技术上的有力支撑。

参考文献

一、书籍

[1] 陈志华. 保护文物建筑和历史地段的国际文献[G]. 台北:台湾博远出版公司,1992

[2] 傅朝卿. 国际历史保存及古迹维护:宪章、宣言、决议文、建议文[G]. 台北:建筑与文化资产出版社,2002

[3] 国家文物局. 国际文化遗产保护文件选编[G]. 北京:文物出版社,2007

[4] 罗哲文. 罗哲文历史文化名城与古建筑保护文集[M]. 北京:中国建筑工业出版社,2003

[5] 王瑞珠. 国外历史环境的保护和规划[M]. 台北:淑馨出版社,1993

[6] 王景慧,阮仪三,王林. 历史文化名城保护理论与规划[M]. 上海:同济大学出版社,1999

[7] 阮仪三. 历史环境保护的理论与实践[M]. 上海:上海科学技术出版社,2000

[8] 阮仪三. 护城踪录——阮仪三作品集[M]. 上海:同济大学出版社,2001

[9] 阮仪三. 城市遗产保护论[M]. 上海:上海科学技术出版社,2005

[10] 单霁翔. 城市化发展与文化遗产保护[M]. 天津:天津大学出版社,2006

[11] 单霁翔. 从"功能城市"走向"文化城市"[M]. 天津:天津大学出版社,2007

[12] 仇保兴. 中国城镇化——机遇与挑战[M]. 北京:中国建筑工业出版社,2005

[13] 仇保兴. 追求繁荣与舒适——转型期间城市规划、建设与管理的若干策略[M]. 北京:中国建筑工业出版社,2002

[14] 张松. 历史城市保护学导论[M]. 上海:上海科学技术出版社,2001

[15] 王军. 日本的文化财保护[M]. 北京:文物出版社,1997

[16] 周俭,张恺. 在城市上建造城市:法国城市历史遗产保护实践[M]. 上海:同济大学出版社,2003

[17] 朱晓明. 当代英国建筑遗产保护[M]. 上海:同济大学出版社,2007

[18] 徐嵩龄,张晓明,章建刚. 文化遗产的保护与经营——中国实践与理论进展[M]. 北京:社会科学文献出版社,2003

[19] 李德华. 城市规划原理[M]. 北京:中国建筑工业出版社,2001

[20] 王建国. 城市设计[M]. 南京:东南大学出版社,2004

[21] 李雄飞. 城市规划与古建筑保护[M]. 天津:天津科学技术出版社,1989

[22] 李其荣. 城市规划与历史文化保护[M]. 南京:东南大学出版社,2003

[23] 阳建强,吴明伟. 现代城市更新[M]. 南京:东南大学出版社,1999

[24] 赵和生. 城市规划与城市发展[M]. 南京:东南大学出版社,2005

[25] 方可. 当代北京旧城更新:调查·研究·探索[M]. 北京:中国建筑工业出版社,2000

[26] 清华大学建筑与城市研究所. 旧城改造规划、设计、研究[M]. 北京:清华大学出版

社,1993
- [27] 陆地.建筑的生与死——历史性建筑再利用研究[M].南京:东南大学出版社,2004
- [28] 周剑云,戚冬瑾.中国城市规划法规体系[M].北京:中国建筑工业出版社,2006
- [29] 张萍.城市规划法的价值取向[M].北京:中国建筑工业出版社,2006
- [30] 黄琲斐.面向未来的城市规划和设计——可持续性城市规划和设计的理论及案例分析[M].北京:中国建筑工业出版社,2004
- [31] 丁成日,宋彦,黄艳,等.城市规划与空间结构——城市可持续发展战略[M].北京:中国建筑工业出版社,2005
- [32] 中国科学院自然科学史研究所.中国古代建筑技术史[M].北京:科学出版社,1985
- [33] [清]姚承祖著,张至刚增编,刘敦桢校阅.营造法原[M].2版.北京:中国建筑工业出版社,1986
- [34] 潘谷西.中国建筑史[M].4版.北京:中国建筑工业出版社,2003
- [35] 董鉴泓.中国城市建设史[M].北京:中国建筑工业出版社,2004
- [36] 刘大可.中国古建筑瓦石营法[M].北京:中国建筑工业出版社,2000
- [37] 田永复.中国园林建筑施工技术[M].2版.北京:中国建筑工业出版社,2003
- [38] 汤国华.岭南湿热气候与传统建筑[M].北京:中国建筑工业出版社,2005
- [39] 中国大百科全书出版社编辑部,中国大百科全书总编辑委员会.中国大百科全书·土木工程[M].北京:中国大百科全书出版社,1987
- [40] 国家统计局城市社会经济调查总队.中国城市统计年鉴2006[G].北京:中国统计出版社,2006
- [41] 张人龙.上海市政工程志[M].上海:上海社会科学院出版社,1998
- [42] 扬州城乡建设志编审委员会.扬州城乡建设志[M].合肥:黄山书社,1993
- [43] 周岚,童本勤,苏则民,等.快速现代化进程中的南京老城保护与更新[M].南京:东南大学出版社,2004
- [44] 史建华,盛承懋,周云,等.苏州古城的保护与更新[M].南京:东南大学出版社,2003
- [45] 王佃利,张莉萍,任德成.现代市政学[M].北京:中国人民大学出版社,2004
- [46] 戴慎志.城市基础设施工程规划手册[M].北京:中国建筑工业出版社,2000
- [47] 戴慎志.城市工程系统规划[M].北京:中国建筑工业出版社,2004
- [48] 王炳坤.城市规划中的工程规划[M].天津:天津大学出版社,1994
- [49] 张跃庆.城市基础设施经营与管理[M].北京:经济科学出版社,2005
- [50] 北京旧城历史文化保护区市政基础设施规划研究课题组.北京旧城历史文化保护区市政基础设施规划研究[M].北京:中国建筑工业出版社,2006
- [51] 中国城市规划设计研究院,沈阳市城市规划设计研究院.城市规划资料集(十一)工程规划[M].北京:中国建筑工业出版社,2005
- [52] 任福田,肖秋生,薛宗蕙.城市道路规划与设计[M].北京:中国建筑工业出版社,2000
- [53] 全永燊,刘小明,等.路在何方——纵谈城市交通[M].北京:中国城市出版社,2002
- [54] 文国玮.城市交通与道路系统规划[M].北京:清华大学出版社,2001
- [55] 王炜,徐吉谦,杨涛,等.城市交通规划[M].南京:东南大学出版社,2000
- [56] 翟忠民.道路交通组织优化[M].北京:人民交通出版社,2005

[57] 石京.城市道路交通规划设计与运用[M].北京:人民交通出版社,2006
[58] 李朝阳.现代城市道路交通规划[M].上海:上海交通大学出版社,2006
[59] 李志鹏,关颂伟,李云青,等.给水排水工程[M].北京:中国电力出版社,2006
[60] 邢丽贞.给排水管道设计与施工[M].北京:化学工业出版社,2004
[61] 张启海.城市给水工程[M].北京:中国水利水电出版社,2003
[62] 李圭白,蒋展鹏.城市水工程概论[M].北京:中国建筑工业出版社,2002
[63] 聂梅生.中国水工业科技与产业[M].北京:中国建筑工业出版社,2000
[64] 聂梅生.水工业工程设计手册——建筑和小区给水排水[M].北京:中国建筑工业出版社,2003
[65] 蓝毓.现代城市电网规划设计与建设改造[M].北京:中国电力出版社,2004
[66] 李燕生.实用电工问答[M].北京:金盾出版社,2002
[67] 马永源,马力.电信规划方法[M].北京:北京邮电大学出版社,2001
[68] 蔡裕康,宋金海.古建筑电气装置与火灾预防[M].北京:中国建筑工业出版社,2004
[69] 汤蕙芬,范季贤.城市供热手册[M].天津:天津科学技术出版社,1992
[70] 李公藩.燃气工程便携手册[M].北京:机械工业出版社,2002
[71] 蒋永琨.城市消防规划与管理技术[M].北京:地震出版社,1990
[72] 贺占奎,马恒,冯建朝.城市消防给水工程[M].西安:西北工业大学出版社,1993
[73] 新编消防技术标准规范条文说明汇编[G].北京:中国计划出版社,1996
[74] 李引擎.建筑防火性能化设计[M].北京:化学工业出版社,2005
[75] 陈立道,朱雪岩.城市地下空间规划理论与实践[M].上海:同济大学出版社,1997
[76] 叶建良.非开挖铺设地下管线施工技术与实践[M].武汉:中国地质大学出版社,2000
[77] 童林旭.地下空间与城市现代化发展[M].北京:中国建筑工业出版社,2005
[78] 本书编委会.城市地下空间开发利用关键技术指南[M].北京:中国建筑工业出版社,2006
[79] 罗荣渠.现代化新论——世界与中国的现代化进程[M].北京:商务印书馆,2006
[80] 冒从虎,张庆荣,王勤田.欧洲哲学通史(上、下)[M].天津:南开大学出版社,1996
[81] 高亮华.人文主义视野中的技术[M].北京:中国社会科学出版社,1996
[82] 李淮春.马克思主义哲学全书[M].北京:中国人民大学出版社,1996
[83] 刘培哲.可持续发展理论与中国21世纪议程[M].北京:气象出版社,2001
[84] 世界环境与发展委员会.我们共同的未来[M].长春:吉林人民出版社,2007
[85] 陈昌曙,远德玉.技术选择论[M].沈阳:辽宁人民出版社,1991
[86] 北京市社会科学院"北京城区角落调查"课题组.北京城区角落调查NO.1[M].北京:社会科学文献出版社,2005
[87] [美]刘易斯·芒福德.城市发展史——起源、演变和前景[M].宋俊岭,倪文彦,译.北京:中国建筑工业出版社,2005
[88] [美]凯文·林奇.城市意象[M].方益萍,何晓军,译.北京:华夏出版社,2001
[89] [美]凯文·林奇.城市形态[M].林庆怡,译.北京:华夏出版社,2001
[90] [美]吉迪恩·S·格兰尼,[日]尾岛俊雄.城市地下空间设计[M].许方,于海漪,译.北京:中国建筑工业出版社,2005

[91] [日]浅见泰司.居住环境:评价方法与理论[M].高晓路,张文忠,李旭,等,译.北京:清华大学出版社,2006

[92] [日]早川和男.居住福利论:居住环境在社会福利和人类幸福中的意义[M].李桓,译.北京:中国建筑工业出版社,2005

[93] [美]纳赫姆·科恩.城市规划的保护与保存[M].王少华,译.北京:机械工业出版社,2004

[94] [美]J·柯克·欧文.西方古建古迹保护理念与实践[M].秦丽,译.北京:中国电力出版社,2005

[95] [英]史蒂文·蒂耶斯德尔,蒂姆·希思,[土]塔内尔·厄奇.城市历史街区的复兴[M].张玫英,董卫,译.北京:中国建筑工业出版社,2006

[96] [美]迈克尔·索斯沃斯,伊万·本-约瑟夫.街道与城镇的形成[M].李凌虹,译.北京:中国建筑工业出版社,2006

[97] [英]迈克·詹斯顿,伊丽莎白·伯顿,凯蒂·威廉姆斯.紧缩城市——一种可持续发展的城市形态[M].周玉鹏,等,译.北京:中国建筑工业出版社,2004

[98] [美]埃莉诺·奥斯特罗姆,拉里·施罗德,苏珊·温.制度激励与可持续发展——基础设施政策透视[M].陈幽泓,等,译.上海:上海三联书店,2000

[99] [美]美国城市土地协会.联合开发——房地产开发与交通的结合[M].北京:中国建筑工业出版社,2003

[100] [美]杜安·戴维·鲍曼,约翰·J·波朗特,华·迈克尔·黑尼曼.城市水需求管理与规划[M].刘俊良,高永,译.北京:化学工业出版社,2005

[101] [法]卡特琳·德·希尔吉.人类与垃圾的历史[M].刘跃进,魏红荣,译.天津:百花文艺出版社,2005

[102] [瑞典]雨诺·温布拉特,梅林·辛普生-赫伯特.生态卫生——原则、方法和应用[M].朱强,肖钧,译.北京:中国建筑工业出版社,2006

[103] [德]康德.实践理性批判[M].北京:人民出版社,2003

[104] [德]马克斯·韦伯.经济与社会(上、下)[M].林荣远,译.北京:商务印书馆,1997

[105] [德]尤尔根·哈贝马斯.交往行为理论:行为合理性与社会合理化[M].曹卫东,译.上海:世纪出版集团,2004

[106] [美]安德鲁·芬伯格.可选择的现代性[M].陆俊,严耕,等,译.北京:中国社会科学出版社,2003

[107] [美]曼昆.经济学原理(上、下)[M].梁小民,译.北京:机械工业出版社,2003

[108] [美]罗西·A·麦凯恩.博弈论:战略分析入门[M].原毅军,陈艳莹,张国峰,译.北京:机械工业出版社,2006

[109] Pickard R. Policy and Law in Heritage Conservation[M]. London: Spon Press, 2001

[110] Pickard R. Management of Historic Centres[M]. London: Taylor & Francis, 2001

[111] Pratt Cassity, Byrd Wood. Maintaining Community Character: How to Establish a Local Historic District. Washington: National Trust for Historic Preservation, 2001

[112] Paul Daniel Marriott, National Trust for Historic Preservation. Saving Historic Roads: Design and Policy Guidelines[M]. New York: John Wiley & Sons, 1997

[113] Feilden B M. Conservation of Historic Buildings [M]. Oxford: Architectural Press, 2003

[114] Derek Phillips. Lighting Historic Buildings[M]. New York: McGraw-Hill Professional, 1997

[115] Rick Best, Gerard De Valence. Design and Construction: Building in Value[M]. Oxford: Butterworth-Heinemann, 2002

[116] Architects S H C. Historic Preservation: Projects Planning & Estimating [M]. Kingston: R. S. Means Company, Inc., 2000

[117] Pickard R. Policy and Law in Heritage Conservation[M]. London: Spon Press, 2001

[118] Hobson E. Conservation and Planning: Changing Values In Policy And Practice[M]. London: Spon Press, 2004

[119] Oxley R. Survey and Repair of Traditional Buildings: A Sustainable Approach[M]. Shaftesbury: Donhead, 2003

二、期刊论文

[120] 叶如棠. 在历史街区保护(国际)研讨会上的讲话[J]. 建筑学报, 1996(9): 4-5

[121] 王景慧. 历史地段保护的概念和做法[J]. 城市规划, 1998(03): 60-61

[122] 王林, 王骏. 历史街区保护规划编制方法研究[J]. 城市规划, 1998(03): 37-39

[123] 阮仪三, 孙萌. 我国历史街区保护与规划的若干问题[J]. 城市规划, 2001(10): 25-32

[124] 朱光亚. 历史名城古迹名胜区规划及设计思想探讨[A]. 建筑理论与创作, 南京: 南京工学院出版社, 1987

[125] 朱光亚, 杜顺宝. 北美城市风貌保护经验[J]. 建筑学报, 1994(5): 56-59

[126] 朱光亚, 黄滋. 古村落保护问题[J]. 建筑学报, 1999(4): 56-57

[127] 朱光亚, 李新建. 中国建筑遗产保护对策[J]. 新建筑, 2003(4): 38-40

[128] 赵中枢. 从文物保护到历史文化名城保护——概念的扩大与保护方法的多样化[J]. 城市规划, 2001: 33-36

[129] 吴庆洲. 中国古城防洪的历史经验与借鉴[J]. 城市规划, 2002(5): 76-84

[130] 吕舟. 面向新世纪的中国文化遗产保护[J]. 建筑学报, 2001(3): 58-60

[131] 常青. 略论传统聚落的风土保护与再生[J]. 建筑师, 2005(3): 87-90

[132] 董卫. 一座传统村落的前世今生——新技术、保护概念与乐清南阁村保护规划的关联性[J]. 建筑师, 2005(3): 94-99

[133] 阳建强. 文化遗产推陈出新——江南水乡古镇同里保护发展的探索研究[J]. 城市规划, 2001(5): 50-55

[134] 张松. 留下时代的印记守护城市的灵魂——论城市遗产保护再生的前沿问题[J]. 城市规划学刊, 2005(3): 31-35

[135] 周俭, 梁洁, 陈飞. 历史保护区保护规划的实践研究——上海历史文化风貌区保护规划编制的探索[J]. 城市规划学刊, 2007(4): 79-84

[136] [日]波多野纯. 日本历史性建筑的保存活用及防灾之基本考量与对策[A]// 中国技术学院, 日本工业大学. 古迹、历史建筑保存与再利用学术研讨会[C]. 台北, 2003

[137] [加]HaroldKalman. Adaptive Re-use: Learning from Vancouver[A]// The Conservation of Urban Heritage: Macao Vision[C]. Macao: 2002:179-189

[138] 李新建,李岚. Municipal Infrastructures in Urban History and Conservation: A Case Study of Chinese Road[A]// International Conference on East Asian Architectural Culture[C]. Kyoto,Japan: 2006 Executive Committee of the International Conference on East Asian Architectural Culture, 2006:525-532

[139] 李新建,李岚.历史街区保护中的适应性消防对策[J].城市规划,2003,27(12):55-59

[140] 赵波平,徐素敏,殷广涛.历史文化街区的胡同宽度研究[J].城市交通,2005(03):45-48

[141] 陈玲娜.历史街区的道路交通规划研究——以"三坊七巷"为例[J].福建建筑,2006(06):41-44

[142] 陈蓬勃,陈景丽,苏云龙.敞亮敞亮——北京旧城历史文化保护区市政基础设施建设[J].北京规划建设,2005(4):87-90

[143] 于景萍.对北京旧城历史文化保护区胡同照明设施改造的看法[J].照明工程学报,2006,17(B01):1-1

[144] 梅振宇,王炜,陈峻,等.我国城市交通需求管理(TDM)对策研究[J].现代城市研究,2004(04):49-53

[145] 李捷萍.大城市交通:问题与对策——论TDM的作用[J].城市交通,2002(3):8-11

[146] 赵波平.解决旧城区交通必须对症下药[J].城市交通,1999(01):3-4

[147] 杨涛.提高中心区的交通可达性[J].城市交通,1999(01):4

[148] 文爱平,刘小石.意在笔先 源流兼治——规划专家刘小石谈北京旧城交通解决方案[J].北京规划建设,2005(05):184-188

[149] 王军.大马路之痒[J].瞭望,2005(22):18-24

[150] 杨晓莉,宣建华.杭州北山路地区历史环境保护研究[J].华中建筑,2005,23(3):94-97

[151] 李宏伟.技术的价值观[J].自然辩证法通讯,2005(05):13-17

[152] 安维复.走向社会建构主义:海德格尔、哈贝马斯和芬伯格的技术理念[J].科学技术与辩证法,2002(06):33-38

[153] 张兴成.现代性、技术统治与生态政治[J].书屋,2003(10):4-12

[154] 田鹏颖.现代性悖论的消解与社会技术的创新[J].求是学刊,2007(01):48-54

[155] 汪伊举.现代化与现代性——历史·理论·关系[J].学海,2006(05):119-125

[156] 方朝晖.技术哲学与技术的价值[J].哲学研究,1990(5):106

[157] 张国鹏.大城市交通规划理念的更新[J].北方经济(学术版),2007(03):144-145

[158] 周尚意,王海宁,范砾瑶.交通廊道对城市社会空间的侵入作用——以北京市德外大街改造工程为例[J].地理研究,2003(01):96-104

[159] 邱跃.旧城危改刍议[J].北京规划建设,2001(01):46-48

[160] 黄耀志,王雨村.世界文化遗产保护与苏州古城发展策略[J].苏州科技学院学报(社会科学版),2003,20(2):7-12

[161] 潘世炳.西方地价理论体系简介[J].价格理论与实践,1995(3):39-42

[162] 宋长法.从柏林、吕贝克市看德国古城、古迹保护的方式及其借鉴[J].城乡建设,2000(01):35-36

[163] 杨涛.提高中心区的交通可达性[J].城市交通,1999(01):3-4

[164] 王俊.浅谈历史文化古城保护[J].山西建筑,2004,30(18):6

[165] 赵燕菁.高速发展条件下的城市增长模式[J].国外城市规划,2001(1):27-33

[166] 李国兵."一车一位"制是缓解城市交通拥堵的重要手段[J].城市交通,1999(03):8

[167] 李朝阳,徐循初.城市道路横断面规划设计研究[J].城市规划汇刊,2001(02):47-52

[168] 缪慰时.住宅区停车场建设的特点及其选型[J].起重运输机械,1999(01):2-4

[169] 陈寅,陈国光.上海城市供水管网水质的调查分析[J].中国给水排水,2002,18(07):32-34

[170] 王路.城市基础设施建设合理比例关系探析[J].城市规划,2000(05):26-31

[171] 程建均.旧住房成套改造设计的前瞻性和现实性[J].住宅科技,2001(09):34-36

[172] 王玉松,刘丽娟,李志平,等.非市政给水用作消防水源的探讨[J].给水排水,2002(10):56-58

[173] 王萍,邱文心,殷先亚.供水管网旧管改造依据的探讨[J].给水排水,2004(12):26-29

[174] 沈之基.建筑物内给水管的翻新技术[J].给水排水,2003(03):81-83

[175] 丁跃元,侯立柱,张书函.基于透水砖铺装系统的城市雨水利用[J].北京水务,2006(06):1-4

[176] 黄凯.城市市政道路有组织排水与雨水利用[J].甘肃科技,2006,22(01):127-128

[177] 周敏伟,周佰兴.浅议建筑小区排水用塑料检查井的应用[J].给水排水动态,2006(12):9-10

[178] 蒋方明.减少排水管道埋深的集中方法[J].给水排水,2006,32(05):94-95

[179] 张志军,陈锐,张秋菊.城市排水管道的几个改进措施[J].中国给水排水,2002(01):4

[180] 叶永水,徐觉民.绍兴历史保护街区基础设施改造实谈[J].浙江建设,2005(07)

[181] 刘理峰.杭州城市配网建设与改造[J].供电企业管理,2007(02):38-41

[182] 郑端文,刘亚力,张保礼.现代居民家庭导线的截面积和电器保护装置应当如何选择[J].消防技术与产品信息,2006(09):9-20

[183] 薛兴华.建立通信管道物权形态及产权制度之探讨[J].通信世界,2004(18):33-34

[184] 邹军,袁建生,周宇坤.地下通信电缆外套金属管道与附近铺设屏蔽线屏蔽效果的比较[J].电网技术,2000(04):16-18

[185] 刘志治."光进铜退"拉开宽带提速大序幕[J].电信技术,2007(8):47-49

[186] 肖萍,何人可.LED照明灯具设计开发的发展趋势[J].装饰,2006(05):112

[187] 李颖伯,郭利娅,崇菊义.历史文化街区现状调查及发展规划的建议[J].北京联合大学学报(人文社会科学版),2004(01):15-20

[188] 王天锡.提高城市燃气管网技术水平和管理水平确保城市燃气安全运行[J].城市煤气,2001(08):11-13

[189] 魏军甫,徐姜,李帆.城市燃气管道泄漏的原因分析与对策[J].煤气与热力,2004(02):105-107

[190] 何淑静,周伟国,严铭卿.城市燃气输配系统事故统计分析与对策[J].煤气与热力,2003(12):753-755

[191] 唐琳,刘青云.供暖体制改革与采暖方式发展趋势[J].基建优化,2002,23(04):53-54

[192] 杜海龙,齐朝晖,匡骁.太阳能热电空调理论研究与性能分析[J].制冷空调与电力机械,2007(03):22-25

[193] 杨建民."太阳能空调"悄然收场[J].大众商务,2007(10)

[194] 胡志新,虞耀君,欧阳卫强,等.太阳能空调热水一体化技术开发研究[J].九江学院学报(自然科学版),2006(01)

[195] 钟英杰,都晋燕,张雪梅,等.新时期江浙沪地区家庭采暖需求的初步分析[J].能源工程,2002(05):12-14

[196] 刘少瑜,杨峰.旧建筑适应性改造的两种策略:建筑功能更新与能耗技术创新[J].建筑学报,2007(06):17-19

[197] 贠英伟,吴香国,范丰丽.我国建筑节能现状分析及对策[J].重庆科技学院学报(自然科学版),2006(01):62-65

[198] 杨维菊,蔡立宏.太阳能热水设备与住宅建筑的一体化整合的探讨[J].中国建设动态·阳光能源,2004(10):19-23

[199] 郑黎,柴骥程.定海旧城改造风波透视[J].城市化动态,2000(08)

[200] 胡明星,董卫.GIS技术在历史街区保护规划中的应用研究[J].建筑学报,2004(12):63-65

[201] 刘鹏.谈建筑小区市政管线综合规划设计[J].中外建筑,2001(02):23-24

[202] 王贤萍.市政管线的综合规划与管理[J].中国给水排水,2002(06):54-56

[203] 毛国江.浅谈地下管道设计、施工和维修的协调[J].给水排水,2002(03):85-87

[204] 胡敏华,蔺宏.论市政共同沟的发展史及其意义[J].基建优化,2004,25(3):7-10

[205] 郭莹,祝文君,杨军.市政综合廊道费用——效益分析方法和实例研究[J].地下空间与工程学报,2006(B07):1236-1239

[206] 王璇,陈寿标.对综合管沟规划设计中若干问题的思考[J].地下空间与工程学报,2006(04):523-527

[207] 唐建国,朱保罗.排水管道非开挖修理技术的分类和选择[J].给水排水,2005(06):83-90

[208] 方勇,詹永光,赵国成.给水管道在线不开挖更新技术[J].中国给水排水,2002(11):90-92

[209] 彭力.地铁隧道科学施工、保护文物[J].特种结构,2005(02):20

[210] 李德应,罗龙,刘健.论城市建设的技术创新[J].城乡建设,2002:10-11

[211] 马洪才,张梅.电磁屏蔽材料的技术探讨[J].山东纺织科技,2003(03):52-54

[212] 廖正品.2004中国塑料工业发展现状与未来[J].塑料加工,2005,40(6):1-11

三、报纸文章、报告

[213] 戴舒华,谢炜,王佳琳,等.老北京的脊梁正被拆除 专家呼吁停扩旧鼓楼大街[N].新京报,2004-7-6

[214] 王海亮.京道路交管设施标准12月实施 胡同只能一侧设车位[N].新京报,2007-9-4

[215] 王丽凤,陈伟秋,卢绍琨.广州逐步取消化粪池[N].信息时报,2005-9-1

[216] 钟淑河.中国最早的自来水[N].中国供水节水报,2006-11-22

[217] 刘志琪.我国城市供排水行业现状与发展[N].中国水利报,2004-6-9
[218] 张晨.扬州古城改造让原住民恋上老屋[N].新华日报,2006-10-13
[219] 北京旧城平房区及建设工地 今年仍是防汛重点[N].北京青年报,2007-6-3
[220] 历史街区民用电线老化严重福州"三坊七巷"存在用电安全隐患[N].中华建筑报,第1549期
[221] 贾盈盈,刘兴荣.玉壶火灾烧毁67间民房,当地积极做好善后工作妥善安置受灾群众[N].温州日报,2003-12-23
[222] 苏文杰.电网建设加速 国家电网公司发动两大引擎[N].中国工业报,2005-7-20
[223] 定海老城区改造用电线路[N].舟山日报,2007-9-25
[224] 城市居民生活质量——上海与发达国家(地区)的比较[N].中国信息报,2007-2-5.转引自:http://www.xici.net/b387847/d27935987.htm
[225] 王芬兰.苏州农民生活出现新"百分百"[N].苏州日报,2005-5-25
[226] 谢卫群.手机资费不断下调 固话会消失吗?[N].人民日报,2007-5-31
[227] 壬琰琰,林志坚.义工上门教市民用燃气提供指导[N].南方都市报,2006-12-19
[228] 殷石柱.煤气不稳定,电磁炉热销[N].太原日报,2005-12-14
[229] 张毅伟.液化气价格上涨 电磁炉成厨房新宠[N].三秦都市报,2007-11-02
[230] 许凌云,等.险!平遥古城火灾隐患多[N].发展导报,2000-11-10
[231] 傅丕毅,柴骥程.杭州清河坊历史街区火患四伏[N].中国旅游报,2001-7-25
[232] 范继文,潘澄清.地铁5号线"土行孙"钻地坛[N].京华时报,2005-03-23
[233] 康忠学.通信工程强制性条文摘录(讲义提纲)[R].四川省通信学会,2005
[234] 吴必虎.第三届三校旅游-景观论坛报告:旅游导向型城市历史街区的更新:北京大栅栏地区案例[R].北京:北京大学旅游研究与规划中心,2003

四、学位论文

[235] 王涛.建筑遗产保护管理模式研究[D]:[博士学位论文].南京:东南大学,2005
[236] 沈海虹.集体选择视野下的城市遗产保护研究[D]:[博士学位论文].上海:同济大学,2006
[237] 王国恩.城市规划社会选择论[D]:[博士学位论文].上海:同济大学,2006
[238] 郭湘闽.旧城更新中传统规划机制的变革研究[D]:[博士学位论文].广州:华南理工大学,2005
[239] 王骏.历史街区保护[D]:[博士学位论文].上海:同济大学,1998
[240] 王涛.江苏省历史地段综合价值和管理状况评估模式研究[D]:[硕士学位论文].南京:东南大学,2001
[241] 白颖.建筑遗产保护规划编制体系中的技术问题研究[D]:[硕士学位论文].南京:东南大学,2003
[242] 徐凡.建筑遗产保护中的一项整合规划与设计的工作——历史地段保护修建性详细规划探讨[D]:[硕士学位论文].南京:东南大学,2006
[243] 严铮.转型期历史街区保护中的地方政府行为初探[D]:[硕士学位论文].南京:东南大学,2003

[244] 吕絮飞.历史地段的保护与规划[D]:[硕士学位论文].北京:清华大学,1995

[245] 井忠杰.北京旧城保护中政府干预的实效性研究——以什刹海历史文化保护区烟袋斜街地区为例[D]:[硕士学位论文].北京:清华大学,1995

[246] 孙萌.历史街区保护规划的可操作性研究[D]:[硕士学位论文].上海:同济大学,2001

[247] 桂晓峰.历史街区保护的实施问题研究[D]:[硕士学位论文].北京:中国城市规划设计研究院,2003

[248] 应臻.力的摩擦与力的平衡——我国历史街区保护实践[D]:[硕士学位论文].上海:同济大学,2002

[249] 袁媛.我国旧城居住区更新中的城市基础设施建设研究[D]:[硕士学位论文].上海:同济大学,2002

[250] 胡敏.历史街区的防火问题研究[D]:[硕士学位论文].北京:中国城市规划设计研究院,2005

[251] 陈丽华.西安鼓楼历史街区道路交通规划研究[D]:[硕士学位论文].西安:西安建筑科技大学,2003

[252] 王华.我国旧城区物业管理模式研究[D]:[硕士学位论文].哈尔滨:哈尔滨工业大学,2001

[253] 毕景龙.西安鼓楼历史街区保护院落利用研究[D]:[硕士学位论文].西安:西安建筑科技大学,2004

[254] 邹静.上海市道路架空线入地整治规划的研究[D]:[硕士学位论文].上海:同济大学,2004

[255] 郭晓洁.太阳能热水系统与建筑一体化应用技术研究[D]:[硕士学位论文].上海:同济大学,2006

[256] 吴可人.城市规划中四类利益主体剖析及利益协调机制研究[D]:[硕士学位论文].杭州:浙江大学,2006

[257] 徐建.主体客体与力的作用:我国历史街区保护实践研究[D]:[硕士学位论文].上海:上海交通大学,2004

五、规划设计文本和报告

[258] 东南大学城市规划设计研究院.肇庆府城保护与复兴规划[Z].2005

[259] 德国技术合作公司.生态城市规划与管理项目:扬州老城改造[Z].2005

[260] 东南大学建筑设计研究院.全国重点文物保护单位深圳大鹏所城保护规划[Z].2006

[261] 东南大学城市规划设计研究院.常熟市古里历史古镇保护规划[Z].2006

[262] 清华大学建筑学院,清华大学建筑与城市研究所.清名桥沿河历史文化街区保护规划文本[Z].2006

[263] 国家历史文化名城研究中心,上海同济城市规划设计研究院,江苏省高淳县建设局.高淳老街历史街区保护与整治规划文本[Z].2001

[264] 南京大学建筑研究所.门东长乐渡老城复兴项目(原南门老街)修建性详细规划[Z].2006

[265] 江苏省城市规划设计研究院.东山历史文化名镇保护规划文本(论证稿)[Z].2006

[266] 深圳市市政工程设计院.大鹏古城保护与改造一期工程(市政)[Z].2005
[267] 扬州市城市规划设计院.扬州老城区详细规划大纲[Z].2001
[268] 湖州市城市规划设计研究院.南浔历史文化保护区控制性详细规划文本[Z].2006
[269] 北京市科学技术委员会."十一五"期间北京城市建设与管理科技需求调研报告[Z].2007
[270] 北京市交通委员会,北京市发展和改革委员会.北京市"十一五"时期交通发展规划[Z].2006
[271] 中国城市规划设计研究院.北京综合交通规划纲要[Z].2003
[272] 北京市交通委员会,北京交通发展研究中心.北京交通发展纲要[Z].2006

六、法律法规

[273] 中华人民共和国文物保护法[Z].2002
[274] 中华人民共和国消防法[Z].1998
[275] 关于公布《历史文化名城名镇名村保护条例(草案)(征求意见稿)》公开征求意见的通知[Z].国务院法制办公室.2007-7-26
[276] 中华人民共和国城市居民委员会组织法[Z].1989
[277] 台湾2005年修订《文化资产保存法》,下载自:中华民国艺术文化环境改造协会官方网站,http://www.art-district.org.tw/Data/2-2.pdf
[278] 国务院批转国家基本建设委员会等部门《关于保护我国历史文化名城的请示》的通知[Z].国发[1982]26号.1982
[279] 城乡建设环境保护部.关于加强历史文化名城规划工作的几点意见[Z],1983-2-20
[280] 国务院批转城乡建设环境保护部、文化部《关于请公布第二批国家历史文化名城名单报告》的通知[Z],1986-12-8
[281] 财政部关于印发《国家历史文化名城保护专项资金管理办法》的通知[Z].财预字[1998]284号,1998-9-14
[282] 国家计委,建设部,文物局.关于申请和使用国家历史文化名城保护专项资金有关问题的通知[Z].计社会[2001]2397号.2001-11-16
[283] 中华人民共和国建设部公告第659号.建设部关于发布建设事业"十一五"推广应用和限制禁止使用技术(第一批)的公告.附件1:建设事业"十一五"推广应用和限制禁止使用技术(第一批)推广应用技术部分.2007 6.14
[284] 城市规划编制办法[Z].中华人民共和国建设部令第146号.2005
[285] 城市紫线管理办法[Z].中华人民共和国建设部令第119号.2003
[286] 中华人民共和国道路交通安全法实施条例[Z].2004
[287] 吉林省实施《中华人民共和国道路交通安全法》办法[Z].2005
[288] 文化部,公安部.古建筑消防管理规则[Z].1984
[289] 公安部,建设部,财政部,国家计委.城市消防规划建设管理规定[Z].1989
[290] 国务院令第129号.卫星电视广播地面接收设施管理规定[Z].1993
[291] 江苏省历史文化名城名镇保护条例[Z](2001)
[292] 浙江省历史文化名城保护条例[Z](1999)

[293] 苏州市历史文化名城名镇保护办法[Z].苏州市人民政府令第33号.2003

七、规范标准

[294] GB 50357—2005.历史文化名城保护规划规范[S].2005

[295] GBJ 13719—1990.城市用地分类与规划建设用地标准[S].1990

[296] GB 50220—1995.城市道路交通规划设计规范[S].1995

[297] CJJ 37—1990.城市道路设计规范[S].1990

[298] GB 50180—1993(2002版).城市居住区规划设计规范[S].2002

[299] CJJ 45—1991.城市道路照明设计标准[S].1991

[300] JGJ 100—1998.汽车库建筑设计规范[S].1998

[301] GB/T 50331—2002.城市居民生活用水量标准[S].2002

[302] CEC S57—1994.居住小区给水排水设计规范[S].1994

[303] GB 50015—2003.建筑给水排水设计规范[S].2003

[304] GB 50318—2000.城市排水工程规划规范[S].2000

[305] CJ/T 233—2006.建筑小区排水用塑料检查井[S].2006

[306] GB 50293—1999.城市电力规划规范[S].1999

[307] YD 5007—2003.通信管道与通道工程设计规范[S].2003

[308] SJ/T 9523.11—1993.载波电话设备质量分等标准[S].1993

[309] GB 500028—2006.城镇燃气设计规范[S]

[310] CJJ 34—2002.城市热力网设计规范[S].2002

[311] GB 16410—2007.家用燃气灶具[S].2007

[312] GB 17790—1999.房间空气调节器安装规范[S].1999

[313] GB 50016—2006.建筑设计防火规范[S].2006

[314] GB 4452—1996.室外消火栓通用技术条件[S].1996

[315] GB 50140—2005.建筑灭火器配置设计规范[S].2005

[316] GB 50289—1998.城市工程管线综合规划规范[S].1998

[317] 公安部,建设部.停车场规划设计规则(试行)[S].1989

[318] 建规[1994]533号.历史文化名城保护规划编制要求[Z].1994

[319] 北京市规划委员会.北京地区建设工程规划设计通则(试用稿)[S].2003

[320] 江苏省城市道路照明工程技术规程[S]

[321] 宁规字[2003]49号.南京市建筑物配建停车设施设置标准与准则[S].2003

八、国际宪章、宣言、建议等

[322] The First International Congress of Architects and Technicians of Historic Monuments. The Athens Charter for the Restoration of Historic Monuments [Z]. 1931

[323] 国际现代建筑学会.雅典宪章[Z].1933(陈占祥译,《建筑师》第4期)

[324] UNESCO. Recommendation concerning the Safeguarding of Beauty and Character of Landscapes and Sites [Z]. 1962

[325] Congress on the European Architectural Heritage. The Declaration of Amsterdam[Z].

1975

[326] Council of Europe. European. Charter of the Architectural Heritage[Z]. 1975

[327] UNESCO. Recommendation concerning the Safeguarding and Contemporary Role of Historic Areas[Z]. 1976

[328] ICOMOS. Declaration of Tlaxcala[Z]. 1982

[329] ICOMOS. Charter for the Conservation of Historic Towns and Urban Areas (Washington Charter)[Z]. 1987

[330] 联合国环境与发展大会. 21世纪议程[Z]. 1992

[331] ICOMOS. International Cultural Tourism Charter[Z]. Mexico：1999

[332] 联合国. 约翰内斯堡可持续发展宣言[Z].(《环境保护》2002年10期)

[333] ICOMOS CHINA. 中国文物古迹保护准则[Z]. 2002

[334] 联合国教科文组织《保护非物质文化遗产公约》(中文版)[Z]. 2003

[335] UNSECO. Hoi An Protocols for Best Conservation Practice in ASIA[Z]. 2005

九、网络资源(略)

后 记

本书是受国家自然科学基金"南方历史文化街区保护中的适应性道路交通改善方法研究"(51008060)、"中国城镇建筑遗产适应性保护和利用的理论和方法"(51138002)和教育部博士点基金"历史街区保护中的适应性市政工程体系研究"(20090092120002)的经费资助,在我博士学位论文的基础上,继续研究并修改完成的阶段性成果。

历史街区交通和市政工程技术既不是传统建筑学、建筑遗产保护的研究领域,也不是交通和市政专业关注的重点,长期缺乏针对性的专门研究。但在当前各地的历史文化名城、历史街区的保护实践中,又普遍存在着空间格局保护与交通市政建设之间尖锐的矛盾冲突。本书如此选题,是遵照导师朱光亚先生的要求,通过学术研究来解决问题、服务社会。

书稿得以完成,首先要感谢我的导师朱光亚先生。我以建筑学的背景出发,在建筑遗产保护、城市规划、交通、市政工程以及人文等多个学科浩瀚的知识海洋中左冲右突,从各专业零起点的基本原理开始,一边学习思考,一边调查实践,已学的知识越多,等待学习的未知也更多。每当疲倦或迷茫的时候,总是朱师让我找回力量和方向。朱师以他强烈的历史使命感和社会责任心感染着我,诲人不倦、无私奉献的工作精神鞭策着我,博大精深的理论知识和实践经验指导着我,充满哲学思辨的思想和机智幽默的语言吸引着我,让我十年前走上了建筑历史和遗产保护的学术道路,并将一直走下去。

感谢东南大学建筑学院陈薇教授和张十庆教授,他们在学业上给予我指导和帮助,并和朱师一起创造了建筑历史与理论学科优良的学术氛围,为我树立了人格和学识上的榜样。感谢东南大学建筑学院刘博敏教授在历史街区保护规划实践和学术研究中对我的指导和帮助,周琦教授在论文写作方法上的指点,龚曾谷、吴雁老师在历史街区市政工程实践上的支持。感谢东南大学交通学院过秀成教授,土木工程学院市政系王世和教授,浙江大学张友良教授、洪亚华教授在本书相关研究过程中的指导和建议。

感谢中国城市规划设计研究院王景慧先生2003年对我《历史街区保护中的适应性消防对策》一文的肯定和推荐发表,使我坚定了深入全面研究历史街区市政问题的信心。感谢江苏省住房和城乡建设厅张泉副厅长、张鑑处长和方芳小姐长期在历史街区保护实践中的指导,以及在合作研订《江苏省历史街区保护规划编制导则》中的指导和帮助。导则编制中工作讨论和专家评审吸纳了本书的部分研究成果,其间提出的很多意见和建议也被本书所采纳。张鑑处长还和东南大学过秀成、刘博敏、陈薇、张十庆教授、同济大学李浈教授一起参加了我的博士学位论文答辩,感谢他们的热情鼓励和中肯建议。

感谢肇庆市规划局刘彦总工程师,深圳市文物管理委员会黄中和主任、赖德邵高级研究员,扬州市城乡规划局原副局长郑路女士,宜兴市规划局朱乾辉局长、贾俊副局长对本书相关规划实践和调研的大力支持。感谢北京市规划委员会朝阳分局井忠杰先生,深圳市市政工程设计院万成豪工程师,江苏省建筑科学研究院王瑛工程师,东南大学建筑设计研究院赵元工程师提供的资料和建议。感谢苏州、绍兴、平遥等地历史街区的规划、建设及市政管理部门的领导和相关工作人员在本书调研过程中提供的方便。感谢本文所有参考或引用文献的作者,他们的研究和实践成果是本书的基础。

感谢我的爱人李岚,我们相濡以沫一路走来。她不但要完成自己的学业,还要用大量的时间和精力照料我和两个可爱的女儿,这本书也凝结了不少她的辛勤劳动和闪光智慧。感谢我父母的养育造就了我的一切,为了让我顺利完成本书的研究写作,他们从闲适的泰兴老家来宁帮我们操持家务,父亲还以他深厚的文字功力为我一遍遍校改书稿。感谢我的两个姐姐,她们把最好的机会、最大的关爱都给了我这个淘气的弟弟。感谢已经逝世的奶奶,她是最疼爱我的人。

感谢上苍在本书初稿写作期间赐予我一双可爱的女儿,让我和我的家人健康地学习、生活和工作,并让我的懈怠和努力都得到公正的回报。

最后,我还要感谢东南大学出版社姜来、宋华莉、黄惠编辑为本书的出版发行所付出的耐心、热情的辛勤劳动!

李新建
2012 年 1 月 19 日于金陵桃叶渡

内容提要

当前中国历史城市保护的重心是历史街区的保护。改善市政基础设施是历史街区生存和发展的前提,也是遗产保护和城市规划最尖锐的技术矛盾之一。本书综合运用建筑遗产保护、城市规划、道路交通、市政工程及哲学、社会学、经济学等人文学科的相关理论和方法,研究了历史街区市政工程技术的哲学理论、应用理论和工作方法。从遗产保护和建筑学的视角,选择、集成和整合道路交通、给水排水、电力电信、燃气供热、消防和管线综合等各专业中适用于历史街区保护的理论、规范、材料、设备、设计、施工、管理等技术措施,从而初步构建了历史街区适应性市政技术体系,以期促进建筑遗产保护学科的发展,为历史街区市政工程实践提供理论、方法和具体技术支持,在保护文化遗产的同时,提高居民的生活水平和发展能力,为历史街区的可持续发展提供技术支撑。

本书适合高等院校建筑学专业师生、建筑史学、科学技术史学以及遗产保护专业工作者阅读参考。

图书在版编目(CIP)数据

历史街区保护中的交通和市政工程技术研究/李新建著. —南京:东南大学出版社,2012.12
(建筑遗产保护丛书/朱光亚主编)
ISBN 978-7-5641-4067-0

Ⅰ.①历… Ⅱ.①李… Ⅲ.①城市道路—市政工程—研究—中国 Ⅳ.①U412.37

中国版本图书馆 CIP 数据核字(2012)第 318788 号

出版发行	东南大学出版社
出 版 人	江建中
网　　址	http://www.seupress.com
电子邮箱	press@seupress.com
社　　址	南京市四牌楼2号
邮　　编	210096
电　　话	025-83793191(发行)　025-57711295(传真)
经　　销	全国各地新华书店
印　　刷	南京玉河印刷厂
开　　本	787mm×1092mm　1/16
印　　张	15.25
字　　数	387 千
版　　次	2012年12月第1版
印　　次	2012年12月第1次印刷
书　　号	ISBN 978-7-5641-4067-0
印　　数	1~2 000 册
定　　价	50.00元

本社图书若有印装质量问题,请直接与营销部联系。电话(传真):025-83791830